国家社会科学基金重点项目（22AZS004）"东北古代渔猎部族的航海传统研究"的阶段性成果

兰州大学哲学社会科学文库

Philosophy and Social Sciences Library of Lanzhou University

唐朝封贡体系中的
渤海国商贸

沈一民 著

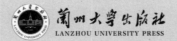

兰州大学出版社

LANZHOU UNIVERSITY PRESS

图书在版编目（CIP）数据

唐朝封贡体系中的渤海国商贸 / 沈一民著. -- 兰州 ：
兰州大学出版社，2025.1. -- ISBN 978-7-311-06749-6

Ⅰ．F129.2

中国国家版本馆 CIP 数据核字第 2024PQ8567 号

责任编辑　李　丽　宋　婷
封面设计　张友乾

书　　名　**唐朝封贡体系中的渤海国商贸**
　　　　　TANGCHAO FENGGONG TIXI ZHONG DE BOHAIGUO SHANGMAO
作　　者　沈一民　著
出版发行　兰州大学出版社　（地址：兰州市天水南路 222 号　730000）
电　　话　0931-8912613(总编办公室)　0931-8617156(营销中心)
网　　址　http://press.lzu.edu.cn
电子信箱　press@lzu.edu.cn
印　　刷　兰州人民印刷厂
开　　本　710 mm×1020 mm　1/16
成品尺寸　165 mm×238 mm
印　　张　22.75
字　　数　382 千
版　　次　2025 年 1 月第 1 版
印　　次　2025 年 1 月第 1 次印刷
书　　号　ISBN 978-7-311-06749-6
定　　价　98.00 元

（图书若有破损、缺页、掉页，可随时与本社联系）

出版说明

　　党的二十大报告提出的"加快构建中国特色哲学社会科学学科体系、学术体系、话语体系，培育壮大哲学社会科学人才队伍"的重要精神，为我国高校哲学社会科学事业发展提供了根本遵循，为高校育人育才提供了重要指引。高校作为哲学社会科学"五路大军"中的重要力量，承载着立德树人、培根铸魂的职责。高校哲学社会科学要践行育人使命，培养堪当民族复兴重任的时代新人；要承担时代责任，回答中国之问、世界之问、人民之问、时代之问。

　　作为教育部直属的"双一流"建设高校，兰州大学勇担时代重任，秉承"为天地立心，为生民立命，为往圣继绝学，为万世开太平"的志向和传统，为了在兰州大学营造浓厚的"兴文"学术氛围，从而为"新文科"建设和"双一流"建设助力，启动了开放性的文化建设项目"兰州大学哲学社会科学文库"（简称"文库"）。"文库"以打造兰州大学高端学术品牌、反映兰州大学哲学社会科学研究前沿、体现兰州大学相关学科领域学术实力、传承兰州大学优良学术传统为目标，以集中推出反映新时代中国特色社会主义理论和实践创新成果、发挥兰州大学哲学社会科学优秀成果和优秀人才的示范引领作用为关键，以推进学科体系、学术体系、话语体系建设和创新为主旨，以鼓励兰大学者创作出反映哲学社会科学研究前沿水平的高质量创新成果为导向，兰州大学组织哲学社会科学各学科领域专家评审后，先后遴选出政治方向正确、学术价值厚重、聚焦学科前沿的思想性、科学性、原创性强的学术成果结集为"兰州大学哲学社会科学文库"分辑出版，第一辑共10种，第二辑共7种。

"士不可以不弘毅，任重而道远。"兰州大学出版社以弘扬学术风范为己任，肩负文化强国建设的光荣使命，按照"统一设计、统一标识、统一版式、形成系列"的总体要求，以极其严谨细致的态度，力图为读者奉献出系列学术价值厚重、学科特色突出、研究水平领先的精品学术著作，进而展示兰大学人严谨求实、守正创新的治学态度和"自强不息、独树一帜"的精神风貌，使之成为具有中国特色、兰大风格、兰大气派的哲学社会科学学术高地和思想交流平台，为兰州大学"新文科"建设和"双一流"建设，繁荣我国哲学社会科学建设和人才培养贡献出版力量。

兰州大学出版社

二〇二四年十月

目　录

第一编

唐朝封贡体系中的渤海国

作为能够有效解释古代东亚世界秩序的理论框架，封贡体系（Tributary System）一直是国内外学者的热点议题之一。历经几十年的不懈研究，学界取得了一些共识：在封贡体系之下，通过"册封回赐—称臣纳贡"，中原王朝同周边部族与国家①形成了具有双向性关联的地区性国际体系，从而实现了政治、经济、军事、文化和贸易等多层面的交流。

唐代是封贡体系的重要发展时期。支撑封贡体系运作的各项制度渐趋完善，中外交流达到了一个前所未有的空前盛景。渤海国也借助封贡体系，与唐朝展开了繁盛的商贸往来。

---

① 本书中，周边部族与国家、羁縻府州及藩属国这两个概念的意涵一致，区别只在于使用语境的不同，即进行概念讨论时，使用周边部族与国家这个概念；进入历史场景中，则使用羁縻府州及藩属国这个概念。

第一章

渤海国的兴衰历程

　　渤海国（698—926）是一个以粟末靺鞨为主体建立起来的东北地方政权。全盛时期，渤海国不仅仿效唐朝的三省六部制，设立了以宣诏省、中台省、政堂省为首的官僚机构；而且通过对周边部族的征服，"地有五京、十五府、六十二州"①。疆域相当于今东北东部地区、朝鲜半岛北部地区以及俄罗斯远东滨海地区，号称"海东盛国"。

　　虽然渤海国的建立源于对唐朝的反抗，在击败唐朝的追兵后，渤海国才得以稳定；但是一旦唐朝改变策略，向渤海国伸出橄榄枝之时，渤海国与唐朝的关系迅速和解并升温，很快地成为唐朝封贡体系下的"模范生"。一方面，渤海国与唐朝保持着长期且密切的朝贡关系；另一方面，渤海国不仅接受唐朝的封号，而且以唐朝的封号——渤海郡王、渤海国王——

---

① 金毓黻：《渤海国志长编》卷一《总略上》，社会科学战线杂志社，1982，第139页。

同周边部族与国家进行交往。

第一节
大祚荣至大武艺时期的渤海国

渤海国君主共传15廿，即高王大祚荣（698—719年在位）、武王大武艺（719—737年在位）、文王大钦茂（737—793年在位）、废王大元义（793年在位）、成王大华屿（793—794年在位）、康王大嵩璘（794—809年在位）、定王大元瑜（809—812年在位）、僖王大言义（812—818年在位）、简王大明忠（818年在位）、宣王大仁秀（818—830年在位）、大彝震（830—857年在位）、大虔晃（857—871年在位）、大玄锡（871—894年在位）、大玮瑎（894—907年在位）、末王大諲譔（907—926年在位）。

大致上，可以将之划分为五个阶段。高王大祚荣、武王大武艺统治时期是渤海国的初创时期，文王大钦茂统治时期是渤海国的强盛时期，废王大元义、成王大华屿、康王大嵩璘统治时期是渤海国的中衰时期，宣王大仁秀、大彝震、大虔晃、大玄锡统治时期是渤海国的中兴时期，大玮瑎、末王大諲譔统治时期是渤海国的衰亡时期。

一、渤海国初创时期（698—737）

渤海国建国的契机源于万岁通天元年（696）契丹酋长李尽忠、孙万荣发动的营州（今辽宁朝阳）之乱①。武周政权耗时一年有余才平定了这场叛乱，从叛的靺鞨首领乞四比羽、乞乞仲象、大祚荣等率部东迁。"祚荣与靺鞨乞四比羽各领亡命东奔，保阻以自固。"②"有舍利乞乞仲象者，与靺鞨酋乞四比羽及高丽余种东走，度辽水，保太白山之

---

① 营州之乱的具体考证，可参见张晓舟：《论李尽忠之乱期间的辽东情势——兼议乞四比羽东奔时间》，《中国边疆史地研究》2022年第1期。

②《旧唐书》卷一九九下《渤海靺鞨传》，中华书局，1975，第5360页。

东北，阻奥娄河，树壁自固。"①由于大祚荣等人保有相当的军事实力，是一股不稳定因素，武则天派人前往招降，并给出优厚的条件。"则天封乞四比羽许国公，大舍利乞乞仲象震国公。乞四比羽不受命。"②拒绝了武则天的招降后，大祚荣等人继续向东迁移，直至天门岭之战中击败唐将李楷固所率追兵，大祚荣等才拥有了生存空间。

圣历元年（698），大祚荣建国，自称振国（或震国）。乾宁五年（898）新罗文人崔致远《谢不许北国居上表》中写道："始称振国。"③《旧唐书》："圣历中，自立为振国王。"④《新唐书》："恃荒远，乃建国，自号震国王。"⑤《资治通鉴》："自称振国王。"⑥在大祚荣建国之初的国家称谓问题上，学界的意见不一⑦。《渤海史论》的分析较为精当。"总之，渤海人自己给初建的国家定的国号是'振国'，'始称振国''自立为振国王''自号震国王'是对这一史实的真实记录。至于'渤海靺鞨''靺鞨国''高丽国''高丽王国'等称谓是周边国家对渤海的记录，反映他们对渤海的不同认知而出现的不同称呼。"⑧

鉴于与唐朝的关系紧张，大祚荣不得不四处寻找奥源以求生存。首选的求助对象是可以与唐朝对抗的后突厥汗国（682—745）。自贞观四年（630）颉利可汗被俘后，唐朝完全掌控了东突厥各部。"但由于朝廷常征调他们东征西讨，逐渐引起突厥群众不满，特别是一些民族上层人物滋生了复国思想。"⑨永淳元年（682），阿史那骨咄禄反叛，

①《新唐书》卷二一九《渤海传》，中华书局，1975，第6179页。

②［宋］王溥：《五代会要》卷三〇《渤海》，上海古籍出版社，1978，第473页。

③［新罗］崔致远：《孤云先生文集》卷一《表》，《崔致远文集》，李时人、詹绪左编校，上海古籍出版社，2018，第546-547页。

④《旧唐书》卷一九九下《渤海靺鞨传》，中华书局，1975，第5360页。

⑤《新唐书》卷二一九《渤海传》，中华书局，1975，第6179-6180页。

⑥［宋］司马光：《资治通鉴》卷二一〇，中华书局，1956，第6680页。

⑦相关研究，可参见胡梧挺：《渤海"振（震）国"名号新探——以唐朝册封周边民族爵号类型为视角》（《东北史地》2014年第6期）中的学术梳理。

⑧郑永振、李东辉、尹铉哲：《渤海史论》，吉林文史出版社，2011，第70页。

⑨申友良：《中国北方民族及其政权研究》，中央民族大学出版社，1998，第157页。

自立为可汗，建立起后突厥汗国（或称突厥第二汗国）。至默啜
（692—716）时，后突厥汗国强大一时，史称："大抵兵与颉利时略等，
地纵广万里，诸蕃悉往听命。"①有鉴于此，大祚荣向后突厥汗国称臣。
大祚荣"旋于突厥通谋"②，"遣使通于突厥"③，"遣使交突厥"④，这
些是渤海国向后突厥汗国称臣的委婉表述。《资治通鉴》直言道："附
于突厥。"⑤后突厥汗国甚至派出以"吐屯"为名的官员前往监管。大
武艺明言："（黑水靺鞨）旧请突厥吐屯，皆先告我同去。"⑥另一方
面，大祚荣与新罗建立关系。"其酋长大祚荣，始受臣藩第五品大阿餐
之秩。"⑦这是崔致远的追述之辞，虽然只是新罗一厢情愿地将渤海国
视为臣属国，但也可看出渤海国立国之初的艰难。

当后突厥汗国逐渐成为唐朝的心腹大患之时，唐朝不再深究大祚
荣的从叛之罪，神龙元年（705），唐中宗主动派遣张行岌前往招抚。
《旧唐书》："中宗即位，遣侍御史张行岌往招慰之。"⑧《资治通鉴》：
"中宗即位，遣侍御史张行岌招慰之。祚荣遣子入侍。"⑨大祚荣审时度
势，接受了唐朝的和解，开始定期向唐朝派出遣唐使。"睿宗先天二
年，遣郎将崔䜣往册拜祚荣为左骁卫员外大将军、渤海郡王，仍以其
所统为忽汗州，加授忽汗州都督，自是每岁遣使朝贡。"⑩面对大祚荣
的恭顺，713年，唐玄宗正式册封大祚荣为渤海郡王、忽汗州都督，从
此将渤海国纳入到唐朝的封贡体系之中。渤海国对这一册封也是极为

---

① 《新唐书》卷二一五上《突厥传上》，中华书局，1975，第6046页。

② ［新罗］崔致远：《孤云先生文集》卷一《表》，《崔致远文集》，李时人、詹绪左编校，
上海古籍出版社，2018，第546—547页。

③ 《旧唐书》卷一九九下《渤海靺鞨传》，中华书局，1975，第5360页。

④ 《新唐书》卷二一九《渤海传》，中华书局，1975，第6180页。

⑤ ［宋］司马光：《资治通鉴》卷二一〇，中华书局，1956，第6680页。

⑥ 《旧唐书》卷一九九下《渤海靺鞨传》，中华书局，1975，第5361页。

⑦ ［新罗］崔致远：《孤云先生文集》卷一《表》，《崔致远文集》，李时人、詹绪左编校，
上海古籍出版社，2018，第546页。

⑧ 《旧唐书》卷一九九下《渤海靺鞨传》，中华书局，1975，第5360页。

⑨ ［宋］司马光：《资治通鉴》卷二十，中华书局，1956，第6680页。

⑩ 《旧唐书》卷一九九下《渤海靺鞨传》，中华书局，1975，第5360页。

欢迎与顺从，"自是始去靺鞨号，专称渤海"①。

大武艺即位后，连续向东北诸部族用兵，扩大渤海国的实力。"斥大土宇，东北诸夷畏臣之。"②在针对黑水靺鞨用兵问题上，大武艺之弟大门艺与大武艺的意见相左，坚决反对出兵。随着双方矛盾激化，大门艺逃往唐朝，并得到了唐玄宗的庇护。大武艺多次与唐朝交涉，欲杀大门艺未果，渤海国与唐朝矛盾升级。开元二十年（732），大武艺派兵分水陆两路攻打唐朝。张文休率部从海路攻占登州。九月，"渤海靺鞨寇登州，杀刺史韦俊"③。另一路则进攻至位于"山海关附近"④的马都山。"渤海扰海上，至马都山，吏民逃徙失业。"⑤《乌氏庙碑铭》注引许孟容《乌承洽神道碑》载："渤海王武艺出海滨，至马都山，屠陷城邑。公以本营士马防遏要害。"⑥

面对大武艺的军事进攻，唐玄宗不仅派军回击，还命新罗出兵配合。崔致远《上太师侍中状》中写道："于是明皇帝大怒，命内史高品、何行成，大仆卿金思兰，发兵过海攻讨，仍就加我王金某为正太尉、持节充宁海军事、鸡林州大都督。以冬深雪厚，蕃汉苦寒，敕命回军。"⑦《旧唐书》："诏遣门艺往幽州征兵以讨之，仍令太仆员外卿金思兰往新罗发兵以攻其南境。属山阻寒冻，雪深丈余，兵士死者过半，竟无功而还。"⑧《新唐书》："门艺来，诏与太仆卿金思兰发范阳、新罗兵十万讨之，无功。"⑨大致可知，唐玄宗一是从幽州派发军队前

①《新唐书》卷二一九《渤海传》，中华书局，1975，第6180页。

②《新唐书》卷二一九《渤海传》，中华书局，1975，第6180页。

③《旧唐书》卷八《玄宗纪上》，中华书局，1975，第198页。

④ 王承礼：《中国东北的渤海国与东北亚》，吉林文史出版社，2000，第77页。

⑤［唐］韩愈：《乌氏庙碑铭》，《韩昌黎文集校注》卷六，马通伯校注，古典文学出版社，1957，第230页。

⑥［唐］韩愈：《乌氏庙碑铭》，《韩昌黎文集校注》卷六，马通伯校注，古典文学出版社，1957，第230页。

⑦［高丽］金富轼：《三国史记》卷四六《崔致远传》，杨军校勘，吉林大学出版社，2015，第655页。

⑧《旧唐书》卷一九九下《渤海靺鞨传》，中华书局，1975，第5361页。

⑨《新唐书》卷一三六《乌承玼传》，中华书局，1975，第4597页。

往征伐，二是派员征调新罗军队配合唐军。但是大军遭遇极端天气，使得此次征伐无功而返。

个别的胜利无法改变渤海国与唐朝之间巨大的军事差距，面对唐朝与日俱增的军事压力，大武艺转变策略，向唐朝请罪。《曲江集》中保留有四首没有标明时间的涉及渤海国的论事敕书。第二首论事敕书的书写时间，古畑徹推测为开元二十三年（735）[1]。其中写道："卿往年背德，已为祸阶；近能悔过，不失臣节，迷复非远，善又何加？朕记人之长，忘人之短，况此归伏，载用嘉叹，永祚东土，不亦宜乎！"[2]面对大武艺释出的善意，在军事打击无法取得应有效果的背景下，唐玄宗也不再追究。渤海国与唐朝的关系回归正轨，从此渤海国谨守羁縻府州的职责，双方再无战端。

当大武艺决定与唐朝开战之前，高句丽覆灭的前车之鉴、大祚荣开国之艰难，都迫使大武艺采取谨慎的应对措施。为了避免渤海国陷入孤立，大武艺向外寻求合作。首要结盟对象仍是后突厥汗国。开元二十三年（735）张九龄所撰论事敕书中提及："又近得卿表云：突厥遣使求合，拟打两蕃。奚及契丹，今既内属，而突厥私恨，欲仇此蕃。卿但不从，何妨有使；拟行执缚，义所不然；此是人情，况为君道。然则知卿忠赤，动必以闻，永保此诚，庆流未已。"[3]大武艺向唐玄宗上报了后突厥汗国曾经为了共同打击契丹与奚遣使结盟渤海国之事。细究之，这是大武艺为了向唐玄宗表忠心而进行的汇报，"突厥遣使求合"似并非实录。强大的后突厥汗国主动向建国未久的渤海国寻求结盟，并不合理。合理的解释是大武艺主政下的渤海国与后突厥汗国之间互派使者，互动频繁。只是因为最后一次后突厥汗国提出要求，希望大武艺派兵协助后突厥汗国攻打契丹与奚，大武艺在反复衡量之后

---

① 参见［日］古畑徹：《大門芸の亡命年時について——唐渤紛争に至る渤海の情勢》（《集刊東洋学》1984年第51期）；《張九齡作〈勅渤海王大武芸書〉第1首の作成年時について——〈大門芸の亡命年時について〉補遺》（《集刊東洋学》1988年第59期）。

② ［唐］张九龄：《张九龄集校注》卷九，熊飞校注，中华书局，2008，第582页。

③ ［唐］张九龄：《张九龄集校注》卷九，熊飞校注，中华书局，2008，第582页。

予以拒绝。

除了后突厥汗国外，契丹也是渤海国结盟的对象。开元二十一年（733）樊衡所撰《为幽州长史薛楚玉破契丹露布》中提及契丹"西连匈奴，东构渤海"[1]。"东构渤海"说明契丹与渤海国之间的关系也非常亲密。

大武艺甚至派人越海前往日本寻求结盟。727年（开元十五年，日本神龟四年），大武艺派高仁义等24人交聘日本。"渤海郡王遣宁远将军高仁义等廿四人朝聘，而著虾夷境。仁义以下十六人并被杀害，首领齐德等八人仅免死而来。"[2]对于此次遣使的目的，大武艺在国书中明确地写道："亲仁结援，庶叶前经，通使聘邻，始乎今日。"[3]"亲仁结援"道出大武艺希望与日本建立起政治、军事联盟的目的。日本对高齐德一行的到来极为重视，特命他们参加日本于次年正月举行的贺正仪式。"庚子，天皇御大极殿，王臣百寮及渤海使等朝贺。"[4]半个月后，圣武天皇正式接见了高齐德等人。"甲寅，天皇御中宫，高齐德等上其王书并方物。"[5]而且圣武天皇还派遣了一支庞大的往送渤海国使的日本使团，随同高齐德一行返回渤海国。"二月，壬午，以从六位下引田朝臣虫麻吕为送渤海客使。"[6]引田虫麻吕等人是学界公认的日本第一回遣渤海国使。其人数甚至接近百人。"壬申，水手已上总六十二人，赐位有差。"[7]这一数目远多于大武艺所遣人数，表明日本对渤海国的重视。

经过大祚荣、大武艺两代君主的努力，渤海国不仅存活下来，而且开疆拓土，成为东北亚地区不容忽视的一股政治力量。而他们的成

---

① [宋]李昉等编《文苑英华》卷六四七《露布一》，中华书局，1956，第3331页。

②《续日本纪》卷十，神龟四年十二月丙申，吉川弘文馆，1966，第111页。

③《续日本纪》卷十，神龟五年正月甲寅，吉川弘文馆，1966，第111页。

④《续日本纪》卷十，神龟五年正月庚子，吉川弘文馆，1966，第111页。《类聚国史》卷七一《岁时部·元日朝贺》，吉川弘文馆，1965，第296页。

⑤《续日本纪》卷十，神龟五年正月甲寅，吉川弘文馆，1966，第111页。

⑥《续日本纪》卷十，神龟五年二月壬午，吉川弘文馆，1966，第112页。

⑦《续日本纪》卷十，神龟五年六月壬申，吉川弘文馆，1966，第113页。

功与他们的国际视野密不可分。正是因为精准地把握了唐朝、后突厥汗国、契丹、新罗、日本、黑水靺鞨等部族与国家的实力与政策，渤海国才能够左右逢源得以立足。正是渤海国这一广阔的国际视野最终让其选择了唐朝的封贡体系。

二、渤海国强盛时期（737—793）

开元二十五年（737），大钦茂继任为渤海国国王。大钦茂的统治时间长达57年之久，占据了渤海国历史的四分之一。他所采取的诸多政策方针不仅得到前后一致的贯彻与执行，而且成为日后渤海国国策的指导性原则。

在对外关系上，大钦茂一改大武艺左右逢源的政治投机，转而坚定地支持唐朝，相较于大武艺时期曾有的激烈对抗，大钦茂时期的渤海国与唐朝一直保持着和平友好的隶属关系。依据现有文献，大钦茂在位期间共向唐朝派出45回遣唐使。尤须注意的是，"安史之乱后，大钦茂平均2年一次朝宴"，这充分说明："安史之乱后，大钦茂并未因为唐朝国力的衰微而减少前往唐朝朝贡的次数。"①为了褒奖大钦茂的恭顺，唐朝先后4次加封大钦茂的官爵。"开元中，袭父位为郡王左金吾大将军，天宝中，累加特进、太子詹事、宾客，宝应元年，进封国王，大历中，累加拜司空、太尉。"②宝应元年（762），为了褒奖安史之乱中的帮助，唐朝将大钦茂从渤海郡王升格为渤海国王。这一举措提升了渤海国在唐朝封贡体系中的地位。大钦茂与日本的交聘也非常频繁。大钦茂在位期间，渤海国先后11回派人出使日本，日本也回访渤海国达9回之多。大钦茂所派遣唐使不仅人数众多，规模达到了前所未有的程度；而且出使日本的目的也从政治军事结盟转向经济文化交流③。

---

① 拙文：《现存文献所见大钦茂时期渤海国遣唐使次数考》，《中国边疆学》2021年第1期，第164页。

②《旧唐书》卷一九九下《渤海靺鞨传》，中华书局，1975，第5362页。

③［日］石井正敏：《初期日渤交涉における一問題——新羅征討計画中止との関連をめぐって》，载森克己博士古稀記念会编《史学論集：对外関係と政治文化》，吉川弘文館，1974。

在国内政治方面，大钦茂采取了一系列的革新，初步完成了渤海国政治制度的改造。一是在中央官僚机构上，"大抵宪象中国制度"①，"大抵宪象中国之度"②，仿照唐朝设立了三省六部一台七寺一监一院一局十卫的官僚体系。"其设置时间，虽无确指，但从文献记载有关官吏所出现的时间，完全可以断定，是始于大钦茂执政时期。"③另一方面，"自大兴二十四年起，完全改变了以往遣日本主要使臣皆由武官担任的惯例，而改由文官充当。这标志渤海社会纯由武官统治国家的历史已经结束，文官的重要性被突出出来了，这在渤海是具有划时代的历史意义的"④。二是在地方行政机构上，初步完成了渤海国"五京制"设置与建成。大钦茂曾三次迁都。《新唐书·渤海传》留有相关记载："显州，天宝中王所都"⑤。中京显德府，即今吉林市和龙市西古城遗址。"天宝末，钦茂徙上京，直旧国三百里忽汗河之东。"⑥上京龙泉府，即今黑龙江省宁安市上京龙泉府遗址。"贞元时，东南徙东京。"⑦东京龙原府，即今吉林省珲春市八连城遗址。

在文化方面，大钦茂注重唐文化的学习和引进。"（开元）二十六年六月二十七日，渤海遣使，求写唐礼及三国志、晋书、三十六国春秋，许之。"⑧738年，即大钦茂即位第二年，渤海国即向唐朝求取《唐礼》《三国志》《晋书》及《三十六国春秋》等经史典籍，展现出大钦茂吸收唐朝文化的热情和急迫。从出土的书写于建中元年（780）的贞惠公主墓志及贞元八年（792）的贞孝公主墓志来看，渤海国文化水平

①《新唐书》卷二一九《渤海靺鞨传》，中华书局，1975，第6183页。

②《宋会要辑稿·蕃夷四·渤海国》，刘琳等校点，上海古籍出版社，2014，第9833页。

③ 孙玉良：《略述大钦茂及其统治下的渤海》，《社会科学战线》1982年第4期，第175页。

④ 孙玉良：《略述大钦茂及其统治下的渤海》，《社会科学战线》1982年第4期，第177页。

⑤《新唐书》卷四三下《地理志下》，中华书局，1975，第1147页。

⑥《新唐书》卷二一九《渤海传》，中华书局，1975，第6181页。

⑦《新唐书》卷二一九《渤海传》，中华书局，1975，第6181页。

⑧［宋］王溥：《唐会要》卷三六《华夷请经史》，中华书局，1955，第667页。

已经达到相当高度。王承礼指出："儒家思想成为渤海社会占统治地位的思想，中国古代历史上的圣君贤人成为渤海人学习的典范，儒家宣扬的三皇五帝之世，则是渤海政权、渤海贵族追求的政治思想。"①

第二节
大元义至大諲譔时期的渤海国

大钦茂去世后，渤海国围绕着王位继承展开了一系列的政治斗争，国王废立频繁。直至大仁秀即位后，渤海国的政治才重新回到正轨。承继大仁秀的治国方针，在大彝震、大虔晃、大玄锡等三代国王的努力下，渤海国日益昌盛，被唐人盛赞为"海东盛国"。然而随着契丹的崛起，渤海国成为契丹发展壮大的绊脚石，双方之间战争与摩擦不断，最终渤海国惨遭灭国。

一、渤海国中衰时期（793—818）

大钦茂去世后，渤海国一度陷入政治乱局之中。《渤海国史》指出："文王大钦茂以后，宣王大仁秀以前，渤海经历了废、成、康、定、僖、简等6王的统治，从人数上看占渤海国总共15位王的三分之一强，但他们在位的时间前后只有二十五年，即仅占渤海存在时间的九分之一。其中除康王大嵩璘在位时间略长外，余皆短暂，客观上反映了当时渤海社会矛盾的激化，政局动荡，内难不断，王国的发展遇到了前所未有的问题和困难。"②

大钦茂的去世直接引发了渤海国的政局动荡，793年至794年的2年间，渤海国先后出现了大钦茂、大元义、大华屿、大嵩璘等4位国王。《新唐书》简述了这段历史。"钦茂死，私谥文王。子宏临早死，

---

① 王承礼：《唐代渤海〈贞惠公主墓志〉和〈贞孝公主墓志〉的比较研究》，《社会科学战线》1982年第1期，第184页。

② 魏国忠、朱国忱、郝庆云：《渤海国史》，黑龙江人民出版社，2014，第159页。

族弟元义立一岁，猜虐，国人杀之，推宏临子华屿为王，复还上京。"①《资治通鉴》的记载大致相同。"初，勃海文王钦茂卒，子宏临早死，族弟元义立。元义猜虐，国人杀之，立宏临之子华屿，是为成王，改元中兴。华屿卒，复立钦茂少子嵩邻，是为康王。"②由此可知，大钦茂嫡子宏临早逝，大钦茂的去世直接引发王族内部的争权夺利，以至于王族远枝大元义趁乱继位。但是大元义并不具备王位继承的合法性，从而使得大元义不得不采取一系列非常规手段捍卫自己的权力。"猜虐"应是指屠杀王族和大臣。随之继位的大华屿"复还上京"，表明大元义为了防止王族夺权，甚至将国都从上京龙泉府迁往其他"五京"。

大钦茂死后的乱局直至康王大嵩璘即位才得到缓和。大嵩璘在位的16年间（794—809），政治相对平和。大嵩璘的统治手段不过是"朝维依旧，封域如初"③，意即此时渤海国的国家政策重新回归大钦茂时期的政策和方针。大嵩璘统治的渤海国还遭遇了外部挑战，外交形势严峻。贞元十一年（795），当大嵩璘遣使唐朝告知自己即位的消息时，唐朝对大嵩璘的册封重新改回了渤海郡王。"十一年二月，遣内常侍殷志赡册大嵩璘为渤海郡王。"④"乙巳，册渤海大钦茂之子嵩为渤海郡王、忽汗州都督。"⑤这无疑降低了渤海国在唐朝封贡体系中的地位。为此，大嵩璘"遣使叙理"⑥，极力为渤海国辩护。贞元十四年（798），唐朝重新恢复了大嵩璘的渤海国王的爵位。"十四年，加银青光禄大夫、检校司空，进封渤海国王。"⑦

795年（贞元十一年，日本延历十四年），大嵩璘派吕定琳一行前往日本，是为渤海国第13回交聘日本。此次交聘的主要目的是通报大

---

① 《新唐书》卷二一九《渤海传》，中华书局，1975，第6181页。
② [宋]司马光：《资治通鉴》卷二三五，中华书局，1956，第7565页。
③ 《类聚国史》卷一九三《殊俗部·渤海上》，吉川弘文馆，1965，第348页。
④ 《旧唐书》卷一九九下《渤海靺鞨传》，中华书局，1975，第5362页。
⑤ 《旧唐书》卷十三《德宗纪下》，中华书局，1975，第381页。
⑥ 《旧唐书》卷一九九下《渤海靺鞨传》，中华书局，1975，第5362页。
⑦ 《旧唐书》卷一九九下《渤海靺鞨传》，中华书局，1975，第5362页。

钦茂去世。为了能够顺利与日本进行交聘,大嵩璘一改大钦茂时期的强硬态度,在国书中放低了姿态,即所谓的"辞义温恭,情礼可观。悔中间之迷图,复先祖之遗迹"①。日本方面的虚荣心得到了满足,因而日本一方面馈赠了大嵩璘大量礼物,"今依定琳等归次,特寄绢廿疋、絁廿疋、丝一百絢、绵二百屯。以充远信,至宜领之"②。另一方面,时隔17年再次派出遣渤海国使,即日本第11回遣渤海国使③。

尽管大钦茂在位57年中先后派出了11回遣日使,但是由于大钦茂在对日交往中始终坚持对等原则,拒绝承认渤海国为日本的臣属国,因此终大钦茂一朝,渤海国与日本一直围绕着外交礼仪之争僵持不下,只不过因为安史之乱的爆发,藤原仲麻吕计划征讨新罗等事件的出现,才让双方的关系一直得以维系。大嵩璘即位后,一改大钦茂的政策,通过在国书中采取低姿态换取实质的经济利益,此后双方的外交礼仪之争暂告一个段落。

然而大嵩璘死后,渤海国又陷入了王位动荡期。在809年至818年的10年时间里,渤海国共更替了5任国王,即大嵩璘、大元瑜、大言义、大明忠、大仁秀。虽然不排除因病死亡的可能性,但渤海国内乱的可能性更大。最有力的证据是大仁秀的身份。大明忠死后,"从父仁秀立,改年建兴,其四世祖野勃,祚荣弟也"④。大仁秀是大明忠的从父,直系祖先为大祚荣之弟大野勃,血缘关系疏远。他最终获得政权,让渤海国内乱的可能性呼之欲出。

尽管渤海国中衰时期,渤海国内乱不断,但这并不影响渤海国努力维持和积极发展对外关系。依据现有文献,从废王大元义至简王大明忠,渤海国共计向唐朝派遣了29回遣唐使,向日本派遣了6回遣日本使。

①《类聚国史》卷一九三《殊俗部·渤海上》,吉川弘文馆,1965,第350页。
②《类聚国史》卷一九三《殊俗部·渤海上》,吉川弘文馆,1965,第349页。
③《日本后纪》卷五,延历十五年十月己未,吉川弘文馆,1966,第4-5页。
④《新唐书》卷二一九《渤海传》,中华书局,1975,第6181页。

二、渤海国中兴时期（818—894）

宣王大仁秀的即位，不仅结束了渤海国王位动荡期，而且让渤海国重新强大起来，出现了中兴的气象。

《渤海国史》依据写给日本的国书，认为大仁秀"显然受到了良好的儒学教育，懂得以德政王道为核心的安邦治国方略"[1]。史料则更多注目于大仁秀在疆域扩张方面的成就。《新唐书》："仁秀颇能讨伐海北诸部，开大境宇。"[2]《辽史》："唐元和中，渤海王大仁秀南定新罗，北略诸部，开置郡邑。"[3]宝历二年（826），"（宪德王）十八年秋七月，命牛岑太守白永征汉山北诸州郡人一万，筑浿江长城三百里。"[4] 826年，新罗专门在其北部修筑了防御工事，显系为了防备渤海国的攻击而实施的防御性措施。这从侧面表明新罗在与渤海国的战争中处于劣势，只能采取被动防守的策略。这足可以佐证"南定新罗"的可靠性。"北略诸部"中的"诸部"即"海北诸部"，而"海"指今兴凯湖，可见大仁秀在与兴凯湖周边靺鞨各部的战争中获得大胜，从而进一步扩展了渤海国的疆域。

在大仁秀的基础上，后继的大彝震、大虔晃、大玄锡等君主进一步奋扬，渤海国的国势不断得到巩固和繁荣，渤海国终于被时人目为"海东盛国"。

相较于大仁秀，大彝震的主要贡献表现在文治方面。封敕《与渤海王大彝震书》盛赞道："遵礼义而封部和乐，持法度而渤海晏宁。"[5] 具体而言，一是继续完善政治体制。大和六年（832）十二月，"戊辰，内养王宗禹渤海使回，言渤海置左右神策军、左右三军、一百二十司，

---

[1] 魏国忠、朱国忱、郝庆云：《渤海国史》，黑龙江人民出版社，2014，第160页。

[2]《新唐书》卷二一九《渤海传》，中华书局，1975，第6181页。

[3]《辽史》卷三八《地理志二》，中华书局，1974，第457-458页。

[4]［高丽］金富轼：《三国史记》卷十《新罗本纪十》，杨军校勘，吉林大学出版社，2015，第144页。

[5]［宋］李昉等编《文苑英华》卷四七一《蕃书四·渤海书》，中华书局，1966，第2406页。

画图以进"①。由此可知，大彝震对军事制度、政治制度都进行了一定的调整。二是继续派遣学生前往唐朝学习。如大和七年（833），《旧唐书》："（大和）七年正月，遣同中书右平章事高宝英来谢册命，仍遣学生三人，随宝英请赴上都学问。先遣学生三人，事业稍成，请归本国，许之。二月，王子大先晟等六人来朝。"②《册府元龟》的内容更为完整。"文宗大和七年春正月己亥，银青光禄大夫、检校秘书监、忽汗都督、国王大彝震奏：遣学士解楚卿、赵孝明、刘宝俊三人，附谢恩使同中书右平章事高赏英赴上都学问。先遣学生李居正、朱承朝、高寿海等三人事业稍成，请准例递乘归本国。许之。"③三是继续发展对外商贸。"开成元年（836）六月，淄青节度使奏：新罗、渤海将到，熟铜请不禁断。"④这表明在大彝震统治期间，渤海国与山东的互市贸易极为发达。四是继续完善宫室建筑。"十有二世至彝震，僭号改元，拟建宫阙。"⑤对于"拟建宫阙"，刘晓东给出了正解。"应是修建了包括现存上京城遗址中'三朝'制建制在内等大规模建筑的都城扩建与定型时期。"⑥

　　大中十一年（857）大虔晃即位。此时的唐朝极度衰落，内乱频仍，根本无暇关心外部事务，因此有关渤海国的记载可谓是寥若晨星。大虔晃、大玄锡统治时期的具体情况不得而知。但《新唐书》宣称大玄锡统治下的渤海国极为昌盛。"至是遂为海东盛国。"⑦《渤海国史》在分析后指出："大虔晃和大玄锡两世近四十年间，国内长时期相对稳定，与唐朝继续保持亲睦和好，同日本间密切友好往来，经济和文化都有了很大的发展，国力也大大增强，在各个方面都呈现出繁荣富强

　　①《旧唐书》卷十七下《文宗纪下》，中华书局，1975，第547页。

　　②《旧唐书》卷一九九下《渤海靺鞨传》，中华书局，1975，第5363页。

　　③《宋本册府元龟》卷九九九《请求》，中华书局，1989，第4041页。

　　④《宋本册府元龟》卷九九九《互市》，中华书局，1989，第4043页。

　　⑤《辽史》卷三八《地理志二》，中华书局，1974，第456页。

　　⑥刘晓东、李陈奇：《渤海上京城"三朝"制建制的探索》，《北方文物》2006年第1期，第46页。

　　⑦《新唐书》卷二一九《渤海传》，中华书局，1975，第6182页。

的大好局面，并终于迎来了'海东盛国'的发展阶段。"①这里对大虔晃、大玄锡统治时期的评价应为事实。

三、渤海国衰亡时期（894—926）

几十年的中兴加强了渤海国的实力，但军事实力的增长并无法使渤海国在与契丹的战争中占据优势，在内忧外患的双重作用下，渤海国最终被辽朝覆亡。

内忧方面，担任东丹国右次相的耶律羽之在上奏辽太宗的表文中，曾追溯阿保机覆亡渤海国的历史，"先帝因彼离心，乘衅而动，故不战而克"②。"因彼离心"说明渤海国内部再次出现了权力斗争，导致了渤海国的政治动荡。919年（贞明五年，延喜十九年）渤海国第34回交聘日本，次年五月回国之时，四名成员脱队，滞留于日本。"廿六日，右大臣令元方奏领归乡渤海客使大学少允坂上恒荫等申：遁留不归客徒四人事。"③日本政府很快给出了处置意见。"廿八日，仰遁留渤海人等，准大同五年例，仰越前国安置云云。"④此处所言的"大同五年例"，即弘仁元年（810）五月高多佛的先例。这四人在延喜二十二年（922）仍有记载。"九月，二日己卯，渤海客安置越前之□进解文。"⑤这四名成员能够"解文"，表明他们具有相当高程度的汉语水平，绝非使团中的普通成员。而在渤海国34回交聘日本的历史中，从无如此现象出现，这表明渤海国内部出现了严重的政治动荡，使得他们宁可滞留日本也不愿返国。

外患方面，渤海国不得不面对日益崛起的契丹。在向外扩张的过程中，渤海国与盘踞于辽河上游的契丹发生过激烈的冲突，《新唐书》在言及扶余府时写道："常屯劲兵捍契丹。"⑥此即明证。阿保机甚至宣

① 魏国忠、朱国忱、郝庆云：《渤海国史》，黑龙江人民出版社，2014，第184页。
② 《辽史》卷七五《耶律觌烈传》，中华书局，1974，第1238页。
③ 《扶桑略记》卷二四《醍醐天皇》，吉川弘文馆，1965，第193页。
④ 《扶桑略记》卷二四《醍醐天皇》，吉川弘文馆，1965，第193页。
⑤ 《扶桑略记》卷二四《里书》，吉川弘文馆，1965，第206页。
⑥ 《新唐书》卷二一九《渤海传》，中华书局，1975，第6182页。

称契丹与渤海为"世仇"。天赞四年（925）十二月，阿保机在诏书中写道："所谓两事，一事已毕，惟渤海世仇未雪，岂宜安驻！"①朝鲜方面的史料亦有相关记载。"（渤海国）邻于我境，而与契丹世仇，至是，契丹王谓左右曰：'世仇未雪，岂宜安处。'"②《高丽史节要》："（渤海国）邻于我境，而与契丹世仇。"③然而"世仇"作何解、"世仇"的时间起源等问题，都因史料的缺略和语焉不详无由而知。观渤海国历史，契丹（辽朝）逐渐威胁到渤海国安全的时期应在大玮瑎和大諲譔统治时期。

依据现存文献，渤海国与辽朝从908年开始就爆发了相当规模的战争。辽太祖二年（908），"冬十月己亥朔，建明王楼。筑长城于镇东海口"④。王绵厚以镇海府为媒介进行推论："所谓辽初之'镇东海口'，应即是今渤海湾中的大清河口。"⑤《渤海国史》也认为："大体上在今辽东湾海滨一带似无疑问。"⑥辽朝"筑长城"进行防御的对象便是渤海国。毕竟此时后梁刚刚建立，尚无力染指辽东地区。辽太祖三年（909），"春正月，幸辽东"⑦。阿保机在"筑长城"后不久又亲自巡视辽东，表明此地局势不稳。阿保机被迫亲自前往巡视镇压。辽太祖九年（915），"冬十月戊申，钩鱼于鸭渌江"⑧。时隔7年，阿保机再次视察辽东，并进至"鸭渌江"，进一步说明双方的战争一直持续。

神册三年（918）是辽朝与渤海国战争的转折点。这一年，大諲譔向辽朝派出了1回遣辽使。《辽史》分两处予以记述。《本纪》：二月，

①《辽史》卷二《太祖纪下》，中华书局，1974，第21页。

②［朝鲜］郑麟趾：《高丽史》卷一《太祖世家一》，西南师范大学出版社、人民出版社，2013，第25-26页。

③《高丽史节要》卷一，亚细亚文化社，1973，第16页。

④《辽史》卷一《太祖纪上》，中华书局，1974，第3页。

⑤王绵厚：《唐末契丹进入辽东的历史考察》，《社会科学辑刊》1993年第2期，第81页。

⑥魏国忠、朱国忱、郝庆云：《渤海国史》，黑龙江人民出版社，2014，第184页。

⑦《辽史》卷一《太祖纪上》，中华书局，1974，第4页。

⑧《辽史》卷一《太祖纪上》，中华书局，1974，第10页。

"梁遣使来聘。晋、吴越、渤海、高丽、回鹘、阻卜、党项及幽、镇、定、魏、潞等州各遣使来贡。"①《属国表》："渤海、高丽、回鹘、阻卜、党项各遣使来贡。"②渤海国这次出使辽朝，很可能是为了寻求与辽朝的和平。但是结果并不乐观。同年十二月，阿保机再次前往辽东。"冬十二月庚子朔，幸辽阳故城。"③此处巡视的地点为"辽阳故城"，即唐朝的营州故地，一直是中原王朝经略东北地区的前沿阵地。这次巡视展示出阿保机进攻渤海国的决心。正是在这次巡视中，阿保机决定重建辽阳城。神册四年（919），"二月丙寅，修辽阳故城，以汉民、渤海户实之，改为东平郡，置防御使"④，"神册四年，葺辽阳故城，以渤海、汉户建东平郡，为防御州。天显三年，迁东丹国民居之，升为南京"⑤。营建辽阳城，不仅是修葺城墙等防御工事，而且还迁徙民众。辽朝将他处的"汉民、渤海户""渤海、汉户"迁来以实城池，改称东平郡。以郡为名，表明迁来的人口数量众多，而辽朝统治下能拥有大量"渤海户"，说明历次战争中辽朝占据优势，掳获了大量的渤海国人口。这也再次表明二者之间的战争规模较大。是年五月，阿保机再次前往新建的东平郡进行视察。"夏五月庚辰，至自东平郡。"⑥阿保机频繁视察辽阳的原因是"将其作为进攻渤海的前哨基地"⑦。

大諲譔派遣遣后唐使的频次也从侧面印证双方战事的激烈。大諲譔的遣后唐使，"集中在924、925、926三个年份里，其中924年更是先后派出了3批遣后唐使。如此密集的朝贡记录似乎说明这些朝贡活动并非简单的政治活动，而是另有目的，即向后唐求助，希冀与辽朝关系紧张的后唐能够出兵辽朝，从而缓解辽朝对渤海国攻击的压力。换言之，至少从924年开始，渤海国与辽朝的战争已经进入到白热化阶

---

① 《辽史》卷一《太祖纪上》，中华书局，1974，第12页。

② 《辽史》卷七〇《属国表》，中华书局，1974，第1126页。

③ 《辽史》卷一《太祖纪上》，中华书局，1974，第13页。

④ 《辽史》卷二《太祖纪下》，中华书局，1974，第15页。

⑤ 《辽史》卷三八《地理志二》，中华书局，1974，第456页。

⑥ 《辽史》卷二《太祖纪下》，中华书局，1974，第15页。

⑦ 魏国忠、朱国忱、郝庆云：《渤海国史》，黑龙江人民出版社，2014，第566页。

段，处于劣势的渤海国不得不寻求外力存续国家"①。

随着辽朝逐渐取得战场上的优势地位，阿保机发动了对渤海国的灭国之战。从925年十二月至次年三月，辽朝用了4个月的时间终结了渤海国。

小 结

渤海国前后存续二百余年，疆域广阔，这与靺鞨人骁勇善战有关。洪皓宣称："男子多智谋，骁勇出他国右，至有'三人渤海当一虎'之语。"②但更为重要的是，渤海国对周边形势的精准把握。大祚荣之所以能够建国，乃是利用唐朝与后突厥汗国之间的对立而获得立国空间。大武艺从开战到向唐朝求和，也与后突厥汗国的兴衰有着密切关系。当后突厥汗国拥有足够与唐朝抗衡的力量之时，为了打压以大门艺为首的渤海国内部亲唐派，大武艺依凭着后突厥汗国的支持，选择与唐朝刀兵相见。然而当后突厥汗国日趋瓦解之时，为了避免独自面对唐朝的怒火，大武艺最终选择和解。安史之乱后，尽管唐朝的实力大不如前，但是渤海国一直与唐朝保持着和平友好的关系，这是渤海国充分考虑蒙古高原上的政治势力而选择的结果。继后突厥汗国兴起的回鹘汗国（744—840）一直与唐朝保持着友好和平关系，这使得渤海国失去了左右逢源的可能性，必须选择与唐朝保持和平友好的关系。回鹘汗国瓦解之后，代之而起的是蒙古高原东部的契丹，面对与契丹的"世仇"，渤海国必须与唐朝、后梁、后唐等中原王朝保持和平友好关系以制衡日益强大的契丹。

总体而言，渤海国与唐朝的关系以和平交流为主要趋势，借助频繁而持久的朝贡，渤海国成为唐朝封贡体系的坚定支持者，充分利用唐朝封贡体系以谋求自身的发展壮大。一方面熟练运用封贡体系的规则，为渤海国谋求最大的政治利益，即以唐朝的封号——渤海郡王、

---

① 拙文：《现存文献所见渤海国末期朝贡次数考》，载沈祯云、陈志刚主编《刘光华先生、李蔚先生八五华寿纪念文集》，兰州大学出版社，2021，第245页。

② ［宋］洪皓：《松漠纪闻》，翟立伟标注，吉林文史出版社，1986，第19页。

渤海国王——同周边部族与国家进行交往；另一方面利用封贡体系，发展繁盛的商贸活动，为自身底垫强大的经济实力。"兹考渤海十五王中，朝于唐者，凡一百三十二次；朝于梁者，凡五次；朝于后唐者，凡六次；聘于日本者，凡三十四次。"①按照金毓黻的统计，渤海国向唐朝朝贡132回，与日本交聘34回。而笔者的统计，遣唐使的回数至少为141回。渤海国之所以在唐朝封贡体系下如此频繁地与唐朝交往，固然出于政治、军事、文化等方面的需求，但经济方面的驱动力不容忽视。黄维翰早已指出："一岁数朝或一月再朝，疑国人之入唐者，假其名为之，利上之赏赐也。"②

---

① 金毓黻：《渤海国志长编》卷十六《族俗考》，社会科学战线杂志社，1982，第359页。

② 黄维翰：《渤海国记》下篇《朝贡中国》，《渤海国志三种》，张中澍、王承礼点校，天津古籍出版社，1992，第110页。

第二章

封贡体系的概
念界定与理论
内涵

　　从费正清进行系统阐释开始，在国内外学者的共同努力下，"Tributary System"（或 "Tribute System"）成为国际上有效解释古代东亚世界秩序的经典范式①。经过几十年的学界讨论，"Tributary System"的理论框架和内涵不断地得到完善和丰满，成为学术研究中可以与西方条约体系分庭抗礼的国际关系范式之一，其有效解释古代中国同周边部族与国家之间的国际局势的地位无可动摇。王贞平评述道："总体而言，当代学者虽然对费正清的'朝贡体制论'提出了种种质疑，但未能以新的理论架构取而代之，以致有人感叹道：'朝贡体制论'在学界似乎已取得了

---

　　① 国内外研究回顾，可参见权赫秀《中国古代朝贡关系研究评述》（《中国边疆史地研究》2005 年第 3 期）、黄纯艳《中国古代朝贡体系研究的回顾与前瞻》（《中国史研究动态》2013 年第 1 期）以及郭嘉辉《近代"朝贡制度"概念的形成——兼论费正清"朝贡制度论"的局限》（《中山大学学报》2021 年第 1 期）的相关述评。

'永恒不朽'的地位。"①张锋也有相同的认知。"朝贡体系是古代东亚国际政治研究领域的经典范式，至今还未从理论或史实上受到根本性的挑战。"②

第一节
各国学者对"Tributary System"的解读

以费正清"Tributary System"的思考为起点，国内外学者对以古代中国为中心的国际秩序进行了持续而深入的思考。

有学者对之提出否定的观点③。庄国土明确指出："西洋人所谓的'东亚世界体系'，是中国一厢情愿的主观推导，并非得到外国实际认可并有效运作的客观存在。所谓的'朝贡—册封关系'，不是具有约束力的政治关系。"④"所谓以中国为中心的东亚朝贡体系，很大程度上是根据一厢情愿的中国文献演绎出来的传统东亚国际关系体系。"⑤黄纯艳指出其论述的缺陷。"不能以东南亚一个地区的情况否定多层次、多形态的朝贡体系的整体存在，同时还需看到那些局部的看似虚幻和有益营造的朝贡关系对于维持朝贡体系整体存在和国内政治需要具有的重要意义。"⑥

---

① [加拿大] 王贞平:《唐代宾礼研究:亚洲视域中的外交信息传递》,中西书局,2017,第188页。

② 张锋:《解构朝贡体系》,《国际政治科学》2010年第2期,第34页。

③ 庄国土:《略论朝贡制度的虚幻:以古代中国与东南亚的朝贡关系为例》,《南洋问题研究》2005年第3期;《论郑和下西洋对中国海外开拓事业的破坏——兼论朝贡制度的虚假性》,《厦门大学学报》2005年第3期。

④ 庄国土:《略论朝贡制度的虚幻:以古代中国与东南亚的朝贡关系为例》,《南洋问题研究》2005年第3期,第2页。

⑤ 庄国土:《略论朝贡制度的虚幻:以古代中国与东南亚的朝贡关系为例》,《南洋问题研究》2005年第3期,第8页。

⑥ 黄纯艳:《中国古代朝贡体系研究的回顾与前瞻》,《中国史研究动态》2013年第1期,第62页。

王贞平则从考察唐朝的综合性国力、唐朝对外政策等方面出发，认为唐朝的实力并无法使之总是占据中心地位。"'朝贡'意味着唐在亚洲享有中心地位，这点也是值得商榷的。唐若能拥有这样的中心地位，需要在三个方面——物质财富、向边疆或疆外投放兵力的能力、通过思想和文化影响四邻的能力——具有压倒性的，至少是明显的优势。遗憾的是，唐朝并不总是在这些方面占有优势。"①唐朝对外政策方面，"宜"——适宜性是处理唐朝与四夷关系的准则。唐朝自身也意识到自身的实力不足，在大多数时候更为灵活地处理周边事务。进而王贞平指出"Tributary System"无法有效解释唐时亚洲的真实样貌。"真实的亚洲世界并不是按照这种理想化、简单化的朝贡模式运行的。传统文人通常用'朝贡'来描述四邻与唐的交往，但这个词既不中性，也不客观，因为它忽略了四邻与唐往来的真实意图。"②"朝贡体系维持了唐朝至高无上的表象，却掩盖了亚洲的多极本质。"③"亚洲各政权权力关系的特征是多样性和不稳定性，而不是由唐朝主宰。"④王贞平认为唐朝所处的世界是一个多极世界。"理论上说，在多极世界里，没有任何一个国家能够在国际事务中充当唯一的决定性力量。各种不同力量将共同影响和决定某起事件的走向和结果，而该结果往往与相关各方的预期大相径庭。"⑤王贞平的分析相当精彩，但是无法从根本上撼动"Tributary System"。第一，王贞平过度强调国力的重要性。国力固然处在不断变动之中，但国力并非唯一的指标。如果只讨论国际

① [加拿大]王贞平：《多极亚洲中的唐朝》，贾永会译，上海文化出版社，2020，第314页。

② [加拿大]王贞平：《多极亚洲中的唐朝》，贾永会译，上海文化出版社，2020，第314页。

③ [加拿大]王贞平：《多极亚洲中的唐朝》，贾永会译，上海文化出版社，2020，第2页。

④ [加拿大]王贞平：《多极亚洲中的唐朝》，贾永会译，上海文化出版社，2020，第3页。

⑤ [加拿大]王贞平：《多极亚洲中的唐朝》，贾永会译，上海文化出版社，2020，第315页。

体系中的国力问题，那么国际关系只能是丛林法则。第二，"Tributary System"的有关讨论的目标是探讨地方性国际体系，王贞平的多数论述则是停留在外交政策、外交策略等层面上的阐释，二者并不在同一个层面。

更多的学者则是选择从历史学、政治学等不同学科角度出发，针对"Tributary System"提出自己的理论思考和理论架构，补充、弥补、修正费正清思考中的不足之处。李宝俊、刘波二人进行过统计，"据笔者统计，海内外相关提法不下20种"①。李云泉对这些理论思考和理论架构进行了一个初步的分类。"当今学界所用概念，有侧重文化意义的'华夷秩序''天朝礼治体系''中国的世界秩序'；有注重政治意义的'册封体制'；有体现双向互动的'封贡体制（体系）''朝贡体制（制度）''朝贡体系'等。"②

尽管学界的提法五花八门，但是究其实质，这些论述基本上并未脱离费正清的理论思考，大体上可以说是在费正清理论框架的基础上进行修补和完善。尤须注意的是，在名称上，国内诸如册封体系、封贡体系、朝贡体系、朝贡制度等等，对译的英文词汇都是"Tributary System"。这种简单的对译无疑掩盖了国内学者对"Tributary System"的深入思考。另一方面，概念的纷繁，也影响到学界的深入思考。张锋总结道："当前著作中'朝贡体系''册封体系''封贡体系''朝贡体制''朝贡制度'等指谓名目繁多，到底该用哪种称谓，如何进行定义，在概念上就甚为混乱。"③因此，首先有必要在总结学界的研究之上，对不同概念的内涵进行解读，希冀给出一个能够被学界广为接受的整体概念。

---

① 李宝俊、刘波：《"朝贡—册封"秩序论析》，《外交评论》2011年第2期，第110页注释5。

② 李云泉：《话语、视角与方法：近年来明清朝贡体制研究的几个问题》，《中国边疆史地研究》2014年第2期，第1页。

③ 张锋：《解构朝贡体系》，《国际政治科学》2010年第2期，第56页。

一、费正清对"Tributary System"的开创式研究

蒋廷黻最早关注"Tributary System"。余英时明确将费正清的研究追溯至蒋廷黻的启迪。"费正清后来强调中国传统的'朝贡制度'和鸦片战争后'条约制度'的差异；这一问题最先是由蒋氏提出的，不过未作深入而细致的分析。"[①]在蒋廷黻的影响下，费正清开始对"Tributary System"进行开创式思考。"20世纪30年代，费正清在撰写博士论文时首次涉及朝贡制度。"[②]1941年，费正清与邓嗣禹共同合作的《论清朝的朝贡制度》（"On the Ch'ing Tributary System"），正式提出"Tributary System"的概念，从而开启了封贡体系的研究。

《论清朝的朝贡制度》首先从四个方面对"Tributary System"进行界定。"（1）朝贡制度是中国早期先进文化自然发展的结果。（2）在中国统治者看来，朝贡制度具有自我防御的政治目的。（3）在实践中，朝贡制度拥有着基本而重要的商业基础。（4）朝贡制度是中国处理国际关系和外交事务的媒介。"[③]以此为基础，费正清给出了"Tributary System"的定位。"Tributary System"是"非中华地区的蛮夷之地在无所不包的中华政治与道德系统中获取一席之地的机制"[④]。其次，依据《万历会典》《大清会典》等官方文献，费正清对晚明至清代朝贡国遣使来华的周期及变化进行了分析，借助表格进行量化研究；对清代理藩院等涉及"Tributary System"的中央机构设置加以梳理；对宾礼制度等做了较为翔实的分析。最后，费正清还论述了"Tributary System"之下清代与欧洲各国的关系。指出"Tributary System"在处理清朝与北

---

① [美]余英时：《费正清与中国》，载[美]费正清《费正清自传》，黎鸣等译，天津人民出版社，1993，第590页。

② 许建英：《"中国世界秩序"观之影响及其与中国古代边疆研究——费正清〈中国世界秩序：中国传统的对外关系〉读后》，《中国边疆史地研究》2006年第1期，第38页。

③ J. K. Fairbank and S. Y. Teng, "On the Ch'ing 'Tributary System'", *Harvard Journal of Asiatic Studies*, no. 2(1941): 137.

④ J. K. Fairbank and S. Y. Teng, "On the Ch'ing 'Tributary System'", *Harvard Journal of Asiatic Studies*, no. 2(1941): 139.

部、西北地区各部族及国家的关系时起到了作用；但当欧洲各国从海路而来、寻求贸易时，由陆地生发出来的"Tributary System"便无法有效地应对。通读全文，这里的"Tributary System"乃是指称古代中国处理民族关系、对外关系时的一项政治制度，并未上升至国际体系的层面加以理论性凝练。

此后，费正清又撰写了《朝贡贸易与中西关系》（1942）、《中国沿海的贸易与外交：1842—1854年通商口岸的开埠》（1953）、《一种初步的构想》（《中国的世界秩序：传统中国的对外关系》，1968）[①]等一系列文章、论著，继续完善自己的理论思考。《一种初步的构想》可谓是费正清对"Tributary System"的总结性论述。在这篇文章中，费正清以"Tributary System"为出发点，以"以中国为中心的、等级制的中国外交关系"[②]为依托，提出了"中国的世界秩序"。至此一个新的国际体系研究范式横空出世。至于"朝贡制度"与"中国的世界秩序"二者之间的关系，许建英一针见血地指出："费正清构建'中国世界秩序'理论体系是从阐述朝贡制度开始的，并且使后者成为前者的核心。"[③]

在费正清的思考中，皇帝乃是中国得以紧密团结的核心。"人民效忠和敬畏的具体对象是天子，而不是'国家''民族''人民'等任何非人格化的抽象概念。"[④]以皇帝为中心而构建起的国家秩序，等级化是其最为凸显的特征之一。与国家秩序紧密相连的对外关系由此也呈

---

① J. K. Fairbank, "Tributary Trade and China's Relations with the West", *The Far Eastern Quarterly*, no. 2 (1941): 129–149; J. K. Fairbank, *Trade and Diplomacy on the China Coast: The Opening of the Treaty Ports, 1842–1854* (Cambridge, Mass.: Harvard University Press, 1953); J. K. Fairbank, "A preliminary Framework", J. K. Fairbank, ed. , *The Chinese World Order: Traditional China's Foreign Relations* (Cambridge, Mass. : Harvard University Press, 1968).

② [美]费正清：《一种初步的构想》，载[美]费正清编《中国的世界秩序：传统中国的对外关系》，杜继东译，中国社会科学出版社，2010，第2页。

③ 许建英：《"中国世界秩序"观之影响及其与中国古代边疆研究——费正清〈中国世界秩序：中国传统的对外关系〉读后》，《中国边疆史地研究》2006年第1期，第38页。

④ [美]费正清：《一种初步的构想》，载[美]费正清编《中国的世界秩序：传统中国的对外关系》，杜继东译，中国社会科学出版社，2010，第6页。

现出等级化的特征。"中国的外交关系也像中国社会一样，是等级制的和不平等的。"①因为，中国的对外关系乃是中国国内秩序的外延。"帝国政府的对外关系只不过是中国内政的外延，因此每一个同中国接触的国家，都在中国的世界秩序中占有一席之地。"②"简言之，把外国的统治者纳入尊卑等级以及按礼仪这样做仅仅是中国统治者企图在国内保持的儒家社会制度在外部世界的延伸。"③从"中国中心主义"出发，以中国为中心而确立的国际秩序呈现出同心圆结构。"以中国为中心的、等级制的中国外交关系，所包括的其他民族和国家，可以分为三个大圈：第一个是汉字圈，由几个最邻近而文化相同的属国组成，即朝鲜、越南（它们的一部分在古代曾受中华帝国的统治），还有琉球群岛，日本在某些短暂时期也属于此圈。第二个是内亚圈，由亚洲内陆游牧或半游牧民族等属国和从属部落构成，它们不仅在种族和文化上异于中国，而且处于中国文化区以外或边缘，有时甚至进逼长城。第三个是外圈，一般由关山阻绝、远隔重洋的'外夷'组成，包括在贸易时应该进贡的国家和地区，如日本、东南亚和南亚其他国家，以及欧洲。"④之后的讨论，许建英进行了很好的凝练。"在勾勒出古代中国中心主义的基本框架后，费正清从15个方面描述了中国世界秩序的起源和历史发展。……概括地讲，他论及了'中国世界秩序'产生的客观环境、政治背景、天下观、万能的天子、儒教文化、礼治体制、行政体制、朝贡制度及其作用、朝贡贸易、夷夏关系、藩属制度等。其论证广泛而全面，几乎涉及古代中国政治、制度、文化、经济和民

---

① ［美］费正清：《一种初步的构想》，载［美］费正清编《中国的世界秩序：传统中国的对外关系》，杜继东译，中国社会科学出版社，2010，第2页。

② ［美］费正清：《一种初步的构想》，载［美］费正清编《中国的世界秩序：传统中国的对外关系》，杜继东译，中国社会科学出版社，2010，第10页。

③ ［美］费正清、赖肖尔：《中国：传统与变革》，陈仲丹等译，江苏人民出版社，1992，第196页。

④ ［美］费正清：《一种初步的构想》，载［美］费正清编《中国的世界秩序：传统中国的对外关系》，杜继东译，中国社会科学出版社，2010，第2页。

族等各个方面。"①

二、后续学者对"Tributary System"的思考

费正清提出的"Tributary System"和"中国的世界秩序"引起了学界的强烈反响。有的学者通过发掘史料还原"Tributary System"的发展脉络。如《汉代贸易与扩张》一书的主旨，余英时明言："近年来，中国的贡纳体系在处理西方对清王朝的挑战时所暴露出来的不足之处，已有许多著作所涉及。众所周知，在面临新的世界秩序时，这一体系已经崩溃而无法修复；但是应该记住，中国的贡纳体系有着悠久的历史。我认为，要对它作出任何公正的评价，不仅必须要考虑到它的衰落和崩溃，而且必须要考虑到它的建立和成长。"②有的学者则专注于理论框架的构建，在批评、反思费正清理论思考的基础上，提出了自己的理论框架，试图弥补、修正费正清理论思考中的缺失与不足。

在后续学者众多的提法与论述中，具有较大影响力的理论框架有以下几种。20世纪70年代，《日本外交史》提出了"华夷秩序"③。信夫清三郎指出："中国具有与'西洋国家体系'不同的独自的国际秩序原理，即所谓'华夷秩序'。"④《日本外交史》进一步申说道："其总的关系就是以'中华帝国'为中心，周围夷狄各国接受册封（授予外交文书，承认其地位），后者向前者朝贡，前者羁縻（牵制）后者。这种关系，在渊源上是汉帝国内部皇帝与诸侯的上下关系在汉皇帝同夷狄君主之间的关系上的投影，而且来自结合儒教王道思想而设想出来的独特的国际秩序观念。因此，它虽然是若干国家的联合体制，但其

---

① 许建英：《"中国世界秩序"观之影响及其与中国古代边疆研究——费正清〈中国世界秩序：中国传统的对外关系〉读后》，《中国边疆史地研究》2006年第1期，第36页。

② [美]余英时：《汉代贸易与扩张——汉胡经济关系结构研究》，邬文玲等译，上海古籍出版社，2005，第5页。

③ [日]信夫清三郎编《日本外交史》，天津社会科学院日本问题研究所译，商务印书馆，1980。何川芳《"华夷秩序"论》（《北京大学学报》1998年第6期）与之相应和。

④ [日]信夫清三郎编《日本外交史》上册"序论"，天津社会科学院日本问题研究所译，商务印书馆，1980，第3页。

中各国相互之间并不发生直接关系，而是完全由对'中华帝国'的直接关系规定的一元化上下秩序构成的。因此，这种国际秩序本身并不能由周围各民族国家相互之间的对立和斗争来扩大，秩序的扩大和缩小，完全取决于'中华帝国'皇帝'德化'力量的大小。"①何川芳主要是从源流和内涵两方面对"华夷秩序"进行说明。源流上，将"华夷秩序"产生的时间上溯至汉代，内涵上，在强调中原王朝的主导原则基础上，对儒家学说、朝贡制度和礼仪的重要性加以强调，并指出："和平、友好、积极，是'华夷'秩序的主流。"②

日本学者西岛定生提出了"册封体制"③。西岛定生认为："东亚世界"是以中国文明的发生及发展为基轴而形成的。随着中国文明的发散，其影响进而到达周边民族，形成以中国文明为中心的文化圈。构成这个历史文化圈的要素可归纳为汉字、儒教、律令制、佛教四项。"藤间生大、鬼头清明、菊池英夫等人在批判西岛定生以中国为中心的册封体制论的同时，进一步提出了'东亚世界论'，其共同点就在于不仅重视册封等官方的政治关系，同时也强调贸易等非官方的经济文化关系。"④堀敏一在藤间生大等学者的思路上进一步反思。"以中国为中心，存在着规定东亚国际关系的一定的秩序形式，其表现形式之一就是册封体制，这是必须予以肯定的。……现实的国际关系是受各国的地位及实力关系所左右的。"⑤

---

① [日] 信夫清三郎编《日本外交史》上册"序论"，天津社会科学院日本问题研究所译，商务印书馆，1980，第12-13页。

② 何川芳：《"华夷秩序"论》，《北京大学学报》1998年第6期，第40页。

③ [日]西嶋定生：《中国古代国家と東アジア世界》，東京大学出版会，1983；《西嶋定生東アジア史論集》第三卷《东アジア世界と册封體制》，岩波书店，2002，第52-55页。

④ 权赫秀：《中国古代朝贡关系研究评述》，《中国边疆史地研究》2005年第3期，第127页。

⑤ [日]堀敏一：《隋唐帝国与东亚》，韩昇、刘建英编译，兰州大学出版社，2010，第23-24页。

香港学者黄枝连提出了"天朝礼治体系"[①]。指出："在十九世纪以前，即西方文化、西方国家、西方殖民帝国主义兴起之前，这里有一个突出的区域秩序，是以中国封建王朝（所谓'天朝'）为中心而以礼仪、礼义、礼治及礼治主义为其运作形式；对中国和它的周边国家（地区）之间、周边国家之间的双边和多边关系，起着维系与稳定的作用，故称之为'天朝礼治体系'。"[②]黄枝连主要研究了明清时期中国与朝鲜之间的关系，将富有浓厚道德伦理色彩的"礼"作为理解东亚国际关系的入手点，强调"礼"从国内统治向外交政策的延伸。黄枝连的研究无疑是另辟蹊径的，夫马进对其进行高度评价，但也指出其研究所存在的问题。"但是，令人感到遗憾的是，他的研究仅仅局限于对'礼的言说'进行说明，而且他所提示的'礼的言说'仅仅局限于礼的普及和推行问题，基本上没有涉及礼未被遵守，即在诸外国不遵守中国制定的礼的情况下，'礼的言说'究竟是如何具体表现的。因此，我们认为，黄枝连仅仅研究了'礼的言说'的一个侧面。"[③]

日本学者滨下武志提出了"朝贡贸易体系"[④]。其突出的特点是强调贸易的重要性。他指出："朝贡的根本特征，在于它是以商业贸易行为进行的活动，也就是说，因朝贡关系而使得以朝贡贸易关系为基础的贸易网络得以形成。"[⑤]以朝贡贸易为基础，一个特殊的国际体系渐

① 黄枝连：《天朝礼治体系研究》上卷《亚洲的华夏秩序：中国与亚洲国家关系形态论》，中国人民大学出版社，1992；《天朝礼治体系研究》中卷《东亚的礼义世界：中国封建王朝与朝鲜半岛关系形态论》，中国人民大学出版社，1994；《天朝礼治体系研究》下卷《朝鲜的儒化情境构造：朝鲜王朝与满清王朝的关系形态论》，中国人民大学出版社，1995。

② 黄枝连：《天朝礼治体系研究》上卷《亚洲的华夏秩序：中国与亚洲国家关系形态论》，中国人民大学出版社，1992，序言第2页。

③ ［日］夫马进：《朝鲜燕行使与朝鲜通信使：使节视野中的中国·日本》，伍跃译，上海古籍出版社，2010，第48页。

④ ［日］滨下武志：《近代中国的国际契机——朝贡贸易体系与近代亚洲经济圈》，朱荫贵、欧阳菲译，中国社会科学出版社，1999。

⑤ ［日］滨下武志：《近代中国的国际契机——朝贡贸易体系与近代亚洲经济圈》，朱荫贵、欧阳菲译，中国社会科学出版社，1999，第38页。

趋形成。"以中国为核心的与亚洲全境密切联系存在的朝贡关系即朝贡贸易关系，是亚洲而且只有亚洲才具有的唯一的历史体系，必须从这一视角出发，在反复思考中才能够推导出亚洲史的内在联系。"[1]在随后的研究中，滨下武志以"东亚经济圈"的概念涵盖"朝贡贸易体系"，强调东亚内部存在着经济层面上的紧密联系。指出："朝贡贸易体系"促成了以中国为中心的"东亚经济圈"的形成[2]。

日本学者上田信提出了"朝贡体制"[3]。上田信对其定义："朝贡体制，是基于儒教思想中礼的理念，以建立国际关系秩序的册封为基础而实行的与异国的交易和遭难者移送等的制度。"[4]

中国学者也提出了"封贡体系"[5]、"天下体系"[6]、"天下秩序"[7]、"宗藩关系"[8]、"藩属体制"[9]等概念。其中的"宗藩""藩属"概念，陈伟芳早在1986年就指出其不适用的一面。"中国并不具有殖民

---

① [日]滨下武志:《近代中国的国际契机——朝贡贸易体系与近代亚洲经济圈》，朱荫贵、欧阳菲译，中国社会科学出版社，1999，第30页。

② [日]滨下武志:《中国、东亚与全球经济:区域和历史的视角》，王玉茹等译，社会科学文献出版社，2009。

③ [日]上田信:《东欧亚海域史列传》，寇淑婷译，厦门大学出版社，2018。

④ [日]上田信:《东欧亚海域史列传》，寇淑婷译，厦门大学出版社，2018，第36页。

⑤ 陈伟芳:《甲午战前朝鲜的国际矛盾与清政府的失策》，载戚其章主编《甲午战争九十周年纪念论文集》，齐鲁书社，1986。

⑥ 赵汀阳:《天下体系:世界制度哲学导论》，江苏教育出版社，2005；王小红、何新华:《天下体系:一种建构世界秩序的中国经验》，光明日报出版社，2014。

⑦ 高明士:《天下秩序与文化圈的探索》，上海古籍出版社，2008。

⑧ 张存武:《清韩宗藩贸易，1637—1894》，"中研院"近代史研究所，1978；孙宏年:《清代中越宗藩关系研究》，黑龙江教育出版社，2006；柳岳武:《传统与变迁:康雍乾之清廷与藩部属国关系研究》，巴蜀书社，2009；陈金生:《试论质子在加强宗藩关系中的作用》，《甘肃联合大学学报》2010年第6期。

⑨ 李大龙:《汉唐藩属体制研究》，中国社会科学出版社，2006；刘志扬、李大龙:《"藩属"与"宗藩"辨析——中国古代疆域形成理论研究之四》，《中国边疆史地研究》2006年第3期；李大龙:《关于藩属体制的几个理论问题——对中国古代疆域理论发展的理论阐释》，《学习与探索》2007年第4期；黄松筠:《中国古代藩属制度研究》，吉林人民出版社，2008。

体系下的'宗主权'（Suzerainty）。而所谓'藩属'，实际上是独立主权国家。也与西方的Vassal state 不同。"①陈尚胜也有相近的表述。指出：中国传统文献中并没有"宗主国"这一概念，"人们常把近代西方国家与其殖民地国家的关系称为'宗藩关系'"，从名称和性质双重角度考量，"宗藩关系"的表述并不合适。"藩属体制"，"也只是点名了中国封建王朝对于周边秩序状态的追求，却未表达出东亚地区传统秩序的关系结构"，因此也不适宜②。

　　总体来看，尽管相关论述呈现出百家争鸣之态，层出不穷；但是这些论述基本上并未脱离费正清的理论思考，大体上可以说是对费正清理论框架的修补。统而论之，学者们基本上达成了五项共识。一是历代中原王朝都会制订一系列有关朝贡、册封等活动的礼仪与制度，不同时代的制度之间有着明显的承继关系；周边部族与国家遵守朝贡制度前来朝贡，乃是基于自身利益的考量，周边部族与国家能够通过朝贡获得政治、经济等方面的好处。二是朝贡制度的出现，乃是植根于儒家思想，尤其是受到天下观、王霸观、华夷观和义利观③等儒家思想的重要影响。但是也不应忽视中原王朝基于自身安全的需要而推动朝贡制度的施行，理想、现状、实力、利益、环境等诸多要素都会左右中原王朝的决策，从而影响朝贡制度的施行。因此，"不可能存在一个能够贯穿中国历史而一成不变的朝贡体系"④。三是朝贡制度在处理中国同周边部族与国家的关系时，逐渐形成了具有自身特色的国际秩序，相对和平的常态是其特色。"在这个秩序中，东亚地区的绝大多数国家尽管都不同程度地拥有过发动大规模战争的军事和科研能力，却

---

　　① 陈伟芳：《甲午战前朝鲜的国际矛盾与清政府的失策》，载戚其章主编《甲午战争九十周年纪念论文集》，齐鲁书社，1986，第31页。

　　② 陈尚胜：《朝贡制度与东亚地区传统国际秩序——以16—19世纪的明清王朝为中心》，《中国边疆史地研究》2015年第2期，第10页。

　　③ 参见陈尚胜：《中国传统对外关系的基本理念》，《孔子研究》2010年第5期。

　　④ 张锋：《解构朝贡体系》，《国际政治科学》2010年第2期，第56页。

仍然能够在相当长的一段时间内保持和平相处。"①四是以朝贡制度为基础而形成的国际秩序，在空间上呈现出了一定的结构。"都认为朝贡体系构成形态是以中国皇帝为中心的同心圆结构，根据与中国中央的政治关系划分为多个层次。"②五是尽管朝贡制度有效地将中国同周边部族与国家联系在了一起，但是中国同周边部族与国家之间的联系却并非一个朝贡制度所能概括的。政治层面上，战争、和亲、质子制度等都是中原王朝在对外交往中施行的手段和策略。它们并无法有效地被朝贡制度包纳其中，在处理对外关系时，它们与朝贡制度并行使用。经济层面上，互市贸易、市舶贸易等虽然是官方管控下的商贸活动，但是其中蕴含着更多的商品经济因素，与封贡贸易大相径庭，因此它们也非封贡贸易所能概括。

第二节
封贡体系对译"Tributary System"

在国内学者的诸多提法中，朝贡制度（或体制、体系）、册封体系（或体制）、封贡体系等实际上都是对英文词汇"Tributary System"的对译。每一种译法实际上都蕴含着学者的思考，但译法过于混乱，也势必导致概念不明、指向不清，因此有必要进行学理层面的阐析。

一、"Tributary System"中"tributary"的中文对译

费正清选择朝贡制度对译"Tributary System"，以"tribute"对应中国传统史书中的"朝贡"，背后无疑受到西方语境的潜在支配。万明曾专门分析了"tribute"在西方语境中的含义。"从语源上说，源自中古

①［美］康灿雄：《西方之前的东亚：朝贡贸易五百年》，陈昌煦译，社会科学文献出版社，2016，第2页。

② 黄纯艳：《中国古代朝贡体系研究的回顾与前瞻》，《中国史研究动态》2013年第1期，第60页。

英语 tribut；源自法语 tribut；源自拉丁语 tribum，来自 tribuere 的中性过去分词，意思是交纳，分发；源自 tribus，即部落。此词在西方有着'贡品，礼物，颂词，殷勤，贡物'的意思，作为贡品或贡金，是由某统治者或国家向另一个统治者或国家支付的钱或其他珍贵物品，作为对臣服的承认或作为求得保护与安全的代价，这就是进贡的义务。"①伯希茨的分析更为全面。"拉丁文中的 tributum 及其在西欧各国语言中的派生词（法语 tribut，意大利语和西班牙语中的 tributum，德语 tribut等）以及俄语中的 ланб，指的都是被征服者为免遭劫掠而付出的一次性赎贡，以及由赎贡导致的强加在被征服者身上的固定征贡，而后最终形成为一种强加于所有臣服人口的税。"面对"tribute"的多层含义，伯希茨将其区分为两层含义。第一层含义是"征贡"（contribution），即"固定税"；第二层含义是"赋"（tax），即"一种不是从征服者自身的共同体，而是从被征服了但又或多或少保持着自主权的敌对共同体（部落、城市或国家）征集来的税"②。从西方语境出发，"tribute"的潜在前提都是武力威胁，乃至于军事攻击。正是军事压力的存在，才使得"tribute"成为被征服者或弱势群体被迫接受的规则。而反观中国的朝贡制度，大多数周边部族与国家前来中原王朝进行朝贡都具有自愿倾向，和平相处乃是朝贡制度的主旋律，因此以"朝贡"对译"tribute"并不适合。

当"Tributary System"回归汉语语境时，最开始尚能统一地以朝贡制度进行对译，但是随着学界对朝贡制度理解的加深，尤其是试图概括古代东亚国际关系时，"朝贡"一词的局限性逐渐暴露出来。"朝贡"一词无法全景式地展现中国同周边部族与国家之间的关系，也无法囊括中国与周边部族与国家之间的关系。因此，学者开始选取其他词汇进行替代，以期更为准确地把握这一对外关系的核心和实质，这就导

---

① 万明：《中国融入世界的步履：明与清前期海外政策比较研究》，故宫出版社，2014，第497页。

② ［美]A. J. 伯希茨：《民族间的贡奉关系》，汤大华译，《世界民族》1990年第4期，第28页。

致了不同词汇在学术界同时使用的乱象。

汤大华翻译伯希茨的文章时，以"贡奉"①一词进行对译。西岛定生选取"册封"②一词。胡绍华在对土司制度进行梳理时，则以"贡赐"名之③，陈康令也选取了"贡赐"一词④。李云泉开始以"贡封"进行对译⑤；在之后的修订本中，李云泉放弃了"贡封"这一词语，选择"封贡"进行对译，并提出了自己的解释："从严格意义上说，朝贡制度建立于双向交往、沟通之基础上，包括朝贡一方的'称臣纳贡'和宗主一方的'册封赏赐'双重内容，故称'朝贡—封赏制度'或'封贡制度'更为贴切。但鉴于中外学者长期沿用朝贡制度这一概念，本书仍从成说。"⑥

在这些对译的词汇中，"朝贡"只是强调周边部族与国家向古代中国的"称臣纳贡"，未能清晰地呈现出古代中国的反应。诸多学者都已在各自文章中指出了这一缺陷。陈志刚指出："朝贡体系的提法偏重于朝贡一方对中国的政治从属关系和外交弱势地位。"⑦陈尚胜也指出："只是点明了周邻国家对中国封建王朝的单向性活动，未能表达出中国与周邻国家之间的主要政治关系。"⑧万明指出："出现的问题是主体的

①［美］A.J.伯希茨：《民族间的贡奉关系》，汤大华译，《世界民族》1990年第4期，第28-32页。

②［日］西嶋定生：《中国古代国家と東アジア世界》，東京大学出版会，1983；《西嶋定生東アジア史論集》第三卷《东アジア世界と册封體制》，岩波书店，2002，第52-55页。

③胡绍华：《中国南方民族史研究》，民族出版社，2003。

④陈康令：《礼和天下：传统东亚秩序的长稳定》，复旦大学出版社，2017，第158-164页。

⑤李云泉：《朝贡制度史论——中国古代对外关系体制研究》，新华出版社，2004。

⑥李云泉：《万邦来朝：朝贡制度史论》，新华出版社，2014，绪论第1页。

⑦陈志刚：《关于封贡体系研究的几个理论问题》，《清华大学学报》2010年第6期，第60页。

⑧陈尚胜：《朝贡制度与东亚地区传统国际秩序——以16—19世纪的明清王朝为中心》，《中国边疆史地研究》2015年第2期，第10页。

严重缺失。"①"贡奉"一词也有着同样的问题。"册封"则只强调了中国对前来朝贡的周边部族与国家的"册封赏赐",并未涉及周边部族与国家的行动。陈志刚明确指出:"册封体系的提法偏重于中国在该体系中的主导地位。"②因此,与"朝贡""贡奉"一样,"册封"也只是对单向性活动的概括和意指,无法有效地体现关系的双向性,都是不合适的对译词汇。至于"封贡""贡封""贡赐"等词,虽然都体现了关系的双向性,但是"贡封""贡赐"首先强调的是周边部族与国家的"称臣纳贡",未能体现出双向关系中古代中国的主导性地位,因此也并不十分准确。从关系的双向性的层面考量,从中原王朝同周边部族与国家双方互联、互通、互动的角度来讲,"封贡"无疑是众多词汇中最为合适的一个。

二、"Tributary System"中"system"的中文对译

至于"体制""秩序""制度""体系"等四个词中,哪一个更为合适,更能有效地对译"Tributary System"中的"system",笔者认为"体系"更为有效。

"体制"一词在政治学领域中是指有关组织形式的制度,主要运用于国家机构的表述中。上田信指出:"将人为建构的制度称为体制,而将自然生成的制度称为体系。"③陈尚胜指出,"'体制'则是指制度的组织体系",从而认为"体制"的表述优于"制度"④。李云泉从"体制"的角度对"朝贡体制"的概念加以解读。"朝贡体制主要指规范朝

① 万明:《中国融入世界的步履:明与清前期海外政策比较研究》,故宫出版社,2014,第497页。

② 陈志刚:《关于封贡体系研究的几个理论问题》,《清华大学学报》2010年第6期,第60页。

③ [日]上田信:《东欧亚海域史列传》,寇淑婷译,厦门大学出版社,2018。

④ 陈尚胜:《中国传统对外关系研究刍议》,载陈尚胜主编《中国传统对外关系的思想、制度与政策》,山东大学出版社,2007,第13页。

贡关系的制度性构建。'①结合三位学者的分析，他们都是从制度构建的角度强调"体制"一词的适用性。但是"体制"一词的缺点也较为突出。首先，"体制"一词实际上是以凸显中原王朝所制订的各项制度、仪式在东亚国际关系中的重要性为前提的，虽然能够有效地呈现出中原王朝主导下的各项制度、仪式在规范东亚国际关系中所起到的重要作用，但是也从某一方面忽略了朝贡国在制度构建中所起的作用。换言之，"体制"一词夏为关注制度、仪式的制定，对制度、仪式的实际运作却无法有效地加以概括。其次，"体制"一词凸显了稳定性、静态性。制度订立后，便意味着以制度保障为基础而长期且稳定地运作。这对于国际关系中的变动和革新难以充分展现。最后，"体制"一词的出发点乃是默认外交是内政的外延，中国中心主义（张锋将其译为"华夏中心主义"②）色彩过重。中国中心主义恰是学者最猛烈抨击的部分。张锋进行了归纳。"华夏中心主义的第一个问题是其有用性在不同历史时期不尽相同。'"华夏中心主义假定的第二个缺陷是其片面性或不完全性。""最后，华夏中心主义从根本上讲是一种文化上的假定。"③因此，笔者并不认可"体制"一词的适用性。

"秩序指的是与——但不限于——国家的基本法律联系在一起的制度结构、宪政结构以及道德假定。"④李宝俊、刘波分析了"秩序"与"体系"的不同侧重点，指出："国内外学者有关古代东亚格局的研究大体可归为两类：一类为'秩序'说，强调中国对东亚的责任；一类为'体系'说，突出中国的强盛所构建的'中华文化圈'。"他们又进一步对"秩序"进行申说。"'秩序'则意味着一种相对稳定的体系态势，以及为区域内各国普遍接受的国家间关系准则和行为规范。贡物、

---

① 李云泉：《话语、视角与方法：近年来明清朝贡体制研究的几个问题》，《中国边疆史地研究》2014年第2期，第1页。

② 张锋：《解构朝贡体系》，《国际政治科学》2010年第2期，第38页。

③ 张锋：《解构朝贡体系》，《国际政治科学》2010年第2期，第43-45页。

④ ［美］菲利普·博比特：《朝服：马基雅维利与他所创造的世界》，杨立峰译，商务印书馆，2017，第25页。

回赐、册封，形成一整套制度与规范。"①尽管李宝俊、刘波二人认为"秩序"的表述优于"体系"，但笔者认为"秩序"一词与"体制"一词的缺点是一致的：一是中国中心主义色彩过重；二是过于强调稳定性，也就使得"秩序"所描述的图景趋向于静态化，无法呈现出国际关系中的动态变化。

在社会学领域中，"制度"泛指以规则或运作模式，规范个体行动的一种社会结构。在政治学领域中，"所谓制度，是指正式或非正式地组织起来的一般行为模式或行为范畴，也可以说成某种特殊的人为安排"②。落实到封贡体系中，学者进一步将其具体化。陈志刚指出：封贡体制"指的是封者与诸贡者之间进行交往的各项具体的制度、政策与职官的设置、沿革等一系列具有管理、规范、服务、监督、保障诸功能的外交行政典制的总和"③。李途、谭树林认为："封贡制度指的是一系列规范朝贡、册封活动的礼仪与制度的总称，表现在对贡期、贡道、贡物、人员规模、礼仪程序、组织及管理机构等的规定上，内容上包括藩部属国向中原王朝的朝觐纳贡和中原王朝对藩部属国的册封赏赐。"④两相比较，二者皆指出制度乃是一系列政治上规定的总和，具有外在规范性。相对而言，李途、谭树林的界定更为完整。针对中国的语境，除了规定外，还将礼仪添加其中。

"体系"泛指相同或相类似的事物按照一定的秩序和内部联系组合而成的整体。在政治学领域中，体系多数时候指的是国际体系，即在一定历史时期内，各种国际行为体按照一定的原则或规范相互联系，形成一定的互动机制，以此为基础构成的较为稳定的统一体。国际体系主要包括国际行为体、国际力量结构、国际互动规则和国际制度等四部分。由此可见，"体系"更多的是表述一定历史时期内，一定空间

---

① 李宝俊、刘波：《"朝贡—册封"秩序论析》，《外交评论》2011年第2期，第111页。

② 伍庆玲：《朝贡贸易制度论》，《南洋问题研究》2002年第4期，第72页。

③ 陈志刚：《关于封贡体系研究的几个理论问题》，《清华大学学报》2010年第6期，第59页。

④ 李途、谭树林：《封贡体系：一个传统国际秩序的终结》，《太平洋学报》2014年第5期，第54页。

框架中，由原则、规则、制度等一系列具有约束力的外在规范建构起的一种稳定的国际行为体之间的关系总和。"制度"只是"体系"中的一个层面。因为"体系"具有更强的包容性和广泛性，所以笔者认为"体系"较之其他词更为合适。

综合以上论述，"封贡体系"是各种词汇中最为合适的概念组合，最能够反映中国同周边部族与国家之间的关系的总和。

小　结

在明确了"封贡体系"是最为适合的概念组合后，更为重要的是明确"封贡体系"的概念内涵。这一点上，学术界也未达成共识。不同学者从自身的历史学、政治学等学科背景出发，按照各自的学术意图给出了不同的定义。这里枚举四则定义加以考察。陈志刚的定义是：封贡体系"指的是封者与诸贡者之间的亲疏敌友等宏观战略层面的关系网络"[1]。张峰的定义是："东亚封贡体系主要是指古代中国与东亚（包括东南亚）国家之间的外交关系体系，它包括政治、经济、军事、文化和贸易等方面交流的制度和秩序，具有双边与双向内涵，即'册封—朝贡'关系。"[2]李途、谭树林的定义是："封贡体系可以看作是一个以中国为中心的包括中国和众多朝贡国在内的地区性国际体系。"[3]陈尚胜的定义是："一般来说，中国封建王朝在追求周邻国家来中国'朝贡'时，往往采取'册封'和'回赐'的方式予以回应。其中，'册封'是奠定双方关系的上下尊卑名分，而'回赐'则是上国对藩属国家王朝的经济奖赏。正是通过这种'册封'和'朝贡'双向活动的关联，中国封建王朝与周邻国家才结成了相互之间政治关系，从而达到他们所期待的周边地区国际关系秩序。因此，东亚地区传统国际秩

---

① 陈志刚：《关于封贡体系研究的几个理论问题》，《清华大学学报》2010年第6期，第59页。

② 张峰：《国际体系与中外关系史研究》，中西书局，2012，第70页。

③ 李途、谭树林：《封贡体系：一个传统国际秩序的终结》，《太平洋学报》2014年第5期，第55页。

序的主要结构，是中国封建王朝通过朝贡制度与周边邻国所形成的'册封—朝贡关系'体系，简称为'封贡体系'。"[1]

以上五位学者的四则定义，有几点值得借鉴。一是都明确了封贡体系中不同的国际行为体。不同之处在于：陈志刚、陈尚胜、李途、谭树林等四位学者选择了历史词汇；张峰则选择了现有政治体进行界定，不过"东亚（包括东南亚）国家"未能包含历史时期中的所有朝贡国。二是国际力量结构方面，多数强调了以中国为中心的特质。三是国际互动规则方面，陈尚胜的概括更为全面。四是国际制度方面，都未能给予过多的评述。

以此为基础，笔者给出自己的定义。封贡体系是指以中国为中心的包括古代中国和众多朝贡国在内的，以"册封回赐—称臣纳贡"为表征的双向活动进行联结的地区性国际体系。宾礼礼仪与仪式，册封、回赐、朝贡等具体的制度、规定，保障了朝贡体系有效地运作，实现了双向的政治、经济、军事、文化和贸易等方面的交流。

---

① 陈尚胜：《朝贡制度与东亚地区传统国际秩序——以16—19世纪的明清王朝为中心》，《中国边疆史地研究》2015年第2期，第11页。

第三章

渤海国商贸
研究中的
相关概念

　　在封贡体系中，经济层面的商贸活动是封贡体系的重要组成部分，也是封贡体系有效运作的基石之一。前辈学者对这些商贸活动的认知，或是以传统词汇，如封贡、互市等作为分析工具，或是以商品经济思考其本质。这些研究为我们理解封贡体系中的商贸活动提供了坚实的基础。

第一节
学界使用的相关学术概念

　　古代中国的对外商贸，一直是学界的学术热点之一。通过学者的努力，古代中国对外商贸的盛景被完整地展示出来。在异彩纷呈的研究中，学者使用的学术概念也呈现出趋同性的态势，基本上都将古代中国的对外贸易区分为封贡贸易、互市贸易和民间贸易三个层面。

一、封贡贸易

相对于朝贡贸易，封贡贸易在表达贸易的双向性上更为准确。不过至今学者的论述，仍多以朝贡贸易名之。因此，下文的学术史梳理仍采用朝贡贸易为题加以展开。

"'朝贡贸易'一词因深得这种贸易活动的精髓而被广泛接受和深入研究。"①朝贡贸易的概念乃是以朝贡制度为基础。《论清朝的朝贡制度》在界定朝贡制度的第三条写道："在实践中，朝贡制度拥有着基本而重要的商业基础。"②后文进一步地申说道："贸易与朝贡是同一对外关系体系的相关的两个方面，中国统治者更加看重朝贡的道德价值，而蛮夷则更看重贸易的物质价值。这种利益上的平衡造就了共赢的结果，也使得朝贡制度能够持续地发挥功用。"③《一种初步的构想》中，费正清再次强调："在形式上贸易一直是从属于朝贡的。但是，经济利益的非正式互动一直在持续。"④正是因为这种贸易与朝贡密不可分，费正清将其称为"朝贡贸易"。马克·曼考尔也表达了相近的学术思考。"朝贡与贸易既不是一体性的，也不是完全各自独立的。二者错综复杂地（但不一定是直接地）相互关联着。"⑤在费正清等学者的基础上，滨下武志进一步指出："朝贡的根本特征，在于它是以商业贸易行为进行的活动，也就是说，因朝贡关系而使得以朝贡贸易关系为基础

① 许建英：《"中国世界秩序"观之影响及其与中国古代边疆研究——费正清〈中国世界秩序：中国传统的对外关系〉读后》，《中国边疆史地研究》2006年第1期，第44页。

② J. K. Fairbank and S. Y. Teng, "On the Ch'ing 'Tributary System'", *Harvard Journal of Asiatic Studies*, no. 2(1941): 137.

③ J. K. Fairbank and S. Y. Teng, "On the Ch'ing 'Tributary System'", *Harvard Journal of Asiatic Studies*, no. 2(1941): 140–141.

④ [美]费正清：《一种初步的构想》，载[美]费正清编《中国的世界秩序：传统中国的对外关系》，杜继东译，中国社会科学出版社，2010，第10页。

⑤ [美]马克·曼考尔：《清代朝贡制度新解》，载[美]费正清编《中国的世界秩序：传统中国的对外关系》，杜继东译，中国社会科学出版社，2010，第68页。

的贸易网络得以形成。"①

费正清等国外学者的分析，得到了国内学者的赞同。何平立指出："明朝对海外各国交往所定的朝贡制与政策是从政治目的出发的，而海外各国朝贡中国主要是从经济利益着眼，从历史事实上来看已是毫无疑问的。"②伍庆玲："朝贡贸易能够维持下来，是因为它发挥了商业网络的作用，体现了贸易的本质。"③庄国土："从汉唐到元明，所谓到中国朝贡，绝大多数情况下无非是双边贸易的外衣。"④李叶宏："长期以来，通过贡赐贸易，周边民族从中获得经济利益，唐朝统治者从中获取政治利益。"⑤在诸多学者的眼中，朝贡贸易带来的巨额利润是促使朝贡国持续不断地向中国朝贡的重要驱动力。

然而学者对"朝贡贸易"的界定却不尽相同，他们从自身的研究出发，有所偏重地给出自己的概念。总体来说，学者们主要强调三个层面的特性。

第一，强调朝贡贸易的双向性。朝贡贸易，从名称上无法体现双向性，诸多前辈学者在认识到这一局限性的基础上，都尝试着从双向性的角度进行概念厘定。秦佩珩早已指出："蒙被在'贡品'和'赐品'甜蜜的口号之下的，是朝贡国家的在中国进行正式的商业活动。"⑥"贡品""赐品"两个对应词汇的使用就是凸显双向性的表述方式。张博泉："它实际上也是一种官方的交易，即中央政府与地方民族

---

① ［日］滨下武志：《近代中国的国际契机——朝贡贸易体系与近代亚洲经济圈》，朱荫贵、欧阳菲译，中国社会科学出版社，1999，第38页。

② 何平立：《明初朝贡制度析论》，《学术界》1988年第4期，第35页。

③ 伍庆玲：《朝贡贸易制度论》，《南洋问题研究》2002年第4期，第73页。

④ 庄国土：《略论朝贡制度的虚幻：以古代中国与东南亚的朝贡关系为例》，《南洋问题研究》2005年第3期，第3页。

⑤ 李叶宏：《唐朝丝绸之路贸易管理法律制度研究》，中国社会科学出版社，2014，第133页。

⑥ 秦佩珩：《明代朝贡贸易初探》，载秦佩珩《明代经济史述论丛初稿》，河南人民出版社，1959，第126页。

上层之间的经济来往。"①李金明："在明代前期，朝贡贸易实际上已经成为海外贸易的唯一合法形式，其实质是明朝统治者以'赍赐'的方式向朝贡国家购买'贡品'。"②陈希育："官方贸易是指由官方控制和从事的进出口贸易。它可分为两种，一种是赍赐贸易或赐予贸易，即中国官方派使节或商人出洋，从事外交和商业活动；另一种是外国官方遣使中国，称为朝贡贸易。在唐代以前，这二种官方贸易都得到中国朝廷的鼓励，但是，前者规模小，数量少，而后者则比较频繁。"③《中国对外贸易史》："朝贡贸易是指外国官方使节向中国'朝贡'，中国政府以礼物回赠进行交换的贸易方式，同时中国政府允许外国'贡舶'附带一定数量的私人货物在政府指定地点进行交易；或者中国派使臣主动出访'颁赐'，外国进行回赠的交往方式。"④刘玉峰："朝贡贸易是指海外国家派遣使团到中国朝见王朝皇帝，'进贡'方物，中国王朝则予以官方接待，并根据'怀柔荒远''薄来厚往'的原则，回赠进贡国以'赏赐'。'赏赐'物品的总价值大于'进贡'物品总价值的数倍甚至数十倍，'进贡'与'赏赐'之间有着物品交换关系，体现着国家间的经济关系，更体现着国家间的政治关系，经济关系服务于政治关系。"⑤在后续研究中，刘玉峰进一步精练相关的陈述："进贡与回赠间的物品交换，就形成了所谓的朝贡贸易。朝贡贸易双方之物品交换，实际上是一种特殊形式的官方互市，但更多了一些政治属性。"⑥姜吉仲："所谓朝贡贸易，指两国使节往来时，藉进献、赐物的形式来交换货物。"⑦

① 张博泉：《东北地方史稿》，吉林大学出版社，1985，第376页。

② 李金明：《试论明代外朝贡贸易的内容与实质》，《海交史研究》1988年第1期，第178页。

③ 陈希育：《中国帆船与海外贸易》，厦门大学出版社，1991，第23页。

④ 白明等编著《中国对外贸易史》，中国商务出版社，2015，第130页。

⑤ 刘玉峰：《明朝及清朝前期海外贸易政策评议》，载刘玉峰《中国历代经济政策得失》，泰山出版社，2009，第372-373页。

⑥ 刘玉峰：《唐代工商业形态研究》，山东大学出版社，2012，第172页。

⑦ 姜吉仲：《高丽与宋金外交经贸关系史论》，文津出版社，2004，第135页。

　　第二，强调朝贡贸易的官方性。以上学者在分析封贡贸易双向性的同时，张博泉、李金明、陈希育、刘玉峰等学者还强调了朝贡贸易的官方贸易性质。其他学者也都强调了这一点。晁中辰："朝贡贸易是一种官方贸易，它自始至终处于官方的严格控制之下，只有朝贡，方能进行这种物品交易。"①陈奉林："朝贡贸易关系其实质就是官方主导下的国家贸易关系，在于满足宫廷贵族消费，既是政治活动又是经济贸易活动。"②

　　官方性确实是朝贡贸易的实质之一，但官方一词过于笼统，上田信对这一表述进行了反思，指出："明朝的朝贡，与其说是国家间的关系，不如说是君主间的礼仪制度。……与中国皇帝建立如同父亲一样的亲族关系，朱元璋给各个国家的君主授予亲王等级（皇子）、郡王等级（皇孙），试图建立'四海一家'的秩序。"③在分析朝贡制度的特征之后，上田信明确了朝贡贸易的主体是皇帝与君主。"明朝的朝贡体制，并不是国与国之间的关系，而是中国皇帝与朝贡国君主之间的礼仪关系。朝贡随之进行交易，并不是国家间贸易，而是皇帝与君主之间私人的赠答方式。"④上田信的分析脱胎于堀敏一的思考。"近代以前，国家之间的国际关系，不同于近代国际法所规定的对等和自由的关系，更多是由各国君主与君主之间的身份关系所规定的。"⑤堀敏一、上田信的分析切中要害，以往学者的分析只是强调朝贡贸易的官方性，但朝贡贸易的本质乃是皇家性。

　　第三，在强调朝贡贸易的政治意涵的前提下，也对其中的经济意涵进行肯定。秦佩珩早已强调朝贡贸易的本质是"正式的商业活

---

　　① 晁中辰：《论明代的朝贡贸易》，《山东社会科学》1989年第6期，第80页。

　　② 陈奉林：《对东亚经济圈的历史考察》，《世界历史》2009年第3期，第44页。

　　③ ［日］上田信：《东欧亚海域史列传》，寇淑婷译，厦门大学出版社，2018，第36-37页。

　　④ ［日］上田信：《东欧亚海域史列传》，寇淑婷译，厦门大学出版社，2018，第56页。

　　⑤ ［日］堀敏一：《隋唐帝国与东亚》，韩昇、刘建英编译，兰州大学出版社，2010，第89页。

动"①。其后的学者都持肯定的态度。喻常森进行了较为全面的分析。
"朝贡贸易，是一种传统的官方海外贸易形式，它具有政治和经济的双
重功能。在政治上，朝贡贸易是中国历代封建王朝维系同海外各国外
交关系的有效措施；在经济上，朝贡贸易是中国的封建统治者藉以获
得海外珍品的重要途径。"②张泽咸："'朝贡'不过是当时特定条件下
一种有报偿的交换方式，因而为边疆诸族（国）所乐于接受。"③李金
明："这些'贡品'一般由进贡方物、国王附进物和使臣自进、附进物
三个部分组成，其中占绝大多数的附进物贸易实际是国与国之间的贩
运贸易，它具有贱买贵卖、不等价交换的特点，无论是明政府或者是
朝贡国均可从中搜取高额利润，这就是朝贡贸易得以长期维持的根本
原因所在。"④《论明初的海禁与朝贡贸易》延续了相关论说，并进一
步明确地指出："明太祖在实行海禁的同时，也实行了'朝贡贸易'，
以保持与海外国家的贸易。这种贸易名义上是'怀柔远人''厚往薄
来'，实际却包含着相当大的商业成份。"⑤万明："朝贡贸易是指明朝
对外采取的与海外各国在朝贡形式下友好交往和通商贸易往来的
政策。"⑥

　　不过在这一总体趋势下，还发展出一种极端的观点，即过多地强
调政治意涵，从而贬斥了朝贡贸易所包含的经济意涵。晁中辰认为：
"从本质上来说，朝贡贸易只是笼络其他国家的一种手段，主要出自政
治目的，本身并没有什么经济价值。从其贸易形态可以看出，由'朝
贡'和'贡赐'所表示的交换活动，并不具有现代意义上的贸易性质，

──────────

　　① 秦佩珩：《明代朝贡贸易初探》，载秦佩珩《明代经济史述论丛初稿》，河南人民出
版社，1959，第126页。

　　② 喻常森：《元代海外贸易》，西北大学出版社，1994，第83页

　　③ 张泽咸：《唐代工商业》，中国社会科学出版社，1995，第468页。

　　④ 李金明：《试论明代外朝贡贸易的内容与实质》，《海交史研究》1988年第1期，第
181页。

　　⑤ 李金明：《论明初的海禁与朝贡贸易》，《福建论坛》2006年第7期，第77页。

　　⑥ 万明：《中国融入世界的步履：明与清前期海外政策比较研究》，故宫出版社，
2014，第115-116页。

它并不遵循等价交换的原则，只追求使用价值，不考虑交换价值。"①黄枝连也说道："所谓'朝贡贸易'，是一种政治活动，并不受经济活动和商品活动的规律影响。"②伍庆玲认为："朝贡贸易制度是儒家思想的理想状态，目的是朝贡而不是贸易。朝贡是为了维系儒家理想的等级社会，其核心是文化的感召力。"③李伯重指出："朝贡贸易是一种官方贸易，是中国的中央王朝笼络其他国家（或政权）的一种政治手段。这种贸易完全取决于有关国家（或者政权）之间的政治关系，因而不是真正的商业活动。因为朝贡贸易不遵循等价交换的原则，所以也不具有现代意义上的贸易性质。"④这种极端的观点实际上以商品经济为参照系，从商品经济的角度出发，对朝贡贸易的经济重要性持否定态度。换言之，这种极端的观点乃是将商品经济视作一种普世价值而展开的思考。

综观学者有关朝贡贸易的定义，能够全面地概括这三个层面特性的概念并不多。在这些学者之中，张博泉的定义最为广泛且准确。"朝贡是政治上从属关系在经济关系上的表现，它实际上也是一种官方的交易，即中央政府与地方民族上层之间的经济来往。"⑤不过就官方性这一层面而言，张博泉的定义稍显不足。因此笔者在张博泉的定义基础上，结合封贡体系的阐析，给出封贡贸易的概念。封贡贸易乃是依托于封贡体系而展开的贸易形式，以"册封回赐—称臣纳贡"为表征，在中原王朝与朝贡国建立政治关系的基础上，通过朝贡回赐而进行的一种特殊贸易。其不仅具有双向性的特征，而且本质上是中原王朝皇帝与朝贡国君主之间的贸易，具有皇家性的特征。

① 晁中辰：《论明代的朝贡贸易》，《山东社会科学》1989年第6期，第80-81页；晁中辰：《明代海外贸易研究》，故宫出版社，2012，第52页。

② 黄枝连：《天朝礼治体系研究》上卷《亚洲的华夏秩序：中国与亚洲国家关系形态论》，中国人民大学出版社，1992，第92页。

③ 伍庆玲：《朝贡贸易制变论》，《南洋问题研究》2002年第4期，第73页。

④ 李伯重：《综述：大国的兴衰》，载李伯重等著《枪炮、经济与霸权：谁在争夺世界经济的铁王座》，现代出版社，2020，第11页。

⑤ 张博泉：《东北地方史稿》，吉林大学出版社，1985，第376页。

二、互市贸易

相较于封贡贸易，学界对互市贸易的界定较少。《隋唐丝绸之路》："贡赐贸易作为国家间的官方贸易与民间的，或由地方一级进行的'互市'贸易有严格区别。"[1]下文以"边境互市"为名，对互市贸易进行深入解说。"草原民族绢马贸易的一般形式是边境互市。它往往在地方一级官吏的管理下进行，有时是可汗、公主等派遣官吏到边境地区由中国政府地方机构具体接待交易，这种贸易虽仍属官方贸易，但因在低级别进行，所以更着重经济效益，更灵活自由。"[2]李明伟在之后编著的《丝绸之路贸易史》中延续了相关说法。[3]《中国西部的对外开放》："互市是边疆与内地之间以及不同民族之间在地方官员主持下的一种经济沟通交易形式。"[4]魏明孔："互市，是我国历史上不同民族或不同地方割据政权之间的一种特殊经济交往与沟通形式，其实际内容远远超出了经济贸易的范畴，除了经济贸易主体外，还应包括政治、文化等方面的内容。互市在我国历史上不同时期、不同地区有不同的称谓，如'边境互市''合市''和市''交市''榷场''榷场贸易'等等。"[5]《货殖列传：中国传统商贸文化》吸收了魏明孔的定义，进行了小幅度的改造。"互市是历史上内地与边疆少数民族之间或不同割据政权之间由官方主导的一种特殊的经济交往与沟通形式。不同时期有不同称谓，如'合市''和市''交市''榷场'等。"[6]

---

① 李明伟：《隋唐丝绸之路——中世纪的中国西北社会与文明》，甘肃人民出版社，1994，第169页。

② 李明伟：《隋唐丝绸之路——中世纪的中国西北社会与文明》，甘肃人民出版社，1994，第170页。

③ 李明伟主编《丝绸之路贸易史》，甘肃人民出版社，1997，第346-347页。

④ 涂裕春等：《中国西部的对外开放》，民族出版社，2000，第14页。

⑤ 魏明孔：《西北民族贸易研究：以茶马互市为中心》，中国藏学出版社，2003，第1页。

⑥ 谭景玉、齐廉允：《货殖列传：中国传统商贸文化》，山东大学出版社，2017，第93页。

以上举的四则互市贸易的定义,具有一定的共通性。第一,强调互市贸易的官方性。但是为了与朝贡贸易进行区分,学者在强调互市贸易的官方性的同时,又对之进行限定,将之与地方官员的监控联系在一起。第二,强调互市贸易的地域性。基本上都强调互市贸易的发生地点为边境地区。第三,强调互市贸易的多层面性。互市贸易既注重经济利益,也肩负着政治功能。

学者的这些思考无疑具有启发性,但是需要明确的一点是,互市贸易发生的地点并非限于边境地区。当朝贡国的遣唐使前往唐朝国都之时,也会在官方的监督下进行一系列的互市贸易。如唐代东西市发生的贸易,一部分就是互市贸易。另一方面,学者为了与朝贡贸易进行区分,强调地方官员的监控,这一论述也失之偏颇。地方官员固然是互市贸易中官方代表,全程监督互市贸易,但是这些地方官员无疑受到来自中央机构的授权与监督。

互市贸易与封贡贸易之间有着千丝万缕的关系,只有在明确封贡贸易的概念后,才能有效地对互市贸易进行界定。笔者认为互市贸易是封贡体系在经济层面的延伸,同样具有较多的政治意涵。互市贸易是中原王朝管控朝贡国的一种经济手段。相较于朝贡贸易的皇家性,互市贸易具有更多的官方性。中国古代的绢马贸易、榷场贸易等都是互市贸易的体现形式之一。

三、民间贸易

民间贸易是指以民间商人为主体,官方除了税赋、贸易物品不得为"禁物"等强制要求外,并不进行太多干预的贸易形式。民间贸易包括两种形式,即合法和非法的民间贸易。二者的区别在于是否被国家认可和允许。民间贸易与封贡贸易、互市贸易最大的不同之处在于国家管控力度的强弱。简言之,国家力量对民间贸易的干预较为有限,民间贸易大体上是遵循着商品经济的规律进行自由买卖。

尽管唐朝对民间贸易少有干预,管控力度有限,但这并不意味着唐朝对民间贸易抱持着听之任之的态度。从国家安全、国家财政、皇家特权等方面考量，针对唐朝同周边部族与国家之间的民间贸易，唐朝也出台了一系列的律令进行规范和限制。这些相关律令主要是从两方面进行限定：

一是唐朝刊布禁止贸易清单，以律令的形式，禁止某些特殊物品——"禁物"出境，从而达到对民间贸易加以限制的目的。《天圣令·关市令》复原唐令13："诸锦、绫、罗、縠、绣、织成、绸、丝绢、丝布、牦牛尾、真珠、金、银、铁，并不得与诸蕃互市及将入蕃，所禁之物，亦不得将度西边、北边诸关及至缘边诸州兴易，其锦、绣、织成，亦不得将过岭外。金银不得将过越巂道。如有缘身衣服，不在禁例。其西边、北边诸关外户口须作衣服者，申牒官司，计其口数斟量，听其内地市取，仍牒关勘过。"[1]据此可知，"禁物"可分为三大类：第一类物品是各类丝织品以及绵、布等纺织品，第二类物品是牦牛尾、真珠等珍宝，第三类物品是金、银、铁等金属。前来唐朝的周边部族与国家即使通过非法贸易获得这些禁止贸易物品，也不一定能够安全地携带出境。唐朝还通过过所、公验等制度，在周边部族与国家人员返程时进行严格的检查。不过唐朝的律令并非一刀切式的规定，某些情况下，"禁物"可以被允许出境。第一种情况是个人衣着所需。这里可细分为两种情况。一是商旅随身穿着的衣服，即"如有缘身衣服，不在禁例"。二是添置新衣时可提前申请，在一定限额内满足需要。即"其西边、北边诸关外户口须作衣服者，申牒官司，计其口数斟量，听其内地市取，仍牒关勘过"。第二种情况是获得皇帝恩准的"禁物"。此即《天圣令·关市令》复原唐令12规定的补充条文。"诸禁物不得将出关。若蕃客入朝别敕赐者，连写正敕，牒关勘过。"[2]

二是贸易性质上，唐朝禁止没有被官方监管的民间贸易。《天圣令·关市令》复原唐令26："诸私共诸蕃交易为人纠获者，二分其物，

① 天一阁博物馆、中国社会科学院历史研究所天圣令整理课题组：《天一阁藏明钞本天圣令校证（附唐令复原研究）》，中华书局，2006，第539页。

② 天一阁博物馆、中国社会科学院历史研究所天圣令整理课题组：《天一阁藏明钞本天圣令校证（附唐令复原研究）》，中华书局，2006，第534页。

一分赏纠人，一分没官。若官司于其所部捉获者，皆没官。"①天圣令整理课题组对此的解释是："这条令文规定的是当捉获私将禁物至关，私共化外人交易、将物至应禁之地时，所应得的赏物分额，以及所得赏物如系在禁物乡时的处置办法。"②与之相应，《唐律疏议》规定了相应的刑罚。"若共化外蕃人私相交易，谓市买、博易，或取蕃人之物及将物与蕃人，计赃一尺徒二年半，三疋加一等，十五疋加役流。"③"因使者，谓因公使入蕃，蕃人因使入国，私有交易者，谓市买、博易，各计赃准盗论，罪止流三千里。若私与禁兵器及为婚姻，律无别文，得罪并同越度私与禁兵器、共为婚姻之罪。"④复原唐令及《唐律疏议》中都以"私"作为限定词，表明官方是否监管是民间合法贸易与非法贸易的区别。

唐朝从国家层面出发，对自身同周边部族与国家的贸易进行了一系列的限定，这固然规范了相关的民间贸易，但也无形中让"禁物"的利润空间无限放大，这必然导致商人逐利行为的增多，从而使得非法贸易盛行。

第二节
渤海国对外商贸的类型

学者在呈现渤海国历史之时，都会注意到渤海国对外商贸的盛景，渤海国和唐朝、日本、突厥、黑水靺鞨等周边部族与国家都有着频繁的商贸交往。在盐州遗址——克拉斯基诺城址，早段遗址中出土过一

① 天一阁博物馆、中国社会科学院历史研究所天圣令整理课题组：《天一阁藏明钞本天圣令校证（附唐令复原研究）》，中华书局，2006，第534页。

② 天一阁博物馆、中国社会科学院历史研究所天圣令整理课题组：《天一阁藏明钞本天圣令校证（附唐令复原研究）》，中华书局，2006，第532页。

③《唐律疏议》卷八《卫禁》，岳纯之点校，上海古籍出版社，2013，第144页。

④《唐律疏议》卷八《卫禁》，岳纯之点校，上海古籍出版社，2013，第144-145页。

件青铜骆驼饰件，"在克拉斯基诺城址第Ⅱ建筑层位堆积中出土了一件骆驼遗骸标本"。杨筱筠指出："如果说滨海地区渤海中期遗存中出土的骆驼形象青铜饰件可能仅是经贸往来与文化交流的产物，那么晚期遗存中出土的骆驼遗骸则说明，渤海国与西域地区之间的交往已上升至人员流动层面。我们推测，骆驼可能是跟随西域商队进入滨海地区。"①然而囿于史料，大多数情况无由而知。仅据现有文献可知，渤海国与唐朝、日本展开过长期的商贸活动。为了有效地呈现出渤海国的对外商贸，前辈学者都会进行类型划分，不过，这些类型划分基本上都是将渤唐贸易和渤日贸易分开讨论，并没有具备统筹性、全局性的划分标准。

一、前辈学者的类型划分

对于渤唐贸易，严圣钦采用二分法，"渤海国和唐朝的经济交往采取形式：一是渤海使臣贡献方物，唐朝回礼赐物；二是直接进行商业贸易。"②尹铉哲亦是如此。在《"丝绸之路"上的渤海国与唐朝、日本间的交往》一文中，以"对唐官方贸易""对日官方贸易""私商的贸易活动"为框架展开论述③。三分法也为学者采用。《渤海国历史文化研究》："渤海与内地的商业贸易活动，大体上有三种形式。1.朝贡与回赐……2.官方贸易……3.民间贸易……"④刘玉峰的研究立足于唐朝，而非专注于渤海国的研究，采用四分法。"唐代民族贸易可划分为官方互市、朝贡贸易、汉蕃民间贸易、唐境内少数民族商人贸易四种主要

---

① 杨筱筠：《俄罗斯滨海边疆区渤海城址及相关遗存研究》，博士学位论文，吉林大学考古学院，2023，第216页。

② 严圣钦：《渤海国与唐朝的关系》，载《中央民族学院民族研究论丛》编委会《民族史论文选 1951—1983》上册，中央民族学院出版社，1986，第75-76页。

③ 尹铉哲、李硕：《"丝绸之路"上的渤海国与唐朝、日本间的交往》，载郑永振、尹铉哲主编《渤海史研究（十）》，延边大学出版社，2005，第115-124页。

④ 刘晓东、郝庆云主编《渤海国历史文化研究》，黑龙江人民出版社，2017，第307页。

形式。"①较之三分法,刘玉峰增添了"唐境内少数民族商人贸易"这一类型以囊括粟特人的商业活动。

至于渤日贸易,有学者采用二分法。如《渤海国与东亚细亚》:"首先是渤海国王与日本天皇互赠聘礼以及相互对来使的赏赐。""其次,则是'就市交易'。这是在以礼品形式互赠与赏赐之外的正式交易。"②《渤海史论》:"渤海对日进行的贸易可分为官方贸易和私人贸易。"③有学者采用三分法。王承礼:"主要是通过宫廷贸易、官方贸易和私人贸易三种形式进行的。"④《渤海国历史文化研究》大体延续了王承礼的分类,但是名称上有所不同,即"宫廷贸易""互市贸易""民间贸易"⑤。《渤海与日本通聘目的及影响初探》的讨论亦类似。"渤海东聘进行经济交流,是分三个层次进行的:首先是与皇室之间,其次是与官员之间,再次才是与日本人民之间进行名符其实的贸易。"⑥王金林从公私入手,指出:"渤海与日本之间的贸易,主要有三种形式:(1)渤海王与天皇的赠赐,即朝贡贸易;(2)使节的私载货物的奉献与朝廷的赐与;(3)渤海使团成员与民间的交易。"⑦武安隆采用四分法。"渤海与日本之间的通聘贸易,以如下四种方式进行。(1)渤海国王与日本天皇互赠礼品……(2)日皇赏赐渤使及渤使与日皇互赠……(3)鸿胪官交关……(4)客使与民间私相贸易……"⑧武

① 刘玉峰:《唐代工商业形态研究》,山东大学出版社,2012,第169页。

② 禹硕基、刘毅、窦重山主编《渤海国与东亚细亚》,辽宁大学出版社,1995,第162、164页。

③ 郑永振、李东辉、尹铉哲:《渤海史论》,吉林文史出版社,2011,第320页。

④ 王承礼:《渤海国与日本的经贸往来》,载《王承礼文集》,吉林人民出版社,2009,第386页。

⑤ 刘晓东、郝庆云主编《渤海国历史文化研究》,黑龙江人民出版社,2017,第309-312页。

⑥ 崔粲、杜尚侠:《渤海与日本通聘目的及影响初探》,《首都师范大学学报》1995年第3期,第93页。

⑦ 王金林:《渤海日本邦交的战略意识》,载马兴国主编《中日关系研究的新思考——中国东北与日本国际学术研讨会论文集》,辽宁大学出版社,1993,第22页。

⑧ 武安隆:《日外文化交流史论》,江苏人民出版社,2019,第110-113页。

安隆四分法比三分法多出的贸易类型，实际上是将"宫廷贸易"按照对象区分为渤海国国王和渤海国遣日使两个层面。马一虹别出新意，从交易地点的不同出发，将9世纪的渤日贸易分为三种，即平安京为第一处场所，"登陆地或归国出航地"为第二处场所，"九州的大宰府地区"为第三处场所①。

综合学界的观点，渤唐贸易至少包括三种形式，即封贡贸易（学者所言的朝贡贸易）、互市贸易、民间贸易。渤日贸易也应包括以上三种形式。

但需要辩证的是渤日之间并无封贡贸易，只能是通聘贸易。相较于封贡贸易，虽然通聘贸易也具有浓厚的政治意涵，但这种政治意涵的核心是双方并无实质性的政治隶属关系。换言之，通聘贸易是以国际行为体为主体，以政治关系为先导，主要发挥着经济上互通有无作用的一种贸易形态。

封贡贸易与封贡体系密不可分，是以政治隶属关系为前提的。日本确实尝试着模仿唐朝的封贡体系，意图营建以自身为中心的"小中华朝贡体系"。政治上，日本将渤海国视为藩属国。经济上，日本也试图建立封贡贸易。然而究其本质，渤日关系与渤唐关系之间有着质的区别。第一，唐朝通过设置忽汗州都督府，将渤海国纳入羁縻府州的行列。通过册封渤海国君主为渤海郡王、渤海国王，将渤海国列入唐朝的外臣序列。借助朝贡、纳质、派驻长史等方式，对渤海国进行实质性的管控。而日本则只是通过国书、仪式等方式，一厢情愿地认定渤海国为日本的附属国，并无任何可以加以管理和约束的手段。简言之，唐朝通过一系列政治、经济等层面的手段，对渤海国进行了实质性的管理，渤海国的性质是唐朝统治下的地方政权。第二，构建以自身为中心的封贡体系，不仅需要以军事实力为依托的强大国力，而且也需要以强大的经济实力为底垫，以思想、文化等为中心的软实力塑造自身的向心力。在各层面上，日本与唐朝根本无法同日而语。尽管

---

① 马一虹：《靺鞨、渤海与周边国家、部族关系史研究》，中国社会科学出版社，2011，第344页。

自大化改新后，日本通过向唐朝学习，建立起律令制国家，国家实力较之以往强大不少；但是日本的经济实力根本无法承载封贡体系，通聘贸易成为国家的重大负担。面对国家经济无以为继的困局，日本被迫出台各种相关规定限制渤海国遣日使，从使团人数到时间间隔等，各种限制不一而足。换言之，日本尝试营建的"小中华朝贡体系"只是日本统治者主观上的臆想，并未考虑日本经济的实际情况。因此，渤日贸易只能以通聘贸易名之。但是通聘贸易也具有浓厚的政治意涵，武安隆将民间贸易纳入其中，并不合适。

因此可以得出结论：皇家性的封贡贸易主要是指渤唐贸易而言，渤日之间则为政治属性截然不同的通聘贸易。不过从皇家性的特质出发，通聘贸易也可从封贡贸易的角度进行思考。

二、本书的类型划分

依据以上的梳理，渤海国的对外商贸大致可以分为三个层面，即具有皇家性的封贡贸易（渤日之间则为通聘贸易）、具有官方性的互市贸易以及国家干预力度较小的民间贸易。以渤唐贸易、渤日贸易中的共通性为基础，从写作便利的角度出发，笔者进行重新划分。

渤海国的对外商贸首先可以按照国家对商贸的管控力度，将之区分为政权层面的贸易和非政权层面的贸易两种类型。政权层面的贸易是指以渤海国遣唐使为媒介，唐朝与渤海国之间确立的物品交换回圈。具体而言，渤海国遣唐使凭借自身渤海国国王特使的身份，得到唐朝或日本的官方接待。政治上历经一系列制度规定和礼仪仪式后，借助物品的馈赠从而完成物品的交换和流通，从中获取可观的经济利益。由于渤海国频繁遣使前往唐朝和日本，唐朝和日本会以律令、制度等形式将自身馈赠渤海国的物品种类、额度等固定下来，使之成为国家规制。相对而言，在这一过程中，双方相互馈赠的物品价值巨大。

政权层面的贸易还可以进一步细分为三种形式，即皇家贸易、官方贸易、皇帝或日本国国王与使团之间进行的馈赠贸易。所谓的皇家贸易，即学者所言的封贡贸易，本质上是皇帝与地方政权的君主之间通过互相馈赠物品从而确保皇帝与地方政权的君主之间的关系——既包括私人关系，也包括官方关系，政治意味浓厚。官方贸易，即互市贸易。皇帝或日本国国王与渤海国使团之间进行的馈赠贸易，指的是皇帝或日本国国王在认可渤海国使团作为渤海国国王的特使这一身份的基础上，为了嘉赏渤海国遣日使不畏艰险，不远万里前来，馈赠一定的物品。馈赠的标准主要是依据使团成员在渤海国的品阶，进行差异化的物品馈赠。同时，渤海国使团中的高级使团成员，如大使、副使等，也会向皇帝或君主馈赠一些物品。

非政权层面的贸易指的是渤海国人以私人的身份与唐朝和日本各阶层人士进行接触和交往的过程中，出于表达感情或谋取利润等动机而发生的物品的交换和流通。同样包括三种形式，即民间合法贸易、民间非法贸易、表达私人关系的馈赠贸易。民间合法贸易、民间非法贸易的内涵与学界讨论的一致，只有表达私人关系的馈赠贸易需要解说。表达私人关系的馈赠贸易是指为了表达感情，物品以礼物的形式，通过馈赠与回赠进行流动从而引发经济往来的一种交换形式。

相较于其他学者的类型划分，本书多出了两种贸易形式，即皇帝或君主与使团之间进行的馈赠贸易和表达私人关系的馈赠贸易。只是依据馈赠过程中给予者、收受者的身份不同而将其分为两种贸易形式。所谓的馈赠贸易即学界多所讨论的馈赠经济（尾论将详细展开论述），这里以贸易一词进行强调，是因为本书侧重于馈赠物品的交换活动或行为，以及馈赠物品的流通过程。

小　结

就现有研究而言，诸位学者在考察封贡体系下唐朝同周边部族与国家的经济交往时，大多选择以封贡贸易、互市贸易和民间贸易为名的三分法加以统括。落实到渤海国与唐朝的商贸活动的具体研究之时，这种三分法也是多数学者的主要选择。然而，随着研究的深入，这种三分法也到了重思的时刻。

笔者认为重思的焦点，首要的是对封贡贸易、互市贸易和民间贸易的概念内涵进行厘清。比较而言，民间贸易的概念较为清晰，学界基本达成了共识。与之相对，封贡贸易和互市贸易的概念则是众说纷纭、歧异丛出。

以封贡贸易而言，至今学界仍以不准确的朝贡贸易名之，由此忽略了封贡贸易的双向性特质。换言之，使用朝贡贸易这一概念时，有可能忽视了周边部族与国家的主动参与性，从而自觉不自觉地采用了以中原王朝为中心的单一视角考察历史。只有正视封贡贸易的双向性，理解双方都是获利者，我们才能够把握封贡贸易延绵不衰的根本原因。另一方面，由于概念不明而无法有效地区分封贡贸易和互市贸易。就这一点而言，堀敏一、上田信的思考无疑有着拨云见日的洞察性。他们从反思传统中国的家国不分的论断为出发点，从国家中剥离出君主这一层级，指出封贡贸易具有皇家性，从而根本性地解决了封贡贸易与具有官方性的互市贸易之间的分野问题。

本编小结

渤海国为了政治生存，必须将自身置于唐朝封贡体系之中进行思考，在通盘考察渤海国的周边政治情态之后，因应地采取相应的措施。正是借助唐朝封贡体系，渤海国才最终选择依附于唐朝以确保自身利益的最大化。除了政治层面的考量外，唐朝封贡体系为渤海国带来丰厚的经济利益也是渤海国做出政治选择的出发点之一。例如渤海国在唐朝与后突厥汗国之间做出选择的原因，马一虹的分析可为确论。"对藩属部落财富的剥削、聚敛，是突厥汗国得以在短时间内迅速崛起、强盛的重要经济基础。对靺鞨而言，朝贡唐朝，不仅可以获得强有力的政治支撑，提高朝贡者在本部内的地位和影响，而且同样甚至更重要的是，可以获得远超过贡品数倍的回赐——后者往往才是其朝贡的真正动力。而臣属突厥，政治上要受到'吐屯'的监督，在经济上非但得不到利益，相反还要提供本地最好的物产奉献给突厥。这也是东突厥汗国一旦衰微，靺鞨立即重开对唐朝朝贡的一个重要原因。"①简言之，唐朝封贡体系能为渤海国带来政治安全和经济获益，这是渤海国选择依附于唐朝的根本原因。随着时间的推移、关系的深化，渤海国最终成为唐朝统治下的地方政权，成为中华民族共同体历史演进中的一部分。

除了与唐朝保持着密切的贸易往来外，渤海国同样重视与日本之间的贸易，渤海国先后34回遣日本使就是明证。渤日关系的发展脉络亦需立足于唐朝封贡体系加以思考。最初渤海国与日本的交聘活动，完全是出于政治形势的考量。大武艺派遣第1回遣日使（727—728），恰为渤海国与唐朝关系紧张之时。尽管大武艺时期以及大钦茂统治前期的渤日关系密切，使团往返频繁，但双方的政治诉求起着主导性作用，即应对安史之乱带来的东亚变局以及意欲针对新罗这一共同敌人展开联合行动。然而随着渤海国在东亚政治格局中的地位日益稳固，经济方面的需求逐渐成为促使渤海国交聘日本的主要动因。此外，历经多次跨海航行，渤海国完成了对日本海的海上航线的探索，海上风险被降低，这也为渤海国开展持续的对日贸易提供了外在保障。

---

① 马一虹：《靺鞨、渤海与周边国家、部族关系史研究》，中国社会科学出版社，2011，第110页。

第二编

政权层面上的渤唐贸易

　　唐代是封贡体系的完备时期，包括羁縻、册封、授官、"贡品"等在内的制度，包括宾礼、朝觐等在内的礼仪都趋于规范化。以各项政治制度和礼仪仪式为前提，官方控制下的封贡贸易、互市贸易等得以有效地展开。

第四章

渤唐贸易中的
封贡贸易

在封贡体系下，通过羁縻府州与藩属国贡献"贡品"，唐朝回赐"赐品"，一个完整的物品交换和流通回圈形成。堀敏一解说道："朝贡本身就是交易的一种形态，因为它可以获得中国王朝的回赐。……朝贡和回赐，沿袭了自古存在的互酬、赠答的习惯，唐朝因货币经济的发达，故能给予相当的赠答品。"[①]依托这些名为"贡品""赐品"的礼物，封贡贸易得以持续不断地延续下去，也促使馈赠经济日益繁荣。借助封贡贸易，封贡体系的政治、经济、文化等多层面的功效和意义得以实现。

第一节
唐朝封贡体系下渤海国的"贡品"

唐朝设置了众多的羁縻府州，借助边

---

① ［日］堀敏一：《隋唐帝国与东亚》，韩昇、刘建英编译，兰州大学出版社，2010，第15页。

州都督府和都护府对之进行有效管理。此即《新唐书》所说的"然声教所暨，皆边州都督、都护所领，著于令式"①。渤海国直接受河北道下辖的边州都督府和都护府管理。《唐六典·尚书户部》明确写道：河北道，"远夷则控契丹、奚、靺鞨、室韦之贡献焉"②。此处的"靺鞨"指涉广泛，既包括粟末靺鞨建立的渤海国，也包括在黑水靺鞨辖地所设的黑水都督府以及其他靺鞨部落。

在边州都督府和都护府的押领下，羁縻府州要承担一系列义务。"羁縻府州要向中央纳贡、入觐、充质，战时为国征讨。"③所谓的纳贡至少包括两个层面：一是向边州都督和都护交纳税赋，并承担徭役。刘统指出："羁縻府州既在边州都督府和都护府的管制下，除交通往来极为不便的少数地区外，大多数羁縻州都要向边州都督和都护交纳赋税，并承担徭役。因为唐朝政府没有具体的数额规定，边州都督府的官吏往往任意加税，或过度驱使羁縻部落民众承担重役，这是引起羁縻府州动乱的一个主要原因。"④由于相关文献缺失，我们无由获知渤海国向边州都督府和都护府交纳赋税的具体情况。二是向唐廷贡献"贡品"。从封贡贸易角度出发，这些"贡品"至少可以从商品属性层面、礼仪仪式层面进行解读。

一、商品属性层面上的"贡品"

羁縻府州与藩属国的朝贡使团⑤前往唐朝朝贡时，所携带的"贡品"首先需要经过唐朝缘边地方机构的核勘。《天圣令·关市令》复原

---

① 《新唐书》卷四三下《地理志七下》，中华书局，1975，第1119页。

② ［唐］李林甫等：《唐六典》卷三《尚书户部》，陈仲夫点校，中华书局，1992，第67页。

③ 马驰、马文军：《唐代羁縻府州与中央关系初探》，《陕西师范大学学报》1997年第1期，第140页。

④ 刘统：《唐代羁縻府州研究》，西北大学出版社，1998，第62页。

⑤ 朝贡使团与"蕃使"、遣唐使具有同等意涵。"蕃使"频繁见于唐代文献，但往往与朝贡使团首领画等号，故本书不取。遣唐使在本书中主要意指渤海国派往唐朝的朝贡使团。朝贡使团则用于统称各个羁縻府州及藩属国向唐朝派遣的使团。

唐令10规定："诸蕃客初入朝，本发遣州给过所。所有一物以上，关司共蕃客官人具录申所司；入一关以后，更不须检。若无关处，初经州县亦准此。"①唐朝共设26"关"，作用是"所以限中外，隔华夷，设险作固，闭邪正暴者也。凡关呵而不征，司货贿之出入。其犯禁者，举其货，罚其人"②。《新唐书》所记较为简略。"蕃客往来，阅其装重，入一关者，余关不讥。"③根据《关市令》，朝贡使团入境伊始，所由入境的"关"派员会同"蕃客官人"对携带物品进行检勘。未设"关"之处，则由缘边州县负责此项任务。

"所有一物以上"，不仅是指"贡品"，使团成员随身携带的物品也要登记在册。日本入唐僧所留公验表明这条规定被严格执行。最澄于贞元二十年（804）抵达明州。《明州公验》——开列了最澄等人携带的经书、造像等物品的名称和数量。"日本国求法僧最澄往天台山巡礼将金字妙法莲花经等。金字妙法莲花经一部，八卷；外标金字无量义经，一卷；观普贤经，一卷；已上十卷，共一函。盛封全。最澄称是日本国春宫永封，未到不许开拆。屈十大德疏，十卷；本国大德净论，两卷。水晶念珠，十贯。檀龛水天菩萨一躯，高一尺，右得僧最澄状称总将往天台山供养。"在这之后，明州进行了总体统计，"文书钞疏及随身衣物等，总计贰佰余斤"④。圆仁于开成三年（838）抵达扬州。"（八月）十日辰时，请益、留学两僧随身物等斤量之数定录，达使衙了。"⑤圆珍于大中七年（853）入唐时，《福州都督府公验》中开列了随身物品明细。"随身物：经书四百五十卷。衣钵、剔（剃）刀子

---

① 天一阁博物馆、中国社会科学院历史研究所天圣令整理课题组：《天一阁藏明钞本天圣令校证（附唐令复原研究）》，中华书局，2006，第539页。

② ［唐］李林甫等：《唐六典》卷六《尚书刑部》，陈仲夫点校，中华书局，1992，第196页。

③《新唐书》卷四六《百官志一》，中华书局，1975，第1201页。

④ 刘恒武：《宁波古代对外文化交流：以历史文化遗存为中心》，海洋出版社，2009，第80页。

⑤ ［日］圆仁：《入唐求法巡礼行记》卷一，顾承甫、何泉远点校，上海古籍出版社，1986，第10页。

等；旅灶壹具。"①由此可见，唐朝的登记非常详细，包括携带物品的名称、数量及重量等都要详加记录。之所以对使团成员随身携带的物品也进行详细的记录，是因为在唐朝眼中，"贡品"与私人物品之间并无天壤之别的界限，这一制度的目的是预防非法贸易的发生。

对于一些特殊"贡品"，缘边地方机构还需要专门对待。"若诸蕃献药物、滋味之属，入境州县与蕃使苞匦封印，付客及使，具其名数牒寺。"②所谓"滋味"，即"美味之物。在中国难以获得的珍馐美味之类"③。"贡品"如果包括药物、美味之物等唐廷看重之物，唐朝地方官员在核验之后，还要会同"蕃客官人"进行封装，并加盖印信以保证"贡品"的安全。同时，唐朝地方官员还需要向鸿胪寺提交这些"贡品"的相关记录。

"关"直属于刑部司门郎中管辖，与缘边州县隶属两套体系，在应对接踵而至的朝贡使团时不免有政令不畅之感；因此，"贡品"核勘的权责逐渐让渡与缘边都督府。"先天二年十月敕：诸蕃使、都府管羁縻州，其数极广，每州遣使朝集，颇成劳扰，应须朝贺，委当蕃都督与上佐及管内刺史，自相通融，明为次第。每年一蕃令一人入朝，给左右不得过二人。仍各分颁诸州贡物，于都府点检，一时录奏。"④713年，唐玄宗为了减轻财政负担，开始限缩朝贡使团的频次和规模，至于"贡品"，则由缘边都督府负责核勘、上报。而上报的对象仍为鸿胪寺。"所献之物，先上其数于鸿胪。"⑤

经过唐朝地方官员的核勘、记录、封印之后，"贡品"才被允许送至京城。然而同样出于减轻财政负担的考虑，为减少"贡品"在路途

①《圆珍入唐公验、过所、牒、状》，载《行历抄校注》，白化文、李鼎霞校注，花山文艺出版社，2003，第98页。

②［唐］李林甫等：《唐六典》卷十八《鸿胪寺》，陈仲夫点校，中华书局，1992，第506页。

③［日］石见清裕：《唐代北方问题与国际秩序》，胡鸿译，复旦大学出版社，2019，第221页。

④［宋］王溥：《唐会要》卷二四《诸侯入朝》，中华书局，1955，第459页。

⑤《新唐书》卷四八《百官志三》，中华书局，1975，第1257页。

运输中带来的耗费，并非所有"贡品"都会被运送到京城。"凡献物……不足进者，州县留之。"①唐朝地方官员还需要负责甄别"贡品"的价值，寻常之物会被留于缘边州县。

"贡品"抵达京城后，鸿胪寺开始接手后续程序。鸿胪寺接到由地方官员递送的"贡品"的"名数"后，"寺司勘讫，牒少府监及市，各一官领识物人定价，量事奏送；仍牒中书，具客所将献物，应须引见、宴劳，别听进止。"②《新唐书》的记载进行了大幅度的缩减。"献药者，鸿胪寺验覆，少府监定价之高下。"③按照《唐六典》的规定，鸿胪寺再次核勘"贡品"后，还会进行议价，会同少府监与市的官员、"识物人"等合议价格，从而作为唐朝赏赐"赐品"的价值标准。"识物人"的参与，目的是提供此类物品的市场价格，从而更有效合理地对"贡品"的价值给出判断。

鸿胪寺将议价结果交与中书省，由中书省决定这些"贡品"是否需要参与大型礼仪仪式。通事舍人的职责之一是"凡四方通表，华夷纳贡，皆受而进之"④。中书侍郎的职责之一是"凡四夷来朝，临轩则受其表疏，升于西阶而奏之；若献赘币则受之，以授于所司"⑤。虽然《唐六典》并未言及中书省具有决定"贡品"是否需要参与大型仪式的权责，但从"纳贡""献赘币"等出发，可将之视为通事舍人、中书侍郎职能的延伸和外扩。当中书省接到鸿胪寺的牒后，通事舍人加以决断，最终由中书侍郎决定。

这里的"贡品"乃是指"药物、滋味之属"而言，但是随着各国经济的发展，中外交流的日益密切，加之唐朝皇室喜好的变化，特殊"贡品"的范畴逐渐扩大。《新唐书》补充记载道："鹰、鹘、狗、豹无

① 《新唐书》卷四八《百官志三》，中华书局，1975，第1258页。

② ［唐］李林甫等：《唐六典》卷十八《鸿胪寺》，陈仲夫点校，中华书局，1992，第506页。

③ 《新唐书》卷四八《百官志三》，中华书局，1975，第1258页。

④ ［唐］李林甫等：《唐六典》卷九《中书省》，陈仲夫点校，中华书局，1992，第279页。

⑤ ［唐］李林甫等：《唐六典》卷九《中书省》，陈仲夫点校，中华书局，1992，第275页。

估，则鸿胪定所报轻重。"①这里罗列了几种异兽。"主客式：诸蕃夷进献，若诸色无估价物，鸿胪寺量之酬答也。"②律令以"诸色"指代特殊"贡品"，表明但凡唐朝没有的特殊物品，都会比照"药物、滋味之属"执行议价程序。

"贡品"进入内地州县后，需要经过从地方到中央各个部门的层层核勘。这固然是唐朝为了稽查违禁物品而采取的必要措施，但也展示出唐朝对"贡品"的重视。对于唐朝而言，贡献"贡品"和提交国书被视为羁縻府州及藩属国向唐朝表示政治上臣属的重要标志之一，因此，唐朝从制度订立的角度出发，将"贡品"贡献的流程规范化、制度化，一方面是为了防止"贡品"在唐朝境内出现坏损、丢失等情况，另一方面也是为了保障朝贡使团能够顺利完成朝贡任务。

在这一过程中，"贡品"被高度政治化，但唐朝也会关注"贡品"的商品属性。秉持着"厚往薄来"的原则，唐朝会给予朝贡国以丰厚的赏赐作为回赠。不过唐朝的赏赐"赐品"并非无限制的厚赏。唐朝派出熟悉涉外事务和市场行情的鸿胪寺、少府监与市的官员共同议价，"贡品"的价值回归到市场层面。通过严格且公允的议价制度，唐朝和朝贡使团获得双赢的局面。唐朝给予朝贡使团不远万里前来朝贡的动力，从而扩展唐朝的影响力；朝贡国也从中获得了经济上的巨大利益。

二、礼仪仪式层面上的"贡品"

当朝贡使团抵达京城后，"贡品"高度政治化得到了更为充分的体现，"贡品"会随同朝贡使团参加一系列礼仪仪式。

按照《大唐开元礼·宾礼》的记载，朝贡使团至少需要参加七项宾礼活动，即"蕃国主来朝以束帛迎劳""遣使戒蕃主见日""蕃主奉见""受蕃国使表及币""皇帝宴蕃国主""皇帝宴蕃国使"以及"蕃主辞见"。但"贡品"只出现在"受蕃国使表及币""皇帝宴蕃国主"等两项活动之中。"蕃主奉见"仪式中并未出现"贡品"，王贞平对其进

---

① 《新唐书》卷四八《百官志三》，中华书局，1975，第1258页。

② ［唐］白居易：《白氏六帖事类集》卷二二《蛮夷贡赋》，文物出版社，1987，影印本。

行阐发。"这是唐廷刻意简化仪式内容，减少皇帝与蕃主直接对面的时间，同时在一定程度上顾及蕃主的颜面，维护了他的尊严。"①

"受蕃国使表及币"是唐朝皇帝接受羁縻府州及藩属国的国书和"贡品"时所举行的仪式。石见清裕指出："本仪式不称作'奉见'而名为'受表及币'，表明本仪式是以国书的奏呈和贡物的进献为两大要点而构成的。"②

在朝贡使团进入宫城之前，唐朝官员会提前布置朝觐场所。"其日，典仪设使者位于悬南，重行北向，以西为上。庭实位于客前。"③"悬南"即宫悬之南，使者被安排在大型宫廷乐器的南面。"庭实"，即陈列于朝堂的"贡品"。《唐会要》的记载可兹佐证。"（建中）二年正月朔，御含元殿。四方贡献，列为庭实，复旧例也。"④渡边信一郎指出："'庭实'是一个由王权为主导的贡物再分配中，以王权为中心的贡品的纳贡和集聚这两个具体的侧面构成的仪式空间。"⑤对"贡品"的作用，渡边信一郎阐释道："在诸多的仪式场合中，赠与、赠答关系得到了'庭实'这种可视化的形式的确认；通过互惠性的关系，王权或皇权与周边诸国、部族的政治隶属关系得到了更新与再现。"⑥在众多人员参加的大型礼仪活动中，使者的位置前陈列"贡品"，使得"贡品"成为一种可视化的比较对象。"贡品"价值的多寡会促发使者之间的相互攀比，从而使自身在封贡体系中获得更为有利或不利的地位。

---

① ［加拿大］王贞平：《唐代宾礼研究：亚洲视域中的外交信息传递》，中西书局，2017，第40页。

② ［日］石见清裕：《唐代北方问题与国际秩序》，胡鸿译，复旦大学出版社，2019，第350页。

③ ［唐］萧嵩等：《大唐开元礼》卷七九《宾礼》，周佳、祖慧点校，载《中华礼藏·礼制卷·总制之属》第1册，浙江大学出版社，2016，第547页。

④ ［宋］王溥：《唐会要》卷二四《受朝贺》，中华书局，1955，第457页。

⑤ ［日］渡辺信一郎：《天空の玉座——中国古代帝国の朝政と儀礼》，柏書房，1996，第208页。

⑥ ［日］渡辺信一郎：《天空の玉座——中国古代帝国の朝政と儀礼》，柏書房，1996，第264页。

这使得羁縻府州及藩属国在选择"贡品"时需要提前考量，再三斟酌。

朝贡使团从承天门进入宫城，在太极殿广场站队等候。当皇帝上殿之前，"使者服其国服，奉书出次。通事舍人引，立于阁外西厢，东面。从者执币及庭宾立于后，俱东面北上"。只有"使者及庭宾"能够进入殿内拜见皇帝。殿内递交国书的同时，殿外，"有司各帅其属受币、马于庭"[1]。在这一过程中，国书和"贡品"成为羁縻府州及藩属国对唐朝表示臣服的象征性物品。

"皇帝宴蕃国主"和"皇帝宴蕃国使"是唐朝皇帝为朝贡使团举行的庆祝仪式，是皇帝对朝贡使团前来朝贡的答谢。二者的仪式程序大体一致，最大的不同之处在于"皇帝宴蕃国主"仪式中有"贡品"的参与。

"皇帝宴蕃国主"时，藩属国君主或够品级的朝贡使臣被允许入殿参与由皇帝主持的宴会。当皇帝御殿后，"蕃主"被引导至自己的席位。"其有献物则从入，陈于蕃主之前。"在这一过程中，"贡品"与"蕃主"同时出现在宴会的场合。这既可以通过"贡品"的丰盛程度展示"蕃主"对唐朝皇帝的敬意，也是"蕃主"展现本国雄厚实力的一种途径。

拜跪皇帝后，"蕃主奉贽，曰：'某国蕃臣某，敢献壤奠。'侍中升，奏。又侍中承旨曰：'朕其受之。'侍中降，于蕃主东北，西向称：'有制。'蕃主再拜。宣制讫，蕃主又再拜。讫，以贽授侍中。侍中以贽授所司，又所司受其余币，俱以东。"其中的"贽"，《大唐开元礼》注释为："其贽，随其国所有，以一轻者为之。"[2]这一仪式源于先秦"贽见礼"。"蕃主"捧持着一件"贡品"向皇帝进呈，并自称"某国蕃臣某"。此处名为"贽"的"贡品"更具象征意义，表达出"蕃主"对皇帝的敬意和臣服。所以王贞平指出："贡品"，"不是单纯的外交馈

---

① [唐]萧嵩等：《大唐开元礼》卷七九《宾礼》，周佳、祖慧点校，载《中华礼藏·礼制卷·总制之属》第1册，浙江大学出版社，2016，第548页。

② [唐]萧嵩等：《大唐开元礼》卷八十《宾礼》，周佳、祖慧点校，载《中华礼藏·礼制卷·总制之属》第1册，浙江大学出版社，2016，第550页。

赠。有些馈赠更直接被唐廷解释为具有'向化'的政治寓意"①。在"赞见礼"中，侍中在皇帝与"蕃主"之间扮演了媒介作用。这就是"凡诸侯王及四夷之君长朝见，则承诏而劳问之"②的侍中职责的具象化。这一套仪式举行完毕后，宴会才正式开始。

只有"受蕃国使表及币""皇帝宴蕃国主"两项仪式出现"贡品"，具有深层的政治意义。第一，这两项仪式共同构成了贡与赐的物品交换和流动回圈。石见清裕指出："谒见与宴会可以说是配套的，两者合观才能理解使者谒见皇帝礼的全貌。"③第二，宾礼的七项活动中，只有这两项加上"皇帝宴蕃国使"具有"公"场合的性质，在文武百官和来自羁縻府州及藩属国的使者共同见证下，"贡品"被进贡给皇帝，从而彰显出皇帝天下共主的形象。其余四项活动更多发生于一对一的场合，并不具备公共性。第三，"皇帝宴蕃国使"不包含贡献"贡品"的流程，这是因为"蕃使"的身份不足以凸显皇帝奄有四海的至高地位，无助于提升皇帝的威望。

除了成为宾礼的一部分外，更能发挥"贡品"政治作用的场合是"皇帝元正冬至受群臣朝贺"。元正与冬至是唐代最重要的节日，唐廷会举行规模盛大的朝会活动，展开一系列政治活动。"若元正、冬至大陈设，燕会，赦过宥罪，除旧布新，受万国之朝贡，四夷之宾客，则御承天门以听政。"④唐太宗时，这一仪式已经达到了空前的规模。"是时四夷大小君长争遣使入献见，道路不绝，每元正朝贺，常数百千人。"⑤

在典礼举行之前，"于客使初入，户部以诸州贡物陈于太极门东西

---

① 具体讨论，可参考［加拿大］王贞平：《唐代宾礼研究：亚洲视域中的外交信息传递》，中西书局，2017，第50-51页。

② ［唐］李林甫等：《唐六典》卷八《门下省》，陈仲夫点校，中华书局，1992，第243页。

③ ［日］石见清裕：《唐代北方问题与国际秩序》，胡鸿译，复旦大学出版社，2019，第356页。

④ ［唐］李林甫等：《唐六典》卷七《尚书工部》，陈仲夫点校，中华书局，1992，第217页。

⑤ ［宋］司马光：《资治通鉴》卷二二二，中华书局，1956，第6253页。

厢；礼部以诸蕃贡物量可执者，蕃客手执入就内位，其重大者陈于朝堂前"①。户部和礼部分别负责内地正州和羁縻府州的"贡品"的陈设。"贡品"轻便者，由"蕃使"随身捧持，行"赞见礼"。体积较大的"贡品"则陈列于朝堂前。刘承庆的陈述亦可参考。"长寿二年（693）十月，左拾遗刘承庆上疏曰：伏见比年以来，天下诸州所贡物，至元日，皆陈在御前。唯贡人独于朝廷拜列。"②刘承庆关注的是贡士的站位问题，所以对"贡品"的陈设只是笼统地描述。二者都显示出"贡品"在仪式中的重要性。

完成朝拜礼仪后，"户部尚书进诣阶间，北面跪，奏称：'户部尚书臣某言，诸州贡物请付所司。'俯伏，兴。侍中前承制，退称：'制曰可。'尚书退，复位。礼部尚书以次进诣阶间，北面跪，奏称：'礼部尚书臣某言，诸蕃贡物请付所司。'俯伏，兴。侍中前承制，退称'制曰可。'尚书退，复位，侍中还侍位。太府率其属受诸州及诸蕃贡物，出归仁纳义门，执物者随之。"③同样是户部、礼部分别负责引导进奏内地正州和羁縻府州的"贡品"。最后，负责掌管"凡四方之贡赋，百官之俸秩"④的太府寺代表皇帝接受"贡品"。

由此可知，贡献"贡品"是"皇帝元正冬至受群臣朝贺"仪式中的重要一环。一方面，通过"贡品"的进呈和陈列，以可视化的形式将唐朝封贡体系展现出来；另一方面，在隆重的礼仪和盛大的场景中，朝贡使团不仅能够深深地体会到唐朝的强大，在"贡品"的相互比较之中，朝贡使团得以清晰地认知自身在唐朝封贡体系中的位置。

---

① [唐]萧嵩等：《大唐开元礼》卷九七《嘉礼》，周佳、祖慧点校，载《中华礼藏·礼制卷·总制之属》第1册，浙江大学出版社，2016，第641页。

② [宋]王溥：《唐会要》卷七六《贡举中·缘举杂录》，中华书局，1955，第1383页。

③ [唐]萧嵩等：《大唐开元礼》卷九七《嘉礼》，周佳、祖慧点校，载《中华礼藏·礼制卷·总制之属》第1册，浙江大学出版社，2016，第642页。

④ [唐]李林甫等：《唐六典》卷二十《太府寺》，陈仲夫点校，中华书局，1992，第540页。

第二节
渤海国"贡品"的种类

从705年直至唐朝灭亡，有据可查的渤海国朝贡多达141回，约一年半朝贡一回。渤海国被允许朝贡的前提是恪守唐朝制度，此即封敕《与渤海王大彝震书》所言的"梯航万里，任土之贡献俱来；夙夜一心，朝天之礼仪克备"①。高频次朝贡则是因为封贡贸易有利于渤海国。政治、经济等层面的获益使得渤海国忠实地履行朝贡义务。至于承载封贡贸易使命的渤海国"贡品"，现存文献所记有限，大致有鹰、鹘、貂皮及各色毛皮等物。

一、鹰、鹘

根据薛爱华的研究，唐朝皇室豢养着四种猎鹰，即"雕，尤其是金雕"，"黑眼睛、长翅膀的鹘"，"捕捉苍鹭和其他大型猎鸟的猎隼，以及捕捉野鸭和其他水禽的游隼"②。后文，薛爱华进一步申说鹘，但与前文有所出入。"这是一种体形小的短翅鹰属飞禽，人们喜欢用它猎取鹌鹑和其他一些生活在树木繁茂地区的小鸟。"③

在现存史料中，渤海国贡献鹰、鹘的记录最多，共计10条（其中3条鹰与鹘并举）。金毓黻则统计为9条。"自武王仁安三年讫僖王朱雀二年，渤海凡九献鹰于唐。"④金毓黻的统计少了一次，是因为忽视了开

① ［宋］李昉等编《文苑英华》卷四七一《蕃书四·新罗书》，中华书局，1956，第2406页。

② ［美］薛爱华：《撒马尔罕的金桃——唐代舶来品研究》，吴玉贵译，社会科学文献出版社，2016，第253页。

③ ［美］薛爱华：《撒马尔罕的金桃——唐代舶来品研究》，吴玉贵译，社会科学文献出版社，2016，第254页。

④ 金毓黻：《渤海国志长编》卷十七《食货考》，社会科学战线杂志社，1982，第387页。

元三年（715）大祚荣献鹰的记录。此外，薛爱华的统计为7条。除了开元三年的献鹰记录外，还漏掉了开元十七年（729）和元和九年（814）的两条记载①。

（一）渤海国进贡鹰、鹘的记载

渤海国第一次进贡鹰、鹘的记载为开元三年（715），见于苏颋《双白鹰赞》。苏颋（670—727），苏瑰之子，唐玄宗时曾官至宰相。苏颋少有才名，以文章显名于时。"自景龙后，与张说以文章显，称望略等，故时号'燕许大手笔'。"②苏颋的存世诗文颇多，根据郁贤皓的统计，"今《全唐诗》仍录存其诗九十八首，《全唐文》录存其文二百九十篇，是初唐时期保存文章最多的文学大家"③。《双白鹰赞》即存录于《全唐文》之中。

《双白鹰赞》在开篇处写道："开元乙卯岁，东夷君长自肃慎、扶余而贡白鹰一双。其一重三斤有四两。其一重三斤有二两。"④中间则是描绘双白鹰俊美的华丽辞藻。结尾处，苏颋交代了写作的缘由，"微臣奉制，敢称赞曰……"⑤苏颋乃是奉唐玄宗之命撰写此篇文章，撰写时间距离"贡白鹰"的时间应不会有太多的迟误。据此可知，开元三年，"东夷君长"曾向唐玄宗进贡了一对白鹰。至于"东夷君长"所指为何，全篇并未言及，探究其身份只能从"肃慎""扶余"两个词入手。

肃慎最早出现在先秦文献中。《竹书纪年》："（帝舜二十五年）息慎氏来朝贡弓矢。""（周武王）十五年，肃慎氏来宾。"⑥成王九年，

<hr />

① ［美］薛爱华：《撒马尔罕的金桃——唐代舶来品研究》，吴玉贵译，社会科学文献出版社，2016，第255页注释3。

②《新唐书》卷一二五《苏颋传》，中华书局，1975，第4402页。

③ 郁贤皓：《苏颋事迹考》，载《李白与唐代文史考论》第3卷《唐代文史考论》，南京师范大学出版社，2007，第778页。

④《全唐文》卷二五六《苏颋》，中华书局，1983，第2594页。

⑤《全唐文》卷二五六《苏颋》，中华书局，1983，第2595页。

⑥ 王国维：《今本竹书纪年疏证》卷下，上海古籍出版社，1981，第236页。

"肃慎氏来朝，王使荣伯锡肃慎氏命"①。《尚书·序》的记载相差不多，"成王既伐东夷，肃慎来贺，王俾荣伯，作《贿息慎之命》"②。正是《尚书·序》中的"东夷"将肃慎与东北地区联系在了一起，从而使古人坚信：早在传说时代，东北部族的肃慎就与中原地区建立起了联系。

肃慎更是由于孔子的考证而为世人熟知。《国语》："仲尼在陈，有隼集于陈侯之庭而死，楛矢贯之，石砮其长尺有咫。陈惠公使人以隼如仲尼之馆问之。仲尼曰：'隼之来也远矣！此肃慎氏之矢也。昔武王克商，通道于九夷、百蛮，使各以其方贿来贡，使无忘职业。于是肃慎氏贡楛矢、石砮，其长尺有咫。先王欲昭其令德之致远也，以示后人，使永监焉，故铭其栝曰"肃慎氏之贡矢"，以分大姬，配虞胡公而封诸陈……君若使有司求诸故府，其可得也。'使求，得之金椟，如之。"③《史记·孔子世家》《说苑·辨物》《汉书·五行志》等书也转述了此事。孔子的这段话不仅佐证了西周初年肃慎朝贺的事实无误；更是将肃慎进贡"楛矢石砮"作为武王伐纣的合理性的证据，从而使得肃慎进贡"楛矢石砮"成为圣王"德政"的具体外现，后世的中原王朝纷纷将其作为论证政权合法性的重要依据。尤其是到了魏晋南北朝时期，各割据政权皆无法在军事上取得压倒性的优势，肃慎进贡"楛矢石砮"成为他们佐证政权合法性的重要手段之一，因此肃慎进贡"楛矢石砮"频现于这一时期的史书之中④。

到了唐代，强盛的唐朝不再需要通过肃慎进贡"楛矢石砮"这类的记载彰显唐朝的强大，肃慎进贡"楛矢石砮"的相关文字不再形于文献；与此相对，唐代有关肃慎的记载，多见于中原人士对靺鞨族源的解说之中。唐初的地理总志——《括地志》成书于贞观十五年

① 王国维：《今本竹书纪年疏证》卷下，上海古籍出版社，1981，第240页。

② ［清］孙星衍：《尚书今古文注疏》卷三十《书序下》，陈抗、盛冬铃点校，中华书局，2004，第606页。

③《国语》卷五《鲁语下》，中华书局，1959，第214~215页。

④ 相关考证，可参见王乐文：《"肃慎族系"观产生原因简论》，《光明日报》2006年6月5日；拙文：《再论肃慎、挹娄的关系》，《民族研究》2009年第4期。

（641）。《史记正义》在注解《夏本纪》时引用了其中一则，"靺鞨国，古肃慎也，在京东北万里已下"①。《括地志》将靺鞨与肃慎联系在了一起。《隋书》的叙述大致与《括地志》相同。在描述靺鞨诸部时言及："自拂涅以东，矢皆石镞，即古之肃慎氏也。"②《通典》则详细地梳理了肃慎族系的源流，将靺鞨视作肃慎的后裔。"古之肃慎，宜即魏时挹娄，自周初贡楛矢石砮，至魏常道乡公末、东晋元帝初及石季龙时始皆献之。后魏以后曰勿吉国，今则曰靺鞨焉。"③三则史料都从民族源流上将肃慎与靺鞨联结在一起。《李谨行墓志铭》在追溯靺鞨人李谨行的家世时也写道："公讳谨行，字谨行，其先盖肃慎之苗□，涑沫之后也。"④"涑沫"即粟末的异写，同样将肃慎与粟末靺鞨联系在一起。无论是传世文献，抑或是出土文献，都将肃慎作为靺鞨的族源。这表明这种认知乃是唐朝的共识。由此可知，《双白鹰赞》中的"肃慎"乃是代指靺鞨而言。

　　《双白鹰赞》中的"扶余"即夫余。夫余之名始见于西汉。《史记·货殖列传》言及燕国的地利时写道："夫燕亦勃、碣之间一都会也。……北邻乌桓、夫余，东绾秽貉、朝鲜、真番之利。"⑤最迟至东汉时期，夫余向中原王朝朝贡已经常态化，史称"使命岁通"⑥。曹魏时期夫余王位居在位之时，"岁岁遣使诣京都贡献"⑦。"（西晋）武帝时，频来朝贡。"⑧然而随着高句丽、鲜卑等周边部族与国家的兴起，夫余成为它们的攻伐对象，无力抵抗的夫余不可避免地走向衰亡。在经历几次毁灭性打击后，北魏太和十八年（494，高句丽文咨明王三

①《史记》卷二《夏本纪》，中华书局，2014，第68页。

②《隋书》卷八一《靺鞨传》，中华书局，1973，第1821页。

③［唐］杜佑：《通典》卷一八五《边防一·东夷上·序略》，中华书局，1988，第4985页。

④周绍良、赵超主编《唐代墓志汇编续集》，上海古籍出版社，2001，第282页。

⑤《史记》卷一二九《货殖列传》，中华书局，2014，第3962页。

⑥《后汉书》卷八五《夫余传》，中华书局，1965，第2812页。

⑦《三国志》卷三十《夫余传》，中华书局，1959，第842页。

⑧《晋书》卷九七《夫余传》，中华书局，1974，第2532页。

年），夫余国王向高句丽投降。"二月，扶余王及妻孥以国来降。"①作为独立的地方民族政权，夫余走入历史。夫余前后立国六百余年，且频现于正史，这使得夫余成为中原人士描述东北时常用的典故之一。因此，苏颋才会将早已灭国的夫余写入《双白鹰赞》之中。

夫余也与渤海国有所交集。随着渤海国开疆拓土，夫余旧有疆域成为渤海国的一部分。《新唐书》在述及渤海国的行政区划时言及："扶余故地为扶余府，常屯劲兵捍契丹，领扶、仙二州。"②以此为基础，《新唐书》总括渤海国的疆域时，再次言及夫余国。"地方五千里，户十余万，胜兵数万，颇知书契，尽得扶余、沃沮、弁韩、朝鲜海北诸国。"③其他史书也多有相似的论述。如《资治通鉴释文》："至其子祚荣，尽得扶余、沃沮、弁韩、朝鲜海北诸国。"④《高丽史》："并有扶余、肃慎等十余国。"⑤依凭着地域的重合，夫余也可被用来指代渤海国。更为直接的证明是渤海国自身也会将夫余与渤海国进行联结。渤海国第1回交聘日本时，在高齐德所携大武艺国书中，有"复高丽之旧居，有扶余之遗俗"⑥之句。大武艺认为渤海国与夫余有着承继关系。从渤海国至唐朝，时人都认为夫余与渤海国有着联系，以"扶余"指代渤海国也成为顺理成章之事。

依据以上的梳理，肃慎与夫余都与渤海国有着紧密的关系，在唐人的认知中，"肃慎""扶余"两个词汇都可以用于代指渤海国。苏颋为了让文章更为华美，并未直言渤海国，而是以文学典故的形式加以说明。据此，《双白鹰赞》中"东夷君长"指的就是渤海国的大祚荣。

---

① [高丽]金富轼：《三国史记》卷十九《高句丽本纪七》，杨军校勘，吉林大学出版社，2015，第232页。

②《新唐书》卷二一九《渤海传》，中华书局，1975，第6182页。

③《新唐书》卷二一九《渤海传》，中华书局，1975，第6180页。

④ [宋]史炤：《资治通鉴释文》卷二五《唐纪五三》，《四部丛刊初编》本，上海书店，1989年。

⑤ [朝鲜]郑麟趾：《高丽史》卷一《太祖世家一》，西南师范大学出版社、人民出版社，2013，第25页。

⑥《续日本纪》卷十，神龟五年正月甲寅，吉川弘文馆，1966，第111页。

其他记录分别为：开元十年（722），"十一月，渤海遣其大臣味勃计来朝，并献鹰"①。开元十七年（729），"二月，渤海靺鞨遣使献鹰"②。开元二十五年（737），"四月，渤海遣其臣公伯计来献鹰、鹘"③。"（开元）二十七年（739）二月，渤海王遣使献鹰。"④开元二十九年（741），"四月，渤海靺鞨遣使进鹰及鹘"⑤。天宝八载（749），"三月，渤海遣使献鹰"⑥。天宝九载（750），"三月，渤海遣使献鹰"⑦。大历十二年（777），"二月，渤海遣使献鹰"⑧。元和九年（814），"十一月，渤海遣使献鹰、鹘"⑨。

（二）唐朝皇室对鹰、鹘的喜好

唐朝曾多次下诏禁止进献鹰、鹘。武德元年（618）十月，李渊下诏："逸游损德，昔贤贻训；玩物丧志，前典格言。西旅献獒，邵公于是作诫；东齐馈乐，尼父所以离心。隋末道丧，肆极奢靡，内骋倡优之乐，外崇耳目之娱，冠盖相望，征求不息，公私扰剧，徭费无穷。朕受命君临，志在俭约，日旰忘食，昧爽求衣。纂组珠玑，皆云屏斥，雕琢绮丽，久从抑止。其侏儒短节，小马庳牛，异兽奇禽，皆非实用，

①《宋本册府元龟》卷九七一《朝贡》，中华书局，1989，第3849页；《册府元龟》卷九七一《朝贡》，中华书局，1960，第11407页。

②《宋本册府元龟》卷九七一《朝贡》，中华书局，1989，第3850页。

③《宋本册府元龟》卷九七一《朝贡》，中华书局，1989，第3851页。

④《宋本册府元龟》卷九七一《朝贡》，中华书局，1989，第3851页；《册府元龟》卷九七一《朝贡》，中华书局，1960，第11410页。

⑤《宋本册府元龟》卷九七一《朝贡》，中华书局，1989，第3851页；《册府元龟》卷九七一《朝贡》，中华书局，1960，第11411页。

⑥《宋本册府元龟》卷九七一《朝贡》，中华书局，1989，第3852页；《册府元龟》卷九七一《朝贡》，中华书局，1960，第11413页。

⑦《册府元龟》卷九七一《朝贡》，中华书局，1960，第11413页。

⑧《宋本册府元龟》卷九七二《朝贡》，中华书局，1989，第3855页；《册府元龟》卷九七二《朝贡》，中华书局，1960，第11416页。

⑨《宋本册府元龟》卷九七二《朝贡》，中华书局，1989，第3856页；《册府元龟》卷九七二《朝贡》，中华书局，1960，第11417-11418页。

诸有此献，悉宜停断。宣布遐迩，咸使闻知。"①《册府元龟》所收内容基本相同，只有个别词汇不一致，如"扰剧"写为"扰遽"，"屏斥"写为"屏绝"，"庳牛"写为"痹牛"，"遐迩"写为"远迩"②。建国伊始，李渊有鉴于隋炀帝因骄奢淫逸失国，下令禁止一切玩物丧志之物的贡献。其中提及的"奇禽"亦应包括鹰、鹘在内。

武德九年（626）玄武门之变后，李世民被立为皇太子。"太宗乃纵禁苑所养鹰犬，并停诸方所进珍异，政尚简肃，天下大悦。"③为了彰显新气象，李世民下诏禁止畜养、进贡包含于"鹰犬""珍异"中的鹰、鹘。永徽二年（651）十一月，"癸酉，禁进犬、马、鹰、鹘"④。《册府元龟》中保留有较为完整的诏书。"十一月，诏曰：弋猎畋游，素非所好。尝谓此志布于远近，而蕃夷有献鹰犬者，有阻来远之情。时复为受，示以不违其意。其诸州及京官仍有访求狗、马、鹰、鹘之类来进，深非道理。自今后更有进者，必加罪责。"⑤据此可知，高宗所禁止的只是内地正州贡献鹰、鹘，并不禁止羁縻府州及藩属国贡献鹰、鹘。面对安史之乱带来的家国残破，肃宗为了彰显自己中兴君主的身份，亦曾两次下诏，禁止地方贡献鹰、鹘等"奇禽"。"乾元元年（758）四月，诏曰：诸使应进鹰、鹘、狗、豹等，一切并停。"⑥宝应元年（762）二月，"建卯月……停贡鹰、鹘、狗、豹"⑦。《册府元龟》所收为此条记录的原文。"元年建卯月，制：诸道贡献，除马畜供军之外，其余鹰、鹘、狗、豹，奇禽异兽，并不得辄进。"⑧大历十四年（779）闰五月，刚刚继位的德宗便下诏停止贡献鹰、鹘。"丙子，诏诸

---

① [宋]宋敏求：《唐大诏令集》卷八十《典礼·贡献》，商务印书馆，1959，第458页。
②《册府元龟》卷一六八《却贡献》，中华书局，1960，第2024页。
③《旧唐书》卷二《太宗纪》，中华书局，1975，第30页。
④《新唐书》卷三《高宗纪》，中华书局，1975，第53页。
⑤《册府元龟》卷一六八《却贡献》，中华书局，1960，第2025页。
⑥《册府元龟》卷一六八《却贡献》，中华书局，1960，第2025页。
⑦《新唐书》卷六《肃宗纪》，中华书局，1975，第165页。
⑧《册府元龟》卷一六八《却贡献》，中华书局，1960，第2026页。

州府、新罗、渤海岁贡鹰鹞皆停。"①"丙子,罢诸州府及新罗、渤海贡鹰、鹞。"②《册府元龟》的内容稍显全面。"闰五月丙子,诏曰:天下州府及新罗、渤海岁贡鹰、鹞者,皆罢。既来者,所在放之。"③六月,德宗再次下诏,除了强调禁止贡献鹰、鹞外,进一步将范围扩大化。"六月己亥朔,诏:诸州府祥瑞、珍禽、异兽、鹰犬之类,奇器、异服、锦绣、珠玉等,并不得辄有进献。"④"宪宗永贞元年(805)九月,襄州节度使于頔进鹰。诏却归之。"⑤"(元和)八年(813)九月,淄青节度使李师道进鹞十二,命还之。"⑥"十年(815)九月,敕:泽潞及凤翔、天威军,每进鹞子,既伤物性,又劳人力,宜停进。"⑦"长庆三年(823)正月,诏:……并鹰犬之类,除备搜狩,余一切放之。"⑧长庆四年(824)三月,再次下诏强调,并将规定进一步细化。"鹰犬之流,本备搜狩,委所司量留多少,其余并解放。仍勒州府更不用进来。"⑨开成元年(836),"二月,敕:诸道应以禽鸟畋犬等上献者,依旧节例,权停三年所进。监军尝进者,如例"。⑩

这里共搜集了11通唐朝皇帝禁止进献鹰、鹞的诏敕以及2则宪宗退回贡献鹰、鹞的事例。共涉及高祖、太宗、高宗、肃宗(2通)、德宗(2通)、宪宗(3通)、穆宗(2通)、文宗等8位皇帝。由于李渊即位之初就将禁献鹰、鹞作为新政的一部分,这成了唐朝皇帝的惯例。唐朝皇帝大多在即位伊始或是发生重大政治事件之时下发诏令,禁止进献鹰、鹞,以此作为新气象的表征之一。不过就所囊括的对象而言,

①《旧唐书》卷十二《玄宗纪下》,中华书局,1975,第320页。

②《新唐书》卷七《德宗纪》,中华书局,1975,第184页。

③《册府元龟》卷一六八《却贡献》,中华书局,1960,第2026页。

④《册府元龟》卷一六八《却贡献》,中华书局,1960,第2026页。

⑤《册府元龟》卷一六八《却贡献》,中华书局,1960,第2026页。

⑥《册府元龟》卷一六八《却贡献》,中华书局,1960,第2026页。

⑦《册府元龟》卷一六八《却贡献》,中华书局,1960,第2026页。

⑧《册府元龟》卷一六八《却贡献》,中华书局,1960,第2027页。

⑨《册府元龟》卷一六八《却贡献》,中华书局,1960,第2027页。

⑩《册府元龟》卷一六八《却贡献》,中华书局,1960,第2028页。

只有高祖、肃宗和德宗等三位皇帝颁布的诏令在禁止对象上覆盖面最广，规定较为彻底。他如太宗、高宗、宪宗、穆宗、文宗等五位皇帝，在禁止进献鹰、鹘问题上都有所保留。穆宗只是将进献鹰、鹘的数量进行压缩，并直言不能影响狩猎的使用，此即"备搜狩"的潜在含义。文宗更是在诏书中明言禁止时间为三年，而且由宦官担任的监军不在禁令之中。这反衬出唐朝皇室对鹰、鹘的喜爱以及鹰、鹘在皇家狩猎活动中的广泛应用。尤须注意的是，779年德宗已经明令禁止渤海国贡献鹰、鹘，然而814年时仍有渤海国贡献鹰、鹘的记载，这反映出宪宗已经彻底废除了德宗曾经颁布的诏令。

与之相对的，从李渊开始，唐朝皇帝喜好鹰、鹘的记载屡有所见。《大唐新语》记武德初孙伏伽上表谏高祖时说："陛下二十日龙飞，二十一日献鹞鸧者，此乃前朝之弊风，少年之事务，何忽今日行之？"①《隋唐嘉话》："太宗得鹞绝俊异，私自臂之，望见郑公，乃藏于怀。"②《朝野佥载》："太宗养一白鹘，号曰将军。取鸟常驱至于殿前，然后击杀，故名落雁殿。"③《安禄山事迹》："玄宗每于苑中［放］鹰鹘，所获鲜禽，多走马宣令赐尝。"④《开元天宝遗事》："申王有高丽赤鹰，岐王有北山黄鹘，上甚爱之，每弋猎必置之于驾前，帝目之为决云儿。"⑤高祖、太宗、玄宗都喜好鹰、鹘。《酉阳杂俎·肉攫部》所收内容实为有关鹰、鹘的专题论著⑥，反映出在唐代，由于鹰、鹘的大量驯养，人们不仅摸索出一套完整的理论，有人甚至将之进行系统化梳理以满足人们的需求。考古资料亦可佐证。唐墓壁画中的鹰、鹘，有"懿德太子墓的《驾鹰驯鹞图》和《架鹞戏犬图》、咸阳市底张湾万泉

① ［唐］刘肃：《大唐新语》卷二《极谏》，恒鹤校点，上海古籍出版社，2012，第16页。

② ［唐］刘餗：《隋唐嘉话》卷上，程毅中点校，中华书局，1979，第7页。

③ ［唐］张鷟：《朝野佥载》卷五，赵守俨点校，中华书局，1979，第123页。

④ ［唐］姚汝能：《安禄山事迹》卷上，曾贻芬校点，中华书局，1979，第10页。

⑤ ［五代］王仁裕：《开元天宝遗事》卷下，丁如明校点，上海古籍出版社，2012，第27页。

⑥ ［唐］段成式：《酉阳杂俎》前集卷二十《肉攫部》，曹中孚校点，上海古籍出版社，2012，第119-122页。

县主薛氏墓的《架鹰男侍图》等"①。章怀太子墓中的《狩猎出行图》同时出现了鹰、鹘。"鹰鹘造型亦常出现于陶俑中,如永泰公主墓、金乡县主墓中'架鹰狩猎俑'等。"②懿德太子墓出土了两尊唐三彩俑,被命名为"三彩骑马射猎飞禽俑"和"三彩骑马手臂擎鹰俑"③。

大历十四年的诏书明确写道"新罗、渤海岁贡鹰、鹘",表明贡献鹰、鹘属于渤海国的常贡。皇帝的喜好使得鹰、鹘成为唐朝皇室的日常消费品。

二、貂皮及各色毛皮

貂皮及各色毛皮也是渤海国"贡品"中的大宗物品。貂皮更是其中的重中之重。薛爱华断言:"八世纪时的貂皮主要是由位于松花江与黑龙江的东胡靺鞨诸部贡献的。"④开元十五年(727)四月,在给渤海国的敕令中提及:"先是,渤海王大武艺遣男利行来朝,并献貂鼠。"⑤开元十八年(730),"五月,渤海靺鞨遣使乌那达初来献海豹皮五张、豹鼠皮三张、马脑杯一、马三十匹"⑥。开元二十六年(738),"闰八月,渤海靺鞨遣使献豹鼠皮一千张、乾文鱼一百口"⑦。这两处"豹鼠皮"中的"豹"应为"貂"之误。金毓黻早已指出这一笔误,并在录文中进行了修正⑧。开元二十八年(740),"十月,渤海靺鞨遣使献貂

---

① 程旭:《丝路画语:唐墓壁画中的丝路文化》,陕西人民出版社,2015,第99页。

② 程旭:《丝路画语:唐墓壁画中的丝路文化》,陕西人民出版社,2015,第100页。

③ 刘向阳、王效锋、李阿能:《丝绸之路鼎盛时期的唐代帝陵》,三秦出版社,2015,第292页。

④ [美]薛爱华:《撒马尔罕的金桃——唐代舶来品研究》,吴玉贵译,社会科学文献出版社,2016,第285页。

⑤《宋本册府元龟》卷九七五《褒异》,中华书局,1989,第3876-3877页。

⑥《宋本册府元龟》卷九七一《朝贡》,中华书局,1989,第3850页。

⑦《宋本册府元龟》卷九七一《朝贡》,中华书局,1989,第3851页;《册府元龟》卷九七一《朝贡》,中华书局,1960 第11410页。

⑧ 金毓黻:《渤海国志长编》卷一《总略上》,社会科学战线杂志社,1982,第19页。

鼠皮、昆布"①。

虽然只存四处贡献貂皮的记录，最少的一次仅为"三张"；但这并不足以体现渤海国贡献貂皮的频次和数量。727年（开元十五年，日本神龟四年），渤海国第1回交聘日本时，大武艺以貂皮作为礼物，"并附貂皮三百张奉送"②。渤海国一直尝试与日本平等交往，一次即送出"貂皮三百张"；那么面对唐朝，贡献的貂皮数量应该更多，738年的"一千张"似应为惯例。之所以会出现730年的"三张"，很可能是因为这一记录只是针对"贽见礼"。

730年的记载中还出现了"海豹皮"。金毓黻解释道："渤海东境濒海，故有海豹皮。"③薛爱华综合劳费尔的研究，解释得更为详悉。"带状海豹栖息在鄂霍次克海附近的海域。这种动物因为身上带有斑点而被中国人称作'海豹'。"④其他各色毛皮也属于渤海国"贡品"。开平三年（909）渤海国向后梁朝贡时，"贡品"即包括"貂鼠皮、熊皮等"⑤。此时距离唐朝灭亡仅两年，渤海国仍是按照唐朝旧例行事。天成元年（926）渤海国向后唐朝贡时，"贡品"还包括"虎皮等"⑥。此外，739年（开元二十七年，日本天平十一年）渤海国第2回交聘日本时，礼物包括"大虫皮、黑皮各七张，豹皮六张"⑦，又多出了豹皮。871年（咸通十二年，日本贞观十三年）渤海国第28回交聘日本时，所记礼物一致。"其信物大虫皮七张、豹皮六张，熊皮七张。"⑧见诸日本

---

① 《宋本册府元龟》卷九七一《朝贡》，中华书局，1989，第3851页；《册府元龟》卷九七一《朝贡》，中华书局，1960，第11411页。

② 《续日本纪》卷十，神龟五年正月甲寅，吉川弘文馆，1966，第112页。

③ 金毓黻：《渤海国志长编》卷十七《食货考》，社会科学战线杂志社，1982，第385页。

④ [美]薛爱华：《撒马尔罕的金桃——唐代舶来品研究》，吴玉贵译，社会科学文献出版社，2016，第283页。

⑤ 《宋本册府元龟》卷九七二《朝贡》，中华书局，1989，第3858页。

⑥ 《宋本册府元龟》卷九七二《朝贡》，中华书局，1989，第3859页；《册府元龟》卷九七二《朝贡》，中华书局，1960，第11421页。

⑦ 《续日本纪》卷十三，天平十一年十二月戊辰，吉川弘文馆，1966，第156页。

⑧ 《日本三代实录》卷二一，贞观十四年五月丁亥，吉川弘文馆，1966，第307页。

史料的两处记载，毛皮名色一致，数量相同，可以认定为惯例。

熊皮（黑皮）、虎皮、豹皮等也应是渤海国向唐朝贡献的"贡品"。不见于文献的原因是这些毛皮在当时中原地区也有出产，并不属于特殊物品，而是属于"不足进者州县留之"这类"贡品"。相较而言，貂皮在唐朝是备受推崇的物品，消费量极大，因此唐朝对北方产貂地区，多要求其贡献貂皮。如贞观四年（630）平定东突厥以后，开"参天可汗道"以利于漠北诸部族朝贡唐朝，从此以后，"回纥以南，突厥以北……以貂皮充赋税"①。《资治通鉴》更将之认定为常贡，"岁贡貂皮以充租赋"②。渤海国的貂皮类于此，也是常贡的一种。

三、唐代记载中的其他渤海国"贡品"

马匹是渤海国的主要"贡品"之一。开元十八年的"贡品"中有"马三十疋"。天宝八年（749），"三月，渤海遣使献马"③。虽然渤海国贡马的资料仅此两条，但渤海国贡马的频次及数量要远超于此。如安史之乱后，淄青镇"货市渤海名马，岁岁不绝"④，"市渤海名马，岁不绝"⑤。这足以说明马匹也属于渤海国常贡的一种。《辽史》在述及辽朝在灭亡渤海国后于其地建立的东丹国时提及："岁贡布十五万端，马千匹。"⑥《契丹国志》也有同样的记载："岁贡契丹国细布五万疋、籭布十万疋、马一千匹。"⑦"马千匹""马一千匹"足以佐证渤海国养马已经达到一个相当大的规模。《新唐书》在罗列渤海国的物产时

---

① [宋]王溥：《唐会要》卷七三《安北都护府》，中华书局，1955，第1314页。

② [宋]司马光：《资治通鉴》卷一九八，中华书局，1956，第6245页。

③《宋本册府元龟》卷九七一《朝贡》，中华书局，1989，第3852页；《册府元龟》卷九七一《朝贡》，中华书局，1960，第11413页。

④《旧唐书》卷一二四《李正己传》，中华书局，1975，第3535页。

⑤《新唐书》卷二一三《李正己传》，中华书局，1975，第5990页。

⑥《辽史》卷七二《耶律倍传》，中华书局，1974，第1210页。

⑦ [宋]叶隆礼：《契丹国志》卷十四《诸王传》，贾敬颜、林荣贵点校，上海古籍出版社，1985，第150页。

写道"俗所贵者……率宾之马"①，率宾府以马扬名于世，同样佐证了渤海国的养马规模庞大。之所以相关渤海国贡马的记载如此之少，很可能是因为唐朝将马匹作为国家重要的战略物资，马匹抵达唐朝边境之时，便被军方接管。《新唐书》直言马匹之于唐朝的重要性。"马者，国之武备，天去其备，国将危亡。"②薛爱华申说道："唐朝统治者在亚洲民族中的崇高地位及其广被天下的权威，在很大程度上依赖于他们能够得到的战马的数量，所以对唐朝统治者而言，马具有极为重要的意义。"③

水产品也是渤海国的主要"贡品"之一。开元十七年，"三月，渤海靺鞨遣使献鲻鱼"④。鲻鱼，"一种灰色的鲱鱼科鱼"⑤，"身体上带有条纹的鲻鱼生活在河流和大海之中"⑥。鲻鱼不仅具有食用价值，而且具有药用价值。《养生类纂》引唐代《食疗本草》："鲻鱼久食，令人肥健。"⑦738年记录中的"乾文鱼"即晾晒后的文鱼。文鱼即鳠鱼。《本草纲目》罗列鳠鱼的别名时言及，"鱼、黑鳠、玄鳠、乌鳠、鮦鱼、文鱼"⑧。"乾文鱼"同样具有药用价值。《食疗本草》共罗列了文鱼的四种药效。"（一）下大小便壅塞气。［嘉］（二）又，作鲙，与脚气风气人食之，效。［嘉］（三）又，以大者洗去泥，开肚，以胡椒末半两，切大蒜三两颗，内鱼腹中缝合，并和小豆一升煮之。临熟下萝葡三五颗如指大，切葱一握，煮熟。空腹食之，并豆等强饱，尽食之，

①《新唐书》卷二一九《渤海靺鞨传》，中华书局，1975，第6183页。

②《新唐书》卷三六《五行志三》，中华书局，1975，第952页。

③［美］薛爱华：《撒马尔罕的金桃——唐代舶来品研究》，吴玉贵译，社会科学文献出版社，2016，第169页。

④《宋本册府元龟》卷九七一《朝贡》，中华书局，1989，第3850页。

⑤［美］薛爱华：《撒马尔罕的金桃——唐代舶来品研究》，吴玉贵译，社会科学文献出版社，2016，第374页注释1。

⑥［美］薛爱华：《撒马尔罕的金桃——唐代舶来品研究》，吴玉贵译，社会科学文献出版社，2016，第374页。

⑦［宋］周守忠编《养生类纂》卷十七《鳞介部》，奚飞飞、王旭东校注，中国中医药出版社，2018，第148页。

⑧［明］李时珍：《本草纲目》卷四四《鳞之三》，人民卫生出版社，1977，第2451页。

至夜即泄气无限，三五日更一顿。下一切恶气。［嘉］（四）又，十二月作酱，良也。［嘉］"①五代时期的《日华子本草》还提及文鱼的贮藏方法。"腊月收取，阴干。"②可证"乾文鱼"是当时文鱼的普遍保存方式。

渤海国"贡品"中还含有一些特殊物品。730年的"马脑杯"即玛瑙杯。《太平广记》引《杜阳杂编》一则故事，提及渤海国还曾贡献过"马脑柜"。"武宗好神仙术……更遇渤海贡马脑柜，方三尺，深色如茜，所作工巧，无以为比。帝用贮神仙之书，置之帐侧。紫瑰盆，量容半斛，内外通莹，其色纯紫，厚可一寸。举之则若鸿毛，帝嘉其光洁，遂处于仙室，以和药饵。"③现存《杜阳杂编》所记稍有出入，开篇写为"又渤海贡马脑柜、紫瓷盆"④。据此，武宗时期渤海国的"贡品"还有玛瑙柜、紫瑰盆（紫瓷盆）。不过需要注意的是，玛瑙（carnelia，光玉髓）制品主要来自西方。"有相当数量的光玉髓都是从西方输入的，它们都被用来制作一些小型的器具。"⑤至于紫瑰盆（紫瓷盆），彭善国通过反思文献，并结合渤海国的制瓷业，认为："揆诸《杜阳杂编》此段记载的细节以及考古所见9世纪唐、渤海陶瓷生产的情况，可知渤海国'紫瓷盆'应是苏鹗铺陈缛艳的小说家言，是其虚构的灵异物品，不宜作为真实可靠的史料看待。"⑥彭善国的分析鞭辟入里，不过考虑到玛瑙并非渤海国特产，渤海国却将"马脑杯""马脑柜"作为贡品，不排除紫瑰盆（紫瓷盆）如同玛瑙制品一样，也是通过丝绸之路传递过来的珍异，渤海国宝重之，故将之作为贡品的

①［唐］孟诜、张鼎：《食疗本草》卷中，谢海洲等辑，人民卫生出版社，1984，第90页。

②［五代］大明：《日华子本草辑注》，常敏毅辑注，中国医药科技出版社，2016，第113页。

③［宋］李昉等编：《太平广记》卷四〇四《宝五》，中华书局，1961，第3261页。

④［唐］苏鹗：《杜阳杂编》卷下，中华书局，1958，第46页。

⑤［美］薛爱华：《撒马尔罕的金桃——唐代舶来品研究》，吴玉贵译，社会科学文献出版社，2016，第559页。

⑥彭善国：《真实还是传奇？——渤海国"紫瓷盆"问题》，《文物春秋》2021年第3期，第57—58页。

可能。

　　"（大历）十二年（777）正月，遣使献日本国舞女一十一人及方物。"①截至776年，渤海国已经先后8回交聘日本。这是十一名"日本国舞女"的来由。"（元和）九年（814）正月，渤海使高礼进等三十七人朝贡。献金、银佛像各一。"②玛瑙制品、紫瑰盆（紫瓷盆）、日本国舞女、"金、银佛像"等特殊物品也是渤海国的"贡品"，身具特殊性使得它们被文献记录下来；但是它们都只出现了一次，表明它们并非常贡。

四、五代时期和日本文献记载中的其他"贡品"

　　结合五代和日本的记载，渤海国的"贡品"还有其他种类。同光三年（925）二月，"渤海国王大諲譔遣使裴璆贡人参、松子、昆布、黄明、细布、貂鼠皮被一、褥六、发、靴革、奴子二"③。"明宗天成元年四月，渤海国王大諲譔遣使大陈林等一百一十六人朝贡。进儿口、女口各三人；人参、昆布、白附子及虎皮等。"④这两条所列"贡品"种类之多前所未有。之所以五代时期渤海国"贡品"记载如此详细，是因为随着中原战乱，中外交流日趋衰落，朝贡使团逐渐稀少，加之五代并不具有军事上的压倒性优势，后唐为了形塑自身的政权合法性，不再遵守唐朝制度，而是允许所有"贡品"都可以被运至京城，那些"不足进者州县留之"的"贡品"才有机会留存于五代记载之中。日本史料也有两则内容可供参考。739年附送日本的礼物还包括"人参三十

---

①《旧唐书》卷一九九下《渤海靺鞨传》，中华书局，1975，第5362页。

②《宋本册府元龟》卷九七二《朝贡》，中华书局，1989，第3856页；《册府元龟》卷九七二《朝贡》，中华书局，1960，第11417页。

③《宋本册府元龟》卷九七二《朝贡》，中华书局，1989，第3858页；《册府元龟》卷九七二《朝贡》，中华书局，1960，第11421页。

④《宋本册府元龟》卷九七二《朝贡》，中华书局，1989，第3859页；《册府元龟》卷九七二《朝贡》，中华书局，1960，第11421页。

斤，蜜三斛"①。871年捎送日本的礼物也有"蜜五斛"②。

"貂鼠皮被一、褥六"，表明渤海国不仅将貂皮当作"贡品"，随着手工业的发展，渤海国也开始向外输出以貂皮为材质的制成品。丛佩远早已指出："渤海已掌握鞣皮法，皮革业技术有了提高。"③"细布""靴革"同样可以证明渤海国手工业的发达。"奴子二""儿口、女口各三人"，结合777年进贡"日本国舞女"的事例，表明人口也是渤海国常贡的"贡品"之一。渤海国之所以选择人口作为常贡之一，乃是顺应当时的潮流。薛爱华指出："中世纪带入唐朝的物品中，最引人注目的一种就是'人口'。异域的男人、女人和儿童大量进入唐朝境内，在唐朝社会中扮演了各种各样的角色。"④

其他"贡品"则多具药用价值。"人参"是我们耳熟能详的滋补药物。薛爱华认为："将人参作为礼物赠送友人，是唐朝的一种习俗。馈赠人参就像赠送一首诗、一幅画或者是一枚宝石一样司空见惯。"⑤不过唐前期对人参药用价值的认知并不全面，只是停留于人参对消化系统的助益。《本草纲目》征引了南朝至初唐时期针灸名医甄权的说法，"止烦躁，变酸水"⑥。《日华子本草》的介绍相近。"杀金石药毒，调中治气，消食开胃，食之无忌。"⑦到了唐后期，唐人对人参药用价值的认知有了质的飞跃。《海药本草》："出新罗国，所贡又有手脚，状如人形，长尺余，以杉木夹定，红线缠饰之。味甘，微温。主腹腰，消食，补养藏腑，益气，安神，止呕逆，平脉，下痰，止烦躁，变酸

①《续日本纪》卷十三，天平十一年十二月戊辰，吉川弘文馆，1966，第156页。

②《日本三代实录》卷二一，贞观十四年五月丁亥，吉川弘文馆，1966，第307页。

③丛佩远：《东北三宝经济简史》，农业出版社，1989，第182页。

④[美]薛爱华：《撒马尔罕的金桃——唐代舶来品研究》，吴玉贵译，社会科学文献出版社，2016，第125页。

⑤[美]薛爱华：《撒马尔罕的金桃——唐代舶来品研究》，吴玉贵译，社会科学文献出版社，2016，第470–471页。

⑥[明]李时珍：《本草纲目》卷十二《草部》，人民卫生出版社，1975，第702页。

⑦[五代]大明：《日华子本草辑注》，常敏毅辑注，中国医药科技出版社，2016，第24页。

水。"①李珣除了延续传统说法外，更多的是强调人参的滋补作用②。

"白附子"，中药的一种，现代医学证明白附子在抗感染、镇静、抑菌、调节非特异性免疫、抗肿瘤等方面都有着一定的药理作用。《海药本草》："按《南州记》云：生东海，又新罗国。苗与附子相似，大温，有小毒。主治疥癣风疮，头面痕，阴囊下湿，腿无力，诸风冷气，入面脂皆好也。"③《日华子本草》："无毒。主中风失音，一切冷风气，面皯，瘢疵。入药炮用。新罗出者佳。"④祛风痰、解毒散结等方面的药理作用是唐人对白附子的主要认知。

"昆布"，是海带科植物海带或翅藻科植物昆布的干燥叶状体，颜色呈黑色。现代医学认为昆布具有化痰、行水等方面的作用。接续魏晋的认知，唐人已经充分认识到昆布的药理作用⑤。《食疗本草》："下气，久服瘦人。无此疾者，不可食。海岛之人爱食，为无好菜，只食此物。服久，病亦不生。遂传说其功于北人。北人食之，病皆生，是水土不宜尔。"⑥《本草拾遗》："主颓卵肿，煮汁咽之。生南海，叶如手，干紫赤色，大似薄苇。陶云出新罗，黄黑色，叶柔细。陶解昆布乃是马尾海藻也。新注云：如瘿气，取末蜜丸含化，自消也。"⑦《海药本草》写为："仅按《异志》，生东海水中，其草顺流而生。新罗者黄黑色，叶细。胡人采得搓之为索，阴干，舶上来中国。性温，主大

① ［五代］李珣：《海药本草（辑校本）》卷二《草部》，尚志钧辑校，人民卫生出版社，1997，第13页。

② 有关人参的详细研究，参见胡梧挺《渤海国道地药材与东亚医药交流——以渤海人参为中心》，《北方文物》2018年第1期。

③ ［五代］李珣：《海药本草（辑校本）》卷二《草部》，尚志钧辑校，人民卫生出版社，1997，第34页。

④ ［五代］大明：《日华子本草辑注》，常敏毅辑注，中国医药科技出版社，2016，第64-65页。

⑤ 有关昆布的详细研究，参见胡梧挺《"南海之昆布"：唐代东亚昆布的产地、传播及应用》，《中国历史地理论丛》2019年第3期。

⑥ ［唐］孟诜、张鼎：《食疗本草》卷上，谢海洲等辑，人民卫生出版社，1984，第11页。

⑦ ［唐］陈藏器：《〈本草拾遗〉辑释》卷八《解纷（一）》，尚志钧辑释，安徽科学技术出版社，2002，第356页。

腹水肿，诸浮气，并瘿瘤气结等，良。"①昆布的行水作用已经被唐人充分地认识到。

"发"，即头发，新罗也曾将之作为"贡品"。在唐人眼中，头发也具药用价值。《日华子本草》："温。止血闷、血运，金疮伤，风血痢。入药烧灰，勿令绝过。煎膏，长肉消瘀血也。"②薛爱华则指出头发的另一种效用。"大多数与头发有关的药方，都与'自缢死，绳主颠狂'之类的药方属于同一类。当时之所以认为头发具有这样的功能，是因为人们认为头发具有束缚、捆系、紧紧缠绕的功能。"③

"蜜"，即蜂蜜，虽然现存唐代中医文献并无蜂蜜药用价值的描述，但蜂蜜却是许多药物服食时的药引。

"松子"：在道家及道教的眼中，服食松子可以延年益寿。汉代成书的《列仙传》中即有相应的记载。如偓佺，"好食松实"，"松者，简松也。时人受服者，皆至二三百岁焉"④。赤须子"好食松实、天门冬、石脂"⑤。犊子"少在黑山采松子茯苓，饵而服之，且数百年"⑥。正是在道家及道教的影响下，"松子"被唐人宝重，诸书纷纷介绍其药性及服食方法。《海药本草》："味甘美，大温，无毒。主诸风，温肠胃。久服轻身，延年，不老。味与卑占国偏桃人相似。其偏桃人用与北桃人无异是也。"⑦《养生类纂》："取松子捣为膏，如鸡子大，酒调下，日三服，则不饥渴。饮水，勿食他物，百日身轻。《圣惠方》松子

①［五代］李珣：《海药本草（辑校本）》卷二《草部》，尚志钧辑校，人民卫生出版社，1997，第22-23页。

②［五代］大明：《日华子本草辑注》，常敏毅辑注，中国医药科技出版社，2016，第91页。

③［美］薛爱华：《撒马尔罕的金桃——唐代舶来品研究》，吴玉贵译，社会科学文献出版社，2016，第480页。

④ 王叔岷：《列仙传校笺》卷上，中华书局，2007，第11页。

⑤ 王叔岷：《列仙传校笺》卷下，中华书局，2007，第101页。

⑥ 王叔岷：《列仙传校笺》卷下，中华书局，2007，第109页。

⑦［五代］李珣：《海药本草（辑校本）》卷六《果米部》，尚志钧辑校，人民卫生出版社，1997，第89页。

补虚羸、少气、不足。《本草》油松子不可吃，损人声。《琐碎录》"①
《养生类纂》更列"服松子"条描述服食松子的益处。其中引用了孙思
邈所著《备急千金要方》和《千金翼方》的内容。"七月七日采松子，
过时即落不可得，治服方寸匕，日三四。一云服三合，百日身轻，三
百日日行五百里，绝谷服升仙。渴饮水，亦可和脂服之。若丸如梧桐
子大，服十丸。《千金要方》取松实，末之，服三合，日三则无饥渴，
饮水勿食他物，百日身轻，日行五百里，绝谷升仙。《千金翼方》"②
唐五代的萧炳也将松子与辟谷联结在一起。"五粒松一丛五叶如钗，道
家服食绝粒，子如巴豆，新罗往往进之。"③在唐人眼中，松子不仅具
有药用价值，而且是修仙时服食的重要食物之一。不过，"唐人对红松
子的认知是始于新罗松子，而不是渤海国松子，新罗朝贡松子应该早
于渤海国"④。

"黄明"为黄明胶的简写。金毓黻对这一论断较为谨慎。"本草纲
目云黄明胶，即今水胶，牛皮所作，其色黄明。渤海所贡或为此欤，
存以俟考。"⑤《嘉祐本草》引五代时期的《药性论》，指出黄明胶即白
胶。"臣禹锡等谨按药性论云：白胶，又名黄明胶，能主男子肾藏气，
气衰虚劳损。妇人服之令有子，能安胎，去冷，治漏下赤白，主吐
血。"⑥《食疗本草》还罗列了黄明胶的其他三种药效。"（一）傅肿四
边，中心留一孔子，其肿即头自开也。［证］（二）治咳嗽不差者，黄
明胶炙令半焦为末，每服一钱匕，人参末二钱匕，用薄豉汤一钱八分，

① ［宋］周守忠编《养生类纂》卷十九《果实部》，奚飞飞、王旭东校注，中国中医药出版社，2018，第164页。

② ［宋］周守忠编《养生类纂》卷二二《服饵部一》，奚飞飞、王旭东校注，中国中医药出版社，2018，第197页。

③ ［明］李时珍：《本草纲目》卷三一《果部》，人民卫生出版社，1975，第1828页。

④ 赵春兰：《松子贡品探微》，《北京林业大学学报》2016年第3期，第9页。

⑤ 金毓黻：《渤海国志长编》卷十七《食货考》，社会科学战线杂志社，1982，第390页。

⑥ ［宋］掌禹锡等：《嘉祐本草辑复本》卷十五《兽禽部》，尚志钧等辑复，中医古籍出版社，2009，第1009页。

葱少许，入铫子煎一两沸后，倾入盏，遇咳嗽时呷三五口后，依前温暖，却准前咳嗽时吃之也。［证］（三）又，止吐血，咯血，黄明胶一两，切作小片子，炙令黄；新绵一两，烧作灰细研，每服一钱匕。新米饮调下，不计年岁深远并宜，食后卧时服。［证］"①之所以渤海国将黄明胶作为"贡品"，是因为唐代的黄明胶以鹿角熬炼而成，而渤海国多产鹿。按《名医别录辑校本》："煮鹿角作之。"②《重修政和本草》注引《唐新修本草注》云："麋角、鹿角，但煮浓汁重煎，即为胶矣。"③

根据现存文献，明确记为渤海国向唐朝贡献的"贡品"包括鹰、鹘、貂皮、海豹皮、马匹、鲻鱼、乾文鱼（鳢鱼）、马脑杯、马脑柜、紫瑰盆（紫瓷盆）、日本国舞女、金银佛像等12种。结合五代和日本的记载，渤海国的"贡品"还可以进一步扩展为熊皮、虎皮、豹皮等各色毛皮，以及"貂鼠反被、褥"、"细布"、"靴革"、人口、人参、松子、昆布、"黄明"、"发"、"白附子"、"蜜"等14种物品，共计26种物品。

第三节
唐朝回赐渤海国的"赐品"

尽管渤海国曾向唐朝朝贡141回，每回渤海国遣唐使都会接受唐朝回赐的大量"赐品"，但是明见于史料的记载却是寥寥可数。据笔者的梳理，现存文献中有关唐朝回赐渤海国"赐品"的史料只有53条，且记载内容较为简单。

---

① ［唐］孟诜、张鼎：《食疗本草》卷中，谢海洲等辑，人民卫生出版社，1984，第67-68页。

② ［梁］陶弘景：《名医别录（辑校本）》卷一《上品》，尚志钧辑校，中国中医药出版社，2013，第64页。

③ ［宋］唐慎微等：《重修政和经史证类备用本草》卷十六《兽部上品》，陆拯等校注，中国中医药出版社，2013，第1009页。

依据回赐"赐品"的内容，这些史料可以被区分为三组。第一组是赐予官爵，偏重于政治意义的回赐。第二组是赐宴。古濑奈津子指出："其实在古代中国和日本，赐物指的并不一定是具体的物品。在皇帝赐宴仪式上，皇帝赐予藩国主和使节的不仅有具体的物品，还包括宴会上酒食与乐舞的赐予。"①赐宴亦偏重于政治意义。第三组是物品赏赐，具有更多的经济意义。

一、唐朝赐予渤海国遣唐使官爵

唐朝对前来朝贡的羁縻府州及藩属国来使赐予官爵，学者多有关注，并得出了一系列的结论。马驰总结道："波斯以东之西域十六国和昭武九姓国以及新罗、渤海等属国的入侍质子也都配于诸卫，授将军、中郎将、郎将等职。"②不过落实到渤海国，这一结论过于简单，毕竟有众多的渤海国官员也被授予官爵。李叶宏也辟专题，以"唐朝授官制度"为名进行阐释，但李叶宏只是针对首领进行解说。"唐朝通常册封边疆民族首领可汗、国王等爵位，级别较高。授官指授予勋官、职事官、散官等。册封的对象主要为民族、国家的首领及其妻（被封为夫人、妃、公主等）。授官也可能授予可汗、荣誉可汗、上柱国、柱国等，但主要授予勋官、职事官、散官等，级别较低。"③李叶宏忽视了遣唐使使团成员被授予官爵的事实。因此有必要进行更为深入的分析。

（一）唐朝赐予渤海国遣唐使官爵的相关记载

有关唐朝赐予渤海国遣唐使官爵的记载共计34条。最早可以追溯至开元六年（718）。"二月乙酉，靺鞨渤海郡王大祚荣遣其男述艺来朝，授怀化大将军，行左卫大将军员外，置留宿卫。"④

第2条记载为开元九年（721）。"十一月己酉，渤海郡靺鞨大首领、

①［日］古濑奈津子：《遣唐使眼中的中国》，郑威译，武汉大学出版社，2007，第87页。

②马驰：《唐代蕃将》，三秦出版社，1990，第35页。

③李叶宏：《唐朝域外朝贡制度研究》，中国社会科学出版社，2021，第81页。

④《宋本册府元龟》卷九七四《褒异》，中华书局，1989，第3873页；《册府元龟》卷九七四《褒异》，中华书局，1960，第11447页。

铁利大首领、拂涅大首领、契丹蕃郎将俱来朝，并拜折冲，放还蕃。"①

第3条记载为开元十年（722）。"十一月辛未，渤海遣使其大臣味勃计来朝，并献鹰，授大将军，赐锦袍、金鱼袋，放还蕃。"②

第4条记载为开元十二年（724）。"渤海靺鞨遣其臣贺祚庆来贺正……并进阶游击将军，各赐帛五十疋，放还蕃。"③

第5条记载为开元十三年（725）。"四月甲子，渤海首领谒德、黑水靺鞨诺箇蒙来朝，并授果毅，放还蕃。"④

第6条记载为开元十三年（725）。"五月，渤海王大武艺之弟大昌勃价来朝，授左威卫员外将军，赐紫袍、金带鱼袋，留宿卫。"⑤这条记载还有后续。开元十五年（727），"四月丁未，敕曰：渤海宿卫王子大昌勃价及首领等，久留宿卫，宜放还蕃。庚申，封大昌勃价襄平县开国男，赐帛五十疋。首领已下各有差"⑥。据此可知，在大昌勃价入唐为质子两年后，大都利行前来替换，大昌勃价得以返回渤海国。在大昌勃价返回之时，唐朝为其加官晋爵，封为"襄平县开国男"。

第7条记载为开元十四年（726）。记载并见于《册府元龟》的《朝贡》和《褒异》。《朝贡》中，《宋本册府元龟》：三月，"乙酉，渤海靺

①《宋本册府元龟》卷九七一《朝贡》，中华书局，1989，第3849页；《册府元龟》卷九七一《朝贡》，中华书局，1960，第11406页；《宋本册府元龟》卷九七四《褒异》，中华书局，1989，第3874页；《册府元龟》卷九七四《褒异》，中华书局，1989，第11447页。

②《宋本册府元龟》卷九七五《褒异》，中华书局，1989，第3875页；《册府元龟》卷九七五《褒异》，中华书局，1960，第11448页。

③《宋本册府元龟》卷九七五《褒异》，中华书局，1989，第3875页；《册府元龟》卷九七五《褒异》，中华书局，1960，第11449页。

④《宋本册府元龟》卷九七五《褒异》，中华书局，1989，第3876页；《册府元龟》卷九七五《褒异》，中华书局，1960，第11450页。

⑤《宋本册府元龟》卷九七五《褒异》，中华书局，1989，第3876页；《册府元龟》卷九七五《褒异》，中华书局，1960，第11450页。

⑥《宋本册府元龟》卷九七五《褒异》，中华书局，1989，第3876-3877页；《册府元龟》卷九七五《褒异》，中华书局，1960，第11451页。

羯上大都利来朝"①。《明本册府元龟》（以下简称《册府元龟》）："乙酉，渤海靺鞨王大都利来朝。"②文字有两处不同。一是《宋本册府元龟》将"靺鞨"写为"靺羯"。二是《宋本册府元龟》的"上"字在《册府元龟》中写为"王"字。结合《褒异》的记载，"上"字为误写。《褒异》中，《宋本册府元龟》：四月，"乙丑，渤海靺羯王大都利来朝，授左武卫大将军员外，置留宿卫"③。《册府元龟》："乙丑，渤海靺鞨王大都利来朝，授左武卫大将军员外，置留宿卫。"④文字有一处不同，即《宋本册府元龟》将"靺鞨"写为"靺羯"。《朝贡》和《褒异》的时间相差一个多月，原因不明。合理的解释应该是：三月，"大都利"一行抵达唐朝国都，四月，他们被唐玄宗召见。尚需说明的一点，此处"大都利"乃是误写，正确写法应为"大都利行"。

第8条记载为开元十六年（728）四月。是月，从开元十四年开始，在唐朝充当质子的大都利行去世。对于这一突发事件，唐朝给予了高额的补偿。"癸未，渤海王子留宿卫大都利行卒。赠特进，兼鸿胪卿，赐绢二百疋、粟三百石。命有司吊祭。官递灵輀归蕃。"⑤《册府元龟》的文字大致相同，只有一处不同，即《宋本册府元龟》写为"绢二百疋"，《册府元龟》写为"绢三百疋"⑥。由于缺乏佐证，无由而知何为正解，姑从《宋本册府元龟》。

第9条记载为开元十六年（728）九月。《宋本册府元龟》："勃海靺鞨菸夫须计来朝，授果毅，放还蕃。"⑦《册府元龟》文字只有一处不同，即将"勃海"改为"渤海"⑧。

第10条记载为开元十七年（729）。《宋本册府元龟》："二月甲子，

①《宋本册府元龟》卷九七五《褒异》，中华书局，1989，第3876页。
②《册府元龟》卷九七五《褒异》，中华书局，1960，第11450页。
③《宋本册府元龟》卷九七五《褒异》，中华书局，1989，第3876页。
④《册府元龟》卷九七五《褒异》，中华书局，1960，第11450页。
⑤《宋本册府元龟》卷九七五《褒异》，中华书局，1989，第3877页。
⑥《册府元龟》卷九七五《褒异》，中华书局，1960，第11451页。
⑦《宋本册府元龟》卷九七五《褒异》，中华书局，1989，第3877页。
⑧《册府元龟》卷九七五《褒异》，中华书局，1960，第11451页。

渤海靺鞨王大武艺使其弟大胡雅来朝，授游击将军，赐紫袍、金带，留宿卫。"①《册府元龟》："三月甲子，渤海靺鞨王大武艺使其弟大胡雅来朝，授游击将军，赐紫袍、金带，留宿卫。"②两相比较，文字有两处不同。一是时间不同。《宋本册府元龟》将之系于二月，《册府元龟》则写为三月。考察历法，是年三月并无甲子日，因此《册府元龟》所记"三月甲子"为误记。二是靺鞨写法不同。《宋本册府元龟》写为"靺羯"。

第11条记载为开元十七年（729）。"八月丁卯，渤海靺鞨王遣其弟大琳来朝，授中郎将，留宿卫。"③

第12条记载为开元十八年（730）二月。《宋本册府元龟》："渤海靺羯大首领遣使智蒙来朝，且献方物、马三十疋。授中郎将，赐绢二十疋、绯袍、银带，放还蕃。"④《册府元龟》："渤海靺鞨遣使智蒙来朝，且献方物、马三十疋。授中郎将，赐绢二十疋、绯袍、银带，放还蕃。"⑤两相比较，文字有两处不同，即《宋本册府元龟》写为"靺羯"，多出"大首领"三字。

第13条记载为开元十八年（730）五月。《宋本册府元龟》："己酉，□□靺羯遣使乌那达利来朝，献海豹皮五张、貂鼠皮三张、玛瑙杯一、马三十匹。授以果毅，赐帛，放还蕃。"⑥《册府元龟》的文字大致相同，只是将"靺羯"改写为"靺鞨"⑦。

第14条记载为开元十九年（731）二月。《宋本册府元龟》："己未，渤海靺羯遣使来贺正，授将军，赐帛一百匹，放还蕃。"⑧《册府元

---

①《宋本册府元龟》卷九七五《褒异》，中华书局，1989，第3877页。

②《册府元龟》卷九七五《褒异》，中华书局，1960，第11452页。

③《宋本册府元龟》卷九七五《褒异》，中华书局，1989，第3877页；《册府元龟》卷九七五《褒异》，中华书局，1960，第11452页。

④《宋本册府元龟》卷九七五《褒异》，中华书局，1989，第3877页。

⑤《册府元龟》卷九七五《褒异》，中华书局，1960，第11452页。

⑥《宋本册府元龟》卷九七五《褒异》，中华书局，1989，第3877~3878页。

⑦《册府元龟》卷九七五《褒异》，中华书局，1960，第11452页。

⑧《宋本册府元龟》卷九七五《褒异》，中华书局，1989，第3878页。

龟》："己未，渤海靺鞨遣使来朝正，授将军，赐帛一一百疋，还
蕃。"①这条记载，文字出入较大，有五处不同。《册府元龟》将"靺
羯"改写为"靺鞨"，将"贺正"改写为"朝正"。《宋本册府元龟》的
"一百匹"被写为"一一百疋"，其中的一个"一"字无疑是衍文。《册
府元龟》将"放还蕃"中的"放"字省略，语义不甚通顺。通观下来，
《宋本册府元龟》所记更为准确。

第15条记载为开元十九年（731）十月。《宋本册府元龟》："渤海
靺羯王遣其大姓取珍等百二十人来朝，并授果毅，各赐帛三十匹，放
还蕃。"②《册府元龟》："渤海靺鞨王其大姓取珎等百二十人来朝，并
授果毅，各赐帛三十疋，放还蕃。"③这条记载，文字同样有五处不同。
《册府元龟》将"靺羯"改写为"靺鞨"，将"珍"字改写为"珎"，将
"匹"字改写为"疋"，并遗漏了"遣"字，导致文字难懂。通观下来，
《宋本册府元龟》所记更为准确。

第16条记载为开元二十四年（736）。"二十四年三月乙酉，渤海靺
羯王遣其弟蕃来朝，授太子舍人员外，赐帛三十匹，放还蕃。"④《册
府元龟》的文字只有一处不同，即将"靺羯"改写为"靺鞨"⑤。

第17条记载为开元二十四年（736）。"十一月癸酉，靺鞨首领聿弃
计来朝，授折冲，赐帛五百匹，放还蕃。"⑥

第18条记载为开元二十五年（737）。"四月丁未，渤海遣其臣公伯
计来献鹰、鹘，授将军，放还蕃。"⑦

第19条记载为开元二十五年（737）。"八月戊申，渤海靺羯大首领

①《册府元龟》卷九七五《褒异》，中华书局，1960，第11453页。
②《宋本册府元龟》卷九七五《褒异》，中华书局，1989，第3878页。
③《册府元龟》卷九七五《褒异》，中华书局，1960，第11453页。
④《宋本册府元龟》卷九七五《褒异》，中华书局，1989，第3879页。
⑤《册府元龟》卷九七五《褒异》，中华书局，1960，第11455页。
⑥《宋本册府元龟》卷九七五《褒异》，中华书局，1989，第3879页；《册府元龟》卷九
七五《褒异》，中华书局，1960，第11455页。
⑦《宋本册府元龟》卷九七五《褒异》，中华书局，1989，第3879页；《册府元龟》卷九
七五《褒异》，中华书局，1960，第11456页。

多蒙固来朝，授左武卫将军，赐紫袍、金带及帛一百匹。放还蕃。"①

第20条记载为开元二十七年（739）。《宋本册府元龟》："三月丁未，渤海王弟大勖进来朝，宴于内殿，授左武卫大将军员外，置同正，赐紫袍、金细带及帛一百疋，留宿卫。"②《册府元龟》："二月丁未，渤海王弟大勖进来朝，宴于内殿，授左武卫大将军员外，置同正，赐紫袍、金带及帛一百疋，留宿卫。"③文字有两处不同。一是时间不同，《宋本册府元龟》记为"三月丁未"，《册府元龟》记为"二月丁未"。核以历法，仅三月有"丁未"日，《册府元龟》所记乃为误写。二是"金细带"被《册府元龟》简略为"金带"。

第21条记载为开元二十七年（739）。记载并见于《册府元龟》的《朝贡》和《褒异》。《朝贡》："十月，渤海遣使其臣受福子来谢恩。"④《褒异》中，《宋本册府元龟》："十月乙亥，渤海遣使其臣忧福子来谢恩，授果毅，赐紫袍、银带，放还蕃。"⑤《册府元龟》："十月乙亥，渤海遣使其臣优福子来诛恩，授果毅，放还蕃。"⑥两相比较，文字上有两处不同。一是《宋本册府元龟》将使臣名字写为"忧福子"，《册府元龟》写为"优福子"。此处与《朝贡》所记不同，由于无其他旁证，暂以"受福子"为是。二是"赐紫袍、银带"被《册府元龟》所省略。

第22条记载为开元二十九年（741）。"二月己巳，渤海靺鞨遣其臣失阿利来贺正。……皆授郎将，放还蕃。"⑦

①《宋本册府元龟》卷九七五《褒异》，中华书局，1989，第3879-3880页；《册府元龟》卷九七五《褒异》，中华书局，1960，第11456页。

②《宋本册府元龟》卷九七五《褒异》，中华书局，1989，第3880页。

③《册府元龟》卷九七五《褒异》，中华书局，1960，第11456页。

④《宋本册府元龟》卷九七一《朝贡》，中华书局，1989，第3851页；《册府元龟》卷九七一《朝贡》，中华书局，1960，第11410页。

⑤《宋本册府元龟》卷九七五《褒异》，中华书局，1989，第3880页。

⑥《册府元龟》卷九七五《褒异》，中华书局，1960，第11456页。

⑦《宋本册府元龟》卷九七五《褒异》，中华书局，1989，第3880页；《册府元龟》卷九七五《褒异》，中华书局，1960，第11457页。

第23条记载为天宝二年（743）。"七月癸亥，渤海王遣其弟蕃来朝，授左领军卫员外大将军，留宿卫。"①

第24条记载为贞元七年（791）。记载并见于《旧唐书》、《册府元龟》的《褒异》。《旧唐书》写为："建中三年五月、贞元七年正月，皆遣使来朝，授其使大常靖为卫尉卿同正，令还蕃。"②《褒异》中，《宋本册府元龟》："□年五月戊辰，以渤海贺正使太常靖为卫尉卿同正，令归国。"③《册府元龟》："七年五月戊辰，以渤海贺正使太尝靖为卫尉卿同正，令归国。"④文字有两处不同。一是《宋本册府元龟》的"七"字模糊不清。二是《册府元龟》将"常"误写为"尝"字。

第25条记载为贞元十年（794）。记载并见于《旧唐书》、《册府元龟》的《褒异》及《唐会要》。《旧唐书》："十年正月，以来朝王子大清允为右卫将军同正，其下三十余人，拜官有差。"⑤《褒异》中，《宋本册府元龟》："□年二月壬戌，以来朝渤海王子大清允为右卫将军同正。其□拜官三十余人。"⑥《册府元龟》："十年二月壬戌，以来朝渤海王子太清允为右卫将军同正。其下拜官三十余人。"⑦文字有两处不同，一是《宋本册府元龟》漫漶不清，有两字无法识别。二是《册府元龟》将"大清允"写为"太清允"。《唐会要》："十年二月，以来朝渤海王子大清允为右卫将军同正。其下拜官三十余人。"⑧三者所记内容大致相同，最大的区别是时间。《旧唐书》写为"正月"，《册府元龟》写为"十年二月壬戌"，《唐会要》写为"二月"。核以历法，二月确有"壬戌"日，《旧唐书》此处误。

---

①《宋本册府元龟》卷九七五《褒异》，中华书局，1989，第3880页；《册府元龟》卷九七五《褒异》，中华书局，1960，第11457页。

②《旧唐书》卷一九九下《渤海靺鞨传》，中华书局，1975，第5362页。

③《宋本册府元龟》卷九七六《褒异》，中华书局，1989，第3883页。

④《册府元龟》卷九七六《褒异》，中华书局，1960，第11462页。

⑤《旧唐书》卷一九九下《渤海靺鞨传》，中华书局，1975，第5362页。

⑥《宋本册府元龟》卷九七六《褒异》，中华书局，1989，第3883页。

⑦《册府元龟》卷九七六《褒异》，中华书局，1960，第11462页。

⑧《唐会要》卷九六《渤海》，中华书局，1955，第1724页。

第26条记载为贞元十一年（795）。"十一年十二月，以靺鞨都督密阿古等二十二人，并拜中郎将，放还蕃。"①

第27条记载为贞元十四年（798）。记载并见于《旧唐书》和《册府元龟》的《褒异》。《旧唐书》："十一月，以王侄大能信为左骁卫中郎将、虞候、娄蕃长，都督茹富仇为右武卫将军，放还。"②《褒异》中，《宋本册府元龟》："十一月戊申，以渤海国王大嵩邻侄能信为左骁骑卫中郎将、虞候、娄蕃长，都督茹富仇为右武卫将军，并放还蕃。"③《册府元龟》："十一月戊申，以渤海国王大嵩邻侄能信为左骁骑卫中郎将、虞候、娄蕃长，都督茹富仇为右武卫将军，并放还蕃。"④文本有一处不同，《册府元龟》将"候"字误写为"侯"字。

第28条记载为元和十年（815）。"十年正月丁酉，诏赐渤海使者卯贞寿等官告，放还蕃。'⑤

第29条记载为元和十年（815）。"二月甲子，赐渤海使大吕庆等官告，归之。"⑥

第30条记载为元和十年（815）。"三月丙子，赐渤海使者官告，归之。"⑦

第31条记载为元和十一年（816）。记载并见于《册府元龟》的《褒异》和《通好》。《褒异》："二月癸卯，赐回鹘、渤海使锦彩、银器有差。庚戌，授渤海使高宿满等二十人官。"⑧《通好》："十一年二月，

①《唐会要》卷九六《渤海》，中华书局，1955，第1724页。

②《旧唐书》卷一九九下《渤海靺鞨传》，中华书局，1975，第5362页。

③《宋本册府元龟》卷九七六《褒异》，中华书局，1989，第3883页。

④《册府元龟》卷九七六《褒异》，中华书局，1960，第11463页。

⑤《宋本册府元龟》卷九七六《褒异》，中华书局，1989，第3884页；《册府元龟》卷九七六《褒异》，中华书局，1960，第11464页。

⑥《宋本册府元龟》卷九七六《褒异》，中华书局，1989，第3884页；《册府元龟》卷九七六《褒异》，中华书局，1960，第11464页。

⑦《宋本册府元龟》卷九七六《褒异》，中华书局，1989，第3884页；《册府元龟》卷九七六《褒异》，中华书局，1960，第11464页。

⑧《宋本册府元龟》卷九七六《褒异》，中华书局，1989，第3884页；《册府元龟》卷九七六《褒异》，中华书局，1960，第11464页。

授渤海使国信以归。"①

第32条记载为元和十一年（816）。《唐会要》："十一年三月，渤海靺鞨遣使朝贡，赐其使二十人官告。"②

第33条记载为元和十五年（820）。《元稹集》中保留有两首没有标明时间的论事敕书。其中第一首敕书的题目为《青州道渤海慎能至王侄大公则等授金吾将军放还藩制》③。

第34条记载为元和十五年（820）。《元稹集》中第二首敕书的题目为《青州道渤海大定顺王侄大多英等授诸卫将军放还藩制》④。

这两首论事敕书的写作时间，卞孝萱指出："以上两《制》，当撰于元和十五年闰月或十二月。"⑤周相录也同意卞孝萱的观点，认为："约元和十五年作于长安，时为'祠曹员外试知制诰'或祠部郎中、知制诰。"⑥

这34条记载的时间，从718年至820年，前后延续一百余年，涵盖唐前期与唐后期，充分表明唐朝对渤海国遣唐使进行官爵授予呈现出常态化、制度化的特征。白居易《渤海王子加官制》中写道："夫入修职贡，出锡爵秩，兹惟旧典，举而行之。"⑦"兹惟旧典"明确表明相关制度的存在。

（二）唐朝赐予渤海国遣唐使官爵的相关分析

唐朝赠予官爵的对象，应是遣唐使使团的全部成员。如开元十九年（731）的第15条记载中写道："渤海靺鞨王遣其大姓取珍等百二十

---

① 《宋本册府元龟》卷九八〇《通好》，中华书局，1989，第3915页；《册府元龟》卷九八〇《通好》，中华书局，1960，第11515页。

② ［宋］王溥：《唐会要》卷九六《渤海》，中华书局，1955，第1725页。

③ ［唐］元稹：《元稹集校注》，周相录校注，上海古籍出版社，2011，第1219页。

④ ［唐］元稹：《元稹集校注》，周相录校注，上海古籍出版社，2011，第1220页。

⑤ 卞孝萱：《元稹年谱》，齐鲁书社，1980，第344页。

⑥ ［唐］元稹：《元稹集校注》卷四九《制诰》，周相录校注，上海古籍出版社，2011，第1219页。

⑦ ［唐］白居易：《白居易集笺校》卷五二《中书制诰五》，朱金城笺校，上海古籍出版社，1988，第3064页。

人来朝，并授果毅。"①贞元十年（794）的第25条记载写道："以来朝王子大清允为右卫将军同正，其下三十余人，拜官有差。"②贞元十一年（795）的第26条记载写道："以靺鞨都督密阿古等二十二人，并拜中郎将。"③元和十一年（816）的第32条记载写道："赐其使二十人官告。"④这四条记载的时间跨越一百余年，从唐前期直至唐后期，具有一定的代表性。文字中的"并"以及其他文字，都表明被允许入京的使团成员都会被赐予相应的官爵。

除了被赐予官爵外，渤海国遣唐使还获得与官爵相对应的官服赐予。开元十年（722）的第3条记载写道：味勃计"授大将军，赐锦袍、金鱼袋"⑤。开元十三年（725）的第6条记载写道：大昌勃价"授左威卫员外将军，赐紫袍、金带鱼袋，留宿卫"⑥。开元十七年（729）的第10条记载写道：大胡雅"授游击将军，赐紫袍、金带"⑦。开元十八年（730）的第12条记载写道：智蒙"授中郎将，赐绢二十匹、绯袍、银带"⑧。开元二十五年（737）的第19条记载写道：多蒙固"授左武卫将军，赐紫袍、金带"⑨。开元二十七年（739）的第20条记载写道：大勗进"授左武卫大将军员外，置同正，赐紫袍、金细带"⑩。开元二十七年（739）的第21条记载写道：受福子"授果毅，赐紫袍、银带"⑪。

---

① 《宋本册府元龟》卷九七五《褒异》，中华书局，1989，第3878页。

② 《旧唐书》卷一九九下《渤海靺鞨传》，中华书局，1975，第5362页。

③ ［宋］王溥：《唐会要》卷九六《渤海》，中华书局，1955，第1724页。

④ ［宋］王溥：《唐会要》卷九六《渤海》，中华书局，1955，第1725页。

⑤ 《宋本册府元龟》卷九七五《褒异》，中华书局，1989，第3875页；《册府元龟》卷九七五《褒异》，中华书局，1960，第11448页。

⑥ 《宋本册府元龟》卷九七五《褒异》，中华书局，1989，第3876页；《册府元龟》卷九七五《褒异》，中华书局，1950，第11450页。

⑦ 《宋本册府元龟》卷九七五《褒异》，中华书局，1989，第3877页。

⑧ 《宋本册府元龟》卷九七五《褒异》，中华书局，1989，第3877页。

⑨ 《宋本册府元龟》卷九七五《褒异》，中华书局，1989，第3879–3880页；《册府元龟》卷九七五《褒异》，中华书局，1960，第11456页。

⑩ 《宋本册府元龟》卷九七五《褒异》，中华书局，1989，第3880页。

⑪ 《宋本册府元龟》卷九七五《褒异》，中华书局，1989，第3880页。

以上七条记载都写有赐袍和带。第3条、第6条记载还提及"鱼袋"。

按唐代舆服制度，武德四年八月规定："三品已上，大科绸绫及罗，其色紫，饰用玉。五品已上，小科绸绫及罗，其色朱，饰用金。"①即三品以上官员常服的服色为紫色，五品以上的为朱色。尽管此后多有改易，但是这一规定并无变化。与服色相配合的，还有腰带与鱼袋。上元元年（674）八月规定："一品已下带手巾、算袋，仍佩刀子、砺石，武官欲带者听之。文武三品已上服紫，金玉带。四品服深绯，五品服浅绯，并金带。六品服深绿，七品服浅绿，并银带。"②开元九年（721）以后，"自后恩制赐赏绯紫，例兼鱼袋，谓之章服"③。其中三品以上佩金鱼袋，五品以上佩银鱼袋。核以7条记载，渤海国遣唐使都是按照规定，依据不同品级授予相应的官服。

唐朝所授予的官爵，可以分为五大类。第一类是十二卫中将军、中郎将、郎将等武职事官。第二类是折冲都尉府的折冲都尉、果毅都尉等武职事官。第三类是武散官。第四类是文散官和文职事官。第五类是官告。

第一类是十二卫中将军、中郎将、郎将等武职事官。唐朝设有十六卫、五府、六率领全国府兵。最为重要的是十六卫，担负京师守卫的职责。唐沿隋制，至龙朔二年（662）唐高宗改易官名，始定十六卫的名称，之后稍有改易，但一般仍以龙朔二年的名称指称，即左右卫、左右骁卫、左右武卫、左右威卫、左右领军卫、左右金吾卫、左右监门卫、左右千牛卫。其中左右监门卫"掌诸门禁卫门籍之法"④，左右千牛卫"掌宫殿侍卫及供御之仪仗，而总其曹务"⑤。左右监门卫、左右千牛卫不领府兵，其他十二卫分领番上府兵，承担京师守卫的主要任务，因此又有十二卫之称。

①《旧唐书》卷四五《舆服制》，中华书局，1975，第1952页。
②《旧唐书》卷四五《舆服制》，中华书局，1975，第1952~1953页。
③《旧唐书》卷四五《舆服制》，中华书局，1975，第1954页。
④［唐］李林甫等：《唐六典》卷二五《诸卫》，陈仲夫点校，中华书局，1992，第640页。
⑤［唐］李林甫等：《唐六典》卷二五《诸卫》，陈仲夫点校，中华书局，1992，第641页。

唐朝在和羁縻府州及藩属国的交往中，逐渐形成制度，对前来朝贡的遣唐使及入侍质子多授予十二卫将军，用以褒扬。《青州道渤海大定顺王侄大多英等授诸卫将军放还藩制》就明确地写道："敕：大定顺王侄大多英等：我十有二卫将军，以率其属。皆匡备左右，为吾近臣。自非勋庸，不以轻授，以汝各赞琛尽，劳于梯航。俾耀远人，宜示恩宠，归抚尔类，知吾劝奖。可依前件。"①

在34条记载中，有13条记载与十二卫相关。开元六年（718）的第1条记载中，大述艺"行左卫大将军员外"②。左右卫为十二卫之首，由此可见唐玄宗对大述艺此回朝唐的重视。开元十三年（725）的第6条记载中，大昌勃价"授左威卫员外将军"③。开元十四年（726）的第7条记载中，大都利行"授左武卫大将军员外"④。开元二十五年（737）的第19条记载中，多蒙固"授左武卫将军"⑤。开元二十七年（739）的第20条记载中，大勖进"授左武卫大将军员外，置同正"⑥。天宝二年（743）的第23条记载中，大蕃"授左领军卫员外大将军"⑦。贞元十年（794）的第25条记载中，大清允"为右卫将军同正"⑧。贞元十四年（798）的第27条记载中，大能信"为左骁卫中郎将"、茹富仇"为右武卫将军"⑨。元和十五年（820）的第33条记载中，慎能至、大

① ［唐］元稹：《新编元稹集》，吴伟笺注，三秦出版社，2015，第5947页。

② 《宋本册府元龟》卷九七四《褒异》，中华书局，1989，第3873页；《册府元龟》卷九七四《褒异》，中华书局，1960，第11447页。

③ 《宋本册府元龟》卷九七五《褒异》，中华书局，1989，第3876页；《册府元龟》卷九七五《褒异》，中华书局，1960，第11450页。

④ 《宋本册府元龟》卷九七五《褒异》，中华书局，1989，第3876页。

⑤ 《宋本册府元龟》卷九七五《褒异》，中华书局，1989，第3879-3880页；《册府元龟》卷九七五《褒异》，中华书局，1960，第11456页。

⑥ 《宋本册府元龟》卷九七五《褒异》，中华书局，1989，第3880页。

⑦ 《宋本册府元龟》卷九七五《褒异》，中华书局，1989，第3880页；《册府元龟》卷九七五《褒异》，中华书局，1960，第11457页。

⑧ 《旧唐书》卷一九九下《渤海靺鞨传》，中华书局，1975，第5362页。

⑨ 《旧唐书》卷一九九下《渤海靺鞨传》，中华书局，1975，第5362页。

公则等"授金吾将军"①。"金吾将军"应为金吾卫将军的简称。元和十五年（820）的第34条记载中，大定顺、大多英等"授诸卫将军"②，并未明写十二卫的名称。此外，还有3条记载更为简略。如开元十年（722）的第3条记载中，味勃计"授大将军"③。开元十九年（731）的第14条记载中，遣唐使"授将军"④。开元二十五年（737）的第18条记载中，公伯计"授将军"⑤。在有明确卫名的记载中，除了"左右骁卫"外，十二卫中的其余卫基本上都有涉及。而授予的对象，除了充质子、备宿卫的王室成员外，前来朝贡的渤海国官员也会被授予。

除了将军外，中郎将、郎将也会被授予渤海国遣唐使，在十六卫中，还设有中郎将、左右郎将各一人。共有4条记载。开元十七年（729）的第11条记载中，大琳"授中郎将"⑥。开元十八年（730）的第12条记载中，智蒙"授中郎将"⑦。贞元十一年（795）的第26条记载中，"以靺鞨都督密阿古等二十二人，并拜中郎将"⑧。开元二十九年（741）的第22条记载中，失阿利"授郎将"⑨。

第二类是折冲府的折冲、果毅等武职事官。共计11条记载。折冲府，全称折冲都尉府，唐朝每一折冲都尉府设"折冲都尉各一人，左、右果毅都尉一人"⑩。在有关记载中，折冲都尉、果毅都尉都被省称为

---

① ［唐］元稹：《元稹集校注》，周相录校注，上海古籍出版社，2011，第1219页。

② ［唐］元稹：《元稹集校注》，周相录校注，上海古籍出版社，2011，第1220页。

③ 《宋本册府元龟》卷九七五《褒异》，中华书局，1989，第3875页；《册府元龟》卷九七五《褒异》，中华书局，1960，第11448页。

④ 《宋本册府元龟》卷九七五《褒异》，中华书局，1989，第3878页。

⑤ 《宋本册府元龟》卷九七五《褒异》，中华书局，1989，第3879页；《册府元龟》卷九七五《褒异》，中华书局，1960，第11456页。

⑥ 《宋本册府元龟》卷九七五《褒异》，中华书局，1989，第3877页；《册府元龟》卷九七五《褒异》，中华书局，1960，第11452页。

⑦ 《宋本册府元龟》卷九七五《褒异》，中华书局，1989，第3877页。

⑧ ［宋］王溥：《唐会要》卷九六《渤海》，中华书局，1955，第1724页。

⑨ 《宋本册府元龟》卷九七五《褒异》，中华书局，1989，第3880页；《册府元龟》卷九七五《褒异》，中华书局，1960，第11457页。

⑩ ［唐］李林甫等：《唐六典》卷二五《诸卫》，陈仲夫点校，中华书局，1992，第644页。

折冲、果毅。涉及折冲的记载有2条。开元九年（721）的第2条记载中，"渤海郡靺鞨大首领……并拜折冲"①。开元二十四年（736）的第17条记载中，聿弃计"授折冲"②。涉及果毅的记载有5条。开元十三年（725）的第5条记载中，谒德"授果毅"③。开元十六年（728）的第9条记载中，菸夫须计"授果毅"④。开元十八年（730）的第13条记载中，乌那达利"授以果毅"⑤。开元十九年（731）的第15条记载中，"大姓取珍等百二一人……并授果毅"⑥。开元二十七年（739）的第21条记载中，受福子"授果毅"⑦。

第三类是武散官。仅有3条记载。开元六年（718）的第1条记载中，大述艺"授怀化大将军"⑧。"怀化大将军"为正三品，"皇朝所置，以授蕃官"⑨。后唐的史料亦可佐证。长兴元年（930），后唐在讨论如何加封来投的东丹王耶律倍时，也曾引用唐朝典章。《五代会要》："谨按四夷入朝番官，有怀德、怀化、归德、归化等将军、中郎将名号。"⑩《册府元龟》："四夷入朝蕃官，例有怀德、怀化、归德、归化

---

① 《宋本册府元龟》卷九七一《朝贡》，中华书局，1989，第3849页；《册府元龟》卷九七一《朝贡》，中华书局，1960，第11406页；《宋本册府元龟》卷九七四《褒异》，中华书局，1989，第3874页；《册府元龟》卷九七四《褒异》，中华书局，1989，第11447页。

② 《宋本册府元龟》卷九七五《褒异》，中华书局，1989，第3879页；《册府元龟》卷九七五《褒异》，中华书局，1960，第11455页。

③ 《宋本册府元龟》卷九七五《褒异》，中华书局，1989，第3876页；《册府元龟》卷九七五《褒异》，中华书局，1960，第11450页。

④ 《宋本册府元龟》卷九七五《褒异》，中华书局，1989，第3877页。

⑤ 《宋本册府元龟》卷九七五《褒异》，中华书局，1989，第3877-3878页。

⑥ 《宋本册府元龟》卷九七五《褒异》，中华书局，1989，第3878页。

⑦ 《宋本册府元龟》卷九七五《褒异》，中华书局，1989，第3880页。

⑧ 《宋本册府元龟》卷九七四《褒异》，中华书局，1989，第3873页；《册府元龟》卷九七四《褒异》，中华书局，1950，第11447页。

⑨ ［唐］李林甫等：《书六典》卷五《尚书兵部》，陈仲夫点校，中华书局，1992，第152页。

⑩ ［宋］王溥：《五代会要》卷二九《契丹》，上海古籍出版社，1978，第457-458页。

等将军、中郎将名号。"①两相比较，除了个别文字略有出入外，内容基本一致。《册府元龟》没有"谨按"二字，多出一个"例"字。

开元十二年（724）的第4条记载中，贺祚庆"进阶游击将军"②。开元十七年（729）的第10条记载中，大胡雅"授游击将军"③。"游击将军"，"从五品下"④。

第四类是文散官和文职事官。仅有4条记载。开元十五年（727），大昌勃价回国前，"封大昌勃价襄平县开国男"⑤。"开国男"为爵位，《旧唐书》将之列为"从五品上阶"⑥。"襄平县"为封地。开元十六年（728）的第8条记载中，去世的大都利行"赠特进，兼鸿胪卿"⑦。"特进"为文散官，"正二品"⑧。"鸿胪卿"为鸿胪寺主官，"从三品"⑨。开元二十四年（736）的第16条记载中，大蕃"授太子舍人员外"⑩。"太子舍人"，"正六品上"⑪。贞元七年（791）的第24条记载中，大常

────────────

① 《册府元龟》卷一七〇《来远》，中华书局，1960，第2058页。

② 《宋本册府元龟》卷九七五《褒异》，中华书局，1989，第3875页；《册府元龟》卷九七五《褒异》，中华书局，1960，第11449页。

③ 《宋本册府元龟》卷九七五《褒异》，中华书局，1989，第3877页。

④ ［唐］李林甫等：《唐六典》卷五《尚书兵部》，陈仲夫点校，中华书局，1992，第153页。

⑤ 《宋本册府元龟》卷九七五《褒异》，中华书局，1989，第3876-3877页；《册府元龟》卷九七五《褒异》，中华书局，1960，第11451页。

⑥ 《旧唐书》卷四二《职官志一》，中华书局，1975，第1795页。

⑦ 《宋本册府元龟》卷九七五《褒异》，中华书局，1989，第3877页。

⑧ ［唐］李林甫等：《唐六典》卷二《尚书吏部》，陈仲夫点校，中华书局，1992，第29页。

⑨ ［唐］李林甫等：《唐六典》卷十八《大理寺鸿胪寺》，陈仲夫点校，中华书局，1992，第504页。

⑩ 《宋本册府元龟》卷九七五《褒异》，中华书局，1989，第3879页。

⑪ ［唐］李林甫等：《唐六典》卷二六《太子三师三少詹事府左右春坊内官》，陈仲夫点校，中华书局，1992，第671页。

靖"为卫尉卿同正"①。"卫尉卿"为卫尉寺主官,"从三品"②。

第五类是官告。共计5条记载。元和十年(815)的第28条、第29条、第30条记载,以及元和十一年(816)的第32条记载皆写为"官告"。元和十一年的第31条记载虽然写为"官"③,但是结合前后的记载,似乎也应是"官告"的误写。

"官告",即告身,"是官人任官授职的公文凭证。……结合古代官制详细而言,告身是在赐与新的职事官、散官、勋官、封爵,或是在剥夺现有的官爵时,官方通过所规定的程序,采用《公式令》所定的公文格式交给本人的文书"④。告身文书在唐宋时期极为兴盛⑤。唐朝律令对之有着明确的规定。《天圣杂令》34条:"诸勋官及三卫诸军校尉以下、诸蕃首领、归化人、边远人、遥授官等告身,并官纸及笔为写。(其勋官、三卫校尉以下附朝集使立案分付;边远人附便使及驿送。)若欲自写,有京官职及缌麻以上亲任京官为写者,并听。"⑥

通过以上梳理,唐朝对渤海国遣唐使赐予官爵是以入京朝贡的使团全部成员为对象。所赐官爵,主要以武职事官和武散官为主,爵位、文职事官和文散官只占很少部分。伴随着赐予官爵,渤海国遣唐使也会比照唐朝官员,同时被赐予官服。除此之外,相应待遇、俸禄似乎也应与唐朝官员相同,但是由于缺乏史料支撑,只能存疑。

---

① 《宋本册府元龟》卷九七六《褒异》,中华书局,1989,第3883页。

② [唐]李林甫等:《唐六典》卷十六《卫尉宗正寺》,陈仲夫点校,中华书局,1992,第671页。

③ 《宋本册府元龟》卷九七六《褒异》,中华书局,1989,第3884页;《册府元龟》卷九七六《褒异》,中华书局,1960,第11464页。

④ 徐畅:《存世唐代告身及其相关研究述略》,《中国史研究动态》2012年第3期,第33~34页。

⑤ 相关研究,请参考徐畅《存世唐代告身及其相关研究述略》(《中国史研究动态》2012年第3期),赵晶《论日本中国古文书学研究之演进——以唐代告身研究为例》(《早期中国研究》2014年第1期),赵彦昌、姜珊《近三十年来唐宋告身整理与研究述评》(《兰台世界》2018年第9期)等文章的相关梳理。

⑥ 天一阁博物馆、中国社会科学院历史研究所天圣令整理课题组:《天一阁藏明钞本天圣令校证(附唐令复原研究)》,中华书局,2006,第751页。

借助赐予官爵，唐朝不仅在名义上将渤海国的官员纳入了唐朝的官僚体系之中，而且授予高官厚爵也增进了渤海国遣唐使对唐朝的认同感，间接地影响到渤海国对唐朝的认同感。更重要的是，"中国王朝的官位、官职，不但在各国内部具有权威，而且还规范着国与国之间的关系。在今日的国际关系中，存在着各国公认的国际法。同样地，在前近代的东亚，各国之间也存在着公认的国际秩序，那就是中国王朝所确定的各国间的身份秩序，并为各国所共同接受"①。尽管唐朝赐予渤海国遣唐使官爵，我们更多的是强调这一行为乃是政治意义的回赐，但授予官爵的同时，唐朝同样会给予包括官服在内的相应待遇以及俸禄，这已经涉及物品的馈赠，具有了经济意义，因此可以将之视为封贡贸易的一个组成部分。

二、唐朝赐宴于渤海国遣唐使

除了赐予官爵外，渤海国遣唐使还会被赐宴，以示唐朝对渤海国的优宠。不过相对于赐予官爵的记载，赐宴的记载更为有限，现存记载共计13条。

（一）唐朝赐宴渤海国遣唐使的相关记载

第1条记载为开元二十七年（739）。"三月丁未，渤海王弟大勖进来朝，宴于内殿。"②

第2条记载为元和七年（812）。"七年正月癸酉，帝御麟德殿，对南诏、渤海、牂牁等使，宴赐有差。"③

第3条记载为元和八年（813）。《宴享》："十二月丙午，宴南诏、渤海、牂牁使，赐以绵采。"④《褒异》："丙午，宴南诏、渤海、牂牁

---

① ［日］堀敏一：《隋唐帝国与东亚》，韩昇、刘建英编译，兰州大学出版社，2010，第14页。

②《宋本册府元龟》卷九七五《褒异》，中华书局，1989，第3880页。

③《册府元龟》卷一一一《宴享》，中华书局，1960，第1316页；《宋本册府元龟》卷九七六《褒异》，中华书局，1989，第3884页；《册府元龟》卷九七六《褒异》，中华书局，1960，第11463页。

④《册府元龟》卷一一一《宴享》，中华书局，1960，第1316页。

使，仍赐以锦彩。"①

第4条记载为元和九年（814）。"九年二月己丑，麟德殿召见渤海使高礼进等三十七人，宴赐有差。"②

第5条记载为元和十五年（820）。"穆宗以元和十五年即位。二月庚寅，对新罗、渤海朝贡使于麟德殿，宴赐有差。"③

第6条记载为元和十五年（820）。"十二月壬辰，对新罗、渤海、南诏、牂牁、昆明等使于麟德殿，宴赐有差。"④

第7条记载为长庆二年（822）。"二年正月壬子，对渤海者于麟德殿，宴赐有差。"⑤

第8条记载为大和元年（827）。"四月癸巳，御麟德殿，对勃海使者十一人，宴赐有差。"⑥

第9条记载为大和二年（828）。"十二月己卯，渤海、新罗、室韦、契丹、南诏，皆遣使朝贡，并召对于麟德殿，宴赐有差。"⑦

第10条记载为大和六年（832）。"二月丙辰，麟德殿对入朝吐蕃论董勃藏等一十九人。又对渤海王子大明俊等六人，宴赐有差。"⑧

第11条记载为大和七年（833）。《宋本册府元龟》："二月己卯，麟德殿对归□□□等一十九人，又渤海王子大光晟等六人、牂柯刺史赵伦

---

① 《宋本册府元龟》卷九七六《褒异》，中华书局，1989，第3884页；《册府元龟》卷九七六《褒异》，中华书局，1960，第11463页。

② 《宋本册府元龟》卷九七六《褒异》，中华书局，1989，第3884页；《册府元龟》卷九七六《褒异》，中华书局，1960，第11464页；《册府元龟》卷一一一《宴享》，中华书局，1960，第1316页。

③ 《宋本册府元龟》卷九七六《褒异》，中华书局，1989，第3884页；《册府元龟》卷九七六《褒异》，中华书局，1960，第11464页。

④ 《宋本册府元龟》卷九七六《褒异》，中华书局，1989，第3885页；《册府元龟》卷九七六《褒异》，中华书局，1960，第11464页。

⑤ 《册府元龟》卷一一一《宴享》，中华书局，1960，第1317页。

⑥ 《宋本册府元龟》卷九七六《褒异》，中华书局，1989，第3885页。

⑦ 《宋本册府元龟》卷九七六《褒异》，中华书局，1989，第3885页。

⑧ 《宋本册府元龟》卷九七六《褒异》，中华书局，1989，第3885页；《册府元龟》卷九七六《褒异》，中华书局，1960，第11465页。

等四人、昆明摩弥叔敬等七人。"①《册府元龟》："二月己卯，麟德殿对归国颊藏等一十九人、渤海王子大光晟等六人、牂牁刺史赵伦等四人、昆明摩弥叔敬等七人，宴赐有差。"②《宋本册府元龟》此条漫漶不清，文字多有出入，最大的不同是《册府元龟》在尾部添加了"宴赐有差"四个字。

第12条记载为开成二年（837）。《宋本册府元龟》："二年正月癸巳，上御麟德殿，对贺正南诏洪龙君□十人、□□王子大明俊等一十人，宴赐有差。"③《册府元龟》："二年正月癸巳，上御麟德殿对贺正，对贺正南诏洪龙军三十人、渤海王子大明俊等一十九人，宴赐有差。"④此处文字最大的不同在于：《宋本册府元龟》写为"一十人"，《册府元龟》写为"一十九人"。《宴享》有同样的记载，"二年正月癸巳，帝御麟德殿，对贺正南诏洪龙君三十人、渤海王子大明俊等一十人，赐宴有差"⑤。综合可知，此次获准在麟德殿参加宴会的渤海使共计十人。

第13条记载为会昌六年（846）。《宋本册府元龟》："六年正月，南诏、契丹、室韦、渤海、牂牁、昆明等使，并朝于宣政殿，□□麟德殿，赐食于内亭子，仍赍锦彩、器皿有差。"⑥《册府元龟》："六年正月，南诏、契丹、室韦、渤海、牂牁、昆明等使，并朝于宣政殿，对于麟德殿，赐食于内亭子，仍赍锦彩、器皿有差。"⑦两相比较，文字相同，《册府元龟》补足了《宋本册府元龟》的缺文。

这13条记载的时间，从739年至846年，前后延续一百余年，涵盖唐前期、唐后期，具有一定的代表性，因此可以认为唐朝赐宴于渤海国遣唐使具有常态化、制度化的特点。

①《宋本册府元龟》卷九七六《褒异》，中华书局，1989，第3885页。
②《册府元龟》卷九七六《褒异》，中华书局，1960，第11465页。
③《宋本册府元龟》卷九七六《褒异》，中华书局，1989，第3885页。
④《册府元龟》卷九七六《褒异》，中华书局，1960，第11466页。
⑤《册府元龟》卷一一一《宴享》，中华书局，1960，第1318页。
⑥《宋本册府元龟》卷九七六《褒异》，中华书局，1989，第3886页。
⑦《册府元龟》卷九七六《朝贡》，中华书局，1960，第11467页。

（二）唐朝赐宴渤海国遣唐使的相关分析

对于赐宴的地点，李叶宏进行过统计。"根据史籍记载，唐朝宴会蕃使的地点有紫宸殿、礼宾院、锡宴堂、内殿、麟德殿（三殿）、中书省、侍中厅、延英殿、玄武门、宿羽亭等。"[①]在这13条记载中，除第3条记载并未载明地点外，其余都有写明。唐朝主要是在三个地点宴请渤海国遣唐使。第一个是"内殿"，只有第1条记载。第二个是麟德殿，共计10条记载。第三个是"内亭子"，只有第13条记载。之所以宴会地点较之李叶宏的统计少很多，是因为这些记载都是在皇帝接见之后举行的宴会，所以诸如礼宾院、锡宴堂、中书省、侍中厅等，由官员主持宴会的地点并无记录。

麟德殿，又称三殿，是大明宫内的一组大型殿宇，近于右银台门。史称"此殿三面，南有阁，东西皆有楼。殿北相连，各有障日阁。"[②]麟德殿在唐朝一直是皇帝举行大型仪式和典礼的重要场所。郭湖生指出："可能在创建大明宫时，便有意地将此处作为皇帝非正式召见亲近贵族臣僚和宴会作乐的场所。"[③]有唐一代，唐朝皇帝多在此接见和宴请羁縻府州及藩属国的遣唐使。"内亭子"指代不明。《册府元龟》关涉的文字为"对于麟德殿，赐食于内亭子"。846年渤海国的遣唐使首先在麟德殿被唐武宗召见，然后在"内亭子"就食，"内亭子"应该是麟德殿这组殿宇的附属建筑。至于"内殿"，也应如"内亭子"一样，并非实指，而是某一殿宇的附属建筑。

在这13条记载中，渤海国遣唐使多是和其他部族与国家的遣唐使共同被宴请，不过第1条、第4条、第7条、第8条等4条记载，应是被单独宴请。这也从某种程度上展示出唐朝对渤海国的重视。

---

① 李叶宏：《唐朝域外朝贡制度研究》，中国社会科学出版社，2021，第174页。

② ［宋］宋敏求：《长安志》卷六《宫室四》，辛德勇、郎洁点校，三秦出版社，2013，第241页。

③ 郭湖生：《麟德殿遗址的意义和初步分析》，《考古》1961年第11期，第619页。

三、唐朝对渤海国遣唐使的物品赏赐

除了赐予官爵、赐宴等极具政治色彩的回赐外，物品赏赐更能体现出封贡贸易的经济色彩。"（开元）二十六年六月二十七日，渤海遣使，求写唐礼及三国志、晋书、三十六国春秋，许之。"①大钦茂向唐朝求取经史等典籍的要求得到了玄宗的应允，书籍也是"赐品"之一。更多关于"赐品"的记载则见于渤海国遣唐使的记载之中，但仅存31条，且记载简单。

（一）唐朝赏赐渤海国遣唐使物品的相关记载

第1条记载为开元四年（716）。"闰十二月，东蕃远番靺鞨部落、拂涅部落、勃律国皆遣大首领来朝。并赐物三十段，放还蕃。"②

第2条记载为开元十二年（724）。记载并见于《册府元龟》的《朝贡》和《褒异》。《朝贡》：二月，"渤海靺鞨遣其臣贺作庆……来贺正，各赐帛五十匹，放还蕃"③。《褒异》开元十二年二月条："渤海靺鞨遣其臣贺祚庆来贺正……并进阶游击将军，各赐帛五十疋，放还蕃。"④相对于《朝贡》，《褒异》增添了授予官职的记载。

第3条记录为开元十五年（727）。这一年，充当质子的大昌勃价被允许返回渤海国。唐朝不仅对大昌勃价等人加官晋爵，而且给予了赏赐。"四月丁未，敕曰：渤海宿卫王子大昌勃价及首领等，久留宿卫，宜放还蕃。庚申，封大昌勃价襄平县开国男，赐帛五十疋。首领已下各有差。先是，渤海王大武艺遣男利行来朝，并献貂鼠。至是，乃降书与武艺，慰劳之。赐彩练一百疋。"⑤《册府元龟》的文字有一处不

①［宋］王溥：《唐会要》卷三六《华夷请经史》，中华书局，1955，第667页。

②《宋本册府元龟》卷九七四《褒异》，中华书局，1989，第3872页。

③《宋本册府元龟》卷九七一《朝贡》，中华书局，1989，第3849页；《册府元龟》卷九七一《朝贡》，中华书局，1960，第11407页。

④《宋本册府元龟》卷九七五《褒异》，中华书局，1989，第3875页；《册府元龟》卷九七五《褒异》，中华书局，1960，第11449页。

⑤《宋本册府元龟》卷九七五《褒异》，中华书局，1989，第3876–3877页。

同，即《册府元龟》将"王大武艺"写为"大王武艺"①，显系笔误。

第4条记载为开元十六年（728）。是年四月，从开元十四年开始，在唐朝充当质子的大都利行去世。对于这一突发事件，唐朝给予了高额的补偿。"癸未，渤海王子留宿卫大都利行卒。赠特进，兼鸿胪卿，赐绢二百疋、粟三百石。命有司吊祭。官递灵轝归蕃。"②《册府元龟》的文字只有一处不同，即《宋本册府元龟》的"绢二百疋"被写为"绢三百疋"③。由于缺乏佐证，无由而知何为正解，姑从《宋本册府元龟》。

第5条记载为开元十七年（729）三月。"癸卯，渤海靺鞨遣使献鲻鱼，赐帛二十疋。遣之。"④

第6条记载为开元十八年（730）二月。《宋本册府元龟》："渤海靺鞨大首领遣使智蒙来朝，且献方物、马三十疋。授中郎将，赐绢二十疋、绯袍、银带，放还蕃。"⑤《册府元龟》："渤海靺鞨遣使智蒙来朝，且献方物、马三十疋。授中郎将，赐绢二十疋、绯袍、银带，放还蕃。"⑥两相比较，文字有两处不同。《宋本册府元龟》写为"靺羯"，多出"大首领"三字。

第7条记载为开元十八年（730）五月。《宋本册府元龟》："己酉，□□靺羯遣使乌那达利来朝，献海豹皮五张、貂鼠皮三张、马瑙杯一、马三十匹。授以果毅。赐帛，放还蕃。壬午，黑水靺鞨遣使阿布利思来朝，献方物，赐帛，放还蕃。"⑦《册府元龟》的文字只有一处不同，即将"靺羯"改写为"靺鞨"⑧。

①《册府元龟》卷九七五《褒异》，中华书局，1960，第11451页。

②《宋本册府元龟》卷九七五《褒异》，中华书局，1989，第3877页。

③《册府元龟》卷九七五《褒异》，中华书局，1960，第11451页。

④《宋本册府元龟》卷九七五《褒异》，中华书局，1989，第3877页；《册府元龟》卷九七五《褒异》，中华书局，1950，第11452页。

⑤《宋本册府元龟》卷九七五《褒异》，中华书局，1989，第3877页。

⑥《册府元龟》卷九七五《褒异》，中华书局，1960，第11452页。

⑦《宋本册府元龟》卷九七五《褒异》，中华书局，1989，第3877-3878页。

⑧《册府元龟》卷九七五《褒异》，中华书局，1960，第11452页。

第8条记载为开元十八年（730）。"九月乙丑，靺鞨遣使来朝，献方物，赐帛，放还蕃。"①

第9条记载为开元十九年（731）二月。《宋本册府元龟》："己未，渤海靺羯遣使来贺正，授将军，赐帛一百匹，放还蕃。"②《册府元龟》："己未，渤海靺鞨遣使来朝正，授将军，赐帛一一百疋，还蕃。"③这条记载，文字出入较大，有五处不同。《册府元龟》将"靺羯"改写为"靺鞨"，将"贺正"改写为"朝正"。《宋本册府元龟》的"一百匹"被写为"一一百疋"，其中的一个"一"字无疑是衍文。《册府元龟》将"放还蕃"中的"放"字省略，语义不甚通顺。通观下来，《宋本册府元龟》所记更为准确。

第10条记载为开元十九年（731）十月。《宋本册府元龟》："渤海靺羯王遣其大姓取珍等百二十人来朝，并授果毅，各赐帛三十匹，放还蕃。"④《册府元龟》："渤海靺鞨王其大姓取珎等百二十人来朝，并授果毅，各赐帛三十疋，放还蕃。"⑤这条记载，文字同样有五处不同。《册府元龟》将"靺羯"改写为"靺鞨"，将"珍"改写为"珎"，将"匹"改写为"疋"，并遗漏了"遣"字。通观下来，《宋本册府元龟》所记更为准确。

第11条记载为开元二十三年（735）。《曲江集》中保留有四首没有标明时间的论事敕书。其中第二首论事敕书的书写时间，古畑徹推测为开元二十三年⑥。其中写道："所令大成庆等入朝，并已处分，各加

①《宋本册府元龟》卷九七五《褒异》，中华书局，1989，第3878页；《册府元龟》卷九七五《褒异》，中华书局，1960，第11453页。

②《宋本册府元龟》卷九七五《褒异》，中华书局，1989，第3878页。

③《册府元龟》卷九七五《褒异》，中华书局，1960，第11453页。

④《宋本册府元龟》卷九七五《褒异》，中华书局，1989，第3878页。

⑤《册府元龟》卷九七五《褒异》，中华书局，1960，第11453页。

⑥ 参见［日］古畑徹:《張九齡作〈勅渤海王大武芸書〉第1首の作成年時について——〈大門芸の亡命年時について〉補遺》《大門芸の亡命年時について——唐渤紛争に至る渤海の情勢》。

官赏，想具知之。"①

第12条记载为开元二十四年（736）。《宋本册府元龟》："二十四年三月乙酉，渤海靺羯王遣其弟蕃来朝，授太子舍人员外，赐帛三十匹，放还蕃。"②《册府元龟》的文字有一处不同，即将"靺羯"改写为"靺鞨"③。

第13条记载为开元二十四年（736）。"十一月癸酉，靺鞨首领聿弃计来朝，授折冲，赐帛五百匹，放还蕃。"④

第14条记载为开元二十五年（737）。"八月戊申，渤海靺羯大首领多蒙固来朝，授左武卫将军，赐紫袍、金带及帛一百匹。放还蕃。"⑤

第15条记载为开元二十七年（739）。《宋本册府元龟》："三月丁未，渤海王弟大勖进来朝，宴于内殿，授左武卫大将军员外，置同正，赐紫袍、金细带及帛一百疋，留宿卫。"⑥《册府元龟》："二月丁未，渤海王弟大勖进来朝，宴于内殿，授左武卫大将军员外，置同正，赐紫袍、金带及帛一百疋，留宿卫。"⑦文字有两处不同。一是时间不同，《宋本册府元龟》记为"三月丁未"，《册府元龟》记为"二月丁未"。核以时间，只有三月有"丁未"日，《册府元龟》所记乃为误写。二是"金细带"被《册府元龟》简略为"金带"。

第16条记载为元和四年（809）。"四年正月戊戌，帝御麟德殿，引南诏、渤海使谒见，赐物有差。"⑧

---

① ［唐］张九龄：《张九龄集校注》卷九，熊飞校注，中华书局，2008，第582页。

② 《宋本册府元龟》卷九七五《褒异》，中华书局，1989，第3879页。

③ 《册府元龟》卷九七五《褒异》，中华书局，1960，第11455页。

④ 《宋本册府元龟》卷九七五《褒异》，中华书局，1989，第3879页；《册府元龟》卷九七五《褒异》，中华书局，1960，第11455页。

⑤ 《宋本册府元龟》卷九七五《褒异》，中华书局，1989，第3879-3880页；《册府元龟》卷九七五《褒异》，中华书局，1960，第11456页。

⑥ 《宋本册府元龟》卷九七五《褒异》，中华书局，1989，第3880页。

⑦ 《册府元龟》卷九七五《褒异》，中华书局，1960，第11456页。

⑧ 《宋本册府元龟》卷九七六《褒异》，中华书局，1989，第3884页；《册府元龟》卷九七六《褒异》，中华书局，1950，第11463页。

第17条记载为元和七年（812），《册府元龟》的《宴享》和《褒异》记录了回赐情况。《宴享》："七年正月癸酉，帝御麟德殿，对南诏、渤海、牂牁等使，宴赐有差。"①《褒异》："七年正月癸酉，帝御麟德殿，对南诏、渤海、牂牁等使，赐宴有差。甲申，赐渤海使官告三十五通，衣各一袭。"②

第18条记载为元和八年（813）。《册府元龟》的《宴享》和《褒异》记录了回赐情况。《宴享》："十二月丙午，宴南诏、渤海、牂牁使，赐以绵采。"③《褒异》："十二月壬辰，帝御麟德殿召见契丹使达干可葛等，赐锦彩有差。丙午，宴南诏、渤海、牂牁使，仍赐以锦彩。"④

第19条记载为元和九年（814）正月至二月。"九年正月，渤海使高礼进等三十七人朝贡。献金、银佛像各一。"⑤二月，高礼进等人被唐宪宗接见。"九年二月己丑，麟德殿召见渤海使高礼进等三十七人，宴赐有差。"⑥《宴享》与《褒义》的文字一致。⑦

第20条记载为元和十一年（816）。记载并见于《册府元龟》的《褒异》和《通好》。《褒异》："二月癸卯，赐回鹘、渤海使锦彩、银器有差。庚戌，授渤海使高宿满等二十人官。"⑧《通好》："十一年二月，

①《册府元龟》卷一一一《宴享》，中华书局，1960，第1316页。

②《宋本册府元龟》卷九七六《褒异》，中华书局，1989，第3884页；《册府元龟》卷九七六《褒异》，中华书局，1960，第11463页。

③《册府元龟》卷一一一《宴享》，中华书局，1960，第1316页。

④《宋本册府元龟》卷九七六《褒异》，中华书局，1989，第3884页；《册府元龟》卷九七六《褒异》，中华书局，1960，第11463页。

⑤《宋本册府元龟》卷九七二《朝贡》，中华书局，1989，第3856页；《册府元龟》卷九七二《朝贡》，中华书局，1960，第11417页。

⑥《宋本册府元龟》卷九七六《褒异》，中华书局，1989，第3884页；《册府元龟》卷九七六《褒异》，中华书局，1960，第11464页。

⑦《册府元龟》卷一一一《宴享》，中华书局，1960，第1316页。

⑧《宋本册府元龟》卷九七六《褒异》，中华书局，1989，第3884页；《册府元龟》卷九七六《褒异》，中华书局，1960，第11464页。

授渤海使国信以归。"①

第21条记载为元和十二年（817）。《宋本册府元龟》："三月甲戌，以锦□赐渤海使大诚□等。"②《册府元龟》："三月甲戌，以锦绵赐渤海使大诚慎等。"③《宋本册府元龟》此条多有漫漶，但文字似一致。

第22条记载为元和十五年（820）。记载并见于《册府元龟》的《宴享》和《褒异》。《褒异》："穆宗以元和十五年即位。二月庚寅，对新罗、渤海朝贡使于麟德殿，宴赐有差。"④《宴享》的文字基本相同，只是多出了"正月"二字。"穆宗以元和十五年正月即位。二月庚寅，对新罗、渤海朝贡使于麟德殿，宴赐有差。"⑤

第23条记载为元和十五年（820）。《褒异》："十二月壬辰，对新罗、渤海、南诏、牂牁、昆明等使于麟德殿，宴赐有差。"⑥

第24条记载为长庆二年（822）。记载并见于《册府元龟》的《宴享》和《褒异》。《宴享》："二年正月壬子，对渤海者于麟德殿，宴赐有差。"⑦《褒异》："二年正月壬子，对渤海者于麟德殿，宴赐有差。"⑧

第25条记载为大和元年（827）。《宋本册府元龟》："四月癸巳，御麟德殿，对勃海使者十一人，宴赐有差。"⑨《册府元龟》："四月癸巳，

①《宋本册府元龟》卷九八〇《通好》，中华书局，1989，第3915页；《册府元龟》卷九八〇《通好》，中华书局，1960，第11515页。

②《宋本册府元龟》卷九七六《褒异》，中华书局，1989，第3884页。

③《册府元龟》卷九七六《褒异》，中华书局，1960，第11464页。

④《宋本册府元龟》卷九七六《褒异》，中华书局，1989，第3884页；《册府元龟》卷九七六《褒异》，中华书局，1960，第11464页。

⑤《册府元龟》卷一一一《宴享》，中华书局，1960，第1317页。

⑥《宋本册府元龟》卷九七六《褒异》，中华书局，1989，第3885页；《册府元龟》卷九七六《褒异》，中华书局，1960，第11464页。

⑦《册府元龟》卷一一一《宴享》，中华书局，1960，第1317页。

⑧《宋本册府元龟》卷九七六《褒异》，中华书局，1989，第3885页；《册府元龟》卷九七六《褒异》，中华书局，1960，第11465页。

⑨《宋本册府元龟》卷九七六《褒异》，中华书局，1989，第3885页。

御麟德殿，对渤海使者十一人，宴赐有差。"①文字有一处不同，即《册府元龟》将"勃"字改为"渤"。

第26条记载为大和二年（828）。《宋本册府元龟》："十二月己卯，渤海、新罗、室韦、契丹、南诏，皆遣使朝贡，并召对于麟德殿，宴赐有差。"②《册府元龟》："十二月己卯，渤海、新罗、室韦、契丹、南诏，皆遣使朝贡，并诏对于麟德殿，宴赐有差。"③文字有一处不同，即《册府元龟》将"召对"写为"诏对"。

第27条记载为大和六年（832）。记载并见于《册府元龟》的《朝贡》和《褒异》。《宋本册府元龟》中的《朝贡》："六年三月，渤海遣王子大明俊来朝。"④《册府元龟》："六年三月，渤海王子大明俊来朝。"⑤文本有一处不同，即《册府元龟》少"遣"字，但并不影响行文及意义。《褒异》："二月丙辰，麟德殿对入朝吐蕃论董勃藏等一十九人。又对渤海王子大明俊等六人，宴赐有差。"⑥两相比对，《褒异》将此事系于二月，《朝贡》的时间为三月。核以时间，二月无"丙辰"，三月有"丙辰"日，据此可知，《褒异》的时间为误记，此次朝贡的时间为三月。

第28条记载为大和七年（833）。《宋本册府元龟》："二月己卯，麟德殿对归□□□等一十九人，又渤海王子大光晟等六人、牂柯刺史赵伦等四人、昆明摩弥叔敬等七人。"⑦《册府元龟》："二月己卯，麟德殿对归国颏藏等一十九人、渤海王子大光晟等六人、牂柯刺史赵伦等四人、昆明摩弥叔敬等七人，宴赐有差。"⑧《宋本册府元龟》此条漫漶

---

① 《册府元龟》卷九七六《褒异》，中华书局，1960，第11465页。

② 《宋本册府元龟》卷九七六《褒异》，中华书局，1989，第3885页。

③ 《册府元龟》卷九七六《褒异》，中华书局，1960，第11465页。

④ 《宋本册府元龟》卷九七二《朝贡》，中华书局，1989，第3857页。

⑤ 《册府元龟》卷九七二《朝贡》，中华书局，1960，第11419页。

⑥ 《宋本册府元龟》卷九七六《褒异》，中华书局，1989，第3885页；《册府元龟》卷九七六《褒异》，中华书局，1960，第11465页。

⑦ 《宋本册府元龟》卷九七六《褒异》，中华书局，1989，第3885页。

⑧ 《册府元龟》卷九七六《褒异》，中华书局，1960，第11465页。

不清，文字多有出入，最大的不同是《册府元龟》在尾部添加了"宴赐有差"四个字。

第29条记载为开成二年（837），记载并见于《唐会要》和《册府元龟》。《宋本册府元龟》："二年正月癸巳，上御麟德殿，对贺正南诏洪龙君□十人、□□王子大明俊等一十人，宴赐有差。"①《册府元龟》："二年正月癸巳，上御麟德殿对贺正，对贺正南诏洪龙军三十人、渤海王子大明俊等一十九人，宴赐有差。"②此处文字最大的不同在于：《宋本册府元龟》写为"一十人"，《册府元龟》写为"一十九人"。《宴享》有同样的记载："二年正月癸巳，帝御麟德殿，对贺正南诏洪龙君三十人、渤海王子大明俊等一十人，赐宴有差。"③综合可知，此次获准在麟德殿参加宴会的渤海使共计十人。

第30条记载为开成三年（838）。《宋本册府元龟》："三年二月辛卯，上御麟德殿对入朝南诏、牂牁、契丹、奚、室韦、渤海等，各赐锦彩、银器有差。"④《册府元龟》的文字有一处不同，即抄写中遗漏了"御"字⑤。

第31条记载为会昌六年（846）。《宋本册府元龟》："六年正月，南诏、契丹、室韦、渤海、牂牁、昆明等使，并朝于宣政殿，□□麟德殿，赐食于内亭子，仍赉锦彩、器皿有差。"⑥《册府元龟》："六年正月，南诏、契丹、室韦、渤海、牂牁、昆明等使，并朝于宣政殿，对于麟德殿，赐食于内亭子，仍赉锦彩、器皿有差。"⑦两相比较，文字相同，《册府元龟》补足了《宋本册府元龟》的缺文。

这31条记载的时间，从716年至846年，前后延续一百余年，涵盖唐前期、唐后期，具有一定的代表性，因此可以认为唐朝对渤海国遣

①《宋本册府元龟》卷九七六《褒异》，中华书局，1989，第3885页。

②《册府元龟》卷九七六《褒异》，中华书局，1960，第11466页。

③《册府元龟》卷一一一《宴享》，中华书局，1960，第1318页。

④《宋本册府元龟》卷九七六《褒异》，中华书局，1989，第3885页。

⑤《册府元龟》卷九七六《褒异》，中华书局，1960，第11466页。

⑥《宋本册府元龟》卷九七六《褒异》，中华书局，1989，第3886页。

⑦《册府元龟》卷九二六《朝贡》，中华书局，1960，第11467页。

唐使赏赐物品具有常态化、制度化的特点。

（二）唐朝赏赐渤海国遣唐使物品的相关分析

正如赠予官爵的对象是渤海国遣唐使的全体成员一样，物品赏赐的对象也是渤海国遣唐使的全部成员。开元十五年（727）的第3条记录中，充当质子的大昌勃价被允许返回渤海国时，"封大昌勃价襄平县开国男，赐帛五十疋。首领已下各有差"①。"首领已下各有差"表明随同大昌勃价留在唐朝国都的渤海国人员也都被赏赐了物品。这种以"有差"表示不同人员接受不同赏赐的表述形式频繁见于此后的记载之中。如元和四年（809）的第16条记载中的"赐物有差"②。元和十一年（816）二月的第20条记载中写为"锦彩、银器有差"③。更为普遍出现的语句是"宴赐有差"，如元和七年（812）的第17条记载④、元和九年（814）的第19条记载⑤、元和十五年（820）的第22条记载⑥、元和十五年（820）的第23条记载⑦、长庆二年（822）的第24条记载⑧、大和元年（827）的第25条记载⑨、大和二年（828）的第26条记载⑩、

①《宋本册府元龟》卷九七五《褒异》，中华书局，1989，第3876-3877页。
②《宋本册府元龟》卷九七六《褒异》，中华书局，1989，第3884页；《册府元龟》卷九七六《褒异》，中华书局，1960，第11463页。
③《宋本册府元龟》卷九七六《褒异》，中华书局，1989，第3884页；《册府元龟》卷九七六《褒异》，中华书局，1960，第11464页。
④《册府元龟》卷一一一《宴享》，中华书局，1960，第1316页。
⑤《宋本册府元龟》卷九七六《褒异》，中华书局，1989，第3884页；《册府元龟》卷九七六《褒异》，中华书局，1960，第11464页。
⑥《宋本册府元龟》卷九七六《褒异》，中华书局，1989，第3884页；《册府元龟》卷九七六《褒异》，中华书局，1960，第11464页。
⑦《宋本册府元龟》卷九七六《褒异》，中华书局，1989，第3885页；《册府元龟》卷九七六《褒异》，中华书局，1960，第11464页。
⑧《册府元龟》卷一一一《宴享》，中华书局，1960，第1317页。
⑨《宋本册府元龟》卷九七六《褒异》，中华书局，1989，第3885页。
⑩《宋本册府元龟》卷九七六《褒异》，中华书局，1989，第3885页。

大和六年（832）的第27条记载①、大和七年（833）的第28条记载②、开成二年（837）的第29条记载③等10条记载。

除了"有差"这个词外，更为直接的证明的是开元十九年（731）的第10条记载。"渤海靺鞨王遣其大姓取珍等百二十人来朝，并授果毅，各赐帛三十匹，放还蕃。"④"并授果毅，各赐帛三十匹"，充分表明以大取珍为首的120人前往唐朝国都朝贡，都得到了不同的赏赐。开元二十三年（735）第11条记载亦可佐证。张九龄的论事敕书中写道："所令大戍庆等入朝，并已处分，各加官赏，想具知之。"⑤"并已处分，各加官赏"与"并授果毅，各赐帛三十匹"的表述方式近似，也说明大戍庆一行人都获得了不同的赏赐。

渤海国遣唐使的全部成员都会获得赏赐，这促发渤海国持续不断地派出庞大的使团前往唐朝朝贡。

唐朝赏赐给渤海国遣唐使的物品，从内容到数量，唐朝都有明确的规定。石见清裕指出："可以认为，参酌其国对唐的重要性以及使者在本国的地位高下而来的蕃望，作为赐物的基准。"⑥然而由于文献的缺失，无由获知唐朝对渤海国遣唐使赏赐物品的具体规定。只能依据大致的规定加以阐析。《旧唐书》金部郎中条："凡赐十段，其率绢三疋、布三端、绵三屯。若杂綵十段，则丝布二疋、绸二疋、绫二疋、缦四疋。若赐蕃客锦綵，率十段则锦一张、绫二疋、缦三疋、绵四屯。"⑦《天一阁藏明钞本天圣令校证》复原的唐令，与之较为相近。《仓库令》复原唐令15："诸赐物率十段，绢三匹、布三端（赀、纻、

①《宋本册府元龟》卷九七六《褒异》，中华书局，1989，第3885页；《册府元龟》卷九七六《褒异》，中华书局，1960，第11465页。

②《册府元龟》卷九七六《褒异》，中华书局，1960，第11465页。

③《宋本册府元龟》卷九七六《褒异》，中华书局，1989，第3885页。

④《宋本册府元龟》卷九七五《褒异》，中华书局，1989，第3878页。

⑤［唐］张九龄：《张九龄集校注》卷九，熊飞校注，中华书局，2008，第582页。

⑥［日］石见清裕：《唐代北方问题与国际秩序》，胡鸿译，复旦大学出版社，2019，第380页。

⑦《旧唐书》卷四三《职官志二》，中华书局，1975，第1828页。

屦各一端。)、绵四屯。(春夏即丝四绚代绵。)其布若须有贮拟,量事不可出用者,任斟量以应给诸色人布内兼给。"《仓库令》复原唐令16:"诸赐杂綵率十段,丝布二匹、䌷二疋、绫二匹、缦四匹。"《仓库令》复原唐令17:"诸赐蕃客锦綵率十段,锦一疋、绫二匹、缦三匹、绵四屯。"[1]据此可知,唐朝赏赐臣下和羁縻府州及藩属国的遣唐使的"赐品"主要是以丝织品及绵、布等纺织品为主,"十段"是共同的计量单位,这体现出唐朝天下一家的思想;但内外有别同样是唐朝的统治思想,这体现在"赐品"构成的不同,即根据赏赐对象的不同,丝织品及绵、布等纺织品的种类组合不一。

《仓库令》复原唐令17:"诸赐蕃客锦綵率十段,锦一疋、绫二匹、缦三匹、绵四屯。"[2]唐朝赏赐羁縻府州及藩属国的遣唐使的丝织品及绵、布等纺织品,包括锦、绫、缦、绵四种,统称为锦綵。锦,"乃是织彩为纹的熟丝织物"[3]。绫,"是斜纹地上起斜纹花的丝织物"[4]。缦,是无花纹的丝织品。绵应该指的是以原产于印度的亚洲棉,或俗称草棉的非洲棉为原料进行加工生产的棉纺织品。

在31条记载中,共计12条记载写明了计量单位。除了开元四年(716)的第1条记载使用了"段"作为计量单位外,其他记载都是以"匹"或"疋"作为计量单位,这表明在实际运作中,"匹"或"疋"作为计量单位更为实用。

在31条记载中,共计18条记载写明了赏赐物品的种类。其中能够与《仓库令》复原唐令17进行对应的只有5条。即元和十一年(816)

---

[1] 天一阁博物馆、中国社会科学院历史研究所天圣令整理课题组:《天一阁藏明钞本天圣令校证(附唐令复原研究)》,中华书局,2006,第286页。

[2] 天一阁博物馆、中国社会科学院历史研究所天圣令整理课题组:《天一阁藏明钞本天圣令校证(附唐令复原研究)》,中华书局,2006,第286页。

[3] 周启澄等主编《中国纺织通史》,东华大学出版社,2017,第108页。

[4] 周启澄等主编《中国纺织通史》,东华大学出版社,2017,第203页。

的第20条记载①、开成三年（838）的第30条记载②、会昌六年（846）的
第31条记载③，文中都写明为"锦彩"。元和八年（813）的第18条记载，
《宴享》写为"绵采"④，而《褒异》写为"锦彩"⑤。《宴享》所记显
系笔误。元和十二年（317）的第21条记载，《宋本册府元龟》写为
"锦□"⑥，"锦"字后的文字无法识别，而《册府元龟》则写为"锦
绵"⑦，亦应为"锦彩"的笔误。此外，开元十六年（728）的第4条记
载则写为"绢"⑧。按照《仓库令》复原唐令15，"绢"乃是赐予臣下
的独有丝织品，这里却出现了"绢"。原因很可能是以大都利行追赠的
"鸿胪卿"作为"赐品"的标准。其余12条记载全部写为"帛"。

　　丝织品及绵、布等纺织品之外，还有其他物品也在"赐品"之列。
如开元十六年（728）的第4条记载中，除了"绢二百疋"外，还有
"粟三百石"⑨。粮食也被当作"赐品"。不过这一条记载乃是针对大都
利行去世这一突发事件而做出的应对，是属于"赙"的部分。此外，
银器也可以充当"赐品"。元和十一年（816）的第20条记载中写有
"锦彩、银器有差"⑩，开成三年（838）的第30条记载中写有"各赐锦
彩、银器有差"⑪。由此可知，在"锦彩"之外，"银器"也被赏赐给
渤海国遣唐使。另，会昌六年（846）的第31条记载中写有"仍赍锦

　　①《宋本册府元龟》卷九二六《褒异》，中华书局，1989，第3884页；《册府元龟》卷九
七六《褒异》，中华书局，1960，第11464页。

　　②《宋本册府元龟》卷九七六《褒异》，中华书局，1989，第3885页。

　　③《宋本册府元龟》卷九七六《褒异》，中华书局，1989，第3886页。

　　④《册府元龟》卷一一一《宴享》，中华书局，1960，第1316页。

　　⑤《宋本册府元龟》卷九二六《褒异》，中华书局，1989，第3884页；《册府元龟》卷九
七六《褒异》，中华书局，1960，第11463页。

　　⑥《宋本册府元龟》卷九七六《褒异》，中华书局，1989，第3884页。

　　⑦《册府元龟》卷九七六《褒异》，中华书局，1960，第11464页。

　　⑧《宋本册府元龟》卷九七五《褒异》，中华书局，1989，第3877页。

　　⑨《宋本册府元龟》卷九七五《褒异》，中华书局，1989，第3877页。

　　⑩《宋本册府元龟》卷九二六《褒异》，中华书局，1989，第3884页；《册府元龟》卷九
七六《褒异》，中华书局，1960，第11464页。

　　⑪《宋本册府元龟》卷九七六《褒异》，中华书局，1989，第3885页。

彩、器皿有差"①的文字。"器皿"很可能也是指"银器"而言。

在31条记载中，共计12条记载写明了赏赐物品的数量。除了开元十六年（728）的第4条记载中的特例外，常规数量有5种。第一种是三十匹，3条记载。如开元四年（716）的第1条记载中的"赐物三十段"②，开元十九年（731）的第10条记载中的"各赐帛三十匹"③，开元二十四年（736）的第12条记载中的"赐帛三十匹"④。第二种是五十匹，2条记载。开元十二年（724）的第2条记载中的"各赐帛五十匹"⑤，开元十五年（727）的第3条记载中的"赐帛五十疋"⑥。第三种是二十匹，2条记载。开元十七年（729）的第5条记载中的"赐帛二十疋"⑦，开元十八年（730）的第6条记载中的"赐绢二十疋。"⑧。第四种是一百匹，4条记载。如开元十九年（731）的第9条记载中的"赐帛一百匹"⑨，开元二十五年（737）的第14条记载中的"赐……帛一百匹"⑩，开元二十七年（739）的第15条记载中的"赐……帛一百疋"⑪。在开元十五年（727）的第3条记载中，除了大昌勃价一行人获得赏赐物品外，还言及"至是，乃降书与武艺，慰劳之。赐彩练一百疋"⑫。以此推知，一百匹乃是给渤海国君主的标准数额。第五种是五

① 《宋本册府元龟》卷九七六《褒异》，中华书局，1989，第3886页。

② 《宋本册府元龟》卷九七四《褒异》，中华书局，1989，第3872页。

③ 《宋本册府元龟》卷九七五《褒异》，中华书局，1989，第3878页。

④ 《宋本册府元龟》卷九七五《褒异》，中华书局，1989，第3879页。

⑤ 《宋本册府元龟》卷九七一《朝贡》，中华书局，1989，第3849页；《册府元龟》卷九七一《朝贡》，中华书局，1960，第11407页。

⑥ 《宋本册府元龟》卷九七五《褒异》，中华书局，1989，第3876-3877页。

⑦ 《宋本册府元龟》卷九七五《褒异》，中华书局，1989，第3877页；《册府元龟》卷九七五《褒异》，中华书局，1960，第11452页。

⑧ 《宋本册府元龟》卷九七五《褒异》，中华书局，1989，第3877页。

⑨ 《宋本册府元龟》卷九七五《褒异》，中华书局，1989，第3878页。

⑩ 《宋本册府元龟》卷九七五《褒异》，中华书局，1989，第3879-3880页；《册府元龟》卷九七五《褒异》，中华书局，1960，第11456页。

⑪ 《宋本册府元龟》卷九七五《褒异》，中华书局，1989，第3880页。

⑫ 《宋本册府元龟》卷九七五《褒异》，中华书局，1989，第3876-3877页。

百匹，只有1条记载。开元二十四年（736）的第13条记载写为："十一月癸酉，靺鞨首领聿弃计来朝，授折冲，赐帛五百匹，放还蕃。"[1] 这一数量远远超出其他记载，即使是开元十六年（728）的第4条记载，唐朝应对大都利行去世，也只是"赐绢二百疋、粟三百石"[2]，而开元二十四年（736）并未有突发事件出现，遣唐使也并非渤海国王族，因此笔者认为这里的"五百匹"应是误记。

唐朝回赐渤海遣唐使一览表

序号	抵达时间				出行目的	使节名字	身份	称谓	授予官职	备注	史料来源
	西历（年）	唐朝纪年	渤海国纪年	月份							
1	716	开元四年	高王十九年	闰十二月	朝贡		大首领	东蕃远番靺鞨部落		赐物三十段	《册府元龟》
2	718	开元六年	高王二十一年	二月	朝贡宿卫	大述艺	王子	靺鞨	怀仁大将军,行左卫大将军员外		《册府元龟》
									中郎将		
3	721	开元九年	武王三年	十一月	朝贡		大首领	渤海郡靺鞨	折冲		《册府元龟》
4	722	开元十年	武王四年	十一月	朝贡	味勃计	大臣	渤海	大将军	献鹰	《册府元龟》
5	724	开元十二年	武王六年	二月	贺正	贺祚庆	臣	渤海靺鞨	游击将军	赐帛五十疋	《册府元龟》
6	725	开元十三年	武王七年	四月	朝贡	谒德	首领	渤海	果毅		《册府元龟》
7	725	开元十三年	武王七年	五月	宿卫	大昌勃价	王弟	渤海	左威卫员外将军	727年,封襄平县开国男,赐帛五十疋,首领已下各有差	《册府元龟》

①《宋本册府元龟》卷九七五《褒异》，中华书局，1989，第3879页；《册府元龟》卷九七五《褒异》，中华书局，1960，第11455页。

②《宋本册府元龟》卷九七五《褒异》，中华书局，1989，第3877页。

续表

序号	抵达时间			出行目的	使节名字	身份	称谓	授予官职	备注	史料来源
	西历（年）	唐朝纪年	渤海国纪年	月份						
8	726	开元十四年	武王八年	三月	朝贡宿卫	大都利行	世子	渤海靺鞨	左武卫大将军员外	献貂鼠728年，大都利行客死唐土	《册府元龟》
9	728	开元十六年	武王十年	九月	朝贡	菻夫须计		渤海靺鞨	果毅		《册府元龟》
10	729	开元十七年	武王十一年	二月	朝贡宿卫	大胡雅	王弟	渤海靺鞨	游击将军	献鹰	《册府元龟》
11	729	开元十七年	武王十一年	三月	朝贡			渤海靺鞨		献鲻鱼赐帛二十匹	《册府元龟》
12	729	开元十七年	武王十一年	八月	宿卫	大琳	王弟	渤海靺鞨	中郎将		《册府元龟》
13	730	开元十八年	武王十二年	二月	朝贡	智蒙		渤海靺鞨	中郎将	献方物、马三十匹赐绢二十匹	《册府元龟》
14	730	开元十八年	武王十二年	五月	朝贡	乌那达利		渤海靺鞨	果毅	献海豹皮五张、貂鼠皮三张、玛瑙杯一、马三十匹赐帛	《册府元龟》
15	730	开元十八年	武王十二年	九月	朝贡			靺鞨		献方物赐帛	《册府元龟》
16	731	开元十九年	武王十三年	二月	贺正			渤海靺鞨	将军	赐帛一百匹	《册府元龟》
17	731	开元十九年	武王十三年	十月	朝贡	大取珍	同族	渤海靺鞨	果毅	各赐帛三十匹百二十人	《册府元龟》
18	735?	开元二十三年	武王十七年			大成庆				各加官赏	《曲江集》
19	736	开元二十四年	武王十八年	三月	朝贡	大蕃	王弟	渤海靺鞨	太子舍人员外赐帛三十匹		《册府元龟》

续表

序号	抵达时间				出行目的	使节名字	身份	称谓	授予官职	备注	史料来源
	西历（年）	唐朝纪年	渤海国纪年	月份							
20	736	开元二十四年	武王十八年	十一月	朝贡	聿弃计	首领	靺鞨	折冲	赐帛五百匹	《册府元龟》
21	737	开元二十五年	武王十九年	四月	朝贡	公伯计	臣	渤海	将军	献鹰鹘	《册府元龟》
22	737	开元二十五年	武王十九年	八月	朝贡	多蒙固	大首领	渤海靺鞨	左武卫将军	赐帛一百疋	《册府元龟》
										送水手，及承前没落人等来	《曲江集》
23	739	开元二十七年	文王三年	三月	朝贡宿卫	大勖进	王弟	渤海	左武卫大将军员外，置同正	赐帛一百疋	《册府元龟》
24	739	开元二十七年	文王三年	十月	谢恩	受福子	臣	渤海	果毅		《册府元龟》
25	741	开元二十九年	文王五年	二月	贺正	失阿利	臣	渤海靺鞨	郎将		《册府元龟》
26	743	天宝二年	文王七年	七月	宿卫	大蕃	王弟	渤海	左领军卫员外大将军		《册府元龟》
27	791	贞元七年	文王五十五年	正月	朝贡	大常靖		渤海	卫尉卿同正		《旧唐书》《册府元龟》
28	794	贞元十年	大元义元年	二月	朝贡	大清允	王子	渤海	右卫将军同正		《旧唐书》《册府元龟》《唐会要》
									其下拜官三十余人		
29	795	贞元十一年	康王二年	十二月	朝贡	密阿古	都督	靺鞨	中郎将	二十二人	《唐会要》
30	798	贞元十四年	康王五年	十一月		大能信	王侄	渤海	左骁卫中郎将、虞候、娄蕃长		《旧唐书》《册府元龟》
						茹富仇	都督		右武卫将军		
31	809	元和四年	康王十六年	正月	告哀			渤海		赐物有差	《册府元龟》
32	812	元和七年	定王四年	正月	朝贡			渤海		官告三十五通	《旧唐书》《册府元龟》

序号	西历（年）	抵达时间			出行目的	使节名字	身份	称谓	授予官职	备注	史料来源
		唐朝纪年	渤海国纪年	月份							
33	813	元和八年	僖王二年	十二月	朝贡		王子			绵彩（锦彩）九十七人	《册府元龟》
						辛文德					《唐会要》
34	814	元和九年	僖王三年	正月	朝贡	高礼进		渤海		献金、银佛像各一三十七人赐宴有差	《册府元龟》
35	815	元和十年	僖王四年	正月		卯贞寿		渤海		赐官告	《旧唐书》《册府元龟》
36	815	元和十年	僖王四年	二月		大吕庆		渤海		赐官告	《旧唐书》《册府元龟》
37	815	元和十年	僖王四年	三月				渤海		赐官告	《旧唐书》《册府元龟》
38	816	元和十一年	僖王五年	二月		高宿满		渤海		赐锦彩、银器授二十人官	《旧唐书》《册府元龟》
39	816	元和十一年	僖王五年	三月	朝贡			渤海靺鞨		赐二十人官告	《旧唐书》《册府元龟》《唐会要》
40	817	元和十二年	僖王六年	二月	朝贡	大诚慎		渤海		赐锦绵	《册府元龟》
41	820	元和十五年	宣王三年	闰正月	朝贡			渤海		宴赐有差	《旧唐书》《册府元龟》
42	820	元和十五年	宣王三年	十二月	朝贡			渤海		宴赐有差	《旧唐书》《册府元龟》
43	820	元和十五年	宣王三年		朝贡	慎能至		渤海	金吾将军		《元稹集》
						大公则	王侄				
44	821	长庆元年	宣王四年	二月至十月	朝贡	大定顺		渤海	诸卫将军		《元稹集》
						大多英	王侄				

续表

序号	抵达时间				出行目的	使节名字	身份	称谓	授予官职	备注	史料来源
	西历（年）	唐朝纪年	渤海国纪年	月份							
45	822	长庆二年	宣王五年	正月	朝贡			渤海		宴赐有差	《旧唐书》《册府元龟》
46	827	大和元年	宣王十年	四月	朝贡			渤海		十一人宴赐有差	《册府元龟》《旧唐书》
47	828	大和二年	宣王十一年	十二月	朝贡			渤海		宴赐有差	《册府元龟》
48	832	大和六年	大彝震二年	三月	朝贡	大明俊	王子-	渤海		六人宴赐有差	《旧唐书》《册府元龟》
49	833	大和七年	大彝震三年	二月		大光晟	王子	渤海		六人宴赐有差	《旧唐书》《册府元龟》
50	837	开成二年	大彝震七年	正月	贺正	大明俊	王子	渤海		一十人入朝学生一十六人宴赐有差	《唐会要》《册府元龟》
51	838	开成三年	大彝震八年	二月	朝贡			渤海		赐锦彩、银器有差	《册府元龟》
52	846	会昌六年	大彝震十六年	三月	朝贡	大之萼	王子	渤海		赉锦彩、器皿有差	《旧唐书》《册府元龟》

第四节

通过"赐品""贡品"审思封贡贸易

在封贡体系的研究中，前辈学者往往过多地强调封贡贸易的政治意涵，贬低乃至于忽视封贡贸易所展现出的经济意涵。如果从商品经济的视角出发，封贡贸易确实存在着诸多与商品价值、市场规律等违背之处，但是如果从馈赠经济的角度出发，便可有效地解释这些问题。事实上，以"赐品""贡品"的名义，物品在封贡体系中进行着持续不断的交换和流通，在唐朝与羁縻府州及藩属国之间形成了一个完整的物品回圈。这不仅实现了经济层面的互通有无，而且也加深了唐朝与羁縻府州及藩属国之间的政治联系，从而底垫了封贡体系的基础。

一、利益考量之下的"贡品"

当封贡体系在先秦仍处于萌芽时期时，"贡品"即成为封贡体系的重要组成部分。《尚书·旅獒》："明王慎德，四夷咸宾。无有远迩，毕献方物，惟服食器用。"[①]在召公奭的眼中，"四夷咸宾"可以用来衡量天子"德"的多寡，而"四夷咸宾"则是以名为"方物"的"贡品"为标志。这里强调的"惟服食器用"与《尚书·禹贡》所说的"任土作贡"[②]一致，都不强调"贡品"的珍贵和宝重。

汉朝赋予"贡品"以新的意义。甘露二年（前52），"匈奴呼韩邪单于款五原塞，愿奉国珍朝三年正月"[③]。班固《东都赋》歌颂汉明帝的功绩时写道："是日也，天子受四海之图籍，膺万国之贡珍。内抚诸夏，外绥百蛮。"[④]李尤《函谷关赋》："会万国之玉帛，徕百蛮之贡琛。"[⑤]李尤《辟雍赋》："夷戎蛮羌，儋耳哀牢，重译响应，抱珍来朝。"[⑥]《汉书·西域传赞》则将"贡品"具体化。"自是之后，明珠、文甲、通犀、翠羽之珍盈于后宫，蒲梢、龙文、鱼目、汗血之马充于黄门，钜象、师子、猛犬、大雀之群食于外囿。殊方异物，四面而至。"[⑦]从中可以发现：汉人拣择"珍""琛"等明显具有价值判断的词汇用以修饰"贡品"的珍贵。在汉朝人的眼中，价值高的、珍贵的"贡品"才能够成为衡量汉朝气象的标志之一。与此相对，价值过低的"贡品"则会被视为对汉朝的轻视。永元十六年（104），"北单于遣使

---

① 《尚书正义》卷十三《旅獒》，北京大学出版社，2000，第387页。

② 《尚书正义》卷六《禹贡》，北京大学出版社，2000，第158页。

③ 《汉书》卷八《宣帝纪》，中华书局，1962，第270页。

④ 《文选》卷一，上海古籍出版社，1986，第35页。

⑤ 《全汉赋》，费振刚等辑校，北京大学出版社，1993，第376页。

⑥ 《全汉赋》，费振刚等辑校，北京大学出版社，1993，第380页。

⑦ 《汉书》卷九六下《西域传下》，中华书局，1962，第3928页。

诣阙贡献，愿和亲，修呼韩邪故约。和帝以其旧礼不备，未许之，而厚加赏赐，不答其使"①。黎虎认为："所谓'旧礼不备'指其贡献菲薄，未能按照惯例而为之。"②汉和帝以"贡品"价值过低等理由拒绝了北匈奴的和亲请求。

迨至唐朝，以先秦思想为指导，在汉朝以降的"贡品"制度基础上，唐朝赋予了"贡品"以新的意涵，即将"贡品"分为两个层面：一是"不足进者州县留之"的寻常之物；二是以"药物、滋味之属"为代表的特殊"贡品"，多为价值较高的中原地区并不生产或稀缺的物品。通过这一有目的的物品分层，唐代"贡品"制度将土特产和珍贵物品融为一体。这既延续了先秦以来的政治理念，强调了"贡品"的政治属性；又让互通有无的跨区域的物品交流成为常态；更是通过公允的议价制度对"贡品"做出估价，从而将商品经济促发的经济价值判断纳入其中。

在渤海国"贡品"的记载中，向唐朝贡献的"贡品"和依据五代时期和日本文献的记载增添的"贡品"，可以直观地看到前者在价值、珍稀程度等方面远超于后者。因为唐代记载偏重于"药物、滋味之属"。虽然我们可以将之归因于文献缺失、唐朝主动甄选记录内容等原因，但这无法有效解释五代时期记载的丰富性。事实是：随着中原战乱，中外交流日趋衰落，朝贡使团逐渐稀少，五代为了塑造自身的政权合法性，不再遵守唐朝的"贡品"制度，而是允许所有"贡品"都可以被运至京城，那些"不足进者州县留之"的"贡品"才有机会留存于五代记载之中。

按照种类，"贡品"可以被分为三大类。现存文献所见渤海国的26种贡品，包括以鹰、鹘、貂皮等为代表的"方物"，属于渤海国当地出产的土特产；还包括马脑杯、马脑柜、紫瑰盆（紫瓷盆）、日本国舞女、金银佛像等在内的"异宝"，以及马匹这一类特殊的战略物资。从种类以及贡献频次来看，"方物"是渤海国的主要"贡品"。这与许序

①《后汉书》卷八九《南匈奴列传》，中华书局，1962，第2957页。

②黎虎：《汉代外交体制研究》，商务印书馆，2014，第369页。

雅对九姓胡"贡品"的研究结论一致。"唐朝九姓胡朝贡记有贡物的计
65次……其中30次贡献方物类，19次贡献第二类贡品，另有10次同时
贡献两类贡品，有6次仅献马。"①这充分表明：羁縻府州及藩属国都会
按照一定的规则和制度选择"贡品"。

从渤海国"贡品"的功用来说，马匹是为了满足国家军事的需要。
"方物"类中的鹰、鹘、貂皮等毛皮及"异宝"主要是为了满足唐朝皇
室及统治阶层日常消费的奢侈品。水产品及人参等贡品大多具有药用
价值，多属于"药物、滋味之属"。大致可以说，渤海国选择"贡品"
乃是出于唐朝皇室的喜好和唐朝的规定，渤海国在"任土作贡"的理
念基础上进行了自主选择。从渤海国"贡品"的价值来说，大多数
"贡品"都具有体积小、便于携带且价值高的特性。这体现出渤海国会
从商品属性的角度出发，选择本地最具经济价值，能够获得最大经济
回报的物品作为"贡品"。

从唐朝的角度出发，"贡品"制度满足了唐朝三个层面的需求：商
品属性层面上，唐朝建立起严格的核勘、运输、议价等方面的"贡品"
制度，确保唐朝和羁縻府州及藩属国的利益不受损害。政治属性层面
上，通过一系列的礼仪仪式，彰显唐朝在封贡体系中的中心地位。文
化属性层面上，依凭着"贡品"，尤其是手工制品及人口的输入，实现
了外来文化的输入。与之相对，"贡品"制度也满足了羁縻府州及藩属
国三个层面的需求：商品属性层面上，在唐朝"厚往薄来"的原则下，
羁縻府州及藩属国在最大限度内得到了回报与收益。政治属性层面上，
通过仪式上的公开性展示，羁縻府州及藩属国寻找到了一条不需要寻
求武力，采取和平的方式——"贡品"的公开陈列——进行国力较量
的路径，从而确保了东亚世界的和谐，营造出一个有利的外部环境。
文化属性层面上，通过"赐品"输出和"贡品"的输入，羁縻府州及
藩属国得以与外部世界实现文化上的互联互通。

总体言之，"贡品"以及由此产生的"贡品"制度成为施加于唐

---

① 许序雅：《唐代丝绸之路与中亚史地丛考：以唐代文献为研究中心》，商务印书
馆，2015，第177页。

朝、羁縻府州及藩属国的外在规则，各方都需要共同遵守相关的程序和仪式，按照相关制度规范自己的贡献行为。从羁縻府州及藩属国的角度看，它们既会遵循"任土作贡"的理念，也会揣摩唐朝皇室的喜好和追求自身经济利益最大化而拣择"贡品"，从而展示出"贡品"制度的弹性。"贡品"制度通过一系列规定保障了唐朝、羁縻府州及藩属国两方面的利益，从而造就了唐代"蛮琛夷宝，踵相逮于廷"①的盛况。"贡品"制度成为支撑封贡体系的重要支柱，为营造一个和谐有序的东亚世界秩序提供了助力。

二、"赐品"的二重性

与"贡品"一样，"赐品"亦在先秦时期成为封贡体系的重要组成部分。到了汉代，"赐品"在封贡体系中发挥的作用日益突出。

白登山之围（前200）发生后，刘邦主动向匈奴遣使和亲。"高帝乃使刘敬奉宗室女公主为单于阏氏，岁奉匈奴絮缯酒米食物各有数，约为昆弟以和亲。"②在双方的协定中，物品供应是匈奴的主要需求之一。此后，西汉赠送给匈奴的各色物品的数量持续增加。汉武帝初年，"明和亲约束，厚遇，通关市，饶给之"③。余英时对其进行了定性。"在和亲政策下，汉廷和匈奴之间的经济往来，确切地说是一种单向的交通。每年帝国的礼物与胡族的贡献都是不相称的。……每年向匈奴奉送金钱和丝织品使汉帝国实际上充当着附庸国的角色。"④换言之，和亲政策下，西汉处于弱势地位，物品流通更多的是单维度地从西汉流向匈奴，不仅不能将之称为"赐品"，也无法容纳入封贡贸易。随着西汉逐渐在斗争中占据上风，匈奴被纳入到西汉的封贡体系之中，西汉赠送给匈奴的各色物品也变成了"赐品"，它们扮演的角色也发生了

①《新唐书》卷二一九《北狄传赞》，中华书局，1975，第6183页。

②《史记》卷一一〇《匈奴列传》，中华书局，2014，第3500页。

③《史记》卷一一〇《匈奴列传》，中华书局，2014，第3510页。

④［美］余英时：《汉代贸易与扩张——汉胡经济关系结构研究》，邬文玲等译，上海古籍出版社，2005，第44页。

改变。"有两点非常明显。第一，至少在理论上，中国的'礼物'是在互惠的基础上赐与的。每次当他们的单于到中国来朝觐的时候，匈奴也向汉廷进献贡品。不过，从汉廷的观点来看，重要的是表示臣服的象征价值而不是匈奴贡品的实际经济价值。第二，与'和亲'体系不同，中国的'礼物'不是每年按照双方协定的固定数量送给匈奴，而是根据需要或者单于来朝觐时才进行赏赐。"①以此，余英时特意强调道："把汉朝的物品当作经济武器来使用就完全被纳入贡纳体系中。"②

迨至唐朝，以先秦思想为指导，以汉朝以降的"赐品"制度为基础，唐朝制定了日趋严密的"赐品"制度。李叶宏从物质层面归纳了唐朝"赐品"的种类，分为六大类——绢帛，马、牛、羊，衣服、化妆品，鱼袋、武器，金、银，书籍、粮食、食物等③。依据现有文献，唐朝赏赐给渤海国的"赐品"有丝织品及绵、布等纺织品，粮食，银器，书籍等，可以与李叶宏的研究相呼应。然而唐代的"赐品"并非仅以物质形态而存在，有关文献中的赐予官爵、赐宴亦应包容于"赐品"之中。第一，它们与物质形态的"赐品"一样，都是以皇帝为中心的唐朝国家机构发出的，目的是彰显唐朝皇帝天下共主的形象，是唐朝强盛国力的外在表现形式，承载着重要的政治意涵。第二，它们背后也存在着物品的流通与交换，物质资源的使用与消费。唐朝赐予渤海国遣唐使官爵，也会相应地赐予对应品级的官服，乃至于相应的待遇和俸禄等。这些都是以物质形态的面貌出现的。赐宴也是物品、食物等物质资源使用与消费的过程。

除此之外，羁縻府州及藩属国的朝贡使团在唐朝的食宿供应也由唐朝负担，同样涉及物品、食物等物质资源的使用与消费，亦应归于"赐品"之列。《唐六典》典客署条明确写道："凡酋渠首领朝见者，则

---

① ［美］余英时:《汉代贸易与扩张——汉胡经济关系结构研究》,邬文玲等译,上海古籍出版社,2005,第46页。

② ［美］余英时:《汉代贸易与扩张——汉胡经济关系结构研究》,邬文玲等译,上海古籍出版社,2005,第41页。

③ 李叶宏:《唐朝域外朝贡制度研究》,中国社会科学出版社,2021,第131-135页。

馆而以礼供之。(三品已上准第三等,四品、五品准第四等,六品已下准第五等。其无官品者,大酋渠首领准第四等,小酋渠首领准第五等。所乘私畜抽换客舍放牧,仍量给刍粟。)……诸蕃使主、副五品已上给帐、毡、席,六品已下给幕及食料。"①《新唐书》所记则是《唐六典》的删节版。"酋渠首领朝见者,给廪食。"②按照《唐六典》,朝贡使团会依据品级、蕃望等级给予不同的待遇。这也佐证了唐朝赐予朝贡使团官爵的实用性。

住宿层面,李叶宏针对地点总结道:"蕃使朝贡,唐朝会安排住宿。在京城以外的地区,蕃使主要在具有专门接待功能的馆驿住宿。""进京之后,蕃使主要居留于鸿胪寺。""礼宾院、四方馆、'藁街'也是蕃使留宿之处。""此外,唐朝新建住所留宿蕃使。"③与住宿相匹配的,还有一系列细致而微的相关规定。典客署会因俗供给住居使用的"帐、毡、席"。"帐、毡、席"由守宫署提供。《新唐书》卫尉寺守宫署条云:"供蕃客帷帟,则题岁月。席寿三年,毡寿五年,褥寿七年;不及期而坏,有罚。"④用于取暖的木炭,唐朝也会供应。《唐六典》钩盾署条云:"蕃客在馆,第一等人日三斤,已下各有差。"⑤

食料层面,《唐六典》膳部郎中员外郎条云:"蕃客在馆设食料五等。蕃客设食料,蕃客设会料,各有等差焉。"⑥在馆食料,按照五等蕃望差异性供给。而《唐六典》典客署条云:"诸蕃使主、副五品已上

① [唐]李林甫等:《唐六典》卷十八《鸿胪寺》,陈仲夫点校,中华书局,1992,第506-507页。

②《新唐书》卷四八《百官志三》,中华书局,1975,第1258页。

③ 李叶宏:《唐朝域外朝贡制度研究》,中国社会科学出版社,2021,第160-163页。

④《新唐书》卷四八《百官志三》,中华书局,1975,第1250页。

⑤ [唐]李林甫等:《书六典》卷十九《司农寺》,陈仲夫点校,中华书局,1992,第527页。

⑥ [唐]李林甫等:《书六典》卷四《尚书礼部》,陈仲夫点校,中华书局,1992,第129页。

给帐、毡、席，六品已下给幕及食料。"①两则记载似乎并不一致，李锦绣给出了合理的解释。"唐五品与六品官员之间有一道难以逾越的鸿沟，究其原因，除五品以上官卫贵、通贵外，还因为五品以上官皆为常参官。这一点对蕃使来说也一样。五品以上的蕃客每日朝参，因此他们的食料不是由鸿胪寺厨提供，而是由光禄寺负责制造的常参官厨供给。"②在馆食料外，"设食料指蕃客参将宴设时配给的食料"，"设会料是蕃客参将元正冬至朝会时配给之食料"③。

从进入内地正州直至最终离开，羁縻府州及藩属国朝贡使团的一应食宿，乃至于所乘牲畜的草料，全由唐朝供给，可谓是面面俱到。具体执行中，唐朝会依据官品和蕃望对之进行差异化供给。

唐朝的"赐品"除了以制度规范物质资源的使用与消费外，与"贡品"一样，同样具有礼仪仪式层面上的意义。《唐六典》在描述鸿胪寺下辖的典客署的职责时写道："若还蕃，其赐各有差，给于朝堂，典客佐其受领，教其拜谢之节焉。"④《新唐书》将之精简为："还蕃赐物，则佐其受领，教拜谢之节。"⑤《唐六典》的文字虽然不多，但透露出重要的信息。第一，礼仪仪式的展演空间为"朝堂"，亦即发生在"公"场合。礼仪仪式举行之时，会有文武百官，以及其他来自羁縻府州及藩属国的使者在场。第二，"教其拜谢之节"，说明礼仪仪式繁复，只能在典客署官员的指导下，使者才能够熟练掌握。这充分说明"赐品"与"贡品"一致，也需要"公"场合的礼仪仪式，目的是彰显唐朝皇帝的政治权威和唐朝强盛的国力。《唐六典》典客署条所记只是朝贡使团离开时"赐品"的场景。除此之外，朝贡使团还会在其他一些场合获得"赐品"。李锦绣总结道："迎劳赠、宴设赐、会赐及造食赐

① [唐]李林甫等：《唐六典》卷十八《鸿胪寺》，陈仲夫点校，中华书局，1992，第506-507页。

② 李锦绣：《唐代财政史稿》第3册，社会科学文献出版社，2007，第135-136页。

③ 李锦绣：《唐代财政史稿》第3册，社会科学文献出版社，2007，第136-137页。

④ [唐]李林甫等：《唐六典》卷十八《鸿胪寺》，陈仲夫点校，中华书局，1992，第507页。

⑤《新唐书》卷四八《百官志三》，中华书局，1975，第1258页。

是蕃使可能得到的四种赏赉。其中前二种蕃使得到的比率很高，而后二种，则要看蕃使到来的时间了。"①"册吊赐、贡物酬答赐、皇帝嗣位赐、信物赐及请赐是书给赐诸蕃国的五种情况。……除贡物酬答赐外，其他五种（按：这里作者还包括了宴设赐）全为无偿给赐，尤以国信物及吊册赐、嗣位赐、宴设赐数额为多。"②

正如前文揭橥的那样，唐朝的"赐品"乃是依据"贡品"的市场价值给出相应的价值判断，并非无限制的厚赏。但是不可否认的是，"赐品"的价值要远高于"贡品"的价值，这是羁縻府州及藩属国持续不断地前来朝贡的动力之一。但是朝贡使团数量之多、朝贡频次之频繁，让"赐品"的数额变得极为庞大，逐渐成为国家财政的负担。裴延龄在为唐德宗解释赋税去向时陈述道："按礼，天下赋三之：一以充乾豆，一以事宾客，一君之庖厨。"其中，"鸿胪礼宾，劳予四夷，用十一为有赢"③。在裴延龄的认知中，用于接待朝贡使团的费用占唐朝国家财政十分之一还多。李锦绣通过量化研究得出了类似的结论。"祭祀、朝会、宾客费在国家财政中占较大比重。""国家有7%的品官是为从事祭祀、朝会、宾客等礼仪而设的。"④

小　结

考察渤唐贸易中的封贡贸易，可以从"贡品""赐品"入手。多数学者仅从商品经济的角度进行思考，然而推究"贡品""赐品"的本质，可以将之称为礼物。即为了建立、维持以及强化唐朝同周边部族与国家之间的信任关系，双方互相赠送物质形态的礼物和非物质形态的服务。从唐朝的角度出发，非物质形态的服务包括赐予官爵、赐宴乃至于朝贡使团在内地正州停留期间，唐朝为之提供的交通、食宿、所乘牲畜的草料等等。这些非物质形态的服务和物质形态的礼物的终

---

① 李锦绣：《唐代财政史稿》第3册，社会科学文献出版社，2007，第140页。

② 李锦绣：《唐代财政史稿》第3册，社会科学文献出版社，2007，第148页。

③《新唐书》卷一六七《裴延龄传》，中华书局，1975，第5107页。

④ 李锦绣：《唐代财政史稿》第3册，社会科学文献出版社，2007，第158–159页。

极目的是表达友好的情感，维系与保持双方的信任关系，因此可以将之纳入馈赠经济中进行考察。简言之，"贡品""赐品"不仅具有商品经济维度的价值、使用价值、交换价值等，而且也具有着情感价值等非商品经济维度的价值。

从商品经济方面出发，"贡品""赐品"具备商品属性。商品经济的考量是唐朝做出决断的重要维度，即唐朝会甄别"贡品"的价值，从而给予价值相对高的"赐品"。另一方面，周边部族与国家也会将商品经济当作指导方针。以渤海国为例，现存文献可查的26种"贡品"，大多具有体积小、便于携带且价值高等特性，目的是尽可能多地获得"赐品"。

从非商品经济方面出发，"贡品""赐品"还具备着情感价值以及由此衍生出的政治价值。"贡品""赐品"的往还，意味着唐朝皇帝同周边部族与国家的君主之间的个人关系的加深。"赐品"的价值高于"贡品"的价值，导致周边部族与国家的君主始终处于负债状态，经济层面的不平等导致政治层面的不平等，即这些君主在政治地位上低于唐朝皇帝。随着情况的常态化，政治层面的不平等最终演变为以唐朝为尊的等级差异。唐朝更是借助"贡品""赐品"的礼仪仪式，将这种等级差异政治化和表象化，从而营造出唐朝皇帝为天下共主的事实。

第五章

渤唐贸易中的
互市贸易

除了封贡贸易外，互市贸易也是渤海国与唐朝商贸往来的重要形式。互市是古代中国长期实行的对外策略之一，是中原王朝长期管控羁縻府州及藩属国的重要手段之一。"互市之设，其怀柔羁縻之旨与，爰自汉初，始建斯议，由是择走集之地，行关市之法，通彼货贿，敦其信义，历代遵守，斯亦和戎之一术也。"①秉承传统，唐朝的互市贸易极为繁荣。

第一节
渤唐互市贸易的两种形式

根据唐代互市的地点不同，大致可以将之分为两种形式。第一种形式是在唐朝国都进行的互市贸易，第二种形式是在边

---

① 《宋本册府元龟》卷九九九《互市》，中华书局，1989，第4042页；《册府元龟》卷九九九《互市》，中华书局，1960，第11725页。

境地区进行的互市贸易。但由于史料的阙如，能够直接证明渤海国与
唐朝互市贸易的史料屈指可数。

一、史料所见的渤唐互市贸易

互市贸易的第一种形式是在唐朝国都进行的互市贸易。之所以选
择国都一词加以概括，是因为国都一词的涵盖更为广泛，既可包括长
安，也可包括洛阳等其他四京。但是相关记载极为有限，仅有一条史
料可为直接证明。"开元元年（713）十二月，靺鞨王子来朝。奏曰：
臣请就市交易，入寺礼拜。许之。"①按照这条记载，渤海国遣唐使的
首领为渤海国"王子"。应渤海国"王子"的请求，唐朝允许渤海国遣
唐使"就市交易"，即同意渤海国遣唐使前往东西市进行互市交易；
"入寺礼拜"，即同意渤海国遣唐使前往佛寺等宗教场所从事宗教活动。
按照现存文献，这是渤海国第3回遣唐使，由此可见渤海国在与唐朝交
往之初，除了政治层面的交往外，也极为关注经济和文化层面的交流。
马一虹早已指出："渤海与唐王朝发生联系伊始，就带有浓厚的商业贸
易色彩。"②

第二种形式是在边境地区进行的互市贸易。与第一种形式一样，
也缺乏充足的史料加以重现，只能通过相关记载加以追索。安史之乱
后，淄青镇"货市渤海名马，岁岁不绝"③，"市渤海名马，岁不
绝"④。这里的"市"字可以指买卖；但淄青镇能够常年与渤海国进行
大宗的马匹交易，这里的"市"字亦可理解为互市贸易，即淄青镇在
登州等地进行互市贸易。与之相近的例子还有耶律倍。"初（耶律倍）
在东丹时，令人赍金宝私入幽州市书，载以自随，凡数万卷，置书堂

---

① 《宋本册府元龟》卷九七一《朝贡》，中华书局，1989，第3848页；《册府元龟》卷九
七一《朝贡》，中华书局，1960，第11405页。

② 马一虹：《靺鞨、渤海与周边国家、部族关系史研究》，中国社会科学出版社，
2011，第345页。

③ 《旧唐书》卷一二四《李正己传》，中华书局，1975，第3535页。

④ 《新唐书》卷二一三《李正己传》，中华书局，1975，第5990页。

于医巫闾山上，扁曰望海堂。"①当辽朝灭亡渤海国后，为了安抚渤海国民众，阿保机命其长子耶律倍在渤海国故地建立东丹国。930年，耶律倍率众渡海投奔后唐。"初在东丹时"指的是926—930年之间耶律倍主政东丹国时期。"私入幽州市书"中的"市"也应兼指买卖和互市贸易两层含义。而"私"字更可反证互市贸易的官方管控性质。

此外，《通典》归纳了都护的权责，"掌所统诸蕃慰抚、征讨、斥堠，安辑蕃人及诸赏罚，叙录勋功，总判府事"②。《唐六典》明载：河北道，"远夷则控契丹、奚、靺鞨、室韦之贡献焉"③。据此可知，缘边地方官员在管辖羁縻府州方面，肩负有"诸蕃慰抚……安辑蕃人""控……贡献"等项职责。正是由于缘边地方官员权责宽泛，他们也应负有管控唐朝与羁縻府州之间互市贸易的职责。《宋会要辑稿》在描述渤海国与唐朝的关系时写道："幽州节度府与相聘问。"④《文献通考》的文字与之同⑤。《张建章墓志》中有一段文字，"渤海国王大彝震遣司宾卿贺守谦来聘，府选报复，议先会主，假瀛洲司马朱衣使行……彝震重礼留之。岁换而返。□王大会，以丰货、宝器、名马、文革以饯之"⑥。张建章以"瀛洲司马"的身份出使渤海国，便是"与相聘问"的个案佐证。"与相聘问"既指政治层面的沟通，也应包括互市贸易在内的经济层面的交流。

二、从渤海国遣唐侄人数规模看互市贸易

出于国家安全、财政负担等方面的考虑，唐朝对羁縻府州及藩属国的朝贡使团的人数规模有着明确的限制。在长期的实践中，逐渐形成一套完整的制度，李叶宏将之称为"唐朝进京贡使名额确定制

---

① [宋]叶隆礼：《契丹国志》卷十四《诸王传》，贾敬颜、林荣贵点校，上海古籍出版社，1985，第151页。

② [唐]杜佑：《通典》卷三二《职官十四·都护》，中华书局，1988，第896页。

③ [唐]李林甫等撰《唐六典》卷三《户部》，陈仲夫点校，中华书局，1992，第67页。

④《宋会要辑稿·蕃夷四·渤海国》，刘琳等校点，上海古籍出版社，2014，第9833页。

⑤ [宋]马端临：《文献通考》卷三二六《四夷考三·渤海》，中华书局，1986，第2568页。

⑥ 周绍良主编《唐代墓志汇编》，上海古籍出版社，1992，第2511页。

度"①。

依据现有史料，唐朝最早的相关规定可以追溯至713年。"先天二年十月敕：诸蕃使、都府管羁縻州，其数极广，每州遣使朝集，颇成劳扰，应须朝贺，委当蕃都督与上佐及管内刺史，自相通融，明为次第。每年一蕃令一人入朝，给左右不得过二人。仍各分颁诸州贡物，于都府点检，一时录奏。"②713年，唐玄宗为了减轻财政负担，开始限缩朝贡使团的频次和规模。每个羁縻府州只能派出1人作为正使前往唐朝国都朝贡，随行人数限定为2人。此时唐玄宗刚即位，为了展现自身勤俭爱民的一面，才会颁发这样的律令。规定如此苛刻必然引起羁縻府州及藩属国的不满和反对，因此唐朝被迫进行修正。此即《新唐书·百官志》所记内容。"海外诸蕃朝贺进贡使有下从，留其半于境；由海路朝者，广州择首领一人、左右二人入朝。"③从海路抵达广州的朝贡使团的规模，其人数仍按照713年的规定执行外，包括渤海国等在内由陆路前来朝贡的使团人数则加以放宽，以半数为限。

即使《新唐书·百官志》的规定也并未在实践中严格地得到执行。《资治通鉴》载："窣干尝负官债亡入奚中，为奚游弈所得，欲杀之；窣干绐曰：'我，唐之和亲使也。汝杀我，祸且及汝国。'游弈信之，送诣牙帐。窣干见奚王，长揖不拜，奚王虽怒，而畏唐，不敢杀，以客礼馆之，使百人随窣干入朝。窣干谓奚王曰：'王遣人虽多，观其才皆不足以见天子。闻王有良将琐高者，何不使之入朝！'奚王即命琐高与牙下三百人随窣干入朝。窣干将至平卢，先使人谓军使裴休子曰：'奚使琐高与精锐俱来，声云入朝，实欲袭军城，宜谨为之备，先事图之。'休子乃具军容出迎，至馆，悉坑杀其从兵，执琐高送幽州。"④"窣干"即史思明原名，《资治通鉴》以此事解说史思明崛起的契机。本书则注目于奚的朝贡使团的人数高达"三百人"之众，远远超过唐

---

① 李叶宏：《唐朝域外朝贡制度研究》，中国社会科学出版社，2021，第157–158页。

② ［宋］王溥：《唐会要》卷二四《诸侯入朝》，中华书局，1955，第459页。

③ 《新唐书》卷四八《百官志三》，中华书局，1975，第1257页。

④ ［宋］司马光：《资治通鉴》卷二一四，中华书局，1956，第6817页。

玄宗的限定。《旧唐书·奚传》的另一则记载可以相互印证。"（元和）十一年，遣使献名马。尔后每岁朝贡不绝，或岁中二三至。……其每岁朝贺，常各遣数百人至幽州，则选其酋渠三五十人赴阙，引见于麟德殿，锡以金帛遣还，余皆驻而馆之，率为常也。"①《册府元龟》也有相同的记载。"（元和）十一年正月，奚首领来朝，献名马。"其下的小字注释写道："尔后每岁朝贡不绝，或二三至。其事岁朝贡尝数百人至幽州，则选其酋渠三五十人赴阙，引于麟德殿，锡以金帛遣还。余皆驻而饭之，率为尝。"②二者文字虽有出入，但是内容一致，应源出同一史源。据此可知，816年以后，奚人的使团规模达"数百人"，正是因为使团规模过大，所以被批准前往国都朝贡的人数只有"三五十人"，并非按照半数的限定执行。

有关渤海国遣唐使的人数规模的记载并不多，唐代15条，后唐时期2条。第1条记载为开元十九年（731）十月。记载并见于《册府元龟》的《朝贡》和《褒异》。《朝贡》中，《宋本册府元龟》："渤海靺鞨王遣其姓大取珍等百二十来朝。"③《册府元龟》："渤海靺鞨王遣其大姓取珍等百二十来朝。"④文本有一处不同，即《宋本册府元龟》写为"其姓大取珍"，《册府元龟》写为"其大姓取珍"。《褒异》的记载增添了唐朝赏赐的内容。《宋本册府元龟》："渤海靺羯王遣其大姓取珍等百二十人来朝，并授果毅，各赐帛三十匹，放还蕃。"⑤《册府元龟》："渤海靺鞨王其大姓取玱等百二十人来朝，并授果毅，各赐帛三十疋，放还蕃。"⑥文本有四处不同，一是《宋本册府元龟》写为"渤海靺羯"，二是《册府元龟》遗漏"遣"字，三是《册府元龟》将"珍"字写为"玱"，四是《册府元龟》用"疋"字替代"匹"字。据此可知，

---

① 《旧唐书》卷一九九下《奚传》，中华书局，1975，第5356页。

② 《册府元龟》卷九七二《朝贡》，中华书局，1960，第11418页；《宋本册府元龟》卷九七二《朝贡》，中华书局，1989，第3856页。

③ 《宋本册府元龟》卷九七一《朝贡》，中华书局，1989，第3850页。

④ 《册府元龟》卷九七一《朝贡》，中华书局，1960，第11409页。

⑤ 《宋本册府元龟》卷九七五《褒异》，中华书局，1989，第3878页。

⑥ 《册府元龟》卷九七五《褒异》，中华书局，1960，第11453页。

731年十月，渤海国派出了多达120人的使团前往唐朝朝贡。

　　第2条为贞元八年（792）。记载并见于《旧唐书》、《册府元龟》的《朝贡》及《唐会要》。《旧唐书》：闰十二月，"甲戌，牂柯、室韦、靺鞨皆遣使朝贡"①。《朝贡》："闰十二月，牂牁、靺鞨，皆遣使朝贡。"②相对而言，《唐会要》的记载更为详细。"贞元八年闰十二月，渤海押靺鞨使杨吉福等三十五人来朝贡。"③这里不仅记录了此次使节的名字，而且记录了人数为35人。但是朝贡主体上，二者记录不一；对此金毓黻给予了恰当的解释。"押靺鞨使，诸靺鞨贡使，押领之称也。谨案：册府元龟称渤海使朝唐贡使杨吉福，为押靺鞨使。此盖黑水、越喜、虞娄、铁利诸部俱来，而以吉福为押使以领之。"④也就是说，此次出使是以渤海国为首，包括众多靺鞨在内的一次联合朝贡。

　　第3条记载为贞元十一年（795）。"十一年十二月，以靺鞨都督密阿古等二十二人，并拜中郎将，放还蕃。"⑤

　　第4条记载为元和八年（813）。记载并见于《册府元龟》的《宴享》《朝贡》《褒异》以及《唐会要》，但人数仅见于《朝贡》。十二月，"渤海王子、辛文德等九十七人来朝"⑥。

　　第5条记载为元和九年（814）。记载并见于《册府元龟》的《宴享》、《朝贡》、《褒异》。《朝贡》："九年正月，渤海使高礼进等三十七人朝贡。献金、银佛像各一。"⑦二月，高礼进等人被唐宪宗接见。《褒异》："九年二月己丑，麟德殿召见渤海使高礼进等三十七人，宴赐有

　　①《旧唐书》卷十三《德宗纪下》，中华书局，1975，第375页。

　　②《宋本册府元龟》卷九七二《朝贡》，中华书局，1989，第3856页；《册府元龟》卷九七二《朝贡》，中华书局，1960，第11416页。

　　③［宋］王溥：《唐会要》卷九六《渤海》，中华书局，1955，第1724页。

　　④ 金毓黻：《渤海国志长编》卷十五《职官考》，社会科学战线杂志社，1982，第348页。

　　⑤［宋］王溥：《唐会要》卷九六《渤海》，中华书局，1955，第1724页。

　　⑥《宋本册府元龟》卷九七二《朝贡》，中华书局，1989，第3856页；《册府元龟》卷九七二《朝贡》，中华书局，1960，第11417页。

　　⑦《宋本册府元龟》卷九七二《朝贡》，中华书局，1989，第3856页；《册府元龟》卷九七二《朝贡》，中华书局，1960，第11417页。

差。"①《宴享》的文字与之一致②。

第6条记载为元和九年。"十二月，渤海遣使大孝真等五十九人来朝。"③

第7条记载为元和十年（815）。"十年七月，渤海王子大庭俊等一百一人；二月，黑水酋长十一人，并来朝贡。"④

第8条记载为元和十一年（816）二月。记载并见于《册府元龟》的《褒异》和《通好》，但仅有《褒异》的记录涉及人数。"二月癸卯，赐回鹘、渤海使锦彩、银器有差。庚戌，授渤海使高宿满等二十人官。"⑤

第9条记载为元和十一年三月。记载并见于《册府元龟》和《唐会要》，仅有《唐会要》的记录涉及人数。"十一年三月，渤海靺鞨遣使朝贡，赐其使二十人官告。"⑥

第10条记载为元和十三年（818）。《宋本册府元龟》："十三年三月，渤海国遣使李继常等二十六人来朝。"⑦《册府元龟》："十三年三月，渤海国遣使李继尝等二十六人来朝。"⑧文字有一处不同，即《册府元龟》将"常"字写为"尝"。

第11条记载为长庆四年（824）。记载并见于《旧唐书》的本纪和《渤海靺鞨传》以及《册府元龟》的《朝贡》和《宴享》。《旧唐书·敬

---

①《宋本册府元龟》卷九七六《褒异》，中华书局，1989，第3884页；《册府元龟》卷九七六《褒异》，中华书局，1960，第11464页。

②《册府元龟》卷一一一《宴享》，中华书局，1960，第1316页。

③《宋本册府元龟》卷九七二《朝贡》，中华书局，1989，第3856页；《册府元龟》卷九七二《朝贡》，中华书局，1960，第11418页。

④《宋本册府元龟》卷九七二《朝贡》，中华书局，1989，第3856页；《册府元龟》卷九七二《朝贡》，中华书局，1960，第11418页。

⑤《宋本册府元龟》卷九七六《褒异》，中华书局，1989，第3884页；《册府元龟》卷九七六《褒异》，中华书局，1960，第11464页。

⑥［宋］王溥：《唐会要》卷九六《渤海》，中华书局，1955，第1725页。

⑦《宋本册府元龟》卷九八〇《通好》，中华书局，1989，第3915页。

⑧《册府元龟》卷九八〇《通好》，中华书局，1960，第11515页。

宗纪》："（二月）壬午，渤海送备宿卫大聪叡等五十人入朝。"①《旧唐书·渤海靺鞨传》："四年二月，大叡等五人来朝，请备宿卫。"②《册府元龟》中，《朝贡》并未言及人数，《宴享》的记载则最为丰富。"二月壬午，平卢军节度使薛平遣使，押领备宿卫渤海大聪叡等五十人至乐驿。命中官持酒脯迎宴焉。"③比对三处文字，本纪和《宴享》皆记为"大聪叡等五十人"，可知《渤海靺鞨传》"大叡等五人"中的人名和人数皆有误。

第12条记载为大和元年（827）。记载并见于《旧唐书》及《册府元龟》的《朝贡》和《褒异》，只有《褒异》的记录写明人数。《宋本册府元龟》："四月癸巳，御麟德殿，对勃海使者十一人，宴赐有差。"④《册府元龟》："四月癸巳，御麟德殿，对渤海使者十一人，宴赐有差。"⑤文字有一处不同，即《册府元龟》将"勃"字改为"渤"。

第13条记载为大和六年（832）。记载并见于《旧唐书》和《册府元龟》的《朝贡》和《褒异》，只有《褒异》的记录写明人数。"二月丙辰，麟德殿对入朝吐蕃论董勃藏等一十九人。又对渤海王子大明俊等六人，宴赐有差。"⑥此次朝贡的使团人数只有6人。

第14条记载为大和七年（833）。记载并见于《旧唐书》的本纪和《渤海靺鞨传》和《册府元龟》，但本纪并未言及人数。《旧唐书·渤海靺鞨传》："二月，王子大先晟等六人来朝。"⑦《宋本册府元龟》："二月己卯，麟德殿对归□□□等一十九人，又渤海王子大光晟等六人、牂柯刺史赵伦等四人、昆明摩弥叔敬等七人。"⑧《册府元龟》："二月己

①《旧唐书》卷十七上《敬宗纪》，中华书局，1975，第507页。

②《旧唐书》卷一九九下《渤海靺鞨传》，中华书局，1975，第5363页。

③《册府元龟》卷一一一《宴享》，中华书局，1960，第1318页。

④《宋本册府元龟》卷九七六《褒异》，中华书局，1989，第3885页。

⑤《册府元龟》卷九七六《褒异》，中华书局，1960，第11465页。

⑥《宋本册府元龟》卷九七六《褒异》，中华书局，1989，第3885页；《册府元龟》卷九七六《褒异》，中华书局，1960，第11465页。

⑦《旧唐书》卷一九九下《渤海靺鞨传》，中华书局，1975，第5363页。

⑧《宋本册府元龟》卷九七六《褒异》，中华书局，1989，第3885页。

卯，麟德殿对归国颊藏等一十九人、渤海王子大光晟等六人、牂牁刺史赵伦等四人、昆明摩弥叔敬等七人，宴赐有差。"①《宋本册府元龟》此条漫漶不清，文字多有出入，最大的不同是《册府元龟》在尾部添加了"宴赐有差"四个字。这次朝贡的使团人数同样为6人。

第15条记载为开成二年（837）。记载并见于《册府元龟》的《褒异》《宴享》和《唐会要》。《褒异》中，《宋本册府元龟》："二年正月癸巳，上御麟德殿，对贺正南诏洪龙君□十人、□□王子大明俊等一十人，宴赐有差。"②《册府元龟》："二年正月癸巳，上御麟德殿对贺正，对贺正南诏洪龙军三十人、渤海王子大明俊等一十九人，宴赐有差。"③此处文字最大的不同在于：《宋本册府元龟》写为"一十人"，《册府元龟》写为"一十九人"。《宴享》有同样的记载，"二年正月癸巳，帝御麟德殿，对贺正南诏洪龙君三十人、渤海王子大明俊等一十人，赐宴有差。"④综合可知，此次获准在麟德殿参加宴会的渤海使共计10人。《唐会要》："二年三月，渤海国随贺正王子大俊明并入朝学生共一十六人，敕渤海所请生徒习学。宜令青州观察使放六人到上都，余十人勒回。"⑤此处"大俊明"为误记。根据《唐会要》的记载，此次出使还有一项任务，即护送留学生遣往西安，不过此处时间系于"三月"，二者相差两个月，不知何故。金毓黻认为此次记载与开成元年遣唐使的记载是同一次。"遣子明俊等十九人朝贡于唐，贺明年正旦，以冬十二月至。"⑥观时间顺序，金毓黻之说较为合理。

在这15条相关记载中，渤海国遣唐使的使团人数分别为120人、35人、22人、97人、37人、59人、101人、20人、20人、26人、50人、11人、6人、6人、10人。人数最多的一回为第1条记载，多达120人。人数最少的为第13、第14回，只有6人。尤须注意的是，第8条记

---

① 《册府元龟》卷九七六《褒异》，中华书局，1960，第11465页。

② 《宋本册府元龟》卷九七六《褒异》，中华书局，1989，第3885页。

③ 《册府元龟》卷九七六《褒异》，中华书局，1960，第11466页。

④ 《册府元龟》卷一一一《宴享》，中华书局，1960，第1318页。

⑤ ［宋］王溥：《唐会要》卷三六《附学读书》，中华书局，1955，第668页。

⑥ 金毓黻：《渤海国志长编》卷一《总略上》，社会科学战线杂志社，1982，第138页。

载以后，亦即元和十一年（816）以后，渤海国遣唐使的规模大幅度缩减。除了长庆四年（824）的第11条记载多达50人外，其余人数都未超过30人。而在元和十一年以前，除了第3条记载，即贞元十一年（795）的规模为22人外，前期人数都未少于30人。出现如此巨大的反差，无疑表明元和十一年对奚人遣唐使规模的限制，也同样适用于渤海国遣唐使。由于元和十一年唐朝对上京的人数限额进行较为严格的执行，渤海国被迫遵循唐朝制度，使得前往唐朝国都进行朝贡的人数被严格地限定在30人以下，只有个别的情况，唐朝才会对限制有所放宽，但是人数也被压缩，不复以往动辄100多人前往唐朝国都朝贡的盛况。

除了以上15条写明唐代渤海国遣唐使人数的记录外，渤海国还曾向后唐（923—936）朝贡过6回，其中2回存有人数的记载。

天成元年（926），亦即渤海国被辽朝灭亡之前，渤海国末王大諲撰先后向后唐派出了2回遣后唐使。第一回为四月，记载并见于《旧五代史》《五代会要》《册府元龟》《新五代史》《宋会要辑稿》，仅《五代会要》《册府元龟》言及人数。《五代会要》："天成元年四月，遣使大陈林等一百十六人来朝贡，进男口、女口各三人，并人参、昆布、白附子等。"① 《册府元龟》："明宗天成元年四月，渤海国王大諲撰遣使大陈林等一百一十六人朝贡。进儿口、女口各三人；人参、昆布、白附子及虎皮等。"② 第二回为七月，记载并见于《旧五代史》《五代会要》《册府元龟》《新五代史》《宋会要辑稿》。仅《五代会要》《册府元龟》言及人数。《五代会要》："其年七月，遣使大照佐等六人朝贡。"③ 《宋本册府元龟》："七月，契丹国王遣梅老里述骨之进内官一人、马二疋、地衣、真珠、装金钏、金钗等。渤海国使大昭佐等六人朝贡。"④ 《册府元龟》："七月，契丹国王遣梅老里述骨之进内官一人、马二疋、

---

① ［宋］王溥：《五代会要》卷三〇《渤海》，上海古籍出版社，1978，第474页。

②《宋本册府元龟》卷九七二《朝贡》，中华书局，1989，第3859页；《册府元龟》卷九七二《朝贡》，中华书局，1960，第11421页。

③ ［宋］王溥：《五代会要》卷三〇《渤海》，上海古籍出版社，1978，第474页。

④《宋本册府元龟》卷九七二《朝贡》，中华书局，1989，第3859页。

地衣、真珠、装金钏、金钗等。渤海使人大昭佐等六人朝贡。"①文字有一处不同，即《宋本册府元龟》写为"渤海国使"，《册府元龟》写为"渤海使人"。

依据以上梳理，天成元年四月，以大陈林为首的共计116人的渤海国使团前往后唐朝贡。同年七月，以大昭佐为首的6人的使团再次前往后唐朝贡。虽然此时距离唐朝灭亡已经近20年，但后唐标榜自己乃是唐朝的继承者，包括朝贡制度在内的诸多制度皆依唐制，因此这两回朝贡使团规模同样可以作为唐朝朝贡人数限额的佐证。以大陈林为首的渤海国使团的人数高达116人，仅次于开元十九年的120人，这表明渤海国在向中原王朝朝贡之时，一直都派出规模庞大的使团。只不过是受到唐朝制度的限定，使团只有少部分人才能获得前往唐朝国都进贡的资格。这即以大昭佐为首的渤海国使团只有6人的缘由。

综上所述，渤海国遣唐使使团的人数基本上是100人左右。然而并非所有成员都能前往唐朝国都。尤其是元和十一年以后，前往唐朝国都的人员数量被严格地限制在30人以下，仅占整个使团人数的三分之一。但是渤海国仍然持续派出多达100人左右的使团前往唐朝。

上文所言的元和十一年的奚人遣唐使，除了允许前往唐朝国都的使团成员外，其余人留驻幽州。他们在幽州的生活，《旧唐书·奚传》写道："余皆驻而馆之。"②《册府元龟》写道："余皆驻而饭之。"③文字上有一处不同，即"馆""饭"之别。二者字形相近，应为抄录时的笔误所致。至于孰为正解、无从辨别。不过唐朝在朝贡使团抵达处，多设有专门接待的"馆"加以接待。如日本僧人圆仁曾于开成五年（840）到达过登州。在他的描述中写道："开成五年三月二日，登州都督府城东一里，南北一里。……（登州）城南街东有新罗馆、渤海

---

① 《册府元龟》卷九七二《朝贡》，中华书局，1960，第11421页。

② 《旧唐书》卷一九九下《奚传》，中华书局，1975，第5356页。

③ 《册府元龟》卷九七二《朝贡》，中华书局，1960，第11418页；《宋本册府元龟》卷九七二《朝贡》，中华书局，1989，第3856页。

馆。"①以此推知，应以《旧唐书》的记载为是，"馆"为正解。不过《册府元龟》所写的"饭"也并非完全错误，这些朝贡使团驻"馆"期间，唐朝会给他们提供免费的住宿、食物。

然而这些无法前往唐朝国都的使团成员绝非为了唐朝免费提供的住宿、食物，他们不远千里前来的真正原因是从事边境地区的互市贸易。渤海国派出庞大的遣唐使使团也是出于同样的原因。

渤海国遣唐使使团规模一览表

序号	西历（年）	抵达时间			使节名字	身份	人数	史料来源
		唐朝纪年	渤海国纪年	月份				
1	731	开元十九年	武王十三年	十月	大取珍	同族	百二十人	《册府元龟》
2	792	贞元八年	文王五十六年	闰十二月	杨吉福		三十五人	《旧唐书》《册府元龟》《唐会要》
3	795	贞元十一年	康王二年	十二月	密阿古	都督	二十二人	《唐会要》
4	813	元和八年	僖王二年	十二月	辛文德	王子	九十七人	《册府元龟》《唐会要》
5	814	元和九年	僖王三年	正月	高礼进		三十七人	《册府元龟》
6	814	元和九年	僖王三年	十二月	大孝真		五十九人	《册府元龟》
7	815	元和十年	僖王四年	七月	大庭俊	王子	一百一人	《旧唐书》《册府元龟》
8	816	元和十一年	僖王五年	二月	高宿满		二十人	《旧唐书》《册府元龟》
9	816	元和十一年	僖王五年	三月			二十人	《旧唐书》《册府元龟》《唐会要》
10	818	元和十三年	宣王元年	三月	李继常		二十六人	《册府元龟》
11	824	长庆四年	宣王七年	二月	大聪叡		五十人	《旧唐书》《册府元龟》
12	827	大和元年	宣王十年	四月			十一人	《册府元龟》《旧唐书》

---

① ［日］圆仁:《入唐求法巡礼行记》卷二,顾承甫、何泉远点校,上海古籍出版社,1986,第86页。

续表

序号	西历（年）	抵达时间			使节名字	身份	人数	史料来源
		唐朝纪年	渤海国纪年	月份				
13	832	大和六年	大彝震二年	三月	大明俊	王子	六人	《旧唐书》《册府元龟》
14	833	大和七年	大彝震三年	二月	大光晟	王子	六人	《旧唐书》《册府元龟》
15	837	开成二年	大彝震七年	正月	大明俊	王子	一十人	《唐会要》《册府元龟》
16	926	天成元年	大諲譔二十年	四月	大陈林		一百十六人	《五代会要》《旧五代史》《册府元龟》《新五代史》《宋会要辑稿》
17	926	天成元年	大諲譔二十年	七月	大昭佐		六人	《五代会要》《旧五代史》《册府元龟》《新五代史》《宋会要辑稿》

　　根据以上梳理，元和十一年，当唐朝严格执行限定朝贡使团规模的规定后，渤海国前往唐都的朝贡使团人数出现了大幅度缩减。之所以唐朝要严格限定朝贡使团的规模，最大的考虑是财政负担。唐朝不仅要负担朝贡使团沿途的交通、住宿、食物等方面的生活保障，还要为提供安全保障的护送人员提供相应的住宿、食物等；此外还需要回赐大量"赐品"。而渤海国明知唐朝对使团规模有严格的限定，却仍然派出人数庞大的使团。其中缘由固然有为使团提供必要的军事保障，更主要的原因则是在边境地区进行互市贸易。

第二节
渤唐边境互市贸易中的货物

　　除了朝贡使团规模这一间接证据外，更为直接的证据是山东的淄

青镇与渤海国进行过互市贸易。渤海国曾在唐朝东北地区的多个区域
进行过边境互市贸易。如安禄山统治下的区域便曾开展了与渤海国的
边州互市贸易。史称："（安禄山）分遣商胡诣诸道贩鬻，岁输珍货数
百万。"[①]"（安禄山）潜于诸道商胡兴贩，每岁输异方珍货计百万
数。"[②]这里需要说明两点：第一，虽然这里以"诸道"泛指，并未明
确写有渤海国，但是"作为营州近邻的渤海肯定也是其贸易的对
象"[③]。第二，这里虽然只写了安禄山派人前往周边部族与国家进行贸
易，但是贸易的双向往来的特征，必然也会有包括渤海国在内的周边
部族与国家前来贸易的情况。不过这些材料所记较为笼统，多停留于
推测，因此淄青镇的史料便显得格外宝贵。

一、边境互市贸易中的大宗货物

安史之乱前，山东地区并未设置节度使。安史之乱爆发后，驻扎
于营州的平卢军于至德元年（756）起兵，与安史叛军展开激烈的交
战。然而营州与唐朝控制区域远隔，即所谓"既淹岁月，且无救援，
又为奚虏所侵"[④]，在南北夹击的困境下，平卢军已无法在营州立足。
因此，上元二年（761），在侯希逸的带领下，二万多军队浮海前往山
东。宝应元年（762），唐朝正式任命侯希逸为平卢、淄青节度使。"自
是迄今，淄青节度皆带平卢之名也。"[⑤]随着平卢军在山东展开军事行
动，平卢军与山东本地的军队渐趋合流，逐渐演变成影响唐朝后期政
治走向的淄青镇。樊文礼指出："平卢淄青节度使，是由平卢节度使和
青密（北海）节度使演变而来。"[⑥]

从762年到819年，淄青镇先后经历了侯希逸、李正己、李纳、李

① ［宋］司马光：《资治通鉴》卷二一六，中华书局，1956，第6905页。

② ［唐］姚汝能：《安禄山事迹》卷上，曾贻芬校点，上海古籍出版社，1983，第12页。

③ 马一虹：《靺鞨、渤海与周边国家、部族关系史研究》，中国社会科学出版社，
2011，第278页。

④《旧唐书》卷一二四《侯希逸传》，中华书局，1975，第3534页。

⑤《旧唐书》卷一二四《侯希逸传》，中华书局，1975，第3534页。

⑥ 樊文礼：《唐代平卢淄青节度使略论》，《烟台师范学院学报》1993年第2期，第27页。

师古、李师道等人的割据统治。他们长期割据淄州、青州、齐州、登州、莱州、兖州、海州、沂州、密州、郓州、曹州、濮州等十二州，占有今山东省全境及周边省份的部分区域。在唐朝各藩镇中，淄青镇的经济、军事实力最为强大。在李正已统治时期，淄青镇达到全盛，史称："法令齐一，赋税均轻，最称强大。"① "赋繇均约，号最强大。"②淄青镇之所以能够长期割据，最重要的支撑就是军事实力，"拥兵十万，雄据东方，邻蕃皆畏之。"③以淄青镇所据土地、人口支撑十万人的军队无疑是困难的，因此淄青镇必须广开财源，扩充经济实力，为此淄青镇通过各种渠道开展商业贸易活动。与渤海国的互市贸易便是其财政收入的一个主要来源。

史载：淄青镇"货市渤海名马，岁岁不绝。"④ "市渤海名马，岁不绝。"⑤这不仅说明马匹是渤海国常贡的一种，而且"市"字表明这种马匹贸易也是互市贸易的组成部分。此外，"开成元年（836）六月，淄青节度使奏：新罗、渤海将到，熟铜请不禁断。"⑥这条史料表明：熟铜也是渤海国与淄青镇互市贸易中的大宗货物。由此可见，用于战争的马匹，用于铸造铜钱和兵器的"熟铜"都是渤海国与淄青镇互市贸易中的货物。更重要的是，它们都是关系到国家安危的战略性物资，是国家保有军事实力、财政实力的重要支撑，所以，它们才会被文献记录下来。

"长庆元年（821）三月，平卢军节度使薛苹奏：应有海贼詃掠新罗良口，将到当管登莱州界及缘海诸道，卖为奴婢者。伏以新罗国虽是外夷，常禀正朔，朝贡不绝，与内地无殊。其百姓良口等，常被海贼掠卖。于理实难。先有制敕禁断。缘当管久陷贼中，承前不守法度。自收复已来，道路无阻。递相贩鬻，其弊尤深。伏乞特降明敕，起今

---

①《旧唐书》卷一二四《李正己传》，中华书局，1975，第3535页。

②《新唐书》卷二一三《李正己传》，中华书局，1975，第5990页。

③ [宋] 司马光：《资治通鉴》卷二二五，中华书局，1956，第7250页。

④《旧唐书》卷一二四《李正己传》，中华书局，1975，第3535页。

⑤《新唐书》卷二一三《李正己传》，中华书局，1975，第5990页。

⑥《宋本册府元龟》卷九九九《互市》，中华书局，1989，第4043页。

已后，缘海诸道，应有上件贼誘卖新罗国良人等，一切禁断。请所在观察使严加捉搦。如有违犯，便准法断。敕旨。宜依。"① "缘当管久陷贼中，承前不守法度"指的无疑是淄青镇割据时期。这表明在淄青镇割据时期，新罗奴婢买卖极为盛行。而渤海国与新罗的关系紧张，贩卖新罗奴婢也应是渤海国与淄青镇互市贸易中的一类货物。

除了马匹、"熟铜"、新罗奴婢外，想来其余物品还有很多，但是由于它们无关国家安危，也不涉及国家律令的执行，不会影响到国家之间的关系，因而未能在文献中留下身影。

二、从唐代禁令看边境互市贸易中的货物

对于马匹、"熟铜"、新罗奴婢之外的互市贸易的物品，只能借助唐朝制定的相关禁令管窥一二。前文已经依据《天圣令·关市令》进行过初步整理，这里则从原始文献入手，分析禁止贸易清单的动态性变化。

《唐律疏议》："依关市令，锦、绫、罗、縠、绸、绵、绢、丝、布、犛牛尾、真珠、金、银、铁，并不得度西边、北边诸关，及至缘边诸州兴易。从锦、绫以下，并是私家应有，若将度西边、北边诸关，计赃减坐赃罪三等。其私家不应有，虽未度关，亦没官。私家应有之物，禁约不合度关，已下过所，关司捉获者，其物没官。若已度关及越度被人纠获，三分其物，二分赏捉人，一分入官。"② 《唐会要》："开元二年（714）闰三月，敕诸锦、绫、罗、縠、绣、织成、细绢、丝、犛牛尾、真珠、金、铁，并不得与诸蕃互市。及将入蕃金、铁之物，亦不得将度西北诸关。"③ 《宋本册府元龟》：开成元年（836）六月，"是月，京兆府奏准：建中元年（780）十月六日，敕诸锦、罽、绫、罗、縠、绣、织成、细绸、丝、布、犛牛尾、真珠、银、铜、铁、奴婢等，并不得与诸蕃互市。又准令式，中国人不合私与外化人交通

① [宋]王溥：《唐会要》卷八六《奴婢》，中华书局，1955，第1571页。
② 《唐律疏议》卷八《卫禁》，岳纯之点校，上海古籍出版社，2013，第143—144页。
③ [宋]王溥：《唐会要》卷八六《关市》，中华书局，1955，第1581页。

买卖婚娶来往，又举取蕃客钱，以产业、奴婢为质者，重请禁之。"①《册府元龟》所记基本相同，只是将"外化人"改为"外国人"②，并不影响语义。

《唐律疏议》完成于唐高宗永徽年间（650—655），此时唐朝首先对互市贸易进行了规范，提出了一份禁止贸易清单。714年、780年、836年，唐朝又多次下令加以重申，这充分说明：终唐一代，唐朝对互市贸易的控制是极为严格的。

考察三份禁止贸易清单，所列物品没有太大变化。依据《唐律疏议》，禁止贸易物品可分为三大类：第一类物品是各类丝织品以及绵、布等纺织品，第二类物品是犛牛尾、真珠等"异宝"，第三类物品是金、银、铁等金属。714年、780年的两个禁止贸易清单，虽与《唐律疏议》所记有所出入，但是相差不大。

第一类物品主要是以丝织品及布等纺织品为主。唐朝根据组织结构、原料、工艺、外观、用途等标准，将丝织品进行了详细的分类。在三份禁止贸易清单中，"锦"（织彩为纹的熟丝织物）、"绫"（一种斜纹地上起斜纹花的丝织物）、"罗"（一种采用绞经组织在织物表面织出纱一样的方孔的轻薄丝织物③）、"縠"（一种轻薄、有孔眼的平纹熟丝织物④）、"绣"、"丝"（生丝）等始终被列入清单，"布"不见于714年的记载，但是结合其他两份禁止贸易清单，很可能是漏写。《唐律疏议》所列的"绵"不见于之后的两个禁止贸易清单，应是被"织成"取代。"绢"（平纹或平纹变化组织的丝织物）则被"细绢"或"细绸"取代。此外780年还将"罽"（毛织物）添加到禁止贸易清单中。第二类物品没有变化。第三类物品前后记录不一，《唐律疏议》写为"金、银、铁"、714年写为"金、铁"、780年写为"银、铜、铁"，不排除漏写、误写的可能。

---

① 《宋本册府元龟》卷九九九《互市》，中华书局，1989，第4043页。

② 《册府元龟》卷九九九《互市》，中华书局，1960，第11728页。

③ 周启澄等主编《中国纺织通史》，东华大学出版社，2017，第105页。

④ 周启澄等主编《中国纺织通史》，东华大学出版社，2017，第111页。

尤为重要的是，780年的禁止贸易清单添加了一个新的类别，即"奴婢"。唐代中后期掠卖奴婢的风气盛行一时，李天石指出："总之，唐代中后期掠卖奴婢之风的盛行，不是唐代社会经济本身需要奴婢的表现，而是唐代商品货币经济发展、地主阶级生活日益腐化的反映；不是奴婢依附关系再度强化的表现，而是商品货币交换关系发展以后，唐代中原与缘边地区社会、经济发展不平衡所导致的必然结果。"[1]正是互市贸易中奴婢交易盛行，才会在780年增添了这一项目，试图禁绝互市贸易中的奴婢贸易。

根据以上的梳理，唐朝对互市贸易中的物品进行了严格限定。各类丝织品以及绵、布等纺织品，牦牛尾、真珠等"异宝"，金、银、铁等金属，奴婢等不允许交易。除此之外，其他物品都可以成为互市贸易中的货物。而且即使这些禁止贸易物品也并非不可以进行贸易。黄正建指出："本条令文要禁止的只是与诸蕃、缘边诸州、西北北边关外，以及岭外的丝织品交易，但不禁止非盈利的、用于日常衣服消费的小笔买卖（但要履行手续），也允许旅行者携带随身的丝绸衣物。"[2]至于非法贸易更不用提。

第三节
唐朝对互市贸易的管理

虽然有关渤海国与唐朝的互市贸易的相关史料极为有限，但是通过对关联文献的分析，可以肯定的是，渤海国与唐朝的互市贸易极为兴盛。以下再通过梳理唐朝有关互市的相关制度，还原渤海国与唐朝边境互市贸易的外部环境。

---

[1] 李天石：《唐代中后期奴婢掠卖之风的盛行及其原因分析》，《历史教学问题》2001年第4期，第13页。

[2] 黄正建：《唐代法典、司法与〈天圣令〉诸问题研究》，中国社会科学出版社，2018，第248页。

一、唐朝对互市贸易的管理机构

在唐代中央政府机构中，唐朝专设"诸互市监"对互市贸易进行直接管理。《唐六典》："诸互市监：监各一人，从六品下；丞一人，正八品下。诸互市监各掌诸蕃交易之事；丞为之贰。凡互市所得马、驼、驴、牛等，各别其色，具齿岁、肤第，以言于所隶州、府，州、府为申闻。太仆差官吏相与受领，印记。上马送京师，余量其众寡，并遣使送之，任其在路放牧焉。每马十匹，牛十头，驼、骡、驴六头，羊七十口，各给一牧人。其营州管内蕃马出货，选其少壮者，官为市之。"①《职官分纪》的记载应该是抄录自《唐六典》，只是进行了大幅度的删减。"监，各掌诸蕃交易之事；丞为之贰。"②相对于《唐六典》，其他史料所记相对简略。《旧唐书·职官志》："诸互市：监各一人，丞一人。诸互市监掌诸蕃交易马驼驴牛之事。"③《新唐书·百官志》："互市监：每监，监一人，从六品下；丞一人，正八品下。掌蕃国交易之事。"④《群书考索》的记载显系抄录自《新唐书》。"互市监：每监，监一人；丞二人。掌蕃国交易之事。"⑤不过"丞二人"所写与《新唐书》不同，参考其他记或，《群书考索》此处的"二"应为误记。根据以上五部典籍的记载，"诸互市监"的主要职责就是"掌诸蕃交易之事"，即互市贸易。

"诸互市监"的设置并非唐朝所创，乃是沿袭隋朝制度。《隋书·百官志》："鸿胪寺改典客署为典蕃署。初炀帝置四方馆于建国门外，以待四方使者，后罢之，有事则置，名隶鸿胪寺，量事繁简，临时损

---

① [唐]李林甫等：《唐六典》卷二二《诸互市监》，陈仲夫点校，中华书局，1992，第580页。

② [宋]孙逢吉：《职官分纪》卷二二《少府监》，《景印文渊阁四库全书》第923册，台湾商务印书馆，1986，第504页。

③ 《旧唐书》卷四四《职官志三》，中华书局，1975，第1895页。

④ 《新唐书》卷四八《百官志三》，中华书局，1975，第1272页。

⑤ [宋]章如愚：《群书考索后集》卷二《官制门》，《景印文渊阁四库全书》第937册，台湾商务印书馆，1986，第30-31页。

益。东方曰东夷使者，南方曰南蛮使者，西方曰西戎使者，北方曰北狄使者，各一人，掌其方国及互市事。每使者署，典护录事、叙职、叙仪、监府、监置、互市监及副、参军各一人。录事主纲纪。叙职掌其贵贱立功合叙者。叙仪掌小大次序。监府掌其贡献财货。监置掌安置其驼马船车，并纠察非违。互市监及副，掌互市。参军事出入交易。"①据此可知，隋朝在鸿胪寺下设置四方馆，四方馆设东夷、南蛮、西戎、北狄使者各一人，全权负责相关事务，其中一项即互市贸易事务，此即所谓"掌其方国及互市事"。为了辅助使者处理事务，设"互市监"专管互市贸易事务。

互市始于汉代。《册府元龟》追溯道："爰自汉初，始建斯议。"②《唐六典》小注写道："汉、魏已降，缘边郡国皆有互市，与夷狄交易，致其物产也。并郡县主之，而不别置官吏。至隋，诸缘边州置交市监。"③《职官分纪》抄录了《唐六典》的文字，只是个别字眼有所不同，并不影响句意。如"已降"改为"以降"，"缘边"改为"沿边"，"互市"改为"交市"，"夷狄"改为"外国"，"诸缘边州"改为"沿边州"④。由此可知，汉代开始的互市，都是由地方行政长官代管，迨至隋朝，在中央政府中才设立专门机构进行管理。这一变更的背后蕴含着深刻的意义。第一，从汉朝至隋朝，经过几百年的发展，互市贸易的规模越来越大，以至于原来由地方政府代管的管理体制无法应对，才迫使隋朝设置专门机构进行专责管理。第二，魏晋南北朝时期的混乱局面并未中止互市，反而互市贸易愈发繁荣。张泽咸早已指出："以苻秦、元魏和辽、金为例，它们对江淮以南的汉人政权也常进行互市

---

① 《隋书》卷二三下《百官志下》，中华书局，19732，第798页。

② 《宋本册府元龟》卷九九九《互市》，中华书局，1989，第4042页；《册府元龟》卷九九九《互市》，中华书局，1960，第11725页。

③ [唐]李林甫等：《唐六典》卷二二《诸互市监》，陈仲夫点校，中华书局，1992，第580页。

④ [宋]孙逢吉：《职官分纪》卷二二《少府监》，《景印文渊阁四库全书》第923册，台湾商务印书馆，1986，第504页。

或是设榷场进行贸易。"①第三，"互市监"的设立体现出隋朝对互市贸易的关注，背后反映出政权对长途贸易的关注，隋朝在重视农业的同时，对商品经济的发展也愈发关注。第四，从职能上看，"互市监"与唐代出现的市舶使相近，因此可以说，"互市监"对贸易的监管催生出了市舶制度。

在隋朝制度基础之上，唐朝续设"诸互市监"，但是在名称上有所变更。《唐六典》小注写道："光宅中改为通市监，后复旧为互市监。"②《职官分纪》抄录自《唐六典》，但是抄录中出现误记。"光宅中改为通市监，后复为旧交市。"③《新唐书·百官志》小注写道："隋以监隶四方馆。唐隶少府。贞观六年，改交市监曰互市监，副监曰丞，武后垂拱元年曰通市监。"④《群书考索》的文字与之大致相同⑤。《玉海》："互市监：隋以监隶四方馆。唐隶少府。贞观六年，改交市监曰互市监。垂拱元年，曰通市监。"⑥《玉海》的内容也是抄录自《新唐书》，但是文字多有节略。据此可知，贞观六年（632）之前称为"交市监"，贞观六年至武则天时期称为"互市监"。武则天时期再次改名为"通市监"，具体时可说法不一。《唐六典》系列写为"光宅中"，《新唐书》系列写为"垂拱元年"。光宅这一年号只用了一年，时间为（684），二者相差不大；但缺乏其他佐证材料，哪个记录更为准确无由而知。之后重新改回"诸互市监"。

"诸互市监"的官员设置，除了监、丞外，还设有一系列流外官。《新唐书·百官志》写道："有录事一人；府二人，史四人，价人四人，

① 张泽咸：《唐代工商业》，中国社会科学出版社，1995，第418页。

② ［唐］李林甫等：《唐六典》卷二二《诸互市监》，陈仲夫点校，中华书局，1992，第580页。

③ ［宋］孙逢吉：《职官分纪》卷二二《少府监》，《景印文渊阁四库全书》第923册，第504页。

④ 《新唐书》卷四八《百官志三》，中华书局，1975，第1272页。

⑤ ［宋］章如愚：《群书考索后集》卷二《官制门》，《景印文渊阁四库全书》第937册，第30-31页。

⑥ ［宋］王应麟：《玉海》卷一二四《官制》，中文出版社，1977，第2393页。

掌固八人。"①《册府元龟》："互市监：每市，监一人；咸有丞副、主簿、录事、府、史之徒以属焉。"②两相结合，"诸互市监"设有长官——监一人，从六品下，贰官——丞一人，正八品下，均为有官品的流内职事官；还有流外官若干，包括录事1人、录事若干人、府2人、史4人、价人4人、掌固8人。此外，互市监还设有"互市牙郎"。多则史料皆言及安禄山曾担任过互市牙郎一职。《资治通鉴》引《肃宗实录》，"禄山为互市牙郎，盗羊事发，（张）守珪怒，追捕至，欲击杀之"③。《旧唐书·安禄山传》："及长，解六蕃语，为互市牙郎。"④《安禄山事迹》："解九蕃语，为诸蕃互市牙郎。"⑤史思明也曾是互市牙郎。《资治通鉴》："又有史窣干者，与禄山同里闬，先后一日生。及长，相亲爱，皆为互市牙郎。"⑥冻国栋对互市牙郎的定位是："交易中介人……这种互市牙郎在交易过程中可担任译员的角色，并根据官司与蕃人商定的质量标准评定商货，以质论价、促成交易。"⑦

在行政隶属关系上，"诸互市监"隶属少府管辖，即《新唐书》所说的"唐隶少府"⑧。《新唐书·百官志》也明确写明少府下辖"诸互市监"。"少府：监一人，从三品；少监二人，从四品下。掌百工技巧之政。总中尚、左尚、右尚、织染、掌冶五署及诸冶、铸钱、互市等监。"⑨户部的金部郎中也兼涉"诸互市监"的事务。《唐六典》："金部郎中、员外郎掌库藏出纳之节，金宝财货之用，权衡度量之制，皆总

---

① 《新唐书》卷四八《百官志三》，中华书局，1975，第1272页。

② 《册府元龟》卷四八三《邦计部总序》，中华书局，1960，第5768页。

③ ［宋］司马光：《资治通鉴》卷二一四，中华书局，1956，第6815页。

④ 《旧唐书》卷二〇〇上《安禄山传》，中华书局，1975，第5367页。

⑤ ［唐］姚汝能：《安禄山事迹》卷上，曾贻芬校点，中华书局，1979，第73页。

⑥ ［宋］司马光：《资治通鉴》卷二一四，中华书局，1956，第6816~6817页。

⑦ 冻国栋：《唐代的商品经济与经营管理》，武汉大学出版社，1990，第173页。

⑧ 《新唐书》卷四八《百官志三》，中华书局，1975，第1272页。

⑨ 《新唐书》卷四八《百官志三》，中华书局，1975，第1268页。

其文籍而颁其节制。……凡有互市，皆为之节制。"①《旧唐书》：金部郎中，"掌判天下库藏钱帛出纳之事，颁其节制，而司其簿领。……凡官私互市，物数有制。"②《新唐书》："金部郎中、员外郎，各一人，掌天下库藏出纳、权衡度量之数，两京市、互市、和市、宫市交易之事，百官、军镇、蕃客之赐，及给宫人、王妃、官奴婢衣服。"③依据史料，穆渭生指出："尚书省户部金部司对诸互市监负有'节制'权责。"④

在实际操作中，"诸互市监"多因边境互市贸易而设，执法地点位于边州，因而"诸互市监"多由边州监管，处理日常事务和突发事件。此即《唐六典》所言的"各隶所管州、府"⑤。韩愈《清边郡王杨燕奇碑文》还记录了一个个案。天宝中，平卢衙前兵马使杨文海，"世掌诸蕃互市，恩信著明，夷人慕之"⑥。穆渭生对这种管理上的多元化进行了解释。"'诸互市监'是少府监的下属机构，即中央政府负责边州对外贸易的派出机构。所谓'各隶所管州、府'，在实际上是由边州政府（负有外交、互市管理等职责）实施具体管理。"⑦

二、互市的具体情况

有关互市的具体情况，缺乏文献和考古材料，这里只能依靠律令加以还原。在《天圣令·关市令》残卷中保存有18条宋令。宋令17规

---

① [唐]李林甫等：《唐六典》卷三《尚书户部》，陈仲夫点校，中华书局，1992，第81-82页。

②《旧唐书》卷四三《职官志二》，中华书局，1975，第1827-1828页。

③《新唐书》卷四六《百官志一》，中华书局，1975，第1193页。

④ 穆渭生：《唐朝对西北"丝路"丝绸贸易管控政策探究——唐代国家对外贸易法规之解读》，《地域文化研究》2020年第1期，第115页。

⑤ [唐]李林甫等：《唐六典》卷二二《诸互市监》，陈仲夫点校，中华书局，1992，第580页。

⑥《全唐文》卷五六二《韩愈》，中华书局，1983，第5690页。

⑦ 穆渭生：《唐朝对西北"丝路"丝绸贸易管控政策探究——唐代国家对外贸易法规之解读》，《地域文化研究》2020年第1期，第115页。

定："诸缘边与外蕃互市者，皆令互市官司检校，各将货物、畜产等俱赴市所，官司先共蕃人对定物价，然后交易。非互市官司，不得共蕃人言语。其互市所用及市得物数，每年录帐申三司。其蕃人入朝所将羊马杂物等，若到互市所，即令准例交易，不得在道与官司交关。"①这条宋令的制定源于唐令。《天一阁藏明钞本天圣令校证（附唐令复原研究）》依据《白氏六帖事类集》对唐令进行了复原。《关市令》复原唐令25："诸外蕃与缘边互市，皆令互市官司检校，其市四面穿堑及立篱院，遣人守门，市易之日卯后，各将货物畜产俱赴市所，官司先与蕃人对定物价，然后交易。"②

据此可以管窥唐代边境互市的样貌。唐朝对互市贸易的管理颇为严格。第一，"诸互市监"全权负责边境互市贸易。"检校"表明所有进入互市场所的货物都必须经由"诸互市监"检查、校验，查证是否有违禁物品。第二，互市场所是一个封闭场所，四周掘有壕沟，并竖有"篱院"，专人守护。第三，互市的时间特定，一般从卯时开始。第四，价格"对定"，即双方共同商定而确定。

第二条需要进一步说明。互市场所的设计，既源于传统，也是对唐朝坊市制的模仿。所谓的传统，可以追溯至汉代。杜建录依据和林格尔汉墓壁画《宁城图》复原了汉代的关市。"关市同汉朝内地的市一样，也是方形的，四面有垣并有市门。"③此处的《宁城图》，乃是内蒙古自治区和林格尔县新店子一号汉墓中的壁画。1971年，和林格尔县发现了一座东汉晚期壁画墓。墓中壁画"主要用来表现死者作为一个东汉官僚、庄园地主的生平事迹，并着重描绘死者从'举孝廉''郎''西河长史''行上郡属国都尉时''繁阳令'到'使持节护乌桓校尉'

① 天一阁博物馆、中国社会科学院历史研究所天圣令整理课题组：《天一阁藏明钞本天圣令校证（附唐令复原研究）》，中华书局，2006，第537页。

② 天一阁博物馆、中国社会科学院历史研究所天圣令整理课题组：《天一阁藏明钞本天圣令校证（附唐令复原研究）》，中华书局，2006，第540页。

③ 杜建录：《历史上中原与北方民族之间的商业贸易联系》，《固原师专学报》1990年第1期，第35页。

的仕途经历。"①在中室的《宁城图》中，绘制有城垣、城门、街市和衙署等，占最大面积的是护乌桓校尉幕府。"城东南角有四周墙垣围抱的市场，榜题'宁市中'。"②这就是汉代关市样貌的绘画表现。比对《白氏六帖事类集》的文字，唐代的互市场所大致与汉代相同，只不过更为简易，周边只是以壕沟、"篱院"加以圈围。

第四条同样需要申说。"各将货物畜产俱赴市所，官司先与蕃人对定物价，然后交易"，阐明了价格议定的过程。在进行贸易之前，"诸互市监"与前来互市的"蕃人"共同商议货物价格。这有效地抑制了哄抬物价的情况，也是对互市双方的一种保护。唐朝之所以制定这样的规定，是因为互市中的大宗货物以马匹等大型牲畜为主。《唐六典》"诸互市监"条所记内容主要是对大型牲畜交易的记录。"凡互市所得马、驼、驴、牛等，各别其色，具齿岁、肤第，以言于所隶州、府，州、府为申闻。太仆差官吏相与受领，印记。上马送京师，余量其众寡，并遣使送之，任其在路放牧焉。每马十匹，牛十头，驼、骡、驴六头，羊七十口，各给一牧人。其营州管内蕃马出货，选其少壮者，官为市之。"③首先，"诸互市监"将通过互市贸易获得的"马、驼、驴、牛等"大型牲畜进行区分，按照年龄、毛色等将这些大型牲畜进行分类，填报上告边州，边州再汇总上报太仆寺。太仆寺接到上报后，派员前往查验，并烙印戳记。太仆寺派出官员再将这些大型牲畜分等，上等派人送往京师，并按照大型牲畜数量的多少配备相应的人员加以看护。

《唐六典》金部郎中条的记载也可补充说明。"诸官私互市唯得用帛练、蕃彩，自外并不得交易。其官市者，两分帛练，一分蕃彩，若蕃

---

① 内蒙古自治区文物考古研究所编《和林格尔汉墓壁画》，文物出版社，2007，第10页。

② 内蒙古自治区文物考古研究所编《和林格尔汉墓壁画》，文物出版社，2007，第16页。

③〔唐〕李林甫等：《唐六典》卷二二"诸互市监"，陈仲夫点校，中华书局，1992，第580页。

人须籴粮食者，监司斟酌须数，与州司相知，听百姓将物就互市所交易。"①其中提供了三则重要信息。第一，互市的等价物并非铜钱或其他贵重金属，而是丝绸。森安孝夫指出："丝织品（帛练缯彩绫罗锦等，'帛练'为其总称性的代名词）取代银钱，成为高额货币的代表。尤其是进入8世纪以后，银钱完全被唐朝的铜钱所取而代之。铜钱的个体价值虽然低，但与高额且品质多种多样、不具备统一计数功能的丝织品相比则有优势，因而成为了价值计算的单位。"②由此可以解释为何唐朝严格控制丝绸的外流，是为了防止丝绸大量外流导致丝绸价值的暴跌，从而影响唐朝的购买力。第二，互市用的丝绸也有不同等级。除了"帛练"外，还有"蕃綵"，二者的使用比例也有明确的规定。第三，与官方的互市相并存的还有民间的"私互市"。

除了以上律令所反映的情况外，学者也依据各种史料进行了钩沉。张泽咸指出："不是无限制地听任人们自由经商。对于交换的商品种类、贸易时间和贸易场地等分别作出了明文规定，朝廷且设有专门机构管理有关互市事宜。"③其中的互市时间，"大致是每年一次"④。

"通过互市，内地的生活用品包括当时人们广泛使用的丝织品以及生产所使用的种种工具纷纷流入边区，有利于促进少数民族地区的社会发展。而边疆诸族通过交易所提供的马、牛等大牲口，也为中原地区提供了许多战马与农业生产所使用的耕畜，从而极大地丰富和促进了中原内地社会经济的繁荣。"⑤

小　结

相对于渤唐贸易中的封贡贸易，现存文献中有关互市贸易的记载

---

① ［唐］李林甫等：《唐六典》卷三《尚书户部》，陈仲夫点校，中华书局，1992，第82页。

② ［日］森安孝夫：《丝绸之路与唐帝国》，石晓军译，北京日报出版社，2020，第334页。

③ 张泽咸：《唐代工商业》，中国社会科学出版社，1995，第445页。

④ 张泽咸：《唐代工商业》，中国社会科学出版社，1995，第445页。

⑤ 张泽咸：《唐代工商业》，中国社会科学出版社，1995，第419页。

可谓寥若晨星。为了有效还原渤唐贸易中的互市贸易，只能借助于间接材料进行补充说明。

唐朝对互市贸易非常重视，这可从唐朝专设特定的行政机构——"诸互市监"中窥豹一斑。从"诸互市监"的职责来看，互市贸易发生的地点、时间等都在唐朝的严格管控之下。从唐朝律令来看，互市贸易中的商品种类也以禁止贸易清单的形式公之于众，接受唐朝的严密监管。尽管唐朝之于互市贸易有着诸多的限制，但是以渤海国为代表的周边部族与国家仍然热衷于互市贸易，持续且频繁地派遣规模庞大的遣唐使使团即是有力的证据。

周边部族与国家对互市贸易趋之若鹜的原因，可从封贡贸易的不足这一角度进行分析。一是加诸封贡贸易的诸多限制使得封贡贸易的交易量较为有限，根本无法满足周边部族与国家的需要。二是封贡贸易所具有的皇家性导致封贡贸易的受益者局限于周边部族与国家中以君主为首的统治阶层，以商人为首的其他各阶层没能或者只少量地从封贡贸易中获得收益，这迫使周边部族与国家的商人等阶层更为依赖于互市贸易。总而言之，封贡贸易的局限成为互市贸易蓬勃发展的前置原因。另一方面，互市贸易的高额利润以及多阶层参与性等特点，促发和推动了民间贸易的发展。正是唐朝对贸易的严格管控，让列于禁止贸易清单中的物品价值高昂，驱使商人等阶层铤而走险，从而导致民间非法贸易的异常兴盛。

本编小结

封贡贸易和互市贸易，二者的共性在于它们具有强烈的可以包容皇家性的官方性。二者得以成立的前提是唐朝的允许。封贡贸易是以政治上的臣属关系为前提的，互市贸易能否进行也需要唐朝的首肯。在封贡贸易和互市贸易中，唐朝起到了绝对的主导作用。唐朝主导性的延续与强化，必然造成唐朝同周边部族与国家的等级性，一方面形塑出唐朝皇帝的天下共主的形象，另一方面唐朝将封贡贸易和互市贸易视为管控周边部族与国家的一种手段。当封贡贸易和互市贸易成为一种统治手段之时，国家必然更为关注二者的政治意涵，由此降低对其中经济意涵的注目。这导致学者对二者，尤其是封贡贸易中的经济因素的贬低乃至忽视。不过封贡贸易和互市贸易能够长期延续，也需要周边部族与国家的配合，由此体现出二者的双向性特质。

封贡贸易和互市贸易成为国家管控的政治手段之后，古代中国出于管理的有效性、权责统一、执行顺畅等方面的考虑，会相继出台一系列政策对之进行规范与管控，并会辅以法律、规制等用以确保制度的执行。唐朝在继承前代相关政策的基础上，出台了一系列有针对性的制度和规范，从而形成一个缜密而繁复的制度群。

从本质上看，封贡贸易和互市贸易属于经济层面，在某种程度上，商品经济起到一定的作用。如以"贡品"的价值确定"赐品"的多少时，唐朝会派出熟悉涉外事务和市场行情的鸿胪寺、少府监与市的官员共同议价。互市贸易中，"官司先与蕃人对定物价，然后交易"同样是对商品经济的依循。但我们也绝不能将封贡贸易和互市贸易等同于商品经济。因为它们首先满足的是政治上的需要。"朝贡、回赐不符合等价原则，但当事双方各取所需。藩国或少数民族通过朝贡谋求物质利益或政治影响，中原王朝通过朝贡抚慰藩国或少数民族，构建稳定的区域秩序。朝贡双方地位有别，双方认同这种地位差别，并长期保持这种关系。"①基于这一特性，用互惠原则审视封贡贸易和互市贸易，从馈赠经济考量封贡贸易和互市贸易更为恰当。

---

① 李叶宏：《唐朝域外朝贡制度研究》，中国社会科学出版社，2021，第51-52页。

第三编

渤海国与日本的贸易

　　根据现有的日本文献，在渤海国立国的二百余年间，渤海国共向日本派出34回遣日使，日本也相应地派出15回遣渤海国使。双方的密切往来，在中日交流史上堪称空前的盛世，这引起了中外学界的广泛关注。现有的研究成果可谓是汗牛充栋。学界基本上达成共识，渤海国在与日本的交聘中获得了更多的经济利益。

第六章

政权层面上的
渤日贸易

在渤海国交聘日本的历史上，出于对渤海国的敬意，日本政府会给予渤海国遣日使尊贵的地位、良好的待遇、隆重的礼仪等一系列的优待。而这一切的前提是：遣日使使团的成员是渤海国的官员，他们有能力执行渤海国国王交与他们的任务。身为渤海国特使，遣日使使团的成员代表渤海国国王对日本进行友好访问。所以包括双方之间的物品交换和物品流动都属于政权层面的渤日贸易。为了方便梳理，根据对象的不同，可以区分为两个不同层次，即渤海国国王和渤海国遣日使使团成员。

第一节
日本对渤海国国王的馈赠

在封贡体系之下，古代中国会对前来朝贡的周边部族与国家的君主予以大额的馈赠。早在西汉，汉朝皇帝便会以礼物的形式赐予匈奴可汗大量物品。如甘露三年（前51），呼韩邪单于首次前往长安朝觐汉宣帝。汉宣帝从礼仪至物品馈赠等方面，都予以尊崇与厚赠。"单于正月朝天子于甘泉宫，汉宠以殊礼，位在诸侯王上，赞谒称臣而不名。赐以冠带衣裳，黄金玺盭绶，玉具剑，佩刀，弓一张，矢四发，棨戟十，安车一乘，鞍勒一具，马十五匹，黄金二十斤，钱二十万，衣被七十七袭，锦绣绮縠杂帛八千匹，絮六千斤。"①此后历代皇帝都会因循成例进行赏赐。日本效仿古代中国，也会给予渤海国诸多的物品馈赠。日本政府不惜消耗财力，给予渤海国国王极为丰厚的馈赠从而换取渤海国对臣属日本的认可。面对日本以馈赠为媒介的经济诱惑，大钦茂一直试图为渤海国争取对等地位，然而大彝震即位以后，渤海国改变了对日策略，在政治上对日本虚与委蛇，以求渤海国经济利益的最大化，从而使得渤日关系发生转变，从以政治诉求为主转为以经济诉求为主。

一、日本对渤海国国王馈赠的律令规定

历回遣日使，日本都会馈赠给渤海国国王名为"信物"的物品。而这乃是源于日本对唐朝制度的效仿。"唐与诸蕃国每年要互赠信物。……它是赐与诸蕃国之物。"②鉴于渤海国与日本国交聘频繁，最终日本以法律形式将"信物"的数量制度化。《延喜式》以"赐蕃客例"为题，分别记录了针对唐朝皇帝、渤海国国王、新罗国王馈赠"信物"的相关规定。

"大唐皇：银大五百两、水织絁、美浓絁各二百疋，细絁、黄絁各三百疋，黄丝五百絇、细屯绵一千屯。别送绯帛二百疋、叠绵二百帖，屯绵二百屯，纻布卅端，望陀布一百端，木棉一百帖。出火水精十颗，出火铁十具，海石榴油六斗，甘葛汁六斗，金漆四斗。……渤海王：绢卅疋、絁卅疋、丝二百絇、绵三百屯，并以白布裹束。……新罗王：

---

① 《汉书》卷九四下《匈奴传下》，中华书局，1962，第3798页。

② 李锦绣：《唐代财政史稿》第3册，社会科学文献出版社，2007，第146页。

絁廿五疋、丝一百絇、绵一百五十屯，并以白布裹束。"①

相较于渤海国国王和新罗国王，日本馈赠给唐朝皇帝的物品，不仅种类多、数量多，而且还区分了常贡和名为"别送"的"别贡物"。之所以会有如此大的差距，是因为日本将唐朝视为"邻国"，而将"新罗"视为蕃国。《令集解》引《古记》："问：'邻国与蕃国，何其别？'答：'邻国者大唐，蕃国者新罗也。'"②在日本看来，唐朝是与日本处于平等地位的国家，而新罗则被置于附属国的地位，后起的渤海国同样被日本视为附属国。

同被日本视为附属国，渤海国国王所得却远超过新罗国王。种类上，除了共同的絁、丝、绵外，渤海国国王所得馈赠之物还多出了绢。丝即生丝，"绵即木棉，日本产此"③，都只是初加工的原材料。绢和絁同为高级丝织品，不同之处在于绢更为细密。《令集解》卷十三《赋役令》注释道："谓，细为绢也，粗为絁。"④数量上，双方共有的絁、丝、绵的数量，渤海国国王所得馈赠都多于新罗国王，甚至丝、绵的数量两倍于新罗国王。丝的计重单位是"絇"，绵的计重单位是"屯"。《令集解》卷十三《赋役令》注释道："谓：丝十六两曰絇也。绵二斤曰屯也。布五丈二尺曰端也。……《迹》云：依文，丝一斤曰絇，绵二斤曰屯，与令释解异也。"⑤以此观之，丝、绵在数量上的差别要比直观的两倍更大。日本政府如此规定，与日新关系的恶化密切相关。日本与新罗关系素来不协，尤其统一后的新罗更有呈现与日本分庭抗礼之势，为此，日本不仅在外交上全力打压新罗，甚至不惜武力相向。

①《延喜式》卷三十《大藏省》，吉川弘文馆，1965，第737-739页。

②《令集解》卷三一《公式一》，载《日本汉文史籍丛刊》第153册，上海交通大学出版社，2015，第372页。

③ 金毓黻：《渤海国志长编》卷十七《食货考》，社会科学战线杂志社，1982，第400页。

④《令集解》卷十三《赋役令》，载《日本汉文史籍丛刊》第153册，上海交通大学出版社，2015，第204页。

⑤《令集解》卷十三《赋役令》，载《日本汉文史籍丛刊》第153册，上海交通大学出版社，2015，第204页。

这就造成在外交待遇上渤海国国王高于新罗国王的事实。

二、日本文献所见日本对渤海国国王的馈赠

《延喜式》为日本平安时代（794—1184）初期编纂的法令集，于延长五年（927，天成二年）完成。这条法规无法准确反映渤海国与日本长期交聘过程中的变化趋势；因此，有必要梳理日本文献中的相关记载，从而探讨"赐蕃客例"有关渤海国的律令订立于何时。然而由于文献的缺失，在现有的日本文献中，详细罗列馈赠物品明细的记载并不多，只有8次。

第1回遣日使（727—728）时，圣武天皇在给大武艺的国书中罗列了"信物"的清单。"便因首领高齐德等还次，付书并信物。绯帛一十疋，绫一十疋，絁廿疋，丝一百绚，绵二百屯。"①"绯帛"即"彩帛"，"盖帛之备五采者"②，指染成多彩的丝织品。绫即有花纹的丝织品。《令集解》卷十四《赋役令》注释道："绫，有文缯也。"③因为唐代日本丝织品的染色、纺织技术还未完善，"绯帛"和"绫"是非常珍贵的丝织品，所以馈赠的数量比较少。总体来说，这是日本第一次接待渤海国使团，以何标准对渤海国国王进行馈赠没有先例可循，尤其是日本对新生的渤海国并没有清晰的认知，所以这次"信物"的数量相对较少。

从第2回遣日使开始，随着日本对渤海国认知的加深，也随着两国交聘活动的常态化，"信物"的种类、数量趋于固定化。第2回遣日使（739—740）时，"赐渤海郡王美浓絁卅疋，绢卅疋，丝一百五十绚，调绵三百屯。"④与《延喜式》的规定比较，种类已经固定，绢、絁、绵的数额相同，丝的数额也仅少了50绚。第4回遣日使（758—759）

①《续日本纪》卷十，神龟五年四月壬午，吉川弘文馆，1966，第113页。

② 金毓黻：《渤海国志长编》卷十七《食货考》，社会科学战线杂志社，1982，第401页。

③《令集解》卷十四《赋役令》，载《日本汉文史籍丛刊》第153册，上海交通大学出版社，2015，第227页。

④《续日本纪》卷十三，天平十二年正月甲午，吉川弘文馆，1966，第156-157页。

时，"即因还使相酬土毛，绢卅疋、美浓絁卅疋、丝二百絇、绵三百
屯。殊嘉尔忠，更加优赐锦四疋、两面二疋、缬罗四疋、白罗十疋、
彩帛卅疋、白绵一百帖。"①经过4回渤海国遣日使和3回日本遣渤海国
使，至此，日本馈赠渤海国国王的"信物"已与《延喜式》的规定相
等。而这回以"优赐"之名多出的额外馈赠物，是因为这回渤海国出
使的任务是悼念圣武天皇去世，祝贺淳仁天皇即位。"高丽国王遥闻先
朝登遐天宫，不能默止，使杨承庆等来慰闻之，感痛永慕益深。"②为
了表示感谢，淳仁天皇追加了物品。第5回遣日使（759—760）时，
"赐国王絁卅疋、美浓絁卅疋、丝二百絇、调绵三百屯。"③文中"絁"
与"美浓絁"并出，并不合理。对比第2回和第4回时所书内容，此处
的"絁"似应为"绢"的误写。第7回遣日使（771—773）时，"赐国
王美浓絁卅疋、丝二百絇、调绵三百屯。"④除了"绢卅疋"外，其余
文字与第4回、第6回时的文字相同，有理由相信这是文献誊录时遗漏
了"绢卅疋"所造成的结果。

迨至第9回遣日使（776—777）时，日本馈赠的"信物"的数量出
现了变化。光仁天皇的国书中写道："并附绢五十疋、絁五十疋、丝二
百絇、绵三百屯。又缘都蒙请，加附黄金小一百两、水银大一百两、
金漆一缶、漆一缶、海石榴油一缶，水精念珠四贯、槟榔扇十枝，至
宜领之。……又吊彼国王后丧曰：祸故无常，贤室殒逝，闻以恻怛，
不淑如何。虽松槚未茂，而居诸稍改。吉凶有制，存之而已。今因还
使，赠绢二十疋、絁二十疋、绵二百屯，宜领之。"⑤据此，大钦茂通
过此回遣日使，共获得三种因由的馈赠：第一种是按照惯例赠送的
"信物"。其中绢和絁的数额大幅提升，从常规的"三十疋"增至"五
十疋"，几乎翻了一倍。第二种是"又缘都蒙请"的额外馈赠物。第三

①《续日本纪》卷二二，天平宝字三年二月戊戌，吉川弘文馆，1966，第260页。

②《续日本纪》卷二二，天平宝字三年正月庚午，吉川弘文馆，1966，第259页。

③《续日本纪》卷二二，天平宝字四年正月己巳，吉川弘文馆，1966，第269页。

④《续日本纪》卷三二，宝龟三年二月癸丑，吉川弘文馆，1966，第400页。

⑤《续日本纪》卷三四，宝龟八年五月癸酉，吉川弘文馆，1966，第435页。

种是日本政府为了哀悼大钦茂王妃去世而准备的物品。

第 13 回遣日使（795—796）时，日本馈赠的"信物"的数量也与《延喜式》的规定不同。在桓武天皇给大嵩璘的国书中写道："今依定琳等归次，特寄绢廿疋、絁廿疋、丝一百絇、绵二百屯。以充远信，至宜领之。"①与之对应，日本第 12 回遣渤海国使御长广岳携返的大嵩璘给桓武天皇的国书中也相应地写道："其所寄绢廿匹、絁廿匹、丝一百絇、绵二百屯，依数领足。"②此回是大嵩璘在位期间第一次出使日本。在对日态度上，大嵩璘改变了大钦茂时期的强硬政策，在国书中采取了低姿态；然而不知为何，此回日本馈赠的"信物"的数额却大幅度缩水。相较于《延喜式》的规定，绢和絁各减了十疋，丝直接减半，绵减少了一百屯。

第 14 回遣日使（798—799）时，大嵩璘给桓武天皇的国书中写道："嵩璘启：使贺万等至，所觊之书及信物绢、絁各卅疋，丝二百钩（絇之误），绵三百屯。依数领之。"③这里所说的"使贺万等"，指的是 798 年（贞元十四年，日本延历十七年），日本为了协商渤海国交聘时间的间隔而主动派出了以内藏贺茂麻吕为首的日本第 13 回遣渤海国使"（延历）十七年四月，甲戌，以外从五位下内藏宿祢贺茂麻吕为遣渤海使，正六位上御使宿祢今嗣为判官。"④日本第 13 回遣渤海国使与渤海国第 14 回遣日使同时前往日本，所携带的国书中同样写道："嵩璘启：使船代等至，枉辱休问，兼信物絁绢各卅匹、丝二百絇、绵三百屯，准数领足。"⑤据此可知，日本第 13 回遣渤海国使所携带的"信物"在数额上与《延喜式》的规定相同。

此处记载的重要性在于负有专责的日本遣渤海国使也会携带日本给渤海国国王的"信物"。日本所派出遣渤海国使大多数的主要目的是

---

① 《类聚国史》卷一九三《殊俗部·渤海上》，吉川弘文馆，1965，第 349 页。

② 《类聚国史》卷一九三《殊俗部·渤海上》，吉川弘文馆，1965，第 349 页。

③ 《类聚国史》卷一九三《殊俗部·渤海上》，吉川弘文馆，1965，第 351 页。

④ 《类聚国史》卷一九三《殊俗部·渤海上》，吉川弘文馆，1965，第 350 页。

⑤ 《日本后纪》卷八，延历十八年九月辛酉，吉川弘文馆，1966，第 25 页。

护送渤海国遣日使返国，但是也有少数的使团肩负着特殊的使命。在日本先后派出的15回遣渤海国使中，除了此回外，还有2回。

日本第3回遣渤海国使于758年（乾元元年，日本天平宝字二年）九月回返日本。"丁亥，小野朝臣田守等至自渤海。"①由于史料缺失，此回出发的时间不明。《日本渤海交涉史》根据《万叶集》收录的小野田守诗作，推测了大致时间。"这次出发的时间无疑是天平宝字二年的春天。"②王承礼对这回遣使进行了详细的阐说。"公元758年淳仁天皇以遣渤海大使的名义，派小野田守访问渤海，实际上这是日本第一次派出的访问渤海的专使。……此次小野田守访问渤海，目的之一是了解安史之乱的情况，探访渤海的态度，另一个目的，则和日本藤原仲麻吕策划进攻新罗有关。"③日本第6回遣渤海国使高丽大山，《日本渤海交涉史》推测的出使时间为天平宝字六年（762，上元三年）。"他的出发时间，推定为第二年天平宝字六年（762）的春天。"④与第3回遣渤海国使的出使目的相似，"显然也是为征讨新罗，通情报，搞协调"⑤。在安史之乱爆发后的一段时间内，渤海国与日本的交聘十分频繁，然而这种情况随着764年权臣藤原仲麻吕政变的失败，双方关系重归正常形态。王承礼深刻地指出："从此渤海和日本，结束了以寻求军事联盟为内容，着重追求政治外交的时代，走上了以贸易为主的新阶段。"⑥由于日本第3回、第6回遣渤海国使的主要目的是联合渤海国进攻新罗，是日本有求于渤海国，因此，他们出使的同时，也必然携带有日本赠送给渤海国国王的"信物"。

通过以上的梳理，从第1回遣日使开始，日本便开始向渤海国国王赠送"信物"。此外，日本3回负有特殊使命的遣渤海国使也会携带"信物"。随着双方交往的日益密切，"信物"的种类和数量也趋于规

①《续日本纪》卷二一，天平宝字二年九月丁亥，吉川弘文馆，1966，第256页。

②［日］上田雄、孙荣健：《日本渤海交涉史》，彩流社，1994，第81页。

③ 王承礼：《中国东北的渤海国与东北亚》，吉林文史出版社，2000，第240-241页。

④［日］上田雄、孙荣健：《日本渤海交涉史》，彩流社，1994，第87页。

⑤ 王承礼：《中国东北的渤海国与东北亚》，吉林文史出版社，2000，第246页。

⑥ 王承礼：《中国东北的渤海国与东北亚》，吉林文史出版社，2000，第247页。

范。大致可以认为从第4回遣日使（758—759）开始，日本赠送渤海国国王的"信物"便趋于固定化，虽然其间有所波动，但大致都得到了严格的执行，因此可以认定：从8世纪中期开始，日本赠送渤海国国王的"信物"，在种类上、数量上已经固定，最终成为法规，被纳入到《延喜式》之中。

三、第9回遣日使记载中"又缘都蒙请"的考证

第9回遣日使（776—777）时，日本出于三种不同的理由，对渤海国国王进行了数额超乎以往的馈赠。其中"又缘都蒙请"的额外馈赠尤为引人注意。武安隆认为："'赏赐'可以讨价还价，足以显示其商业性实质。"[①]马一虹将史都蒙的请求视为通聘贸易的重要组成部分进行讨论，赋予其重要意义，指出："这个新动向可以看做是渤海的对日外交的主要目的由'政治'向'经济'方向转化的一个重要迹象"[②]。

"又缘都蒙请，加附黄金小一百两、水银大一百两、金漆一缶、漆一缶、海石榴油一缶，水精念珠四贯、槟榔扇十枝，至宜领之。"[③]"又缘都蒙请"共罗列了黄金、水银、金漆、漆、海石榴油、水精念珠、槟榔扇等七种物品。史都蒙索要这些物品的缘由，学界大致有三种解释。第一种解释，孙玉良："说明渤海对贵重奢侈品和佛事用品的需求有了明显的增长，其经济发展和物质文明，以及佛教的传播，已有了较高的水平。"[④]他将之视为渤海国对贵重物和佛事用品的需求的物质表现形式。这一解释多有应和。《大钦茂时期的渤日交往史事新探》："这说明渤海对贵重奢侈品和佛事用品的需求有了明显的增长，其经济发展和物质文明，以及佛教的传播已经有了较高的水平。"[⑤]

---

① 武安隆：《日外文化交流史论》，江苏人民出版社，2019，第111页。

② 马一虹：《靺鞨、渤海与周边国家、部族关系史研究》，中国社会科学出版社，2011，第331页。

③《续日本纪》卷三四，宝龟八年五月癸酉，吉川弘文馆，1966，第435页。

④ 孙玉良：《日本古籍中的渤海史料》，《学习与探索》1982年第4期，第117页。

⑤ 张岩、徐德源：《大钦茂时期的渤日交往史事新探》，《日本研究》1993年第4期，第68页。

《中国东北史》："而都蒙所请之物，则为宫殿、寺庙建筑物资，以及佛事用品，说明此时渤海正在大兴土木，进行宫殿和寺庙建筑，佛教已在渤海兴起。"[1]第二种解释，较为简单。马一虹："黄金等各色奢侈品。"[2]他将之视为渤海国对奢侈品的需求。第三种解释，"出身昭武九姓史国的史都蒙，表现出'善商贾'的特点，在这次出使日本国时，扩大了渤海与日本的商贸范围，增加了物资交流的品类。"[3]是否真如学界所言，有必要从史都蒙索要的物品出发重新加以探讨。

金漆，根据尚刚的考证，"因金漆色黄，故宋以前，那里的金漆也称黄漆"，指的是呈现黄色的天然树脂。出产于中日韩三国，其中"古代最重要的金漆产地还在朝鲜"。而调入颜料或黄金而形成的金漆，则迟至明代后期才形成[4]。漆，即大漆，同样是漆树分泌的天然树脂。漆树广泛分布于中国、日本、朝鲜等国。海石榴油，《日中文化交流史》的译者胡锡年注释道："海石榴油是山茶种籽榨成的油，供润发及食用，《延喜式·主计上》列举筑前、筑后、丰前、丰后、肥后、出云、因幡等国作为中男作物，贡海石榴油。"[5]日本多地都有海石榴油的生产，并作为日本租庸调制中的户调加以征收，说明海石榴油并非什么过于珍贵的物品。槟榔扇，《中国扇》写道："这是用笋箨制作的一种扇子。竹笋成熟之后，外面的笋箨自然脱落，人们将其收集起来，压平晾干做成扇子。因为其颜色与槟榔的颜色相近，所以人们称它为'槟榔扇'。此外，在云南省元江县还有一种用槟榔叶子做成的扇子，当地人也称之为'槟榔扇'。其制作工艺十分简单，先把槟榔叶下面的叶柄砍去，用温水将叶片泡软，之后放入一个凹凸的模型中压干，取出后，安上一个把柄就可以使用了。由于当地气候湿润，所以制作的

---

[1] 孙玉良、赵鸣岐主编《中国东北史》第二卷，吉林文史出版社，2006，第207页。

[2] 马一虹：《靺鞨、渤海与周边国家、部族关系史研究》，中国社会科学出版社，2011，第331页。

[3] 张碧波、张军：《渤海国外交史研究》，黑龙江人民出版社，2011，第277页。

[4] 尚刚：《说"金漆"》，载《古物新知》，三联书店，2012，第100-103页。

[5] ［日］木宫泰彦：《日中文化交流史》，胡锡年译，商务印书馆，1980，第104页注释2。

扇子能保持原始的形态，如果将它拿到气温低的地方，就会变形缩卷，因此当地流传着这样的一句俗语：'元江槟榔扇，出城三里烂。'"①《中国扇文化》："槟榔扇是用大竹笋的笋壳加工制成，产于我国福建地区，其形制为圆形，当属团扇之类。光仁天皇所赠赐的槟榔扇应似仿传入日本的唐扇所制。"②据此，日本所馈赠的槟榔扇应即用笋箨制作的扇子，价值也并不高。

通过以上的梳理，金漆、漆、海石榴油、槟榔扇等四种物品都不是什么贵重之物，只是因为渤海国境内不种植漆树、山茶树、竹子等植物，无法以之为原料制作相关物品，所以史都蒙才有这一请求。

水精念珠是礼佛用具，这是学界有关渤海国对佛事用品的需求的主要证据。水精，即水晶，"中国人相信这种矿物质是石化的冰，'水精'这个概念就是因此而得来的"③。古代的水晶多由境外输入，作为其名称的水精，初见于汉代的佛教典籍之中。如安世高译《阿那邠邸化七子经》中提及："此北方有国，城名石室，国土丰熟，人民炽盛。彼有伊罗波多罗藏，无数百千金银、珍宝、车渠、马瑙、真珠、虎魄、水精、瑠璃及诸众妙宝。"④佛教典籍将印度所产的水精放置于佛国的想象之中，将水精与其他珍宝并列，从而凸显了水精的宝贵。支娄迦谶译《佛说无量清净平等觉经》更是多次提及水精，并将之作为佛教七宝之一。如提及无量清净佛所居"须摩提"，"其国地皆自然七宝：其一宝者名白银，二宝者名黄金，三宝者水精，四宝者琉璃，五宝者珊瑚，六宝者虎珀，七宝者车渠。是七宝皆以自共为地，旷荡甚大无极；皆自相参转相入中。各自焜煌参光极明，自然软甚姝好无比"⑤。

① 易凡编著《中国扇》，黄山书社，2012，第83-84页。

② 马骏骐、赵莉：《中国扇文化》，贵州教育出版社，2010，第251页。

③ [美]薛爱华：《撒马尔罕的金桃：唐代舶来品研究》，吴玉贵译，社会科学文献出版社，2016，第555页。

④ 安世高译《阿那邠邸化七子经》，《中华大藏经》第34册，中华书局，1996，第295页。

⑤ 支娄迦谶译《佛说无量清净平等觉经》卷一，《中华大藏经》第9册，中华书局，1996，第515页。

随着佛教的盛行，水精也成为古代中国人熟知的宝物之一。念珠，即数珠，"为记数诵经或念诵佛名的遍数而用。此外尚有'摄心'之效，即使修善业者祛除杂念，用心专一"①。

相对于金漆、漆、海石榴油、槟榔扇等四种物品而言，水精念珠是价值较高的物品。大致可以从两方面界定水精念珠的价值。一是水精念珠在佛教功课上的高价值。在佛经中，念珠可以选用的材质多种多样。输波迦罗译《苏悉地羯罗经》写道："菩提子珠，佛部用；莲华子珠，观音部用；噜挪啰叉子珠，金刚部用。三部各用此等数珠，最为胜上，一切念诵应当执持。或用木槵子，或多罗树子，或用土珠，或用螺珠，或用水精，或用真珠，或用牙珠，或用赤珠，或诸摩尼珠，或用咽珠，或余草子，各随于部观其色类应取念持。若作阿毗遮噜迦法应用诸首而作数珠速成，故复为护持增验故。"②输波迦罗译《苏婆呼童子请问经》也写道："数珠有多种，谓活儿子、莲华子、阿嚧陀啰阿叉子、水精、赤铜、锡、木槵、琉璃、金银、镔铁、商佉，任取一色，已为数珠。"③

然而出于佛教理念的不同，佛教七宝概念的广泛传播等，不同材质制作的念珠在功德获取上也有了显著的差异。阿地瞿多译《佛说陀罗尼集经》云："善男子作数珠者，用金、银、赤铜、水精、瑠璃、沉水、檀香、青莲子、璎珞子。佛告诸比丘：'如上所说诸数珠中，水精第一。'"④《佛说陀罗尼集经》进一步解释了以水精念珠为最的原因。"其相貌者有其四种。何者为四？一者金，二者银，三者赤铜，四者水精。……其四种中，水精第一。其水精者，光明无比，净无瑕秽，妙色广大，犹若得佛菩提愿故，洞达彼国，一如珠相。以是义故，称之

---

① 扬之水：《新编终朝采蓝：古名物寻微》下册，三联书店，2017，第147页。

② 输波迦罗译《苏悉地羯罗经》卷二，《永乐北藏》第54册，线装书局，2000，第617页。

③ 输波迦罗译《苏婆呼童子请问经》卷上，《中华大藏经》第23册，中华书局，1996，第656页。

④ 阿地瞿多译《佛说陀罗尼集经》卷一，《永乐北藏》第46册，线装书局，2000，第351页。

为上。"①除了此种排序外，还有其他的排序方式。义净译《曼殊室利咒藏中校量数珠功德经》云："然其珠体种种不同，若以铁为数珠者，诵掐一遍得福五倍；若用赤铜为数珠者，诵掐一遍得福十倍；若用真珠、珊瑚等宝为数珠者，诵掐一遍得福百倍；若用槵子为数珠者，诵掐一遍得福千倍；若用莲子为数珠者，诵掐一遍得福万倍；若用因陀啰佉叉为数珠者，诵掐一遍得福百万倍；若用乌嚧陀啰佉叉为数珠者，诵掐一遍得福百亿倍；若用水精为数珠者，诵掐一遍得福千亿倍；若用菩提子为数珠者，或用掐念或但手持，诵数一遍，其福无量不可算计、难可校量。"②这里以菩提子制成的念珠为最，水精念珠次之。不空译《金刚顶瑜伽念珠经》云："砗磲念珠一倍福；木槵念珠两倍福；以铁为珠三倍福；熟铜作珠四倍福；水精真珠及诸宝，此等念珠百倍福；千倍功德帝释子，金刚子珠俱胝福；莲子念珠千俱胝；菩提子珠无数福。"③这里同样以菩提子制成的念珠为最，水精制成的念珠则被等同于其他珍宝制成的念珠。但是不管如何排序，水精念珠都被认为所能获得的功德极高，从而推升了水精念珠在佛教中的地位。

二是作为商品，水精念珠也具有较高的市场价值。《百宝总珍集》："倭国百宝总珍集，往彐高庙在日，每串不下百千至五十贯，目今价例三分减二。"④《百宝总珍集》撰写于南宋后期，这里所言"高庙"指的是宋高宗。"每串不下百千至五十贯"，其价值可以用其他商品进行参照。"客人贩到虎皮好者，大皮每张买花儿好约直钱十贯左侧。"⑤一张完整的虎皮的价值为"十贯"以上，由此可见南宋初年水精念珠的价值之高。物以稀为贵，唐代水精念珠的价值会更高。

正是因为水精念珠的高价值，加之水精念珠个体小，便于携带，

① 阿地瞿多译《佛说陀罗尼集经》卷二，《永乐北藏》第46册，线装书局，2000，第408页。

② 义净译《曼殊室利咒藏中校量数珠功德经》，《永乐北藏》第44册，线装书局，2000，第515页。

③ 不空译《金刚顶瑜伽念珠经》，《永乐北藏》第73册，线装书局，2000，第907页。

④《百宝总珍集》卷二，李音翰、朱学博校点，上海书店出版社，2015，第36页。

⑤《百宝总珍集》卷七，李音翰、朱学博校点，上海书店出版社，2015，第54页。

所以日本入唐僧多携带水精念珠，将之作为与唐朝人士交往时的馈赠之物。成寻（1011—1081）于1072年（熙宁五年，日本延久四年）乘船抵达台州，并得到了宋神宗的召见。成寻向宋神宗进献了包括水精念珠等在内的物品。"诚寻献银香炉、木槵子、白琉璃、五香、水精、紫檀、琥珀所饰念珠，及青色织物绫。"[①]成寻在解释为何挑选这些进献物品时言及："昔天台智者，以莲华、香炉、水精念珠献隋炀帝。今日域愚僧，以纯银香炉、五种念珠进今上圣主，共表祝延志，奉祈万岁旨奏之也。"[②]成寻所言及的"天台智者"，即天台宗（法华宗）的创立者智顗。成寻遵循天台宗传统进献水精念珠。由于天台宗对日本佛教的重大影响，智顗向隋炀帝进献水精念珠成为日本入唐僧遵循的传统。这也是日本入唐僧馈赠水精念珠的重要原因之一。

在有关日本入唐僧的记载中，水精念珠是大多数日本僧人携带的物品。804年（贞元二十年，日本延历二十三年），最澄（767—822）前往天台山巡礼。明州在颁发的《传教大师入唐牒》中详细罗列了最澄的随身物品。除了各种佛经外，还有"水精念珠十卷，檀龛水天菩萨一躯（高一尺）"[③]。838年（开成三年，日本承和五年），圆仁（794—864）一行在扬州滞留了七个多月。其间，时任淮南节度使的李德裕曾四次前往圆仁寄住的开元寺进行探访。为了表示答谢，圆仁向李德裕赠送了水精念珠。"（十一月）十六日，作启谢相公到寺慰问，兼赠少物：水精念珠两串、银装刀子六柄、斑笔廿管、螺子三口。别作赠状，相同入启函里，便付相公随军沈弁大夫交去。"[④]此外，839年（开成四年，日本承和六年）四月，圆仁一行困于登州牟平县。为了能

①《宋史》卷四九一《日本国传》，中华书局，1977，第14137页。

②［日］成寻：《新校参天台五台山记》卷四，王丽萍校点，上海古籍出版社，2009，第273–274页。

③［日］砺波护：《入唐僧带来的公验和过所》，龚卫国译，载鲁才全主编《魏晋南北朝隋唐史资料》第13辑，武汉大学出版社，1994，第137页。［日］砺波护：《隋唐佛教文化》，韩昇等译，上海古籍出版社，2004，第169页。

④［日］圆仁：《入唐求法巡礼行记》卷一，顾承甫、何泉远点校，上海古籍出版社，1986，第18–19页。

够提早启程回国，日本僧人举行了祈神仪式。"令卜部祈祷神等。火珠一个祭施于住吉大神，水精念珠一串施于海龙王，剃刀一柄施于主舶之神，以祈平归本国。"①这里将水精念珠作为酬神的物品。综上，虽然水精念珠是高价值物品，但也并不能称之为珍贵。

通过以上梳理，"又缘都蒙请"的七种物品只能说是渤海国缺匮的物品，谈不上是什么贵重奢侈品。马一虹的观点并不足采信。

从数量上看，"又缘都蒙请"的七种物品的数量也并不多。"黄金小一百两、水银大一百两、金漆一缶、漆一缶、海石榴油一缶，水精念珠四贯、槟榔扇十枝。"②这里的计量单位和数量都无法用"多"加以称呼。水银、槟榔扇，缺乏其他史料作为参照，这里暂不讨论。

"黄金小一百两"，这是最容易让人误以为是贵重物的品类。但是作为赠送渤海国国王的礼物，数量并非想象中那么高价值。在渤日交聘史上，日本政府曾经两次请求渤海国将黄金转交给在唐的日本学问僧。渤海国第13回遣日使（795—796）时，《日本逸史》："今因定琳等还，赐沙金三百两以充永忠等。《国史》第百九十三《殊俗部·渤海》。"③这段文字不见于现存的《类聚国史》。《日本纪略前篇》也有相关文字。"今因定琳等还，沙金小三百两以充永忠等。"④《日本纪略前篇》的内容与《日本逸史》基本相同，但省略了"赐"字，"沙金小三百两"中多了"小"字。《日本逸史》成书于1692年（康熙三十一年，日本元禄五年），由德川时代学者鸭祐之汇集史料编撰而成。《日本纪略前篇》是平安时代编纂的编年体史书。"《日本纪略》虽未注明成书年代和作者，但从纪事至后一条天皇延长69年（1035）年，可判定此去成书之日不会甚远。"⑤《日本纪略前篇》的成书年代远早于《日本逸史》。《日本纪略前篇》记录了神代至宇多天皇时期的历史。神代部

---

① ［日］圆仁：《入唐求法巡礼行记》卷一，顾承甫、何泉远点校，上海古籍出版社，1986，第46页。

② 《续日本纪》卷三四，宝龟八年五月癸酉，吉川弘文馆，1966，第435页。

③ 《日本逸史》卷五，吉川弘文馆，1965，第31页。

④ 《日本纪略前篇》十三《桓武天皇》，吉川弘文馆，1965，第269页。

⑤ 孙玉良：《日本古籍中的渤海史料》，《学习与探索》1982年第4期，第114页。

分完全本于《日本书纪》神代纪，无所增减。神武天皇至光孝天皇部分，抄录自六国史。虽然《日本纪略前篇》在细节方面往往按照撰者己意进行删改，但"沙金小三百两"一句完全没有删改的必要。据此可知，这段文字应以《日本纪略前篇》的内容为是。桓武天皇交给吕定琳"沙金小三百两"，让渤海国转送给在唐的学问僧永忠一行人。渤海国第24回遣日使（841—842）时，在承和九年（842，会昌二年）大彝震的国书中提及："又别状曰：彝震祖父王在日，差高承祖入觐之时，天皇注送在唐住五台山僧灵仙黄金百两，寄附承祖，承祖领将。"[1]这里回顾的是渤海国第22回遣日使（825—826）时的事情。淳和天皇交给高承祖"黄金百两"，让渤海国转送在五台山学佛的日本学问僧灵仙。

日本政府为了让日本学问僧能够安心在唐朝学习，无后顾之忧，交给永忠一行人"沙金小三百两"，灵仙"黄金百两"。以此为参照，"又缘都蒙请"中的"黄金小一百两"并非庞大的数额。

金漆、漆、海石榴油的计量单位都是"一缶"，即一罐。在日本向唐朝进贡的"别贡物"中，提及"海石榴油六斗……金漆四斗"[2]，相较而言，数量也不是很多。如此少的量，对于大型建筑建造而言，无疑是杯水车薪，因此，将之作为"宫殿、寺庙建筑物资"的理解是错误的。"水精念珠四贯"，即水精念珠四串，而最澄一人携带的水精念珠即达到了"十卷"（即十串）之多，所以这个数量也是微乎其微的。

通过以上梳理，从数量上看，"又缘都蒙请"的七种物品的数量都是非常有限的。赠予渤海国国王的黄金数量少于赠予日本学问僧的数量。其他物品也无法支撑大型建筑建造的需求。《中国东北史》的论断也是错误的。

至于"又缘都蒙请"所得物品的用途，还应从文献本身寻求答案。在渤日交聘史上，由大使提出物品的请求，仅此一例。这充分说明这一请求的特殊性。考虑到此回遣日使的任务之一是告知大钦茂王妃去

①《续日本后纪》卷十一，承和九年三月辛丑，吉川弘文馆，1966，第129-130页。

②《延喜式》卷三十《大藏省》，吉川弘文馆，1965，第737页。

世的消息，"又缘都蒙请"所得物品应是渤海国为了安葬大钦茂王妃、营建王妃陵寝而请求的物品。

第二节
日本对渤海国遣日使使团授予品阶和俸禄

日本政府除了例行对渤海国国王进行馈赠外，基于对唐朝制度的效仿，出于"厚来而薄往"的小中华意识、褒奖渤海国遣日使不畏艰险的精神、补偿旅途中的伤亡和损失等原因，日本政府也会对渤海国遣日使进行馈赠。如第1回遣日使时，24人的使团只有8人幸存，因此，当他们踏上返程之时，日本政府又对高齐德等人进行了额外赏赐。神龟五年四月，"壬午，齐德等八人，各赐䌷、帛、绫、绵有差"①。不过这只是个案，在其他可遣日使的记录中，并无相关记载。而形成惯例，频见于历回遣日使记载的馈赠，按照不同的缘由，可以将之区分为四大类，即授予品阶和俸禄、死亡人员的抚恤、赠送衣服、额外馈赠等。其中授予品阶和俸禄是最主要的形式。

一、授予品阶和俸禄的基本情况

渤海国、日本都仿照唐朝制度确立了较为完备的官僚体系。但是渤海国与日本之间的官僚制度并不一致，渤海国遣日使抵达日本后，为了方便日本政府对等接待，日本政府基本上都需要对他们的品阶进行认定，在这一过程中　日本政府还会同时赐予与其品阶对等的俸禄。除了第12回遣日使（786—787）、第13回遣日使（795—796）、第15回遣日使（809—810）、第18回遣日使（818）等4回匮乏文献，具体情况不详，第28回遣日使（871—872）、第33回遣日使（907—908）等2回，虽然记载丰富，但未有授予品阶和俸禄的相关记载外，其余28回遣日使都留有授予品阶和俸禄的相关记载。大致情况如下：

①《续日本纪》卷十,神龟五年四月壬午,吉川弘文馆,1966,第112-113页。

　　第 1 回遣日使（727—728）时，神龟五年正月，"于是高齐德等八人并授正六位上，赐当色服，仍宴五位已上及高齐德等，赐大射及雅乐寮之乐。宴讫，赐禄有差。"①这是渤海国第一回交聘日本，加之 24 人的使团只有 8 人幸免于难，因此日方极为慷慨，不论使团幸存人员是否有品阶，什么品阶，全都赠予"正六位上"及相应的俸禄。

　　此后，历回遣日使前往日本国都时，日本政府都会将授予渤海国遣日使品阶和俸禄作为接待仪式的一部分。第 2 回遣日使（739—740）时，天平十二年（740，开元二十八年）正月，"甲午，渤海郡副使云麾将军己珍蒙等授位各有差。即赐宴于朝堂。赐……己珍蒙美浓絁廿疋，绢十疋，丝五十絇，调绵二百屯。自余各有差"②。

　　第 3 回遣日使（752—753）时，天平胜宝五年（753，天宝十二年）五月，"丁卯，飨慕施蒙等于朝堂，授位、赐禄各有差"③。

　　第 4 回遣日使（758—759）时，天平宝字三年（759，乾元二年）正月，"乙酉，帝临轩，授高丽大使杨承庆正三位，副使杨泰师从三位，判官冯方礼从五位下，录事已下十九人各有差。赐国王及大使已下禄有差"④。

　　第 5 回遣日使（759—760）时，天平宝字四年（760，乾元三年）正月，"诏授高丽国大使高南申正三位，副使高兴福正四位下，判官李能本，解臂鹰安贵宝并从五位下，录事已下各有差。……赐宴于五位已上及蕃客，赐禄有差"⑤。

　　第 6 回遣日使（762—763）时，天平宝字七年（763，宝应二年）正月，"庚戌，帝御阁门。授高丽大使王新福正三位，副使李能本正四位上，判官杨怀珍正五位上，品官著绯达能信从五位下，余各有差。赐国王及使，傔人已上禄亦有差。宴五位已上及蕃客，奏唐乐于庭，

① 《续日本纪》卷十，神龟五年正月甲寅，吉川弘文馆，1966，第 111–112 页。

② 《续日本纪》卷十三，天平十二年正月甲午，吉川弘文馆，1966，第 156–157 页。

③ 《续日本纪》卷十九，天平胜宝五年五月丁卯，吉川弘文馆，1966，第 218 页。

④ 《续日本纪》卷二二，天平宝字三年正月乙酉，吉川弘文馆，1966，第 259 页。

⑤ 《续日本纪》卷二二，天平宝字四年正月己巳，吉川弘文馆，1966，第 269 页。

赐客主五位已上禄各有差"①。

第7回遣日使（771—773）时，宝龟三年（772，大历七年）二月，"飨五位已上及渤海蕃客于朝堂。赐三种之乐。……授大使壹万福从三位，副使正四位下，大判官正五位上，少判官正五位下，录事并译语并从五位下，著绿品官已下各有差。赐国王美浓絁卅疋、丝二百絇、调绵三百屯。大使壹万福已下亦各有差"②。

第9回遣日使（776—777）时，宝龟八年（777，大历十二年）四月，"戊申，天皇临轩，授渤海大使献可大夫、司宾少令、开国男史都蒙正三位，大判官高禄思，少判官高郁琳并正五位上，大录事史遒仙正五位下，少录事高珪宣从五位下，余皆有差。赐国王禄，具载敕书，史都蒙已下亦各有差"③。

第10回遣日使（778—779）时，宝龟十年（779，大历十四年）正月，"戊申，宴五位以上及渤海使仙寿等于朝堂。赐禄有差。诏渤海国使曰：渤海王使仙寿等来朝拜觐，朕有嘉焉，所以加授位阶，兼赐禄物"④。

第14回遣日使（798—799）时，延历十八年（799，贞元十五年）正月，"命五位已上宴乐，渤海国使大昌泰等预焉，赉禄有差"⑤。

第16回遣日使（810—811）时，弘仁二年（811，元和六年）正月，"壬寅，宴五位已上并藩客，赐禄"⑥。"乙卯，遣大纳言正三位坂上大宿祢田村麻吕、中纳言正三位藤原朝臣葛野麻吕、参议从三位菅野朝臣真道等，飨渤海使于朝集院，赐禄有差。"⑦

第17回遣日使（814—815）时，弘仁六年（815，元和十年）正月，"己卯，宴五位以上并渤海使，奏女乐。是日……渤海国大使王孝

①《续日本纪》卷二四，天平宝字七年正月庚戌，吉川弘文馆，1966，第290页。

②《续日本纪》卷三二，宝龟三年二月癸丑，吉川弘文馆，1966，第400页。

③《续日本纪》卷三四，宝龟八年四月戊申，吉川弘文馆，1966，第434页。

④《续日本纪》卷三五，宝龟十年正月戊申，吉川弘文馆，1966，第446页。

⑤《日本后纪》卷八，延历十八年正月壬子，吉川弘文馆，1966，第15页。

⑥《日本后纪》卷二一，弘仁二年正月壬寅，吉川弘文馆，1966，第95页。

⑦《日本后纪》卷二一，弘仁二年正月乙卯，吉川弘文馆，1966，第95页。

廉授从三位，副使高景秀正四位下，判官高英善、王昇基正五位下，录事释仁贞、乌贤偲、译语李俊雄从五位下，赐禄有差"①。"戊子，御丰乐院，宴五位已上及蕃客，奏蹈歌。赐禄有差。"②"壬辰，于朝集堂飨王孝廉等，赐乐及禄。"③

第19回遣日使（819—820）时，弘仁十一年（820，元和十五年）正月，"庚辰，宴五位已上及蕃客于丰乐殿。授位。又渤海国入觐大使李承英等叙位有差"④。"十一年正月己丑，御丰乐殿，奏踏歌。宴群臣及蕃客，赐禄有差。"⑤

第20回遣日使（821—822）时，弘仁十三年（822，长庆二年）正月，"十三年春正月癸巳朔，皇帝御大极殿受朝。京官文武王公以下，及蕃客朝集使等陪位如仪。是日，御丰乐殿宴侍臣，赐禄有差"⑥。

第24回遣日使（841—842）时，承和九年四月，"己巳，天皇御丰乐殿，飨渤海使等。诏授大使贺福延正三位，副使王宝璋正四位下，判官高文暄、乌孝慎二人并正五位下，录事高文宣、高平信、安欢喜三人并从五位下。自外译语已下、首领已上十三人，随色加阶焉。使右少辨兼右近卫少将从五位下藤原朝臣氏宗共食。日暮，赐禄各有差"⑦。

第25回遣日使（848—849）时，日本太政官符写道：王文矩一行破例得到仁明天皇的召见。"宜特赐恩隐，听奉入觐。爵赐匹段，准据旧章。"⑧

第30回遣日使（882—883）时，元庆七年（883，中和三年）五月，"三日戊辰，天皇御丰乐殿，赐宴渤海客徒。亲王已下，参议已上

---

①《日本后纪》卷二四，弘仁六年正月己卯，吉川弘文馆，1966，第129页。
②《日本后纪》卷二四，弘仁六年正月戊子，吉川弘文馆，1966，第131页。
③《日本后纪》卷二四，弘仁六年正月壬辰，吉川弘文馆，1966，第131页。
④《日本纪略前篇》十四《嵯峨天皇》，吉川弘文馆，1965，第310页。
⑤《类聚国史》卷七二《岁时部·十六日踏歌》，吉川弘文馆，1965，第325页。
⑥《类聚国史》卷七一《岁时部·元日朝贺》，吉川弘文馆，1965，第302页。
⑦《续日本后纪》卷十一，承和九年四月己巳，吉川弘文馆，1966，第131页。
⑧《续日本后纪》卷十九，嘉祥二年五月乙丑，吉川弘文馆，1966，第227页。

侍殿上，五位已上侍显阳堂，大使已下廿人侍承欢堂，百官六位已下相分侍观德、明义两堂。授大使文籍院少监正四品赐紫金鱼袋裴颋从三位，副使正五品赐绯银鱼袋高周封正四位下，判官、录事授五位，其次叙六位，已下各有等级，随其位阶赐朝衣。客徒拜舞退出，更衣而入，拜舞升堂就食。雅乐寮陈鼓钟，内教坊奏女乐，妓女百卅八人递出舞。酒及数杯，别赐御余枇杷子一银椀，大使已下起座拜受。日暮，赐客徒禄各有差"①。

除此之外，还有4回遣日使的记载只提及授予品阶，未有授予俸禄的内容。第22回遣日使（825—826）时，天长三年（826，宝历二年）五月，"戊寅，渤海国使攻堂信少卿高承祖授正三位，副使高如岳正四位上，判官王文信、高孝英二人正五位上，录事高成仲、陈崇彦二人从五位上，译语李隆郎、李承宗二人从五位下，六位已下十一人，亦有叙位"②。

第25回遣日使（843—849）时，嘉祥二年（849，大中三年）五月，"丙辰，天皇御丰乐殿，宴客徒等。……大使已下首领相共拜舞。讫授大使王文矩从二位，副使乌孝慎从四位上，大判官马福山、少判官高应顺并正五位下，大录事高文信、中录事多安寿、少录事李英真并从五位下。自余品官并首领等授位有阶"③。

第32回遣日使（894—895）时，宽平七年（895，乾宁二年）五月，"十一日丁卯，天皇幸丰乐院，赐飨于客徒，兼叙位阶"④。

第34回遣日使（919—920）时，延喜二十年（920，贞明六年）五月，"十日辛未，右大臣览渤海国牒状。以大使从三位裴璆授正三位"⑤。

根据以上的罗列，渤海国遣日使前往日本国都后，天皇往往会在

---

①《日本三代实录》卷四三，元庆七年五月戊辰，吉川弘文馆，1966，第535页。

②《类聚国史》卷一九四《殊俗部·渤海下》，吉川弘文馆，1965，第358页。

③《续日本后纪》卷十九，嘉祥二年五月丙辰，吉川弘文馆，1966，第225-226页。

④《日本纪略前篇》二十《宇多天皇》，吉川弘文馆，1965，第543页。

⑤《日本纪略后篇》一《醍醐天皇》，吉川弘文馆，1965，第23页。

接见使团之后，举行宴会。为了让宴会达到高潮，在这一过程中，日本天皇会举行授予渤海国遣日使使团品阶和俸禄的仪式。宴会举行的地点，因为日本曾经多次迁都，各个日本国都的具体地点会有所不同。784年，日本国都由平城京迁至长冈京。794年，日本国都再从长冈京迁至平安京。长冈京时期的记录没有详细说明，因此这里主要讨论平城京和平安京时期。在平城京时，宴会举行的地点为"朝堂"。第2、3、7、10回遣日使时都有明确的记载。平安京时期，宴会地点则为"朝集院"和"丰乐院"。第16、17回遣日使时出现了"朝集院"（或"朝集堂"）的记载。第17、19、20、24、30、34回遣日使时出现了"丰乐院"（或"丰乐殿"）的记载。在"朝集院"或"丰乐院"宴飨渤海国遣日使的区别在于："朝集院"举行的宴会主要由天皇指派的大臣主持，天皇自身并不参加。第16回遣日使时的记录非常清楚。"乙卯，遣大纳言正三位坂上大宿祢田村麻吕、中纳言正三位藤原朝臣葛野麻吕、参议从三位菅野朝臣真道等，飨渤海使于朝集院，赐禄有差。"①"丰乐院"举行的宴会则由天皇亲自出席。

此外，尚须注意的是，在同一回遣日使的记录中，会出现多次"赐禄"的记载。如第16回、第19回遣日使的记载中，"赐禄"都出现了2次。第17回遣日使的记载中，"赐禄"更是出现了3次之多。第16回遣日使（810—811）时，弘仁二年正月，"壬寅，宴五位已上并藩客，赐禄"②。"乙卯，遣大纳言正三位坂上大宿祢田村麻吕、中纳言正三位藤原朝臣葛野麻吕、参议从三位菅野朝臣真道等，飨渤海使于朝集院，赐禄有差"③。第17回遣日使（814—815）时，弘仁六年正月，"己卯，宴五位以上并渤海使，奏女乐。是日……渤海国大使王孝廉授从三位，副使高景秀正四位下，判官高英善、王昇基正五位下，录事释仁贞、乌贤偲、译语李俊雄从五位下，赐禄有差"④。"戊子，

①《日本后纪》卷二一，弘仁二年正月乙卯，吉川弘文馆，1966，第95页。

②《日本后纪》卷二一，弘仁二年正月壬寅，吉川弘文馆，1966，第95页。

③《日本后纪》卷二一，弘仁二年正月乙卯，吉川弘文馆，1966，第95页。

④《日本后纪》卷二四，弘仁六年正月己卯，吉川弘文馆，1966，第129页。

御丰乐院，宴五位已上及蕃客，奏蹈歌。赐禄有差。"①"壬辰，于朝集堂飨王孝廉等，赐乐及禄。"②第19回遣日使（819—820）时，弘仁十一年正月，"庚辰，宴五位已上及蕃客于丰乐殿。授位。又渤海国入觐大使李承英等叙位有差"③。"十一年正月己丑，御丰乐殿，奏踏歌。宴群臣及蕃客，赐禄有差。"④授予俸禄是与品阶相对应的，这种多次"赐禄"不仅会对日本贬政造成极大负担，而且也会影响到授予品阶的庄严性，所以多次"赐禄"更可能是日本史官为了记述简便而进行的省略。换句话说，多次"赐禄"中只有一次是授予俸禄，其他的则是对额外馈赠的简写。下文将详细地加以考证。

二、授予品阶和俸禄的对象

授予品阶的对象乃是渤海国遣日使中的官员群体，而并非遣日使的全体成员。共有11回遣日使有着较为完整的授予品阶的记录。其中大使通常都被授予"正三位"。按照现有的文献，从第4回遣日使大使杨承庆开始，这似乎成了定例。只有第7回遣日使"大使壹万福"⑤、第17回遣日使"大使三孝廉"⑥、第30回遣日使大使裴颋被授予了"从三位"⑦的品阶。而第25回遣日使大使王文矩则被破例授予了"从二位"⑧的品阶。王文矩曾先后3回交聘日本，而这次出使日本的文职事官只是"永宁县丞"⑨，王文矩却获得了前所未有的高阶，这应视为日方对王文矩的补偿。

除了大使外，其他使团成员也会被授予相应的品阶。作为大使的

①《日本后纪》卷二四，弘仁六年正月戊子，吉川弘文馆，1966，第131页。

②《日本后纪》卷二四，弘仁六年正月壬辰，吉川弘文馆，1966，第131页。

③《日本纪略前篇》十四《嵯峨天皇》，吉川弘文馆，1965，第310页。

④《类聚国史》卷七二《岁时部·十六日踏歌》，吉川弘文馆，1965，第325页。

⑤《续日本纪》卷三二，宝龟三年二月癸丑，吉川弘文馆，1966，第400页。

⑥《日本后纪》卷二四，弘仁六年正月己卯，吉川弘文馆，1966，第129页。

⑦《日本三代实录》卷四三，元庆七年五月戊辰，吉川弘文馆，1966，第535页。

⑧《续日本后纪》卷十九，嘉祥二年五月丙辰，吉川弘文馆，1966，第225-226页。

⑨《续日本后纪》卷十九，嘉祥二年三月戊辰，吉川弘文馆，1966，第222页。

副手，副使通常也会被授予高阶。大致是四种品阶："从三位"，如第4回遣日使"副使杨泰师"[1]；或者"正四位上"，如第6回遣日使"副使李能本"[2]、第22回遣日使"副使高如岳"[3]；或者"正四位下"，如第5回遣日使"副使高兴福"[4]、第7回遣日使失名副使[5]、第17回遣日使"副使高景秀"[6]、第24回遣日使"副使王宝璋"[7]、第30回遣日使"副使……高周封"[8]；或者"从四位上"，如第25回遣日使"副使乌孝慎"。[9]

副使之下为判官。随着使团人员的扩大，使团内部架构进一步细化，渤海国调整了判官的内部品阶，即将判官区分为"大判官"和"少判官"。按照现有的文献，这种区分，可以追溯至第7回遣日使（771—773）时。在第7回遣日使之前，判官通常会被授予"正五位上"，如第6回遣日使"判官杨怀珍"[10]；或者"从五位下"，如第4回遣日使"判官冯方礼"[11]，第5回遣日使"判官李能本，解臂鹰安贵宝"[12]。第7回遣日使（771—773）之后，"大判官"和"少判官"在日本授予品阶时出现了差别。如第7回遣日使，"大判官正五位上，少判官正五位下"[13]。第9回遣日使，"大判官高禄思，少判官高郁琳并正五

---

① 《续日本纪》卷二二，天平宝字三年正月乙酉，吉川弘文馆，1966，第259页。
② 《续日本纪》卷二四，天平宝字七年正月庚戌，吉川弘文馆，1966，第290页。
③ 《类聚国史》卷一九四《殊俗部·渤海下》，吉川弘文馆，1965，第358页。
④ 《续日本纪》卷二二，天平宝字四年正月己巳，吉川弘文馆，1966，第269页。
⑤ 《续日本纪》卷三二，宝龟三年二月癸丑，吉川弘文馆，1966，第400页。
⑥ 《日本后纪》卷二四，弘仁六年正月己卯，吉川弘文馆，1966，第129页。
⑦ 《续日本后纪》卷十一，承和九年四月己巳，吉川弘文馆，1966，第131页。
⑧ 《日本三代实录》卷四三，元庆七年五月戊辰，吉川弘文馆，1966，第535页。
⑨ 《续日本后纪》卷十九，嘉祥二年五月丙辰，吉川弘文馆，1966，第225-226页。
⑩ 《续日本纪》卷二四，天平宝字七年正月庚戌，吉川弘文馆，1966，第290页。
⑪ 《续日本纪》卷二二，天平宝字三年正月乙酉，吉川弘文馆，1966，第259页。
⑫ 《续日本纪》卷二二，天平宝字四年正月己巳，吉川弘文馆，1966，第269页。
⑬ 《续日本纪》卷三二，宝龟三年二月癸丑，吉川弘文馆，1966，第400页。

位上"①。第17回遣日使"判官高英善、王昇基正五位下"②。第22回遣日使"判官王文信、高孝英二人正五位上"③。第24回遣日使"判官高文喧、乌孝慎二人并正五位下"④。第25回遣日使"大判官马福山、少判官高应顺并正五位下"⑤。

判官之下为录事。与判官一样，随着使团人员的扩大，录事也被细分为"大录事"和"少录事"。按照现有的文献，这种区分，可以追溯至第9回遣日使（776—777），即"大录事史遒仙正五位下，少录事高珪宣从五位下"⑥。不过或是由于这种细分并不常见，或是由于日本文献失载，多数时仍统一写为录事。如第17回遣日使"录事释仁贞、乌贤偲……从五位下"⑦。第22回遣日使"录事高成仲、陈崇彦二人从五位上"⑧。第24回遣日使"录事高文宣、高平信、安欢喜三人并从五位下"⑨。迨至第25回遣日使（848—849）时，录事进一步被细分为"大录事""中录事"和"少录事"。第25回遣日使的记录中写道"大录事高文信、中录事多安寿、少录事李英真并从五位下"⑩。

录事之下为译语。如第7回遣日使的记录中写道"录事并译语并从五位下"⑪。第17回遣日使"译语李俊雄从五位下"⑫。第22回遣日使"译语李隆郎、李承宗二人从五位下"⑬。从授予的品阶上看，译语与录事大致相等，说明他们在渤海国的官僚体系中处于同一品阶，只是

①《续日本纪》卷三四·宝龟八年四月戊申，吉川弘文馆，1966，第434页。

②《日本后纪》卷二四 弘仁六年正月己卯，吉川弘文馆，1966，第129页。

③《类聚国史》卷一九四《殊俗部·渤海下》，吉川弘文馆，1965，第358页。

④《续日本后纪》卷十一，承和九年四月己巳，吉川弘文馆，1966，第131页。

⑤《续日本后纪》卷十九，嘉祥二年五月丙辰，吉川弘文馆，1966，第225-226页。

⑥《续日本纪》卷三四，宝龟八年四月戊申，吉川弘文馆，1966，第434页。

⑦《日本后纪》卷二四，弘仁六年正月己卯，吉川弘文馆，1966，第129页。

⑧《类聚国史》卷一九四《殊俗部·渤海下》，吉川弘文馆，1965，第358页。

⑨《续日本后纪》卷十一，承和九年四月己巳，吉川弘文馆，1966，第131页。

⑩《续日本后纪》卷十九，嘉祥二年五月丙辰，吉川弘文馆，1966，第225-226页。

⑪《续日本纪》卷三二，宝龟三年二月癸丑，吉川弘文馆，1966，第400页。

⑫《日本后纪》卷二四，弘仁六年正月己卯，吉川弘文馆，1966，第129页。

⑬《类聚国史》卷一九四《殊俗部·渤海下》，吉川弘文馆，1965，第358页。

职责不同而已。

使团的其余官员，在日本文献中则多被省略。如第4回遣日使时，"录事已下十九人各有差"①。第5回遣日使时，"录事已下各有差"②。第6回遣日使时，"余各有差"③。第9回遣日使时，"余皆有差"④。不过钩沉史料，尚可以管窥这些被略写的官员包括哪些官员。依据日本史料所存的只言片语，他们大致按照三种分类方式留存于日本文献之中。

第一种分类方式是按照使团内部承担的职责加以记述。"赐蕃客例"中，除了写明渤海国国王、大使、副使、判官、录事、译语等所受馈赠外，还写道："译语、史生及首领：各絁五疋、绵廿屯。"⑤依据《延喜式》，渤海国遣日使使团还包括史生、首领等官员。此外，第24回遣日使（841—842）时，保留了一份较为完整的使团名单。《咸和十一年中台省致日本太政官牒》："应差入觐贵国使政堂省左允贺福延并行从一百五□。一人使头，政堂省左允贺福延。一人嗣使，王宝璋。二人判官，高文暄、乌孝慎。三人录事，高文选、高平信、安宽喜。二人译语，季宪寿、高应慎。二人史生，王禄昇、李朝清。一人天文生，晋昇堂。六十五人大首领。廿八人梢工。"⑥依据这份名单，除了译语、史生、大首领外，还有天文生。第28回遣日使的记录亦可佐证。贞观十四年（872，咸通十三年）五月，"品官以下并首领等授位各有等级。及天文生以上，随位阶各赐朝服"⑦。

此外，第6回遣日使（762—763）时，天平宝字七年正月，"赐国

---

①《续日本纪》卷二二，天平宝字三年正月乙酉，吉川弘文馆，1966，第259页。

②《续日本纪》卷二二，天平宝字四年正月己巳，吉川弘文馆，1966，第269页。

③《续日本纪》卷二四，天平宝字七年正月庚戌，吉川弘文馆，1966，第290页。

④《续日本纪》卷三四，宝龟八年四月戊申，吉川弘文馆，1966，第434页。

⑤《延喜式》卷三十《大藏省》，吉川弘文馆，1965，第738页。

⑥ 王承礼：《记唐代渤海国咸和十一年中台省致日本太政官牒》，《北方文物》1988年第3期，第27页。

⑦《日本三代实录》卷二一，贞观十四年五月戊子，吉川弘文馆，1966，第307-308页。

王及使，傔人已上禄亦有差"①。"傔人"也是可以被授予品阶和俸禄的官员。"傔人"乃是渤海国、日本仿效唐朝制度所订立的官职。根据马俊民对唐朝傔从的考证，"傔从，史籍中又称'傔人'，也简称'傔'。别奏，史籍中又简称'奏'。史籍中常常把两者合在一起简称'傔奏'或'奏傔'"②。从唐初开始，傔人广泛地出现在军、镇之中。《唐六典》卷五《尚书兵部》介绍了开元年间傔人设置的大致情况。"凡诸军、镇大使·副使已下，皆有傔人、别奏以为之使：大使三品已上，傔二十五人，别奏十人（四品、五品傔递减五人，别奏递减二人）；副使三品已上，傔二十人，别奏八人（四品、五品傔递减四人，别奏递减二人）；总管三品已上，傔十八人，别奏六人（四品、五品傔递减三人，别奏递减二人）。子总管四品已上，傔十一人，别奏三人（五品、六品傔递减二人，别奏递减一人）。若讨击、防御、游奕使·副使，傔准品各减三人，别奏各减二人；总管及子总管，傔准品各减二人，别奏各减一人。若镇守已下无副使，或隶属大军、镇者，使已下傔、奏并四分减一。"③因为渤海国遣日使大使、副使多是可以比附唐朝的三品官，他们也有权在出使时携带傔人数员。

傔人在唐朝官员序列中有着自己特殊的地位。马俊民指出："傔从、别奏是唐军镇各级军将所拥有的低级幕员名，别奏地位稍高于傔从，唐初即设此职，由军将自署，以供临时驱使。随军立功后，可由军将代奏朝廷以补官职。"④孙继民依据吐鲁番文书，进一步指出："别奏、傔人是唐代军人谋求出身进入仕途的重要途径之一。"⑤刘进宝也持同样的观点："唐前中期的别奏、傔人是一种晋升的阶梯。"⑥出使是

① 《续日本纪》卷二四，天平宝字七年正月庚戌，吉川弘文馆，1966，第290页。

② 马俊民：《傔从、别奏考辩》，《南开学报》1981年第3期，第71页。

③ ［唐］李林甫等：《唐六典》卷五《尚书兵部》，陈仲夫点校，中华书局，1992，第159页。

④ 马俊民：《傔从、别奏考辩》，《南开学报》1981年第3期，第73页。

⑤ 孙继民：《有邻馆文书39号的归属及其所反映的奏傔制度》，载《唐代瀚海军文书研究》，甘肃文化出版社，2002，第71页。

⑥ 刘进宝：《唐五代"随身"考》，《历史研究》2010年第4期，第166页。

可以比肩军功的重要功勋，如果能够顺利回国，必然可以论功行赏，因此傔人也成为大使、副使施恩于人的重要手段，傔人成为渤海国遣日使使团中的一个群体。

至于"傔人已上"还应包括哪些官员，似乎可以用日本遣渤海国使的使团构成进行比附。"入渤海使（絁廿疋，绵六十屯，布卌端），判官（絁十疋，绵五十屯，布卅端），录事（絁六疋，绵卌屯，布卅端），译语、主神、医师、阴阳师（各絁五疋，绵卅屯，布十六端），史生、船师、射手、卜部（各絁四疋，绵廿屯，布十三端），杂使、船工、柂师（各絁三疋，绵廿屯，布十端），傔人、挟杪（各絁二疋，绵十屯，布六端），水手（各絁一疋，绵四屯，布二端）。"①除了大使、副使、判官、录事外，在傔人之前，还有译语、主神、医师、阴阳师、史生、船师、射手、卜部、杂使、船工、柂师、傔人、挟杪等。上文言及的"译语、史生"皆出现在这一名单中，其他分工人员似乎也应该存在于渤海国遣日使使团中。如《类聚三代格》在"夷俘并外蕃人事"中记录了天长五年（828，太和二年）正月二日的太政官符，其中写道："太政官符—应充客徒供给事。大使、副使，日各二束五把。判官、录事，日各二束。史生、译语、医师、天文生，日各一束五把。首领已下，日各一束三把。"②这里又出现了前文所未言及的"医师"。不过上文言及的"首领"，这里则没有出现，这表明渤海国遣日使也有自身的特色。

第二种分类方式是记述使团官员的品级，用以作为馈赠的依据。在渤海国遣日使使团中，有一类特殊人群，即有品无职的官员。如第6回遣日使的记录中写道"品官著绯达能信从五位下"③。达能信被授予的品阶与大多数的录事、译语相等，这充分说明达能信在使团中具有较高的地位，只是因为他并没有具体的职事，才被单独开列。其他记载则直接以品阶进行记述。如第22回遣日使时，"六位已下十一人，亦

①《延喜式》卷三十《大藏省》，吉川弘文馆，1965，第738页。

②《类聚三代格》卷十八"夷俘并外蕃人事"，吉川弘文馆，1965，第571页。

③《续日本纪》卷二四，天平宝字七年正月庚戌，吉川弘文馆，1966，第290页。

有叙位"①。第30回遣日使时，"已下各有等级，随其位阶赐朝衣"②。两处记载，皆以品阶作为馈赠的依据。第25回遣日使时，录事以下，"自余品官并首领等授位有阶"③。这里也是以品级作为标准。

第三种分类方式是以官服颜色代替品阶作为书写方式。"品官著绯达能信从五位下。"④其中的"著绯"，就是用官服颜色代替品级的描述。采用这种书写方式的例证尚有几例。第7回遣日使的记录中写道"著绿品官已下各有差"⑤。第24回遣日使的记录中写道："自外译语已下、首领已上十三人，随色加阶焉。"⑥这里所谓的"色"，即官服的颜色。

虽然渤海国冠服制度的相关记载并未留下只言片语，但是从渤海国仿效唐朝建立起相关政治制度的角度出发，渤海国的冠服制度亦应与唐朝相类。唐朝有关冠服的规定非常详细，其中一项就是通过官员衣服颜色区分不同品级的官员身份。唐高祖武德年间制定的《武德令》中即有明确规定。《旧唐书》："（武德）四年（621）八月敕：'三品已上，大科绸绫及罗，其色紫，饰用玉。五品已上，小科绸绫及罗，其色朱，饰用金。六品已上，服丝布，杂小绫、交绫、双紃，其色黄。六品、七品饰银。八品、九品鍮石。流外及庶人服绸、绝、布，其色通用黄，饰用铜铁。"⑦三品以上官员穿着紫色官服，四品、五品官员穿着红色官服，六品官员穿着黄色官服。由于《武德令》过于粗糙，相关法令几经修改。"贞观四年（630）有制，三品已上服紫，五品已下服绯，六品、七品服绿，八品、九品服以青，带以鍮石。……龙朔二年，司礼少常伯孙茂道奏称：'旧令六品、七品着绿，八品、九品着青，深青乱紫，非卑品所服。望请改八品、九品着碧，朝参之处，听

① 《类聚国史》卷一九四《殊俗部·渤海下》，吉川弘文馆，1965，第358页。

② 《日本三代实录》卷四三，元庆七年五月戊辰，吉川弘文馆，1966，第535页。

③ 《续日本后纪》卷十九 嘉祥二年五月丙辰，吉川弘文馆，1966，第225-226页。

④ 《续日本纪》卷二四，天平宝字七年正月庚戌，吉川弘文馆，1966，第290页。

⑤ 《续日本纪》卷三二，宝龟三年二月癸丑，吉川弘文馆，1966，第400页。

⑥ 《续日本后纪》卷十一 承和九年四月己巳，吉川弘文馆，1966，第131页。

⑦ 《旧唐书》卷四五《舆服志》，中华书局，1975，第1952页。

兼服黄。'从之。……上元元年（674）八月又制：'……文武三品已上服紫，金玉带。四品服深绯，五品服浅绯，并金带。六品服深绿，七品服浅绿，并银带。八品服深青，九品服浅青，并𬭚石带。庶人并铜铁带。'"①直至唐高宗时期，细致的唐代官员品服制度确定了下来。

按照唐朝官员的品服制度，"品官著绯达能信"应是四品或五品的官员。"著绿品官已下"指的是七品以下的官员。

通过以上梳理，大致可知渤海国遣日使使团中的大使、副使、判官、录事、译语、史生、天文生、首领等官员，都会得到来自日本政府的馈赠。而他们获得馈赠物的多少，则是依据他们的品阶而定。"著绿品官已下各有差"②，表明七品是日本政府给予馈赠的分水岭。"自外译语已下、首领已上十三人，随色加阶焉。"③比照《延喜式》"译语、史生及首领：各絁五疋、绵廿屯"④的记载，译语、史生、首领以及其他未见诸史料的官员等，在馈赠物接受数量上相同，可知他们应该是七品以下的官员，即八、九品的官员。

三、未进入日本国都情况下授予品阶和俸禄

以上所说的授予品阶和俸禄，都是发生在渤海国遣日使被允许进入日本国都之后的情况。还有8回遣日使因种种原因不被允许进入日本国都。这8回遣日使也会比照允许进入日本国都的使团进行授予品阶和俸禄的相关仪式。

第8回遣日使乌须弗一行未被允许进入日本国都，就地遣返。宝龟四年（773，大历八年）六月，"渤海国使乌须弗等所进表函，违例无礼者，由是不召朝廷，返却本乡。但表函违例者，非使等之过也。涉海远来，事须怜矜，仍赐禄并路粮放还"⑤。日本政府以所携带的国书

① 《旧唐书》卷四五《舆服志》，中华书局，1975，第1952—1953页。

② 《续日本纪》卷三二，宝龟三年二月癸丑，吉川弘文馆，1966，第400页。

③ 《续日本后纪》卷十一，承和九年四月己巳，吉川弘文馆，1966，第131页。

④ 《延喜式》卷三十《大藏省》，吉川弘文馆，1965，第738页。

⑤ 《续日本纪》卷三二，宝龟四年六月戊辰，吉川弘文馆，1966，第410页。

违例无礼为由，拒绝乌须弗一行进入日本国都，不过对乌须弗一行仍然授予俸禄。

第11回遣日使高洋粥一行也未被允许进入日本国都。日本给出的理由大致有三：第一个理由是此回遣日使的品阶较低，日本政府认为这是对日本的轻慢，即所谓的"但来使轻微，不足为宾"①。这回遣日使的大使，《续日本纪》十一月乙亥条写为"高洋粥"，十二月戊午条写为"高洋粥"。《日本纪略前篇》的两处记载则写为"高浑粥"②。四处记录中三处写为"弼"字，"粥"字与之形近，应为误写。《续日本纪》成书早于《日本纪略前篇》，应以"洋"字为是。因此这回遣日使大使的名字应为高洋粥。至于高洋粥的官职，日本史料中只有"押领"的称呼，这种记载在日本史料中仅此一例。不过在中国史料中有一条记载。"贞元八年（792）闰十二月，渤海押靺鞨使杨吉福等三十五人来朝贡。"③金毓黻推测道："册府元龟称渤海使朝唐贡使杨吉福，为押靺鞨使。此盖黑水、越喜、虞娄、铁利诸部俱来，而以吉福为押使以领之。其聘日本使，又有押领之名，亦同此意。"④此推测甚确，因为使团中还包括附属于渤海国的各部，所以才有"押领"一词。不过"押领"并非正式官职，而是临时差遣。日本史料全然不写高洋粥的官职，与历回渤海国遣日使的记载截然不同，证明了"来使轻微"让日本政府极为恼怒。

除此之外，《续日本纪》宝龟十年十一月乙亥条的记载又给出了两条理由。"乙亥，敕捡挍渤海人使：押领高洋粥等进表无礼，宜勿令进。又不就筑紫，巧言求便宜，加勘当。勿令更然。"⑤第二个理由是"进表无礼"，这应该和以往一样，涉及渤海国与日本的外交礼仪之争。第三个理由是"又不就筑紫"，即渤海国遣日使并未按照773年日本规

① 《续日本纪》卷三五，宝龟十年九月庚辰，吉川弘文馆，1966，第451页。

② 《日本纪略前篇》十二《光仁天皇》，吉川弘文馆，1965，第253页。

③ 《唐会要》卷九六《渤海》，中华书局，1955，第1724页。

④ 金毓黻：《渤海国志长编》卷十五《职官考》，社会科学战线杂志社，1982，第348页。

⑤ 《续日本纪》卷三五，宝龟十年十一月乙亥，吉川弘文馆，1966，第453页。

定的航线抵日。不过这两条理由都是老生常谈，只有第一个理由是头一次出现，大概率是日本拒绝此回遣日使前往长冈京的主要原因。

第21回遣日使（823—824）时，高贞泰一行同样未被允许进入日本国都。天长元年（824，长庆四年），"二月壬午，诏曰：……国国比年不稔之天。百姓良毛弊多利。又疫病毛发礼利。时之丰时尔临三。送迎流尔毛。百姓乃苦美有尔依氏奈毛。……本国尔退还止为氏奈毛。大物赐久止宣。天皇我大命乎闻食止宣。"①在这份国书中，淳和天皇以日本国内连年农业歉收，民生凋敝，疫病流行，使团往来导致百姓迎送疲苦等原因，责令返回。

此后5回遣日使不被允许进入日本国都的理由，基本上都是以违反了十二年之期而加以拒绝。《类聚三代格》中保存了天长元年六月二十日的太政官符，其中写道："今被右大臣宣称，奉敕：小之事大，上之待下，年期礼数，不可无限。仍附彼使高贞泰等还，更改前例，告以一纪。宜仰缘海郡，永以为例。其资给等事，一依前符。"②天长三年，面对渤海国第22回遣日使，右大臣藤原绪嗣也提及，"依臣去天长元年正月廿四日上表，渤海入朝，定以一纪"③。正是在藤原绪嗣等人的建议下，日本规定渤海使交聘日本的周期为"一纪"，即12年1次。这一规定被日本政府严格地执行，渤海国最终被迫地接受了这一规定。

第23回遣日使王文矩一行未能获准进入日本国都，就地遣返。承和九年大彝震的国书中提及："前者王文矩等入觐，初到贵界，文矩等即从界末却回。到国之日勘问，不得入觐逗留。"④第26回遣日使乌孝慎一行也被就地遣返回国。太政官给中台省牒中写道："更待纪盈，当表邻好者。"⑤第27回遣日使李居正一行以吊唁文德天皇去世（乌孝慎获知的消息）为由，违期前来。几经交涉，最终日本政府以旱灾爆发，

---

① 《类聚国史》卷一九四《殊俗部·渤海下》，吉川弘文馆，1965，第356-357页。

② 《类聚三代格》卷十八"夷俘并外蕃人事"，吉川弘文馆，1965，第570-571页。

③ 《类聚国史》卷一九四《殊俗部·渤海下》，吉川弘文馆，1965，第357页。

④ 《续日本后纪》卷十一，承和九年三月辛丑，吉川弘文馆，1966，第129页。

⑤ 《日本三代实录》卷三，贞观元年六月丁未，吉川弘文馆，1966，第34页。

沿途接待困难为由，即"顷者炎旱连日，有妨农时。虑夫路次，更以停止"①，同样将之就地遣返。第29回遣日使杨中远一行也被就地遣返。"太政官宣久。先皇乃制止之天。一纪乎以天来朝乃期止为利。而彼国王此制尔违天使乎奉出世利。"②第31回遣日使王龟谋一行也如此。"所司议成，从境放却。"③

在这8回遣日使的记录中，除第8回遣日使的记录中明确写有"赐禄"二字，还有3回亦提及赐禄。第11回遣日使（779—780）时，宝龟十年九月，"癸巳，敕：陆奥、出羽等国，用常陆调絁，相摸庸绵、陆奥税布，充渤海、铁利等禄"④。第23回遣日使（827—828）时，天长五年，"四月癸未，渤海客大使已下，梢工已上，赐绢、绵有差"⑤。第27回遣日使（860—861）时，"以出云国绢一百卅五疋、绵一千二百廿五屯，便颁赐渤海客徒一百五人"⑥。赐禄乃是以授予品阶为前提的，因此可以认定这8回遣日使拥有授予品阶和俸禄的同等待遇。

但是与进入日本国都的遣日使所得俸禄比较，未进入日本国都的遣日使所得俸禄明显偏少。《延喜式》"赐蕃客例"明确规定："大使：绢十疋、絁廿疋、丝五十绚、绵一百屯。副使：絁廿疋、丝卅绚、绵七十屯。判官：各絁十五疋、丝廿绚、绵五十屯。录事：各絁十疋、绵卅屯。译语、史生及首领：各絁五疋、绵廿屯。"⑦与上面三则史料比较，可见未进入日本国都的遣日使所得俸禄在两个方面缩水。一方面是种类上不同，存在着以差等品类充当俸禄的情况。《延喜式》罗列了绢、絁、丝、绵等四个品类。而上面三则史料有绢、絁、绵等，想来丝也应该有。不过780年的记载出现了"陆奥税布"的记载，这应是绵的折算物，品类要低于绵。另一方面是产地不同，也存在着以差等

①《日本三代实录》卷五，贞观三年五月甲午，吉川弘文馆，1966，第76页。

②《日本三代实录》卷三一，贞观十九年六月甲午，吉川弘文馆，1966，第407页。

③《本朝文粹》卷十二《牒》，吉川弘文馆，1965，第303页。

④《续日本纪》卷三五，宝龟十年九月癸巳，吉川弘文馆，1966，第452页。

⑤《类聚国史》卷一九四《殊俗部·渤海下》，吉川弘文馆，1965，第358页。

⑥《日本三代实录》卷五，贞观三年五月甲午，吉川弘文馆，1966，第76页。

⑦《延喜式》卷三十《大藏省》，吉川弘文馆，1965，第738页。

品类充当俸禄的情况。第11回、第27回遣日使记录中出现的常陆、相模、陆奥、出云等产地的品类，相比差一些。己珍蒙的馈赠中有"美浓絁廿疋"。美浓絁是美浓国（今岐阜县）特产的絁，古濑奈津子指出："美浓絁是美浓国特产的巾广之絁。"①相较于"常陆调絁"，美浓絁质料上乘，因此成为馈赠外国的物品。

四、授予品阶和俸禄的使团成员只是整个使团中的少数人

尽管按照日本史料，渤海国遣日使中的众多成员都能够得到与自己品阶相匹配的馈赠，但这些人实际上是使团中的少数。在现有的日本史料中，至少有4回遣日使的记载同时拥有使团的人数和授予品阶的人数。

第1回遣日使幸存的8人全都赠予"正六位上"及相应的俸禄，之后各回遣日使都没有得到这样的待遇。第4回遣日使时，758年九月，"丁亥，小野朝臣田守等至自渤海。渤海大使辅国大将军兼将军行木底州刺史兼兵署少正开国公杨承庆已下廿三人随田守来朝"②。次年正月，"乙酉，帝临轩，授高丽大使杨承庆正三位，副使杨泰师从三位，判官冯方礼从五位下，录事已下十九人各有差。赐国王及大使已下禄有差"③。这里有22人得到了品阶和俸禄，而使团成员共计23人，一人未能如其他人一样获得品阶和俸禄，不知何故。更合理的解释可能是误记。与第1回遣日使一样，全体使团成员都被授予品阶和俸禄；然而相比于第1回遣日使所授品阶一致，第4回遣日使所得品阶已经实行差异化授予。

第22回遣日使（825—826）时，"（天长）二年十二月辛丑，隐伎国驰驿奏上：渤海国使高承祖等百三人到来"④。这次使团的规模为

①［日］古濑奈津子：《遣唐使眼中的中国》，郑威译，武汉大学出版社，2007，第80页。

②《续日本纪》卷二一，天平宝字二年九月丁亥，吉川弘文馆，1966，第256页。

③《续日本纪》卷二二，天平宝字三年正月乙酉，吉川弘文馆，1966，第259页。

④《类聚国史》卷一九四《殊俗部·渤海下》，吉川弘文馆，1965，第357页。

103人。天长三年五月,"戊寅,渤海国使政堂信少卿高承祖授正三位,副使高如岳正四位上,判官王文信、高孝英二人正五位上,录事高成仲、陈崇彦二人从五位上,译语李隆郎、李承宗二人从五位下,六位已下十一人,亦有叙位"①。这里只有19人被授予品阶。第24回遣日使(841—842)时,承和八年(841,会昌元年)十二月,"丁亥,长门国言:渤海客徒贺福延等一百五人来着"②。这次使团的规模为105人,授予品阶的只有20人。承和九年四月,"己巳,天皇御丰乐殿,飨渤海使等。诏授大使贺福廷正三位,副使王宝璋正四位下,判官高文喧、乌孝慎二人并正五位下,录事高文宣、高平信、安欢喜三人并从五位下。自外译语已下、首领已上十三人,随色加阶焉"③。

第1回、第4回遣日使的全体成员都被授予品阶和俸禄,而第22回、第24回遣日使则只有19人、20人被授予品阶和俸禄。这是因为一方面渤海国遣日使使团的人数规模不断扩大,另一方面则是日方对使团进入日本国都的人数进行了限制。

第7回遣日使(771—772)时,宝龟二年(771,大历六年)六月,壹万福一行抵达日本。"壬午,渤海国使青绶大夫壹万福等三百廿五人,驾船十七只,着出羽国贼地野代凑,于常陆国安置供给。"④这回使团的规模达到了前所未有的325人。十月,"丙寅,征渤海国使青绶大夫壹万福已下卅人,令会贺正"⑤。325人的使团,最终只有40人被允许进入日本国都参加贺正礼。这表明最晚至771年,日本已经开始限制进入日本国都的使团人数。

而遣日使进入日本国都的人数还在被裁减。第9回遣日使(776—777)时,史都蒙一行遵照日方的规定,放弃了传统的北方航线,转而走南方航线。从南海府下辖的吐号浦出发,预计经对马海峡抵达九州

①《类聚国史》卷一九四《殊俗部·渤海下》,吉川弘文馆,1965,第358页。

②《续日本后纪》卷十,承和八年十二月丁亥,吉川弘文馆,1966,第126页。

③《续日本后纪》卷十一,承和九年四月己巳,吉川弘文馆,1966,第131页。

④《续日本纪》卷三一,宝龟二年六月壬午,吉川弘文馆,1966,第393页。

⑤《续日本纪》卷三一,宝龟二年十月丙寅,吉川弘文馆,1966,第394–395页。

岛。然而却在海上遭遇了风暴，损失惨重。"比著我岸，忽遭恶风，柂折帆落，漂没者多。计其全存，仅有卅六人。"①使团只有46人幸存。不过此回使团的人数在宝龟八年二月壬寅条中还有另一组数字。"都蒙等一百六十余人远贺皇祚，航海来朝，忽被风漂，致死一百廿，幸得存活才卅六人。"②两相比较，两组数字在幸存人数上一致，即46人，但使团总人数则分别为"一百八十七人""一百六十余人"，相差20余人。由于宝龟八年二月壬寅条中明确提及死亡人数为"一百廿"，总计提供了三个可以相互参照的数字，因此应以宝龟八年二月壬寅条中的数字为准。即使团总人数共计166人，死亡120人，幸存46人。宝龟八年（777，大历十二年）二月，史都蒙一行获准前往京城。"壬寅，召渤海使史都蒙等卅人入朝。时都蒙言曰：都蒙等一百六十余人远贺皇祚，航海来朝，忽被风漂，致死一百廿，幸得存活才卅六人。既是险浪之下，万死一生，自圣朝至德，何以独得存生。况复殊蒙进入，将拜天阙。天下幸民，何处亦有。然死余都蒙等卅余人，心同骨肉，期共苦乐。今承十六人别被处置，分留海岸，譬犹割一身而分背，失四体而匍匐。仰望宸辉曲照，听同入朝。许之。"③这段文字表明，日本政府最开始并未允许幸存的46人全部前往京城，只是在史都蒙的据理力争之下，全员才被允许进入日本国都。而30人是日本政府的规定，相较于第7回遣日使时，进入日本国都的人数缩减了10人，前后时间间隔仅为5年。

此后遣日使进入日本国都的人数进一步缩减。第13回遣日使（795—796）时，大嵩璘国书中写道："倘长寻旧好，幸许来住，则送使数不过廿。以兹为限，式作永规。其隔年多少，任听彼裁。"④大嵩璘突然间提及使团人数和时间，这是针对御长广岳所携日本国书中的要求进行的回应。延历十五年（796，贞元十二年），第12回遣日使启

①《续日本纪》卷三四，宝龟七年十二月乙巳，吉川弘文馆，1966，第430页。

②《续日本纪》卷三四，宝龟八年二月壬寅，吉川弘文馆，1966，第431页。

③《续日本纪》卷三四，宝龟八年二月壬寅，吉川弘文馆，1966，第432-433页。

④《类聚国史》卷一九三《殊俗部·渤海上》，吉川弘文馆，1965，第349页。

程回国，日方派出御长广岳为首的日本第12回遣渤海国使一同前往渤海国。"五月丁未，渤海国使吕定琳等还蕃。遣正六位上行上野介御长真人广岳、正六位上行式部大录桑原公秋成等押送，仍赐其王玺书。"①此后双方主要是针对交聘的时间展开辩论，而"送使数不过廿"则被固定下来。所谓的"送使数不过廿"，指的是获得进入日本国都资格的人数，以20人为限。此后的记载，皆证明进入日本国都20人的数额限制被严格地执行。第28回遣日使时，贞观十四年五月，日方使臣"共引渤海国入觐大使政堂省左允、正四品、慰军上镇将军、赐紫金鱼袋杨成规，副使右猛贲卫少将、正五品、赐紫金鱼袋李兴晟等廿人入京，安置鸿胪馆"②。第30回遣日使（882—883）时，元庆七年五月，"三日戊辰，天皇御丰乐殿，赐宴渤海客徒。……大使已下廿人侍承欢堂"③。第34回遣日使时，延喜二十年"五月八日己巳，渤海入觐大使裴璆等廿人著于鸿胪馆"④。

至于馈赠的数额，《延喜式》有明确的规定。"赐蕃客例"："大使：绢十疋、絁廿疋、丝五十絇、绵一百屯。副使：絁廿疋、丝卌絇、绵七十屯。判官：各絁十五疋、丝廿絇、绵五十屯。录事：各絁十疋、绵卅屯。译语、史生及首领：各絁五疋、绵廿屯。"⑤不过这一规定也是后期确定的。如第2回遣日使（739—740）时，"己珍蒙美浓絁廿疋，绢十疋，丝五十絇，调绵二百屯。自余各有差"⑥。己珍蒙所获的馈赠远高于《延喜式》中的规定。

综上所述，随着渤海国遣日使人数的日渐庞大，日本政府无力负担相关的财政开支，因此出台制度限制渤海国遣日使进入日本国都的人数。也正是因为使团人数的庞大，所以日本政府才会限制授予品阶

①《类聚国史》卷一九三《殊俗部·渤海上》，吉川弘文馆，1965，第349页。

②《日本三代实录》卷二一，贞观十四年五月甲申，吉川弘文馆，1966，第306-307页。

③《日本三代实录》卷四三，元庆七年五月戊辰，吉川弘文馆，1966，第535页。

④《日本纪略后篇》一《醍醐天皇》，吉川弘文馆，1965，第23页。

⑤《延喜式》卷三十《大藏省》，吉川弘文馆，1965，第738页。

⑥《续日本纪》卷十三 天平十二年正月甲午，吉川弘文馆，1966，第156-157页。

和俸禄的人员数量。

不过第23回遣日使（827—828）的记载尚须注意。天长五年，"四月癸未，渤海客大使已下，梢工已上，赐绢、绵有差"[①]。这里提及包括梢工等船员在内的使团成员都获得了"绢、绵有差"。"梢工"的身份，可从第24回遣日使（841—842）时所留的完整使团名单看到。《咸和十一年中台省致日本太政官牒》："应差入觐贵国使政堂省左允贺福延并行从一百五□。一人使头，政堂省左允贺福延。一人嗣使，王宝璋。二人判官，高文暄、乌孝慎。三人录事，高文选、高平信、安宽喜。二人译语，季宪寿、高应慎。二人史生，王禄昇、李朝清。一人天文生，晋昇堂。六十五人大首领。廿八人梢工。"[②]这次使团人数共计105人，刨除"大首领"以上的各级官员，剩余人数恰为28人，即梢工的人数。这充分说明第23回遣日使使团所有成员都获得了馈赠。但这只是日本政府为了褒扬使团不畏艰险，跨海航行而进行的物品馈赠，并不意味着所有使团成员都能获得与品阶相匹配的俸禄。日本对遣渤海国使使团的赏赐可以作为佐证。《延喜式》："入渤海使（絁廿疋，绵六十屯，布卌端），判官（絁十疋，绵五十屯，布卅端），录事（絁六疋，绵卌屯，布卅端），译语、主神、医师、阴阳师（各絁五疋，绵卅屯，布十六端），史生、船师、射手、卜部（各絁四疋，绵廿屯，布十三端），杂使、船工、柂师（各絁三疋，绵廿屯，布十端），傔人、挟杪（各絁二疋，绵十屯，布六端），水手（各絁一疋，绵四屯，布二端）。"[③]使团中"水手"即普通船工，约等于"梢工"。这里"水手"所获赏赐绝无法按照俸禄加以理解，只能是对他们不辞辛劳的航行予以的慰劳。总之，渤海国遣日使使团成员只有"梢工"以上的官员群体才能被授予品阶和俸禄。

---

① 《类聚国史》卷一九四《殊俗部·渤海下》，吉川弘文馆，1965，第358页。

② 王承礼：《记唐代渤海国咸和十一年中台省致日本太政官牒》，《北方文物》1988年第3期，第27页。

③ 《延喜式》卷三十《大藏省》，吉川弘文馆，1965，第738页。

第三节
日本对渤海国遣日使使团的其他馈赠

除了授予品阶和俸禄外，日本政府还有其他方面的馈赠，大致可分为死亡人员的抚恤、赠送衣服、额外馈赠等三种形式。

一、对使团成员在日死亡的抚恤

在34回遣日使中，遭遇海难是较为常见的不可测风险，常常导致使团成员死难；加之使团驻留日本时间较长，因为水土不服等病患，也会出现人员死亡的情况。对于这些因公事而殒命的使团成员，日本在引入唐朝的赗赙制度的基础上，按照品阶进行抚恤，补偿一定财物。

第一，对因海难死亡的使团成员的抚恤。第2回遣日使（739—740）时，大钦茂派胥要德、己珎蒙①一行前往日本。这回航行并不顺利，"及渡沸海，渤海一船遇浪倾覆，大使胥要德等卅人没死"②。海难共导致"大使胥要德"等40人死亡。余众在副使己珎蒙的带领下，最终于739年七月抵达日本。"癸卯，渤海使副使云麾将军己珎蒙等来朝。"③对于死亡的官员群体，日本给予了一定的抚恤。天平十二年正月，"丙辰，遣使就客馆，赠渤海大使忠武将军胥要德从二位，首领无位己阔弃蒙从五位下。并赙调布一百十五端，庸布六十段"④。

"赙"在先秦儒家典籍中指的是赠送财物帮助丧家办理丧事。迨至唐代，形成了严格的制度规定。"大唐制，诸职事官薨卒，文武一品，赙物二百段，粟二百石；二品物一百五十段，粟一百五十石；三品物

---

① 《续日本纪》写作"己珎蒙"，《日本纪略前篇》《类聚国史》写作"已珍蒙"，此处从《续日本纪》。

② 《续日本纪》卷十三，天平十一年十一月辛卯，吉川弘文馆，1966，第156页。

③ 《续日本纪》卷十三，天平十一年七月癸卯，吉川弘文馆，1966，第155页。

④ 《续日本纪》卷十三，天平十二年正月丙辰，吉川弘文馆，1966，第157页。

百段，粟百石；正四品物七十段，粟七十石；从四品物六十段，粟六十石；正五品物五十段，粟五十石；从五品物四十段，粟四十石；正六品物三十段；从六品物二十六段；正七品物二十二段；从七品物十八段；正八品物十六段；从八品物十四段；正九品物十二段；从九品物十段。（行者守从高。）王及二王后若散官及以理去官三品以上，全给；五品以上，给半。若身没王事，并依职事品给。其别敕赐者，不在折限。诸赙物应两合给者，从多给。诸赙物及粟，皆出所在仓库。服终则不给。"①日本在学习唐朝制度时，也引入了赠赙制度。《令集解·职员令》说明道："谓官位曰赠，财货曰赙。凡赠位者，中务作位记，此省受取，付死人家也。赙货者，死人，本司申太政官，官下此省，省更干勘申。自大藏省下给也。《古记》云：赠赙者，兼知赠官。式部亦记录赙守事也。《迹》云：赠，谓给族死人位。时者以其位记送治部，治部则注置其案，而以位记给死家也。"②《令集解·丧葬令》也解释道："送死物曰赙也。……《古记》云：赙物，谓死人赐禄谓之赙。"③据此，"赙"指的是日本政府给予去世官员的财物。按照日本规定，不同位阶的官员去世，所得"赙"的数量不一。《令集解·丧葬令》引《养老令》正文，写道："凡职事官薨卒，赙物。正从一位，絁卅疋、布一百廿端、铁十连。正从二位，絁廿五疋、布一百端、铁八连。正从三位，絁廿二疋、布八十八端、铁六连。正四位，絁十六疋、布六十四端、铁三连。从四位，絁十四疋、布五十六端、铁三连。正五位，絁十一疋、布四十四端、铁二连。从五位，絁十疋、布四十端、铁二连。六位，絁四疋、布十六端。七位，絁三匹、布十二端。八位，絁二疋、布八端。初位，絁一疋、布四端。皆依本位给。其散位，三

①［唐］杜佑：《通典》卷八六《礼四十六·凶礼八·赙赗》，中华书局，1988，第2333页。

②《令集解》卷四《职员令·治部省》，《日本汉文史籍丛刊》第153册，上海交通大学出版社，2015，第78页。

③《令集解》卷四十《丧葬令》，《日本汉文史籍丛刊》第153册，上海交通大学出版社，2015，第459页。

位以上，三分给二，五位以上，给半。"①

比照日本官员"赙"的数量，死难的渤海国使团成员所得"赙"有所缩水。日本官员从二位为"絁廿五疋、布一百端、铁八连"，从五位为"絁十疋、布四十端、铁二连"，二者合计絁35匹、布140端、铁10连。而胥要德、己珎弃蒙二人共计获得"并赙调布一百十五端，庸布六十段"。这里并没有絁和铁，布的数量也少于规定。为了补偿，日本政府用"庸布"加以折算，但折算数量明显过少。此后因海难死亡的使团成员比照办理。如第9回遣日使（776—777）时，宝龟八年五月，"庚申，先是渤海判官高淑源及少录事一人，比着我岸，船漂溺死。至是，赠淑源正五位上，少录事从五位下，并赙物如令"②。

第二，对在日病亡的使团成员的抚恤。除了海难外，因病死亡也是渤海国使团减员的主要原因之一。第7回遣日使（772—773）时，宝龟四年二月，"乙丑，渤海副使正四位下慕昌禄卒，遣使吊之，赠从三位，赙物如令"③。第17回遣日使（814—815）时，弘仁六年（815，元和十年）六月，由于水土不服等原因，大使王孝廉因病在日去世。"孝廉患疮，卒然殒逝。"④王孝廉也得到了抚恤，"宜可正三位"⑤。除了王孝廉外，使团其他人员也陆续有人病逝。"王昇基、释仁贞等续物故，甚以怆然。"⑥但是对他们的抚恤，不见于文献。

综合这几则记载，死亡的大使胥要德被授予"从二位"的品阶，大使王孝廉被授予"正三位"的品阶。比照上文所言大使通常被授予的品阶为"正三位"，可见他们和其他活下来的大使一样，都是按照同一标准进行的叙阶。副使慕昌禄的记载直接写为从"正四位下"授予"从三位"，也只是升格两级而已。其他人，如"首领无位己阙弃蒙"、

---

① 《令集解》卷四十《丧葬令》，《日本汉文史籍丛刊》第153册，上海交通大学出版社，2015，第459页。

② 《续日本纪》卷三四，宝龟八年五月庚申，吉川弘文馆，1966，第434页。

③ 《续日本纪》卷三二，宝龟四年二月乙丑，吉川弘文馆，1966，第409页。

④ 《类聚国史》卷一九四《殊俗部·渤海下》，吉川弘文馆，1965，第355页。

⑤ 《日本后纪》卷二四，弘仁六年六月癸丑，吉川弘文馆，1966，第133页。

⑥ 《类聚国史》卷一九四《殊俗部·渤海下》，吉川弘文馆，1965，第355页。

"判官高淑源"、失名"少录事"也应是如此。

二、赠送衣服

在大多数记载中，都有赠送衣服的记载。根据所赠衣服的用途，可以将之分为时服、朝服和特殊衣物等三大类。

第一类是时服，即应季服装。渤海国遣日使在遭遇海难之后，人员和包括衣物在内的随船物品往往会遭受巨大损失。更主要的是，渤海国遣日使在掌握了日本海的气候条件后，航行时间相对固定。福井英郎指出："它（指渤海国）和日本国之间的使节来往就是利用了冬季季风。即渤海国的使节自10月中旬到翌年3月初可到日本国去，特别是10月中旬到11月中旬更为频繁，这是由于冬季季风从10月中旬开始，10月、11月份相对来说较弱。因此，在季风较弱时进行航海，对从渤海国到日本国的帆船最有利。相反，当使节从日本国到渤海国时，则要在2月中至8月份，有意躲开冬季季风。"①简言之，渤海国遣日使的出发时间为冬季，返航的时间为春季或夏季。这就导致渤海国遣日使必须在日本长期滞留，需要他们带足春、夏、冬三季的衣物。然而受限于船只的承载能力，使团所携衣物往往不足以应对季节变迁。除了等待季风外，渤海国遣日使也往往由于其他不确定原因而意外地在日本长期滞留，经历四季更替。如第17回遣日使（814—815）时，弘仁六年五月，王孝廉一行按计划返回渤海国，但是出海后却遭遇风暴，幸而顺风漂回到日本。"戊子，渤海国使王孝廉等，于海中值逆风漂回。舟楫裂折，不可更用。"②延至弘仁七年（816，元和十一年），他们才最终返回渤海。滞留日本的时间长达一年左右。正是因为这三大原因使得渤海国遣日使抵达日本后，往往匮乏衣物；所以日本政府会在渤海国遣日使抵达后，向他们赠送时服。

第1回遣日使时，日本政府即向渤海国遣日使赠送时服。神龟四年九月，"庚寅，渤海郡王使首领高齐德等八人来，著出羽国。遣使存

①［日］福井英郎主编《日本气候》，安顺清、吴其勋译，气象出版社，1983，第81页。
②《日本后纪》卷二四，弘仁六年五月戊子，吉川弘文馆，1966，第132–133页。

问，兼赐时服"①。进入日本国都后，高齐德一行再次被赠送衣物。神龟四年十二月，"丙申，遣使赐高齐德等衣服冠履"②。根据时间，九月份赠送的是秋装，十二月赠送的是冬装。自此以后，向渤海国遣日使赠送时服，成为定例。第17回遣日使时，第二次启航之前，日本政府将"夏衣"赠送给使团。"（弘仁）七年五月丁卯，遣使赐渤海副使高景秀已下，大通事以上夏衣。"③第21回遣日使（823—824）时，"天长元年正月乙卯，赐渤海客徒大使已下、录事以上陆人冬衣服析。"④第24回遣日使（841—842）时，承和九年，"夏四月乙丑朔，使右大史正六位上山田宿祢文雄赐客徒等时服"⑤。第25回遣日使（848—849）时，嘉祥二年四月，'癸丑，赐渤海客徒时服"⑥。第28回遣日使（871—872）时，贞观十四年五月，"十七日丙戌，敕遣正五位下行右马头在原朝臣业平，向鸿胪馆，劳问渤海客。是日，赐客徒时服"⑦。第30回遣日使（882—883）时，元庆七年二月，"廿五日壬戌，赐渤海客徒冬时服，遣辨官史生一人，押送于加贺国，令领客使等颁赐焉"⑧。第34回遣日使（919—920）时，延喜二十年，"三月廿二日，遣官使于越前国，赐渤海客时服"⑨。

在现有的日本文献中，共有8回遣日使记录中留有"时服"的记载。虽然只占34回遣日使的四分之一强，但是时间几乎涵盖整个渤日关系史，足以体现普遍性，有理由相信：渤海国每回遣日使都会得到日本政府赠送的时服。

第二类是朝服。朝服是渤海国遣日使进入日本国都拜见天皇时所

①《续日本纪》卷十，神龟四年九月庚寅，吉川弘文馆，1966，第110页。
②《续日本纪》卷十，神龟四年十二月丙申，吉川弘文馆，1966，第111页。
③《类聚国史》卷一九四《殊俗部·渤海下》，吉川弘文馆，1965，第355页。
④《类聚国史》卷一九四《殊俗部·渤海下》，吉川弘文馆，1965，第356页。
⑤《续日本后纪》卷十一，承和九年四月乙丑，吉川弘文馆，1966，第131页。
⑥《续日本后纪》卷十九，嘉祥二年四月癸丑，吉川弘文馆，1966，第225页。
⑦《日本三代实录》卷二一，贞观十四年五月丙戌，吉川弘文馆，1966，第307页。
⑧《日本三代实录》卷四三，元庆七年二月壬戌，吉川弘文馆，1966，第533-534页。
⑨《扶桑略记》卷二四《醍醐天皇》，吉川弘文馆，1965，第193页。

穿着的衣物。相对于时服而言，朝服的价值更高。为了体现拜见过程的庄严性，也为了展示日本的礼仪制度，多数渤海国遣日使都会得到朝服的赠予。

第1回遣日使时，日本政府即向渤海国遣日使赠送朝服。神龟五年正月，"甲寅，天皇御中宫，高齐德等上其王书并方物。……于是高齐德等八人并授正六位上，赐当色服"①。第28回遣日使时，贞观十四年五月，"授大使杨成规从三位，副使李兴晨从四位下，判官李周庆、贺王真并正五位下，录事高福成、高观、李孝信并从五位上，品官以下并首领等授位各有等级。及天文生以上，随位阶各赐朝服"②。"及天文生以上"，表明渤海国使团成员只要具有品阶，都会被赠予朝服。第30回遣日使时，元庆七年五月，"授大使文籍院少监正四品赐紫金鱼袋裴颋从三位，副使正五品赐绯银鱼袋高周封正四位下，判官、录事授五位，其次叙六位，已下各有等级，随其位阶赐朝衣"③。这条记录再次证明：渤海国使团成员只要具有品阶，都会被赠予朝服。

在现有的日本文献中，只有这3回遣日使记录中留有"朝服"的记载。这似乎表明并非所有的渤海国使团都会被赠予朝服。尚须注意的是，这3回遣日使都是先赠予时服，后赠予朝服。

第三类是特殊衣物。第2回遣日使时，天平十二年正月，"癸卯，天皇御南苑，宴侍臣，飨百官及渤海客于朝堂。五位已上赐折衣"④。《类聚国史》将"折衣"写作"揩衣"⑤。比较其他史料，应以"揩衣"为正解。在由日本天皇举行的宴会之后，五位以上的官员皆得到了"揩衣"的馈赠。参与宴会的遣日使使团成员中的五位以上官员也应如日本五位以上官员一样，获得"揩衣"的馈赠。第14回遣日使的记录中也有相应的记载。延历十八年正月，"辛酉，御大极殿，宴群臣并渤

①《续日本纪》卷十，神龟五年正月甲寅，吉川弘文馆，1966，第111–112页。

②《日本三代实录》卷二一，贞观十四年五月戊子，吉川弘文馆，1966，第307–308页。

③《日本三代实录》卷四三，元庆七年五月戊辰，吉川弘文馆，1966，第535页。

④《续日本纪》卷十三，天平十二年正月癸卯，吉川弘文馆，1966，第157页。

⑤《类聚国史》卷七二《岁时部·十六日踏歌》，吉川弘文馆，1965，第322页。

海客。奏乐。赐蕃客以上橡揩衣，并列庭踏歌"①。《日本纪略前篇》
与《日本后纪》同②。《日本逸史》引《类聚国史》，亦写为"橡揩衣"，
并标明出处为"《国史》第七十二《岁时部三·十六日踏歌》及第百
九十三《殊俗部·渤海》"③。然而今本《类聚国史·殊俗部》则写为
"橡折衣"④。应以"橡揩衣"为是。综上，在举行踏歌仪式之前，渤
海国使团获赠"橡揩衣"。所谓的"橡揩衣"，按照上村次郎的解释，
"揩衣橡是采用橡树果实进行揩染的黑色或是黑茶色的揩衣"⑤。

弘仁十二年（821，长庆元年）正月三十日，日本最早的一部敕撰
仪式书《内里式》成书。《内里式》在正月十六日踏歌式中注释道：
"延历以往，踏歌讫缝殿寮赐橡揩衣。群臣著揩衣踏歌……至于大同年
中此节停废。弘仁年中更中兴。但丝引橡揩群臣踏歌并停之。"这段文
字说明延历年间以后，参与踏歌仪式的官员都会被赠予"揩衣"。至大
同年间被废除，到了弘仁年间又恢复了踏歌。但赐橡揩衣与群臣的踏
歌一并停止。

三、参与各种仪式活动而获得馈赠

进入日本国都后，渤海国遣日使需要参与由日本政府组织的一系
列仪式活动。在参与这些仪式时，日方为了体现宾主同乐，也会进行
一系列的馈赠。

第6回遣日使（762—763）的记载较为完整地记录了渤海国使团在
正月参与的一系列仪式活动。"（天平宝字）七年春正月甲辰朔，御大
极殿受朝。文武百寮及高丽蕃客，各依仪拜贺。"⑥"甲子，内射，蕃

①《日本后纪》卷八，延历十八年正月辛酉，吉川弘文馆，1966，第15页。

②《日本纪略前篇》十三《桓武天皇》，吉川弘文馆，1965，第273页。

③《日本逸史》卷八，吉川弘文馆，1965，第57页。

④《类聚国史》卷一九三《殊俗部·渤海上》，吉川弘文馆，1965，第351页。

⑤［日］上村次郎：《日本染色发展史》，金澈译，载《中国纺织科技史资料》第14集，
北京纺织科学研究所，1983，第107页。

⑥《续日本纪》卷二四，天平宝字七年正月甲辰，吉川弘文馆，1966，第290页。《类聚
国史》卷七一《岁时部·元日朝贺》，吉川弘文馆，1965，第298页。

客堪射者，亦预于列。"①"庚申，帝御阁门，飨五位已上及蕃客、文武百官主典已上于朝堂。作唐、吐罗、林邑、东国、隼人等乐，奏内教坊踏歌。客主主典已上次之。赐供奉踏歌百官人及高丽蕃客绵有差。"②"丙午，高丽使王新福贡方物。"③"庚戌，帝御阁门。授高丽大使王新福正三位，副使李能本正四位上，判官杨怀珍正五位上，品官著绯达能信从五位下，余各有差。赐国王及使傔人已上禄亦有差。宴五位已上及蕃客，奏唐乐于庭，赐客主五位已上禄各有差。"④按照时间顺序，渤海国使团首先参与贺正礼，其次参与射礼，再次参与踏歌礼。在日方接受所谓"朝贡"之后，渤海国使团最后参加的是由日本天皇主持的欢送宴会。这是整个正月一系列仪式的高潮。在宴会上，日本天皇对渤海国使团授予品阶和俸禄，接下来举行带有宫廷音乐的宴会。在这几项仪式中，一共提及三次馈赠。第一次馈赠发生在踏歌礼时。第二、三次馈赠都发生在宴会时，先按照惯例授予品阶和俸禄，之后是宴会中的馈赠。除了前文已经讨论的授予品阶和俸禄外，其余的馈赠，按照场合和参与仪式的不同，可将之分为两类。

第一类是参与宴会时的馈赠。除了第6回遣日使外，第7回遣日使时，"（宝龟）三年春正月壬午朔，天皇御大极殿受朝，文武百官、渤海蕃客、陆奥出羽虾夷各依仪拜贺。宴次侍从已上于内里，赐物有差"⑤。同样是参与国宴后，包括遣日使在内的众人被赠送礼物。第10回遣日使时，宝龟十年正月，"丁巳，宴五位已上及渤海使于朝堂，赐禄"⑥。而之前的戊申条已经言及"赐禄"。这里的"赐禄"指的是因

①《续日本纪》卷二四，天平宝字七年正月甲子，吉川弘文馆，1966，第292页。

②《续日本纪》卷二四，天平宝字七年正月庚申，吉川弘文馆，1966，第292页。

③《续日本纪》卷二四，天平宝字七年正月丙戌，吉川弘文馆，1966，第290页。《日本纪略前篇》十一《淳仁天皇》，吉川弘文馆，1965，第225页。

④《续日本纪》卷二四，天平宝字七年正月庚戌，吉川弘文馆，1966，第290页。

⑤《续日本纪》卷三二，宝龟三年正月壬午，吉川弘文馆，1966，第399页。《类聚国史》卷七一《岁时部·元日朝贺》，吉川弘文馆，1965，第298页。《日本纪略前篇》十二《光仁天皇》，吉川弘文馆，1965，第245页。

⑥《续日本纪》卷三五，宝龟十年正月丁巳，吉川弘文馆，1966，第446页。

参加宴会而给予的馈赠。第 28 回遣日使时，"廿三日壬辰，敕遣大学头从五位上兼行文章博士阿波介巨势朝臣文雄、文章得业生越前大掾从七位下藤原朝臣佐世于鸿胪馆，飨宴渤海国使。……觞行数周，客主渊醉。赐客徒禄各有差"①。这里的记载应与第 10 回遣日使时的记载一致。

第二类是参与踏歌时的馈赠。第 4 回遣日使时，天平宝字三年正月乙酉，"飨五位已上及蕃客并主典已上于朝堂，作女乐于舞台，奏内教坊踏歌于庭。客主典殿已上，次之。事毕，赐绵各有差"②。因为杨承庆等人也参与了"踏歌"，得以"赐绵各有差"。第 17 回遣日使时，弘仁六年正月，"戊子，御丰乐院，宴五位已上及蕃客，奏蹈歌。赐禄有差"③。"蹈歌"在其他文献中都写为"踏歌"④，"踏歌"应为正解。第 19 回遣日使时，"（弘仁）十一年正月，己丑，御丰乐殿，奏踏歌。宴群臣及蕃客，赐禄有差"⑤。

第四节
渤海国遣日使在日本的相关待遇

除了以日本天皇名义进行馈赠外，日本政府在长期接待渤海国遣日使的过程中，也对在物质层面上如何满足渤海国遣日使的需要制定了详细的方案，并将之上升为律令，使之制度化。

第 10 回遣日使时，张仙寿一行随日本第 9 回遣渤海国使抵达日本

①《日本三代实录》卷二一，贞观十四年五月壬辰，吉川弘文馆，1966，第 308 页。

②《续日本纪》卷二二，天平宝字三年正月乙酉，吉川弘文馆，1966，第 259 页。

③《日本后纪》卷二四，弘仁六年正月戊子，吉川弘文馆，1966，第 131 页。

④《日本纪略前篇》十四《嵯峨天皇》，吉川弘文馆，1965，第 301 页。《类聚国史》卷七二《岁时部·十六日踏歌》，吉川弘文馆，1965，第 324 页。《日本逸史》卷二三，吉川弘文馆，1965，第 204 页。

⑤《类聚国史》卷七二《岁时部·十六日踏歌》，吉川弘文馆，1965，第 325 页。

越前国。宝龟九年（778，大历十三年）九月，"癸亥，送高丽使正六位上高丽朝臣殿嗣等来著坂井郡三国凑。敕越前国：遣高丽使并彼国送使，宜安置便处，依例供给之。但殿嗣一人，早令入京"①。这里明确提到渤海国遣日使的安置是"依例供给之"，说明此时使团食宿所需在律令层面已经制度化。此后，相近的字词频现于文献。如第11回遣日使时，有"宜依例供给之"②的字样。第13回遣日使时，"敕：宜迁越后国，依例供给"③。第30回遣日使时，也有"依例供给"④的字样。《类聚三代格》在"夷俘并外蕃人事"条下，记有天长元年六月二十日的太政官符，这一太政官符不仅规定了渤海国使交聘的时间被确定为12年一次，还写道："诸国承知，厚加供备，驰驿言者。"⑤这就以太政官符的形式再次确认了渤海国遣日使日常供给的相关律令。

渤海国遣日使的日常供给属于玄蕃寮的职责。玄蕃寮隶属于治部省。"掌佛寺、僧尼名籍，蕃客辞见、宴飨、送迎及在京夷狄，监当馆舍事。"⑥其中的"蕃客辞见、宴飨、送迎"，即包括渤海国遣日使在内的各国使团的接待工作，这些都由玄蕃寮负责。《令集解》小注解释道："谓：凡诸蕃入朝者，始自入域，终于辞别，宴飨、送迎等，皆总主知。唯于京内，不出畿外也。"⑦从使团登陆直至离开，一应事务都属于玄蕃寮的责权范围。"监当馆舍"，《令集解》小注解释道："谓鸿胪馆也。《释》云：谓京及在津国馆舍等。"⑧使团在日本国都居住的鸿

---

①《续日本纪》卷三五，宝龟九年九月癸亥，吉川弘文馆，1966，第443页。

②《续日本纪》卷三五，宝龟十年九月庚辰，吉川弘文馆，1966，第451页。

③《类聚国史》卷一九三《殊俗部·渤海上》，吉川弘文馆，1965，第348页。

④《日本三代实录》卷四二，元庆六年十一月丙申，吉川弘文馆，1966，第528页。

⑤《类聚三代格》卷十八"夷俘并外蕃人事"，吉川弘文馆，1965，第570-571页。

⑥《令集解》卷四《职员令·治部省》，《日本汉文史籍丛刊》第153册，上海交通大学出版社，2015，第80页。

⑦《令集解》卷四《职员令·治部省》，《日本汉文史籍丛刊》第153册，上海交通大学出版社，2015，第80页。

⑧《令集解》卷四《职员令·治部省》，《日本汉文史籍丛刊》第153册，上海交通大学出版社，2015，第80页。

胪馆亦由玄蕃寮负责管理。在相关的日本史料中，确可以看到玄蕃寮依照制度负责相关事务的实例。如第28回遣日使时，贞观十四年五月，"右京人左官掌从八位上狛人氏守，赐姓直道宿祢。氏守为人长大，客仪可观，权为玄蕃属，同鸿胪馆，供燕飨送迎之事"①。

除了日常供应外，玄蕃寮还负责礼仪事务。《延喜式》"赐蕃国使宴"条："前一日，辅丞录率史生、省掌等，置版位并立标。当日，参议已上就延英堂，省率四位已下刀祢，列立堂前。（六位已下分在西。）召五位已上参入，录正容止。次六位以下参入，省掌正容止，各著座。次治部、玄蕃引客徒参入。拜舞之后，辅丞录入自仪鸾门，立治部西边。宣命后，叙客徒。宴毕，辅丞录唱名，大藏省赐禄。"②"玄蕃引客徒参入"即是明证。此外《考课令》亦可佐证。"蕃客得所，为玄蕃之最，谓助以上。"③"蕃客得所"，小字注释道："谓：远人新至，不服水土，不习风俗，有司存捡，不致令其烦滥也。《释》云：使无抑屈，是则得所耳。《古记》云：蕃客得所，谓问闻情愿申官处分。"④"不习风俗"也应包括日本的相关礼仪，告知使团相关礼仪，这也是玄蕃寮主要职责之一。

相关律令的规定，应包括衣食住行等多个方面，但是限于史料，并非各个方面都有较为充分的记载。为了叙事方面，笔者将这些规定分为四个层面，即提供食宿、修理或新造船只、沿途供应、赠送返程时的口粮。

一、提供免费食宿

住宿方面，日方会在登陆地和京城提供免费住宿。登陆地方面，

①《日本三代实录》卷二一，贞观十四年五月甲申，吉川弘文馆，1966，第307页。

②《延喜式》卷十九《式部下》，吉川弘文馆，1965，第505页。

③《令集解》卷十九《考课令》，《日本汉文史籍丛刊》第153册，上海交通大学出版社，2015，第285-286页。

④《令集解》卷十九《考课令》，《日本汉文史籍丛刊》第153册，上海交通大学出版社，2015，第285-286页。

延历二十三年（804，贞元二十年）六月，"庚午，敕：比年渤海国使来著，多在能登国。停宿之处，不可疎陋，宜早造客院"①。日方以能登国为渤海国遣日使主要的登陆地，为了彰显日本的富强，决定建造更为恢宏的"客院"。由于相关史料稀少，无由而知具体细节。但提供免费住宿，绝非只提供住宿地点，还包括其他相关的日常生活设施。如第34回遣日使时，延喜十九年（919，贞明五年）十一月，遣日使使团抵达若狭。为了更好地提供后勤保障，日方决定将渤海国遣日使迁往越前国。十一月，"廿五日，右大臣奏渤海客事所定行事。可迁若狭，安置越前及可令入京事，以左中辨邦基朝臣为行事辨"②。在这个过程中，越前国因毫无准备而被严斥。其中提及"况敷设薪炭，更无储备者"③，说明冬日取暖的"薪炭"也需准备。

使团进入日本国都后，他们的住宿地点则为鸿胪馆。由于史料的残缺，最早的一次只能追溯至弘仁元年（810，元和五年），渤海第16回遣日使之时。"夏四月，庚午朔，飨渤海使高南容等于鸿胪馆。"④由于日本史料有多次日本天皇派员前往鸿胪馆探问使团和进行相关仪式的记载，有理由相信鸿胪馆就是历回遣日使在日本京城住宿的地方。

有关使团食物方面的记载更为详细。《延喜式》："凡渤海客食法，大使、副使，日稻各五束。判官、录事各四束。史生、译语、天文生各三束五把。首领、梢工各二束五把。"⑤《类聚三代格》在"夷俘并外蕃人事"条下也有相关记载。天长五年正月二日的太政官符中写道："太政官符一应充客徒供给事。大使、副使，日各二束五把。判官、录事，日各二束。史生、译语、医师、天文生，日各一束五把。首领已下，日各一束三把。"⑥根据《渤海史料全编》的解释，我们大致可以推知此处记载的数量单位。"日本古制一手抓满稻谷，合三次而为一

①《日本后纪》卷十二，延历二十三年六月庚午，吉川弘文馆，1966，第34页。

②《扶桑略记》卷二四《醍醐天皇》，吉川弘文馆，1965，第192页。

③《扶桑略记》卷二四《醍醐天皇》，吉川弘文馆，1965，第192页。

④《日本纪略前篇》十四《嵯峨天皇》，吉川弘文馆，1965，第291页。

⑤《延喜式》卷二六《主税上》，吉川弘文馆，1965，第661页。

⑥《类聚三代格》卷十八"夷俘并外蕃人事"，吉川弘文馆，1965，第571页。

把，合十把而为一束，一束合米二斤左右。"①两相比较，《类聚三代格》所记数量几乎是《延喜式》的一半。之所以出现这种情况，是因为日方以此回遣日使违反了12年之期为由，将之就地遣返。与之相应的，相关待遇也进行了减半。"违期之过，不可不责，宜彼食法，减半恒数，以白米充生粝者。"②据此可知，《延喜式》中的有关食物的规定为常例。但是从何时施行，却因缺乏史料无由而知。

按照《延喜式》，日方为使团准备的主食是"稻"，即稻米。然而有8回遣日使因种种原因不被允许进入日本国都，他们的待遇也被相应地削减。除了《类聚三代格》所记第23回遣日使被降为"白米"外，第27回遣日使也因违期不准进入日本国都，贞观三年正月丙申，"下知出云国司云，渤海客徒依例供给。但旧用稻，今度特以谷春充"③。这回的稻米被降为"谷春"。

除了主食外，日方还需要提供肉类以供使团食用。第34回遣日使时，延喜二十年，"召伊泷口右马允藤原邦良等见客在京之间，每日可进鲜鹿二头只"④。这表明使团在日本京城之时，日方每天为使团提供两头鹿作为肉食以供食用。不过这则史料是唯一的记载，它之所以被记录下来，很可能是因为这是特例。由于此次出使的大使为裴璆，裴璆及其父裴颋受到宇多天皇的礼遇，才有此特例。不过以此推之，日本政府至少会为渤海国遣日使提供主食之外的蔬菜、肉类等。

食物之外，日本政府还会为渤海国遣日使提供酒。除了历回遣日使记载多有主客畅饮的记载外，在第34回遣日使的记载中还有一条记录值得注意。延喜十九年十二月五日，"定渤海客宴飨日权酒部数四十人，前例差仰八十人，去八年彼数已多无用，仍令定减"⑤。可见，日本根据人数提供酒的数量，之前规定的是"八十人"，此回则直接减半

---

① 孙玉良编著《渤海史料全编》，吉林文史出版社，1992，第307页。

② 《类聚三代格》卷十八"夷俘并外蕃人事"，吉川弘文馆，1965，第571页。

③ 《日本三代实录》卷五，贞观三年正月丙申，吉川弘文馆，1966，第67页。

④ 《扶桑略记》卷二四《醍醐天皇》，吉川弘文馆，1965，第193页。

⑤ 《扶桑略记》卷二四《醍醐天皇》，吉川弘文馆，1965，第192页。

供应。

除了这些零星记载外，还有一则至关重要的记载。元庆七年正月，"下知越前、能登、越中国：送酒、宍、鱼、鸟、蒜等物于加贺国，为劳飨渤海客也"[1]。"宍"即肉的古字，由此可见，日方为渤海国遣日使提供的食物，除了前文已述及的主食、肉、酒之外，还会提供鱼肉、鸟肉等不同的肉类，包括大蒜在内的调味品也会加以准备。

综上所述，日方为渤海国遣日使提供的食物，主食以稻米为常例，还需要提供包括鱼肉、鸟肉等在内的不同肉类以佐食，鹿肉则是非常例供应。包括大蒜在内的调味品也是供给的必备物品之一。

二、修理或新造船只

渤海国遣日使横跨日本海时，大多会经历不同程度的海上风险。这不仅导致人员和物品的损失，更会对渤海国遣日使的船只带来巨大的损害；加之造船技术有限，船只在渡海之后多需要修整。因此，日方经常会提供船只修理或者新造船只作为渤海国遣日使返航乘坐的交通工具。

尽管第1回遣日使遭遇虾夷人的攻击而只有8人幸存，渡海船只应在战斗中损害而无法完成返航的需求，高齐德一行回返渤海国应是乘坐日本赠送的新造船只；但是因日本文献并无相关记载，只能存疑。根据现有的日本史料，日方提供新造船只的记录最早只能追溯至第9回遣日使。史都蒙一行在海上遭遇风暴，经历了有史以来最为严重的一次人员死亡，166人的使团只有46人幸免于难。风暴不仅导致人员的大量损失，也致使船只无法使用。在光仁天皇送给大钦茂的国书中提到，"但都蒙等比及此岸，忽遇恶风，有损人物，无船驾去。……故造舟差使，送至本乡"[2]。第11回遣日使时，宝龟十年九月，光仁天皇也料及渤海国遣日使船只损毁的情况，特意言及"其驾来船，若有损坏，亦

---

①《日本三代实录》卷四三,元庆七年正月癸巳,吉川弘文馆,1966,第531页。

②《续日本纪》卷三四,宝龟八年五月癸酉,吉川弘文馆,1966,第435页。

宜修造”①。十二月，“戈午，捡挍渤海人使言：渤海使押领高洋弼等苦请云：乘船损坏，归计无由。伏望朝恩，赐船九只，令达本蕃者。许之”②。最终在高洋弼的请求下，日方为之建造了九艘船只。第12回遣日使时，李元泰一行返程时，延历六年二月，“甲戌，渤海使李元泰等言：元泰等入朝时，柁师及挟秒等，逢贼之日，并被劫杀，还国无由。于是，仰越后国，给船一艘、柁师、挟抄、水手而发遣焉”③。日方为李元泰一行提供了一艘船只，并为之配备了相关的驾船人员。第16回遣日使（810—811）时，在嵯峨天皇给大元瑜的国书中写道：“船舶穷危……仍换驾船，副使押送。”④高南容一行的船只破损到只能更造新船的地步。第17回遣日使时，王孝廉一行第一次返程时遭遇风暴，弘仁六年五月，“戊子，渤海国使王孝廉等，于海中值逆风漂回。舟楫裂折，不可更用”⑤。面对船只损毁，日本为之提供了新的船只。“癸巳，令越前国择大船，驾薯客也。”⑥第18回遣日使时，日方同样为慕感德一行建造新船。弘仁十一年（820，元和十五年），嵯峨天皇给大仁秀的国书中追忆道：“况前使感德等，驾船漂破，利涉无由，朕特遣赐一舟还。”⑦第23回遣日使（827—828）时，船只也得到了修理。《类聚三代格》存留的天长五年正月二日的太政官符中写道：“一应修理船事。右检案内，承前使等故坏已舶，寄言风波，还却之日，常要完舶。修造之费，非无前辙，宜修理损舶，宛如旧样，莫致公费，早速修理，不得延怠。”⑧第25回遣日使（848—849）时，日本太政官符写道：“文矩等孤舟已破，百口之存，眷其艰辛，义深合宥。宜特赐恩隐，听奉

①《续日本纪》卷三五，宝龟十年九月庚辰，吉川弘文馆，1966，第451页。

②《续日本纪》卷三五，宝龟十年十二月戊午，吉川弘文馆，1966，第454页。

③《续日本纪》卷三九，延历六年二月甲戌，吉川弘文馆，1966，第523页。

④《日本后纪》卷二一，弘仁二年正月丁巳，吉川弘文馆，1966，第96页。

⑤《日本后纪》卷二四，弘仁六年五月戊子，吉川弘文馆，1966，第132—133页。

⑥《日本后纪》卷二四，弘仁六年五月癸巳，吉川弘文馆，1966，第133页。

⑦《类聚国史》卷一九四《殊俗部·渤海下》，吉川弘文馆，1965，第355页。

⑧《类聚三代格》卷十八“夷俘并外蕃人事”，吉川弘文馆，1965，第571页。

入觐。……觐礼云毕，仍造舟船，及时发遣。"①王文矩一行的返航船
只也是由日方提供。第26回遣日使时，贞观元年（859，大中十三年）
六月，日本太政官给渤海国中台省的牒文中言及："修船毕功，风潮可
驾。"②这回船只的破损程度较轻，船只只是进行了修理而未新造。

　　文献中至少有9回遣日使的记录中留有修理或新造船只的记录，这
表明横跨日本海的航行是对渤日两国造船技术的艰巨考验。由于修理
或新造船只频繁，日方甚至出台了一系列政策以保障修理或新造船只
工作的顺利进行。《类聚三代格》存留的天长五年正月二日的太政官符
中写道："一应修理船事。右检案内，承前使等故坏已舶，寄言风波，
还却之日，常要完舶。修造之费，非无前辙，宜修理损舶，宛如旧样，
莫致公费，早速修理，不得延怠。"③"修造之费，非无前辙"，表明由
于船只修理的常态化，日方也制订了一系列的相关规定。包括修船费
用等，都有了明确规定。元庆七年十月壬戌，"敕：令能登国禁伐损羽
咋郡福良泊山木，渤海客着北陆道岸之时，必造还舶于此山。任民伐
采，或烦无材，故豫禁伐大木，勿妨民业"④。"必造还舶"说明每回
遣日使抵达日本后，都需要修理或新造船只。

三、前往国都的沿途供应

　　渤海国遣日使从登陆地前往国都，沿途供应同样由日方负责。首
先是有专任官员陪同，全程负责渤海国遣日使的接待事宜。《延喜式》
做了详细的规定。"凡蕃客入朝者，差领客使二人（掌在路杂事），随
使一人（掌记录及公文事），掌客二人（掌在京杂事。有史生二人），
共食二人（掌飨日各对使者饮宴，自余使见太政官式）。"⑤共计安排了
七名官员进行陪同。历回遣日使记载亦能反映这一点。而日本政府对

---

①《续日本后纪》卷十九，嘉祥二年五月乙丑，吉川弘文馆，1966，第227页。
②《日本三代实录》卷三，贞观元年六月丁未，吉川弘文馆，1966，第34页。
③《类聚三代格》卷十八"夷俘并外蕃人事"，吉川弘文馆，1965，第571页。
④《日本三代实录》卷四四，元庆七年十月壬戌，吉川弘文馆，1966，第543页。
⑤《延喜式》卷二一《治部省》，吉川弘文馆，1965，第530页。

这些官员的选择慎之又慎。如第28回遣日使时，贞观十四年正月，日本政府派菅原道真等人前往询问相关情况。"六日丁丑，以正六位上行少内记菅原朝臣道真、从六位下行直讲美努连清名为存问渤海客使。园池正正六位上春日朝臣宅成为通事。"①不久以大春日安守替换菅原道真。"廿六日丁酉，以正六位下行少外记大春日朝臣安守为存问渤海客使，以少内记菅原朝至道真丁母忧去职也。"②《日本三代实录》在二月二十六日丁酉条记载了同样的内容③。《渤海史料全编》进行了辨析，"此条纪事与正月丁酉条同，但二月为辛丑朔、二十六日为丙寅日，无丁酉日，故知此条为正月丁酉条衍"④。至三月，人员最终确定。"十四日甲申，诏存问渤海客使大春日朝臣安守、美努连清名并兼领客使。"⑤领客使人选的选择，日本政府可谓是费尽思量。

除了官员外，日本政府还会派出军队进行护送。《令义解》引《养老令》正文，写道："凡蕃使出入，传送囚徒及军物，须人防援。皆量差所在军士递送。"⑥除了这些专任军队外，途经地区也需要派人协同护送。《延喜式》："仍令国别国司一人，部领人夫防援过境。"⑦

这些官员和军队除了护送本责外，还有监视之意。"其在路不得与客交杂，亦不得令客与人言语。所经国、郡官人若无事，亦不须与客相见。停宿之处，勿听客浪出入。"⑧按照这则律令，渤海国遣日使前往日本国都时，不仅护送人员和途经的日本地方官员不允许随意与渤海国遣日使进行交谈，而且渤海国遣日使在所住馆驿休息时，也不准随意出入。除了这则律令外，《令义解》引《养老令》正文，写道：

①《日本三代实录》卷二一，贞观十四年正月丁丑，吉川弘文馆，1966，第303页。

②《日本三代实录》卷二一，贞观十四年正月丁酉，吉川弘文馆，1966，第303页。

③《日本三代实录》卷二一，贞观十四年二月丁酉，吉川弘文馆，1966，第304页。

④孙玉良编著《渤海史料全编》，吉林文史出版社，1992，第327页。

⑤《日本三代实录》卷二一，贞观十四年三月甲申，吉川弘文馆，1966，第303页。

⑥《令义解》卷五《军防令》，《日本汉文史籍丛刊》第152册，上海交通大学出版社，2015，第498页。

⑦《延喜式》卷二一《玄蕃寮》，吉川弘文馆，1965，第546页。

⑧《延喜式》卷二一《玄蕃寮》，吉川弘文馆，1965，第546页。

"凡蕃使往还，当大路近侧，不得置当方蕃人及畜同色奴婢。"①包括渤海国遣日使在内的各国使团，日本规定途经地区不允许雇佣、使用来自其国的各色人员，目的就是防止他们互通消息。《令义解》的注释写道："谓：假如西海道侧近，不可畜新罗奴婢之类。"②这则律令主要针对的是新罗使团，但也不妨碍应用于渤海国遣日使的身上。

人员配备外，日本政府对相关的物资供应也考虑得非常周全。沿途经过的地区，日方会提前对道路等进行修缮从而彰显日本的强大。元庆七年正月，"廿六日癸巳，令山城、近江、越前、加贺等国：修理官舍道桥，埋瘗路边死骸，以渤海客可入京也"③。根据这条命令，渤海国遣日使沿途入住的馆驿，需要经过的桥梁、道路都需要提前修整。驿道边上的尸骸也会提前进行掩埋。而这一工作量无疑是巨大的。如《类聚三代格》在"分置诸国事"条下记有弘仁十四年（823，长庆三年）二月三日的太政官符，其中写道："加贺郡远去国府，往还不便。雪零风起，难苦殊甚。加以途路之中有四大川，每遇洪水，经日难涉，人马阻绝，动致拥滞。"④其中言及从加贺国至京城要途经四条大河。这些桥梁的修建和维护所需人力物力也并非小数目。

此外，渤海国遣日使携带的物品，日方也会提供驮兽或船只负责运输。《延喜式》："凡诸蕃使人将国信物应入京者，待领客使到，其所须驮夫者，领客使委路次国、郡，量献物多少及客随身衣物，准给迎送。……其往还在路所须驮夫等，不得令致非理劳苦。"⑤另一处也写道："凡蕃客往还，若有水陆二路者，领客使与国、郡司相知，逐便预定，一路明注所须船驮、人夫等数，及客到时日，递牒前所应须供客之物。令预备拟，不得临时改易及有停壅。如有事故，必须停滞及改

①《令义解》卷十《杂令》，《日本汉文史籍丛刊》第153册，上海交通大学出版社，2015，第36页。

②《令义解》卷十《杂令》，《日本汉文史籍丛刊》第153册，上海交通大学出版社，2015，第36页。

③《日本三代实录》卷四三，元庆七年正月癸巳，吉川弘文馆，1966，第531页。

④《类聚三代格》卷五"分置诸国事"，吉川弘文馆，1965，第195-196页。

⑤《延喜式》卷二一《玄蕃寮》，吉川弘文馆，1965，第546页。

张者，速告前所，勿致费损。"①

四、提供返程口粮

日方除了需要负责渤海国遣日使在日的日常需要外，还会负责渤海国遣日使回国时的口粮。如第8回遣日使时，日本以渤海国国书"违例无礼"，不允许乌须弗一行进入日本国都，就地遣返。"但表函违例者，非使等之过也。涉海远来，事须怜矜，仍赐禄并路粮放还。"②这里所言的"路粮"，指的是使团回程途中食用的口粮。

小　结

由于渤海国遣日使的特使和官员身份，在日期间，他们参与日本政府主持的一系列礼仪活动，并与日本天皇和日本政府进行一系列的馈赠与交流，这些都属于国家行为。以此为出发点，笔者将馈赠与交流称为政权层面的馈赠。根据接受馈赠的对象不同，又将之细分为渤海国国王和渤海国遣日使使团成员两个层面。

日本政府对渤海国遣日使使团成员的馈赠具有次数多、层面多的特点。随着渤海国遣日使频繁到访日本，日本将之制度化，以律令的形式将馈赠的数额、时间等上升为法律层面。

透过对文献的爬梳，我们可以看到制度化规定的原则，即根据官员的品阶决定渤海国遣日使成员所得馈赠的多少。授予品阶和俸禄以及对死难官员的抚恤都是以品阶为基础的。不过在认定品阶的过程中，日本为了褒奖他们远涉重洋的劳苦，展示日本怀柔远人的心态，日本政府会在其渤海国原有品阶的基础上提升一级授予品阶，从而使得他们能够享受到更多的馈赠。在这一总原则的指导下，日本政府还会依据每回遣日使的具体情况，进行相应的调整。即《延喜式》所说的"或有阶品高下、职事优劣者，并宜临时商量加减"③。

①《延喜式》卷二一《玄蕃寮》，吉川弘文馆，1965，第546页。
②《续日本纪》卷三二，宝龟四年六月戊辰，吉川弘文馆，1966，第410页。
③《延喜式》卷三十《大藏省》，吉川弘文馆，1965，第739页。

还有一点尚须注意，在馈赠渤海国国王和渤海国遣日使物品时，日本文献基本上都将之写为"赐禄"。这种记录格式的同一性实际上是日本试图将渤海国贬低为附属国的一种表达方式，将渤海国国王和渤海国遣日使都比照为日本的官员，从而营造出以日本为中心的"小中华朝贡体系"。这与日本与渤海国外交礼仪之争互为表里。而在日本致渤海国的国书中，则以"信物"称呼这些馈赠，但"赐物""赠物"这样的字样也会出现。不同词汇的出现反映出渤日两国在交聘中的动态关系。

不过，渤海国遣日使在日本的待遇的背后是对等原则，即渤海国接待日本遣渤海国使时，同样会予以相应的优待。虽然渤海国本身史料无存，但是透过日本史料也可窥知一二。如第10回遣日使时，大使张仙寿代转大钦茂的口信时言及："渤海国王言：圣朝之使高丽朝臣殿嗣等失路，漂著远夷之境，乘船破损，归去无由。是以，造船二艘，差仙寿等，随殿嗣令入朝，并载荷献物，拜奉天朝。"[1]渤海国同样为日本遣渤海国使提供新造船只。但是总体而言，在渤日交聘史上，渤海国更为主动，34回渤海国遣日使远超过15回日本遣渤海国使的次数，这使得在双方交聘历史中，渤海国的收益远超于日本。日本在接待使团上的负担也会远多于渤海国。

---

[1]《续日本纪》卷三五，宝龟十年正月丙午，吉川弘文馆，1966，第446页。

第七章

非政权层面上的
渤日贸易

除了政权层面的物品馈赠外，在渤日双方展开外交活动的同时，还出现了以私人身份获得馈赠的情况，通过礼物的形式，遣日使使团成员也获得了一定的物品。这即所谓的非政权层面的物品馈赠。根据物品馈赠的对象不同，可将之分为渤海国遣日使与日本天皇的相互馈赠、渤海国遣日使与日本官员的相互馈赠以及民间贸易等三个层面。

之所以将民间贸易也纳入到物品馈赠的范畴，是因为从广义上讲民间贸易也属于物品馈赠。从民间贸易看，商品经济需要两个基本要素——商品和市场。首先比较物品馈赠中的物品和商品。就本质而言，二者具有多重的共同性——都是具有一定使用价值的劳动产品，可以满足人们某种需要，也都具备物品的交换和流动的过程。不同之处在于：商品是以获利为目的，物品馈赠也并非完全不考虑物品的价值，在某种程度上也追求获利，只是物品馈赠的发出者除了经济层面的考量外，也注重物品馈赠时所产生的政治、文化等多方面的利益。

关于市场，美国市场营销协会的定义委员会于1960年给出了一个定义：市场是指一种货物或劳务的潜在购买者的集合需求。这一定义强调了购买者的重要性，并将产品（货物，服务）或因素（劳动力和资本）都纳入到购买的对象之中。而在古代，市场通常指按照一定规则和习俗进行交易行为的场所。物品馈赠属于馈赠经济，遵循互惠原则，但也强调馈赠场所的重要性。不同之处在于：市场更多地强调商品交换和价值的实现，具有平衡供求矛盾的作用，并具有一定的收益分配作用。物品馈赠首要考虑的是把馈赠物作为一种表达自身心意的手段，强调联络感情的重要性。

综合商品和市场这两种因素考虑，民间贸易确可以被纳入到物品馈赠的范畴之中进行思考。不过在渤日交聘过程中还是应该更为关注民间贸易的特殊性，即民间贸易是以货币为媒介，以市场网络为基础，以盈利为基本需求，以互通有无为目的的经济活动。

第一节
渤海国遣日使与日本天皇的相互馈赠

在渤海国遣日使出使日本的过程中，渤海国遣日使会以私人身份与日本天皇相互馈赠。而渤海国遣日使的馈赠不仅包括物质层面上的馈赠，实际上也包括非物质层面上的馈赠。

一、物质层面的相互馈赠

渤海国遣日使抵达日本后，除了向日本政府递交国书和"信物"外，渤海国遣日使使团的大使、副使还会以私人身份向日本天皇进献礼物。日本天皇根据礼物的价值回赠物品。

见于日本文献最早的记录，只能追溯至第21回遣日使之时。天长元年（824，长庆四年），"四月丙申，览越前国所进渤海国信物，并大使贞泰等别贡物。又契丹大狗二口，猴子二口，在前进之"①。依据前后文，"契丹大狗二口，猴子二口"即为高贞泰向日本天皇进献的以"别贡物"为名的礼物。淳和天皇对高贞泰的礼物非常感兴趣。四月，"辛丑，幸神泉苑，试令渤海狗逐苑中鹿，中途而休焉"②。这里的"渤海狗"即上文所言的"契丹大狗"。但不知何原因，淳和天皇中途叫停。除了高贞泰外，副使璋瑢也向淳和天皇进献了礼物，但却被拒收。四月，"庚子，返却渤海副使璋瑢别贡物"③。很可能是因为淳和天皇认为"璋瑢"的身分过低才加以拒绝。

高贞泰这次向日本天皇进献礼物的成功，成为后世渤海国遣日使大使的榜样。此后，历回渤海国遣日使大使都会向日本天皇进献礼物。第24回遣日使时，承和九年四月，"辛未，大使贺福延私献方物"④。贺福延同样向仁明天皇进献了礼物，但物品不明。第26回遣日使时，贞观元年六月，日本太政官给渤海国中台省的牒文中言及："东绝五十疋、绵四百屯。赐大恒乌孝慎。孝慎别贡土宜，仍有此锡赉焉。"⑤乌孝慎也向清和天皇进献了物品不明的礼物。第27回遣日使时，贞观三年（861，咸通二年）五月，"廿六日己亥，太政官送渤海国中台省牒，下存问使并出云国司，绝一十疋、绵卅屯，别赐大使李居正"⑥。《类聚国史》与《日本三代实录》的内容相同，但"四十屯"写为"卅屯"⑦。两者记录在数量上相差十屯的木棉。此回遣日使并未得到进入日本国都的许可，而是就地遣返。清和天皇却"别赐"给李居正礼物，应将之视为对李居正馈赠礼物的回报。第29回遣日使时，日本政府以渤海国遣日使违期前来，将之就地遣返。贞观十九年六月，"廿五日甲

①《类聚国史》卷一九四《殊俗部·渤海下》，吉川弘文馆，1965，第357页。
②《类聚国史》卷一九四《殊俗部·渤海下》，吉川弘文馆，1965，第357页。
③《类聚国史》卷一九四《殊俗部·渤海下》，吉川弘文馆，1965，第357页。
④《续日本后纪》卷十一，承和九年四月辛未，吉川弘文馆，1966，第131页。
⑤《日本三代实录》卷三，贞观元年六月丁未，吉川弘文馆，1966，第34页。
⑥《日本三代实录》卷五，贞观三年五月己亥，吉川弘文馆，1966，第76页。
⑦《类聚国史》卷一九四《殊俗部·渤海下》，吉川弘文馆，1965，第366页。

午，渤海国使杨中远等，自出云国还于本蕃。王启并信物不受而还之。
大使中远欲以珍玩玳瑁酒杯等奉献天子，皆不受之。通事园池正春日
朝臣宅成言：昔往大唐，多观珍宝，未有若此之奇怪。"①为了表达日
方的不满，清和天皇不仅拒绝了渤海国国王大玄锡的馈赠，而且也拒
绝了杨中远的礼物。第30回遣日使时，元庆七年五月，"七日壬申，大
使裴颋别贡方物"②。裴颋同样向阳成天皇进献了礼物。第34回遣日使
时，延喜二十年五月，"十五日，掌客使民部大丞季方领大使裴璆别贡
物，进藏人所"③。裴璆也向醍醐天皇进献了礼物。

依据现有的日本文献，共计有7回渤海国遣日使大使向日本天皇进
献礼物的记载。但是记录礼物事项的记载只有2处，即第21回遣日使
时的礼物为"契丹大狗二口，猴子二口"，第29回遣日使时的礼物为
"玳瑁酒杯"。虽然以今天的价值进行判断，二者无法同日而语，但是
还原至当时的历史场景，二者都可以用"物以稀为贵"加以形容。从
性质上看，它们都是为了满足日本天皇个人猎奇需要的贵重之物。日
本天皇在接受了渤海国遣日使大使的礼物之后，也会对其价值进行权
衡，回赠相应价值的物品。李居正所获"絁一十疋、绵卅屯"的馈赠
即为明证。

二、因个人能力所得的额外馈赠

上文所探讨的是物质层面上的馈赠，即渤海国遣日使大使向日本
天皇赠送的礼物是以实物形式而存在的。在历回渤海国遣日使访日过
程中，渤海国遣日使在参与日本政府举办的各项仪式时，在与日本天
皇进行接触时，渤海国遣日使还会展露自身的优长，通过音乐、舞蹈、
临场作诗等形式推动现场的氛围，从而使得日本天皇获得精神上的愉
悦。为了表示感谢，日本天皇会以物质的形式对渤海国遣日使这种行
动进行感谢。日本天皇以具有价值的物品进行回赠，这实际上是将非

①《日本三代实录》卷三一，贞观十九年六月甲午，吉川弘文馆，1966，第407页。

②《日本三代实录》卷四三，元庆七年五月壬申，吉川弘文馆，1966，第535–536页。

③《扶桑略记》卷二四《醍醐天皇》，吉川弘文馆，1965，第193页。

物质层面转换为物质层面的过程，即将精神上的愉悦换算成具有商品性质的物品，此即所谓的非物质层面上的馈赠。

依据渤海国遣日使愉悦日本天皇的方式，大致可以将这些馈赠分为四种情况。

第一种情况，因擅长乐器而获得馈赠。第2回遣日使时，天平十二年正月，"丁巳，天皇御中宫阁门。己珎蒙等奏本国乐。赐帛、绵各有差"①。由于己珎蒙长于演奏渤海国的本国乐器，圣武天皇馈赠给他"帛、绵"等物。第9回遣日使时，宝龟八年五月，"丁巳，天皇御重阁门，观射骑。召渤海使史都蒙等，亦会射场。令五位已上进装马及走马，作田儛于儛台，蕃客亦奏本国之乐。事毕，赐大使都蒙已下绦帛各有差"②。史都蒙等人同样因为演奏渤海国本国音乐而得到了馈赠。

第二种情况，因舞蹈而获得馈赠。第20回遣日使时，弘仁十三年正月，"十三年正月戊申，御丰乐殿，宴五位已上及蕃客，奏踏歌。渤海国使王文矩等打球，赐绵二百屯为赌。所司奏乐，蕃客率舞，赐禄有差"③。"所司奏乐，蕃客率舞"，表明王文矩一行人在音乐的伴奏下舞蹈，从而获得了以"赐禄"为名的馈赠。

第三种情况，因个人才能而获得馈赠。第30回遣日使时，元庆七年五月，"敕遣中使从五位下行右马助藤原朝臣恒兴，赐御衣一袭大使裴颋，赏裴颋高才有风仪也"。所谓"高才有风仪"，主要是针对裴颋的诗才而言。此次馈赠之前发生了一个插曲。"于朝集堂赐飨渤海客徒。大臣已下就东堂座，择五位已上有容仪者卅人，侍堂上座。从五位下守左卫门权佐藤原朝臣良积引客就西堂座供食。元所定供食者，谢障不出。良积依有仪貌，俄当此选。大使裴颋欲题送诗章，忽索笔砚，良积不闲属文，起座而出。颋随止矣。"④藤原良积因为外貌庄重，被临时任命为宴会的接待，却因不擅长作诗而慌忙起身离席。"颋随止

---

① 《续日本纪》卷十三，天平十二年正月丁巳，吉川弘文馆，1966，第157页。

② 《续日本纪》卷三卅，宝龟八年五月丁巳，吉川弘文馆，1966，第434页。

③ 《类聚国史》卷七二《岁时部·十六日踏歌》，吉川弘文馆，1965，第325页。

④ 《日本三代实录》卷四三，吉川弘文馆，1966，第536页。

矣"，表现出裴颋的谦谦风度，因此阳成天皇为了弥补藤原良积的失礼，选择向裴颋赠送"御衣一袭"。

第33回、第34回遣日使大使裴璆也因其父裴颋的缘由获得了醍醐天皇的书信。第33回遣日使时，延喜八年（908，开平二年），"五月十二日，法皇赐书渤海裴璆［颋］"①。醍醐天皇送给裴璆书信一封。《扶桑略记》记录了书信的内容。"其词曰：余是野人，未曾交语，徒想风姿，北望增恋。方今名父之子，礼了归乡，不忍方寸，聊付私信。遹客之志，不轻相弃。嗟呼！余栖南山之南，浮云不定，君家北海之北，险浪几重。一天之下，宜知有相思，四海之内，莫怪不得名。日本国栖鹤洞居士无名谨状。"②不过《扶桑略记》所记有所省略，《本朝文粹》收录的内容更为完整。"裴公足下：昔再入觐，光仪可爱，遗在人心。余是野人，未曾交语，徒想风姿，北望增恋。方今名父之子，礼毕归乡，不忍方寸，聊付私信。遹客之志，不轻相弃。嗟乎，余栖南山之南，浮云不定；君家北海之北，险浪几重。一天之下，宜知有相思；四海之内，莫怪不得名。日本国栖鹤洞居士无名谨状。延喜八年五月十二日。"③《本朝文粹》收纳全文时，所拟标题为《法皇赐渤海裴遹书》，作者写为纪纳言，即纪谷长雄。书信表达了醍醐天皇对裴颋、裴璆父子的赞赏之情。"十五日，飨蕃客朝集堂，并赐彼国王等物。使右近少将平元方殊给大使裴璆御衣一袭。"④醍醐天皇仿效阳成天皇，也赠送给裴璆"御衣一袭"。第34回遣日使时，醍醐天皇再次赠送"御衣"。延喜二十年五月，"八日，唐客可入京。辰三克，中四克，掌客使季方朝纲等参入，御衣各一袭给两使"⑤。"两使"应该指的是大使裴璆和副使。之后，又延续之前的传统，再次送给裴璆书信一封。"十七日戊寅，发遣领归使等。又法皇赐书于大使。"⑥

①《日本纪略后篇》一《醍醐天皇》，吉川弘文馆，1965，第12页。

②《扶桑略记》卷二三《醍醐天皇》，吉川弘文馆，1965，第178页。

③《本朝文粹》卷七《书状》，吉川弘文馆，1965，第169页。

④《扶桑略记》卷二三《醍醐天皇》，吉川弘文馆，1965，第178页。

⑤《扶桑略记》卷二四《醍醐天皇》，吉川弘文馆，1965，第193页。

⑥《日本纪略后篇》一《醍醐天皇》，吉川弘文馆，1965，第23页。

第四种情况，其他特殊情况下的馈赠。第16回遣日使时，弘仁二年正月，"壬子，御丰乐院，观射。藩客赐角弓射焉"①。高南容一行因参加射礼，嵯峨天皇馈赠"角弓"，让他们也能参与校射。但历回渤海国遣日使也多参加射礼，现有文献却未有赠弓的记载，不知此处记载是否属于特例。上文提及第20回遣日使时，弘仁十三年正月，"渤海国使王文矩等打球，赐绵二百屯为赌"②。王文矩一行与日本官员一起打马球，为了增强游戏的竞技性，嵯峨天皇特意拿出"绵二百屯"作为赌注送给王文矩一行。这两处记载都是孤例，无由而知是否成为惯例，因此这里将之作为其他特殊情况下的馈赠加以记述。

第二节
渤海国遣日使使团与日本官员的相互馈赠

渤海国遣日使在日停留期间，除了日本天皇外，也会与日本官员进行交往，通过互赠礼物加深相互关系。根据日方赠送人的身份，可将之区分为日本权臣、日本接待官员两种形式。

一、日本权臣的馈赠

在历回渤海国遣日使中，第4回和第6回遣日使有一个特殊现象，即权臣藤原仲麻吕（后淳仁天皇赐名为惠美押胜，706—764）与渤海国遣日使有着密切接触。第4回遣日使时，天平宝字三年正月，"甲午，大保藤原惠美朝臣押胜宴蕃客于田村第。敕赐内里女乐并绵一万屯。当代文士赋诗送别，副使扬泰师作诗和之"③。藤原仲麻吕在私邸宴请了杨承庆一行，并给出了数额庞大的馈赠——"绵一万屯"。第6回遣日使时，天平宝字七年二月，在使团临行前，藤原仲麻吕又在私邸宴

①《日本后纪》卷二一，弘仁二年正月壬子，吉川弘文馆，1966，第95页。

②《类聚国史》卷七二《岁时部·十六日踏歌》，吉川弘文馆，1965，第325页。

③《续日本纪》卷二二，天平宝字三年正月甲午，吉川弘文馆，1966，第259页。

请了王新福，并赠送了礼物。"二月，丁丑，太师藤原惠美朝臣押胜设宴于高丽客，诏遣使赐以杂色夹衣卅柜。"① "杂色夹衣卅柜"也是数量不少的馈赠。

藤原仲麻吕出身于藤原氏。藤原氏由中臣氏改姓而来（669年，由天智天皇赐姓）。藤原氏的开创者中臣镰足（614—669）是"大化改新"的主角，从此藤原氏成为日本政坛上举足轻重的政治主角之一。"在平安时代，藤原氏在掌控朝政的贵族社会中掌握大权，君临天下，可谓是时代的主角。……他们世代占据摄政、关白（统称摄关）者两个代替和辅佐天皇执政的职位。"②镰仓时代以后，藤原氏也是风头无两，"藤原一族的核心人物总是侍奉在天皇的身边，参与朝政。从后来的镰仓时代、室町时代，一直到江户时代，这一点都没有发生变化。"③

作为中臣镰足的曾孙，藤原仲麻吕也为藤原氏把控大权添砖加瓦。从圣武天皇天平年间，藤原仲麻吕依凭着血缘关系亲近的光明皇后的加持，逐渐掌控日本政局，更成为孝谦天皇、淳仁天皇时期一手遮天的权臣。为了让自己有更大的功劳，藤原仲麻吕开始策划对新罗的进攻。"新罗对日本无礼。这一外交问题尚未得到解决。惠美押胜以此为由，开始制定计划，希望派大批远征军恢复日本对朝鲜半岛的统治，打算建千载的不世之功。早在圣武天皇时期，这一计划就已经在进行。……这主要是惠美押胜为了自己的荣誉，为了留名后世而在推动实施。"④恰逢此时安史之乱爆发，随着唐朝的内乱，原有的唐朝封贡体系开始崩解，藤原仲麻吕认为日本进攻新罗不会受到来自唐朝的阻力，由此藤原仲麻吕开始加紧筹划。在藤原仲麻吕看来，与新罗关系紧张

---

① 《续日本纪》卷二四，天平宝字七年二月丁丑，吉川弘文馆，1966，第292页。

② ［日］胧谷寿、仁藤敦史:《倒叙日本史》第4册《平安·奈良·飞鸟》，韦平和译，商务印书馆，2018，第7页。

③ ［日］胧谷寿、仁藤敦史:《倒叙日本史》第4册《平安·奈良·飞鸟》，韦平和译，商务印书馆，2018，第8页。

④ ［日］西村真次:《早稻田大学日本史》第2卷《飞鸟宁乐时代》，米彦军译，华文出版社，2020，第317页。

的渤海国成为日本进攻新罗的重要盟友，为了更好地拉拢渤海国，藤原仲麻吕才会在私宅宴请渤海国遣日使，并对之进行大量的赏赐，希望他们能在回国后促使渤海国与日本同时发起对新罗的进攻。

至于藤原仲麻吕是否取得了渤海国的支持，史无明文。但藤原仲麻吕确实展开了一系列的实际行动。天平宝字三年六月，"壬子，令大宰府造行军式，以将伐新罗也"①。"八月己亥，大宰帅三品船亲王于香椎庙奏应伐新罗之状。"②九月，"壬午，造船五百艘。北陆道诸国八十九艘，山阴道诸国一百卅五艘，山阳道诸国一百六十一艘，南海道诸国一百五艘。并逐闲月营造，三年之内成功。为征新罗也"③。日本的这一系列动作表明日本进攻新罗已经箭在弦上。而这年正月，藤原仲麻吕在私宅宴请渤海国遣日使，杨承庆一行更是获得了"绵一万屯"的丰厚馈赠。从馈赠的数量、时间的接续线上考察，杨承庆应该给予了藤原仲麻吕一定的承诺。然而"随着藤原仲麻吕的失败，进攻新罗的计划也化为泡影"④。天平宝字四年光明皇太后去世，藤原仲麻吕的权势渐趋不稳。天平宝字八年（764，广德二年），不甘心大权旁落的藤原仲麻吕发动叛乱，最终以自身被处以极刑的方式收场。正是因为渤海国也被卷入其中，所以此后的日本权臣为了避嫌，再无人与渤海国遣日使有密切的往来，渤海国遣日使接受日本权臣馈赠的情况不再出现。

二、渤海国遣日使与日本接待官员的相互馈赠

在藤原仲麻吕之后，渤海国遣日使在日期间接触最多的是日本接待官员。由于从登陆地开始，日本接待官员便与渤海国遣日使朝夕相处，两者之间的关系非常亲密。加之以诗文为媒介，双方之间甚至出现了终觅知音的惺惺相惜之感，因此，渤海国遣日使与日本接待官员

①《续日本纪》卷二二.天平宝字三年六月壬子,吉川弘文馆,1966,第263页。

②《续日本纪》卷二二.天平宝字三年八月己亥,吉川弘文馆,1966,第265页。

③《续日本纪》卷二二.天平宝字三年九月壬午,吉川弘文馆,1966,第265页。

④ 王承礼:《中国东北的渤海国与东北亚》,吉林文史出版社,2000,第246页。

互赠礼物变得愈发频繁。

都良香（834—879）所撰《都氏文集》中收录有《赠渤海客扇铭》的全文。并在诗题以小注的形式写道："画扇廿枚，分与廿人。"[①]都良香曾多次接待渤海国遣日使，这首诗的写作时间虽然没有写明，但大致应写于第28回遣日使时。贞观十四年四月，"十六日乙卯，以正六位上行少内记都宿祢言道、正六位上行式部少丞平朝臣季长为掌渤海客使。常陆少掾从七位上多治真人守善、文章生从八位下菅野朝臣惟肖为领归乡渤海客使"[②]。都言道即都良香的本名。由于都良香身为掌渤海客使，全权负责渤海国遣日使的接待工作，所以他才会向被允许进入日本国都的二十人，每人都赠送一把扇子。

菅原道真（845—903）在裴颋两次出使日本时，与裴颋结下了深厚的友谊。礼物流动也出现在二人之间。菅原道真曾作《醉中脱衣赠裴大使叙一绝寄以谢之》，其中写道："吴花越鸟织初成，本自同衣岂浅情。座客皆为君后进，任将领袖属裴生。"[③]诗文中透出菅原道真对裴颋的推崇之情。而诗题表明，菅原道真曾将自己所穿衣服送与裴颋。马兴国更是进一步指出馈赠所穿衣服在日本具有特殊的意义。日本有以衣服招魂的习俗。"人们认为自己穿用的衣服必然寄存有自己的灵魂，把自己穿用的（应该说是藏有自己灵魂的）衣服赠送给最亲近的朋友，意味着把自己的魂魄毫无保留地赠给了对方，足见一片诚心。"[④]

除了日本接待官员赠送给渤海国遣日使礼物外，渤海国遣日使也会向日本接待官员赠送礼物。《都氏文集》还收录了一首题名为《谢渤海杨太使赠貂裘、麝香、暗摸靴状》的小文。"殊贶难当，岂敢辄更。

①《都氏文集》卷三，塙保己一编《群书类丛》第9辑，续群书类丛完成会，1983，第133页。

②《日本三代实录》卷二一，贞观十四年四月乙卯，吉川弘文馆，1966，第306页。

③《菅家文草》卷二，《日本古典文学大系》第72册，岩波书店，1966，第193页。

④马兴国：《两乡何异照　四海是同家——渤海日本往来诗探微》，载马兴国主编《中日关系研究的新思考——中国东北与日本国际学术研讨会论文集》，辽宁大学出版社，1993，第79—80页。

谨勒奉返，望不怪责，不宣。谨状。"①题名中的"杨太使"即第28回
遣日使大使杨成规。《渤海史料全编》进行过细致的考证。"其所撰与
渤海使臣相关的诗文，保存下来的有七首，载于该集的有五首，其余
两首分别载于《扶桑集》和《江谈抄》中。七首诗文中，有两首标明
与渤海大使杨中远和裴颋有关。其余五首未有明确标出与哪些渤海使
臣有关。但据《实录》所载，只是杨成规至日本时，都氏为掌渤海客
使，而且'客主具醉，兴成赋诗'。杨中远至日本时，因途中被拒却
还，与都氏未能邂逅相遇，彼此很少可能有诗文往还。故将此五首，
一并系于杨成规至日本之后。"②

　　根据都良香所写内容，都良香并未接受杨成规的馈赠，但这种赠
送应该是相当普遍的。而都良香属文的标题也给我们管窥渤海国遣日
使赠送日本接待官员礼物的品种提供了契机。貂裘，即用貂皮所做的
衣服。"说明渤海人有成熟的毛皮加工业。"③麝香，作为一种知名药物
和香料，广为东亚世界接受。根据胡梧挺的考证，"渤海国境内遍布的
原麝为采制麝香提供了极为丰富的基础条件"④。胡梧挺更是对这一赠
送进行了深入的解读。'杨成规将麝香赠给都良香，一方面是考虑到麝
香作为渤海国所产的珍贵药材，同时也是日本所需；另一方面也是由
于麝香具有'辟恶气'、杀'温疟蛊毒'的功效，因此，在大疫流行的
情况下，麝香的价值就更加凸显。由此可以推知，杨成规的行为颇有
深意：他借赠送麝香的机会，向日本朝廷展示了渤海国的正面形象，
即渤海国是出产珍贵药材的文明之国，而非充满'异土毒气'的瘴疠
之乡；渤海国使团不是带来疾疫与不祥的瘟神，而是带着能够抵御疾
疫的麝香而来的友好使者。可见，渤海麝香在输入日本的过程中，还

　　①《都氏文集》卷四，塙保己一编《群书类丛》第9辑，续群书类丛完成会，1983，第
148页。

　　②孙玉良编著《渤海史料全编》，吉林文史出版社，1992，第339页。

　　③梁玉多：《渤海国经济研究》，黑龙江大学出版社，2015，第152页。

　　④胡梧挺：《唐代东亚麝香的产地及其流向——以渤海国与东亚麝香交流为中
心》，载杜文玉主编《唐史论丛》第27辑，三秦出版社，2018，第208页。

发挥了化解渤、日之间的误解以增进双方友好交往的作用。"①暗摸靴，金毓黻最早对之进行考证。"此靴盖为革制，惟暗摸靴，命名之义未详，或为夜行时所需，故名暗摸。"②以此为基础，后世学者进行了更为深入的考察。李殿福结合考古发现进行阐发，在对贞孝公主墓壁画考察时指出："贞孝公主墓壁画人物足蹬的黑靴，乃是暗摸靴。"③赵哲夫、韩亚男吸纳了民族学、人类学的田野调查成果，将"暗摸靴"的形制具体化。第一个特点是两鞋形状一样，不分左右脚；第二个特点是圆头，进而指出"就是渤海人跋涉雪地所用之物"④。

除了这些物质性礼物外，包括诗歌在内的非物质性礼物的流动也是渤海国遣日使与日本官员之间常见的馈赠物。早在第4回遣日使时，诗歌唱和即是二者之间交流的重要手段之一。759年正月，"甲午，大保藤原惠美朝臣押胜宴蕃客于田村第。敕赐内里女乐并绵一万屯。当代文士赋诗送别，副使杨泰师作诗和之"⑤。在藤原仲麻吕为渤海国遣唐使举行的私宴中，日本熟悉汉文诗歌创作的"当代文士"当场以送别诗为题进行诗歌创作，杨泰师也当场赋诗以为唱和，从而形成非物质性礼物的平衡互惠。迨至第30回遣日使时，渤日之间的诗歌唱和达到了一个新的高度，以至于国内学者在对渤日关系进行阶段性划分时，多将此后的历史作为渤日交往的新阶段。孙玉良开此先河。"渤海同日本交往第三阶段，可自882年裴颋第一次出使日本时算起，从大使的任命，以及到达日本后的主要活动内容来看，此阶段双方是以文化交流为其主要特色。"⑥

---

① 胡梧挺：《唐代东亚麝香的产地及其流向——以渤海国与东亚麝香交流为中心》，载杜文玉主编《唐史论丛》第27辑，三秦出版社，2018，第218页。

② 金毓黻：《渤海国志长编》卷十七《食货考》，社会科学战线杂志社，1982，第392页。

③ 李殿福：《唐代渤海贞孝公主墓壁画与高句丽壁画比较研究》，《黑龙江文物丛刊》1983年第2期，第40页。

④ 赵哲夫、韩亚男：《渤海国"暗摸靴"研究》，《北方文物》2009年第2期，第49页。

⑤ 《续日本纪》卷二二，天平宝字四年正月甲午，吉川弘文馆，1966年，第259页。

⑥ 孙玉良：《日本古籍中的渤海史料》，《学习与探索》1982年第4期，第116-117页。

但是由于文献的阙载，这些诗歌很少能留存于世。金毓黻在《渤海国志长编》中辑录了有关诗歌 55 首（此外还有日本诗人赠答东丹国使节的诗歌 2 首）。这之中，渤海国作品 7 首，日本作品 48 首。按照《唐代渤、日通聘赠答诗初探》的分析，"文臣们在通聘活动之余进行诗歌唱和，在清辞丽藻中切磋诗艺，驰骋才华，各抒其志，当人们试图通过诗歌来装饰政治，而他们的创作主体又是朝廷官员，于是这类于通聘活动中产生的唱和诗歌就具有了国家外交和私人酬赠的双重属性"①。

第三节
渤海国遣日使在日的民间贸易

非政权层面的物品馈赠，除了上文考察的渤海国遣日使与日本天皇的相互馈赠、渤海国遣日使与日本官员的相互馈赠外，民间贸易更是值得注意的现象。随着渤海国的国力强盛和经济发展，加之渤海国在东亚政治格局中的地立愈发稳固，经济、文化交流的需要成为渤海国遣日使的主要任务。

一、日本出台的相关律令

一方面是渤海国遣日使的民间贸易的需求日益高涨，另一方面日本出台了各种律令试图阻止民间贸易的随意开展。

日本的律令直至唐代才出现，由日本留学生以唐朝律令为基础编纂而成。日本最早的律令可以追溯至圣德太子制定的《十七条宪法》，但真正意义上的律令则是日本近江朝（667—672）修订的《近江令》。"《近江令》内容庞杂，多是没有实施的空文。因此，自天武天皇以

---

① 沈文凡、李莹:《唐代渤、日通聘赠答诗初探》,《文艺争鸣》2015 年第 4 期,第 199 页。

来，根据社会实践，朝廷对《近江令》进行修改，逐渐削减。"①在此
基础上，《大宝令》于日本大宝二年（702，长安二年）撰修而成。到
了养老二年（718，开元六年），日本政府在进一步修正《大宝令》的
基础上形成《养老令》，并于天平胜宝九年（757，至德二年）施行。
依据成书于天长十年（833，太和七年）的《令义解》和大约成书于贞
观十年（868，咸通九年）之前的《令集解》，大致可以窥知《养老令》
的全貌。《养老令》中，围绕着如何避免日本人员与外国使团的民间贸
易，日本政府制订了一系列律令。这些律令具有法律意义上的普遍性，
针对的对象也包括渤海国遣日使。

　　仿效唐朝律令，《养老令》对日本人员与外国使团之间的民间贸易
进行了规范。《令义解》："凡官司未交易之前，不得私共诸蕃交易。为
人纠获者，二分其物，一分赏纠人，一分没官。若官司于其所部捉获
者，皆没官。"②《类聚三代格》在"禁制事"条下记有延喜三年
（903，天复三年）八月一日的太政官符，其中也引述了相关的法律规
定："律曰：官司未交易之前，私共蕃人交易者，准盗论，罪止徒三
年。令云：官司未交易之前，不得私共诸蕃交易，为人纠获者，二分
其物，一分赏纠人，一分没官。若官司于所部捉获者，皆没官者。"③
《类聚三代格》所引的令与《令义解》的内容完全相同。这两则日本律
令中，律规定了违法行为的处罚标准，令则给出了举报和纠察民间贸
易的奖励原则。它们的重要之处在于圈定了渤日民间贸易的定义。"官
司未交易之前，私共蕃人交易者"一句表明，只有在政权层面上贸易
之前进行的民间贸易才是律令处罚的对象。换言之，日本政府是允许
日本人员与外国使团进行贸易的，只是日本政府具有贸易优先权。

　　《类聚三代格》是日本平安时代编纂的法令集，成书时间至迟为11

---

　　①［日］久米邦武：《早稻田大学日本史》第3卷《奈良时代》，米彦军译，华文出版社，
2020，第22页。

　　②《令义解》卷九《关市令》，《日本汉文史籍丛刊》第153册，上海交通大学出版社，
2015，第15页。

　　③《类聚三代格》卷十九"禁制事"，吉川弘文馆，1965，第612页。

世纪。原书三十卷，现存十五卷。该书将《弘仁格》（10卷，编成时间为820年）、《贞观格》（12卷，编成时间为869年）、《延喜格》（12卷，编成时间为927年）三种格，按照神社、国分寺、调庸等各个事项进行分类整理，将诏、敕、官符等编汇而成。据此可知，从8世纪初直至10世纪初，日本律令一直对日本人员与外国使团之间的民间贸易进行严格管控，相关律令并无改动。

然而由于对国外物品的追捧成为日本权贵之家的风气，在政权层面上贸易之前与外国使团进行民间贸易的情况屡见不鲜，以至于日本政府不得不一再重申禁令。《类聚三代格》在"禁制事"条下记有两则相关的太政官符。延历二十一年（802，贞元十八年）六月二十四日的太政官符："太政官符，禁断私交易狄土物事。右被右大臣宣称：渡岛狄等来朝之日，所贡方物，例以'杂皮'。而王臣诸家竟买好皮，所残恶物以拟进官。仍先下符禁制已久，而出羽国司宽纵，曾不遵奉为吏之道，岂合如此。自今以后，严加禁断，如违此制，必处重科，事缘敕语，不得重犯。"这则主要针对的是日本人员与虾夷人的民间贸易。延喜三年八月一日的太政官符："太政官符，应禁遏诸使越关私买唐物事。右左大臣宣：顷年，如闻唐人商船来著之时，诸院诸宫诸王臣家等，官使未到之前，遣使争买。又墩内富豪之辈，心爱远物，踊直贸易。"①这则主要针对的是日本人员与唐朝商人的民间交易。从中可以看到日本人员为了经济利益，完全无视律令进行民间贸易的行为极为频繁。

专门针对渤海国遣日使的禁令也见于日本文献。《类聚三代格》在"夷俘并外蕃人事"条下记有天长五年正月二日的太政官符，其中提及："一应禁交关事。右蕃客赍物私交关者，法有恒科，而此间之人必爱远物，争以贸易，宜严加禁制，莫令更然。若违之者，百姓决杖一百，王臣家遣人买，禁使者言上，国司阿容及自买，殊处重科，不得违犯。"②其中言及的"法有恒科"明显指的是上文所引的律令。"若违

---

① 《类聚三代格》卷十九"禁制事"，吉川弘文馆，1965，第612页。

② 《类聚三代格》卷十八"夷俘并外蕃人事"，吉川弘文馆，1965，第571—572页。

之者，百姓决杖一百，王臣家遣人买，禁使者言上，国司阿容及自买，殊处重科，不得违犯"，这一句只能理解为对与渤海国遣日使进行民间贸易行为的追加处罚，亦即除了原有的"徒三年"外另加的刑罚。这从一个侧面体现出当时在政权层面上贸易之前，渤海国遣日使与日本人员之间的民间贸易已经达到了猖獗肆意的程度，律令根本无法震慑，所以日本政府不得不推出更为严厉的补充措施，希冀能够阻止此类事情的发生。第30回遣日使时，元庆六年（882，中和二年）十一月，"又禁制私回易客徒所赍货物"①。828年，日本政府已经针对第23回遣日使时提出了禁令。时隔近半个世纪，日本政府又一次重申禁令，这说明即使加重刑罚，律令所能起到的效果也是有限。这也表明渤海国遣日使与日本人员之间的民间贸易极为频繁，反映出渤日之间的民间贸易的规模之大。

日本律令除了对在政权层面上贸易之前与外国使团进行民间贸易加以禁止外，还在某些具体事项上进行限定。贸易物品上，《令义解》："凡弓箭、兵器，并不得与诸蕃市易。其东边、北边，不得置铁冶。"②武器是日本严格限制的交易物品。除了武器外，应该还有其他物品也被列入禁物名单之中。如《令义解》："凡禁物不得将出境。若蕃客入朝，别敕赐者，听将出境。"③此处的"禁物"绝对不止武器之属，但缺乏文献记载，具体情况无由而知。

日本律令还仿照唐朝律令，制定了一些补充条款。《令义解》引《养老令》正文："凡蕃使往还，当大路近侧，不得置当方蕃人及畜同色奴婢。"④这条令来源于唐令。"诸蕃使往还，当大路左侧，公私不得

①《日本三代实录》卷四二，元庆六年十一月丙申，吉川弘文馆，1966，第528页。

②《令义解》卷九《关市令》，《日本汉文史籍丛刊》第153册，上海交通大学出版社，2015，第15页。

③《令义解》卷九《关市令》，《日本汉文史籍丛刊》第153册，上海交通大学出版社，2015，第15页。

④《令义解》卷十《杂令》，《日本汉文史籍丛刊》第153册，上海交通大学出版社，2015，第36页。

置（雇？）当方蕃人及畜同色奴婢，亦不得充传马子及援夫等。"①《令义解》："凡禁物不得将出境。若蕃客入朝，别敕赐者，听将出境。"②这条令来源于唐令，即《天圣令·关市令》复原唐令12。"诸禁物不得将出关。若蕃客入朝别敕赐者，连写正敕，牒关勘过。"③《令义解》："凡蕃客初入关日，所有一物以上，关司共当客官人具录，申所司。入一关以后，更不须检。若无关处，初经国司各准此。"④这条令脱胎于唐令，即《天圣令·关市令》复原唐令10。"诸蕃客初入朝，本发遣州给过所。所有一物以上，关司共蕃客官人具录申所司；入一关以后，更不须检。若无关处，初经州县亦准此。"⑤《延喜式》："仍令国别国司一人，部领人夫防援过境。……其在路不得与客交杂，亦不得令客与人言语。所经国、郡官人若无事，亦不须与客相见。停宿之处，勿听客浪出入。"⑥这条式源出于《唐律疏议》。"又准主客式：蕃客入朝，于在路不得与客交杂，亦不得令客与人言语。州县官人若无事，亦不得与客相见。即是国内官人、百姓，不得与客交关。"⑦除此之外，《令义解》引《养老令》正文："凡蕃使出入，传送囚徒及军物，须人防援。皆量差所在军士递送。"⑧这条令亦应源出于唐令。以上五条令、式都取材于唐朝律令，依据日本国情进行了部分改动。而这些律令的

---

① 天一阁博物馆、中国社会科学院历史研究所天圣令整理课题组：《天一阁藏明钞本天圣令校证(附唐令复原研究)》，中华书局，2006，第752页。

②《令义解》卷九《关市令》，《日本汉文史籍丛刊》第153册，上海交通大学出版社，2015，第15页。

③ 天一阁博物馆、中国社会科学院历史研究所天圣令整理课题组：《天一阁藏明钞本天圣令校证(附唐令复原研究)》，中华书局，2006，第534页。

④《令义解》卷九《关市令》，《日本汉文史籍丛刊》第153册，上海交通大学出版社，2015，第15页。

⑤ 天一阁博物馆、中国社会科学院历史研究所天圣令整理课题组：《天一阁藏明钞本天圣令校证(附唐令复原研究)》，中华书局，2006，第539页。

⑥《延喜式》卷二一《玄蕃寮》，吉川弘文馆，1965，第546页。

⑦《唐律疏议》卷八《卫禁》，岳纯之点校，上海古籍出版社，2013，第145页。

⑧《令义解》卷五《军防令》，《日本汉文史籍丛刊》第152册，上海交通大学出版社，2015，第498页。

主要目的就是防止日本人员与渤海国遣日使进行民间贸易。

二、渤海国遣日使的民间贸易具体活动

尽管日本出台了一系列限制民间贸易的律令，但是由于日本国内的需求，日本政府也不得不做出让步。做法就是将民间贸易规范化。

贞观十四年，杨成规率领的第28回遣日使抵达平安京。天皇将贸易分三天进行。五月，"廿日己丑，内藏寮与渤海客回易货物"。"廿一日庚寅，听京师人与渤海客交关。""廿二日辛卯，听诸市人与客徒私相市易。是日，官钱卅万，赐渤海国使等。乃唤集市廛人，卖与客徒此间土物。"①第一天由掌管皇家财政的内藏寮进行贸易，这天的贸易与封贡贸易相近，都具有皇家性。第二天由驻京的官员、贵族进行贸易。这无疑是承认日本权势之家在对外贸易中具有特殊地位。第三天，商人乃至普通百姓亦可进行贸易。此即民间贸易。民间贸易的主体为"市人与客徒"。特别之处是在民间贸易开始之前，日本政府为渤海国遣日使提供了"官钱卅万"，目的是让他们有资金能够购买日本"土物"。日本政府提供"官钱卅万"的原因，很可能是为了结算第一天、第二天贸易中渤海国遣日使所得的贸易顺差。

元庆七年，渤海国第30次遣日使抵达平安京。史料记录了两天的贸易。五月七日，"是日，内藏头和气朝臣彝范率僚下向鸿胪馆交关"②。"八日癸酉，内藏寮交关如昨。"③此后虽无贸易的记载，但应如872年故事。

日本文献中能够见证民间贸易的例子只有这两条。综合史料，有两点需要进一步申说。第一，在词语的选择上，日本文献描述与内藏寮的贸易时，主要用"交关""回易"这两个词进行定性，描述与权势之家的贸易时，同样用"交关"进行定性。而描述与商人、普通百姓

---

① 《日本三代实录》卷二一，贞观十四年五月己丑、庚寅、辛卯，吉川弘文馆，1966，第308页。

② 《日本三代实录》卷四三，元庆七年五月壬申，吉川弘文馆，1966，第535-536页。

③ 《日本三代实录》卷四三，元庆七年五月癸酉，吉川弘文馆，1966，第536页。

贸易时，则以"市易"进行定性。在日本律令中也是用"市易"描述被官方禁止的贸易类型。这说明在日本政府眼中，商人、普通百姓所从事的贸易与前两者之间是有着截然不同性质的。

第二，渤海国遣日使在与内藏寮进行贸易之前，还会有一系列准备工作。《延喜式》："凡蕃客来朝应交关者，丞录、史生率藏部价长等赴客馆，与内藏寮共交关。讫录色目申官，其价物，东絁一百疋，调绵一千屯，钱卅贯文。若有残者，同申返上。"①这条式提供了非常丰富的信息。一是贸易地点为"客馆"，883年五月七日的记载则写为"鸿胪馆"②，二者所言的地点是同一的，"鸿胪馆"的表述更为准确。王承礼早已指出："双方从事官方贸易的地方是鸿胪馆。"③二是负责贸易的日本官员是大藏省官员，出面的官员为"丞录、史生""藏部价长"。"藏部价长"应即唐朝的"识物人"。三是贸易前，大藏省派员清点货物，登记造册报官，而后才能贸易。四是衡量物品的标准是固定的，即东絁一百疋，调练一千屯，钱卅贯文。

之所以日本政府会严格限制民间贸易，很大原因与渤海国的贸易物品有关。如同渤海国与唐朝贸易一样，貂皮及各色毛皮是渤海国携带的主要物品。《江家次第》记载了一则趣闻。在渤海国遣日使出席的春日祭仪式上，醍醐天皇之子重明亲王身着八件黑貂裘，而来自渤海国的使节却只有一件黑貂裘，重明亲王的装束使得渤海国遣日使非常羞愧。这反映出貂皮是双方都承认的贵重物品。而重明亲王会选择黑貂裘作为炫耀的物品，也反映出在日本人眼中，貂皮是渤海国的主要出产物，以黑貂裘炫耀自身的富有才足以羞辱渤海国遣日使。渤海国遣日使之所以会大量携带貂皮及各色毛皮，是因为日本对之宝重，使得它们在日本具有极高的价值。日本的官仪规定："凡五位以上听用虎

---

①《延喜式》卷三十《大藏省》，吉川弘文馆，1965，第735页。

②《日本三代实录》卷四三，元庆七年五月壬申，吉川弘文馆，1966，第535–536页。

③ 王承礼：《渤海国与日本的经贸往来》，载《王承礼文集》，吉林人民出版社，2009，第391页。

皮，但豹皮者，参议以上及非参议三位听之。自余不在听限。"① "凡貂裘者，参议已上，听著用之。"② "凡罴罴障泥，听五位以上著之。"③貂皮及各色毛皮是日本官员身份象征的外显。正是因为貂皮及各色毛皮为日本所宝重，并成为日本官员彰显身份的外显，所以日本政府才会严格限制渤日之间的民间贸易。

渤海与日本通聘一览表

时间（年份）				渤海国遣日使			日本遣渤海使	
西元	唐朝	渤海国	日本	序号	大使、副使	人数	序号	大使
727	玄宗开元十五年	武王仁安九年	圣武天皇神龟四年	1	高仁 高齐德	24	1	引田仲麻吕
728	十六年	十年	五年					
739	开元二十七年	文王大兴三年	十一年	2	胥要德 己珍蒙		2	大伴犬养
740	二十八年	四年	十二年					
746	玄宗天宝五年	十年	十八年		渤海、铁利一千一百余人			
752	玄宗天宝十一年	十六年	孝谦天皇天平胜宝四年	3	慕施蒙	75		
753	十二年	十七年	五年					
758	肃宗至德三年，乾元元年	二十二年	淳仁天皇天平宝字二年	4	杨承庆 杨泰师	23	3	小野田守
759	二年	二十三年	三年				4	高元度
760	乾元三年，上元元年	二十四年	四年	5	高南申		5	阳侯玲璆
761	二年	二十五年	五年				6	高丽大山
762	代宗宝应元年	二十六年	六年	6	王新福	23	7	板拜镰束
763	二年，广德元年	二十七年	七年					

①《延喜式》卷四一《弹正台》，吉川弘文馆，1965，第911页。

②《延喜式》卷四一《弹正台》，吉川弘文馆，1965，第911页。

③《延喜式》卷四一《弹正台》，吉川弘文馆，1965，第911页。

续表

时间（年份）				渤海国遣日使			日本遣渤海使	
西元	唐朝	渤海国	日本	序号	大使、副使	人数	序号	大使
771	大历六年	三十五年	光仁天皇宝龟二年	7	壹万福慕昌禄	325		
772	七年	三十六年	三年				8	武生鸟守
773	八年	三十七年	四年	8	乌须弗			
776	十一年	宝历三年	七年	9	史都蒙	166	9	高丽殿嗣
777	十二年	四年	八年					
778	十三年	五年	九年	10	张仙寿			
779	十四年	六年	十年	11	高洋粥	359		
786	德宗贞元二年	十三年	桓武天皇延历五年	12	李元泰	65		
787	三年	十四年	六年					
795	十一年	康王正历二年	十四年	13	吕定琳	60		
796	十二年	三年	十五年				10	御长广岳
798	十四年	五年	十七年	14	大昌泰		11	内藏贺万
799	十五年	六年	十八年				12	滋野船白
809	宪宗元和四年	定王永德元年	平城天皇大同四年	15	高南容			
810	五年	二年	嵯峨天皇弘仁元年					
811	六年	三年	二年	16	高南容		13	林东人
814	九年	僖王朱雀三年	五年	17	王孝廉			
815	十年	四年	六年					
818	十三年	宣王建兴元年	九年	18	慕感德			
819	十四年	二年	十年					
820	十五年	三年	十一年	19	李承英			

时间(年份)				渤海国遣日使			日本遣渤海使	
西元	唐朝	渤海国	日本	序号	大使、副使	人数	序号	大使
821	穆宗长庆元年	四年	十二年	20	王文矩			
822	二年	五年	十三年					
823	三年	六年	十四年	21	高贞泰	101		
824	四年	七年	十五年,淳和天皇天长元年					
825	敬宗宝历元年	八年	天长二年	22	高承祖	103		
826	二年	九年	三年					
827	文宗太和元年	十年	四年	23	王文矩	100余人		
828	二年	十一年	五年					
841	武宗会昌元年	大彝震咸和十一年	仁明天皇承和八年	24	贺福延	105		
842	二年	十二年	九年					
848	宣宗大中二年	十八年	嘉祥元年	25	王文矩	100		
849	三年	二十年	二年					
858	十二年	大虔晃元年	文德天皇天安二年	26	乌孝慎	104		
859	十三年	二年	天安三年,贞观元年					
860	懿宗咸通元年	三年	二年	27	李居正	105		
861	二年	四年	三年					
871	十二年	十五年	十三年	28	杨成规	105		
872	十三年	大玄锡元年	十四年					
876	僖宗乾符三年	五年	十八年	29	杨中远	105		
877	四年	六年	十九年,阳成天皇元庆元年					
882	中和二年	十一年	六年	30	裴颋	105		
883	三年	十二年	七年					

续表

时间（年份）				渤海国遣日使			日本遣渤海使	
西元	唐朝	渤海国	日本	序号	大使、副使	人数	序号	大使
891	昭宗大顺二年	二十年	宇多天皇宽平三年	31	王龟谋	105		
892	景福元年	二十一年	四年					
894	乾宁元年	大玮瑎元年	六年	32	裴颋	105		
895	二年	二年	七年					
907	后梁开平元年	大諲譔元年	醍醐天皇延喜七年	33	裴颋			
908	二年	二年	八年					
919	后梁贞明五年	十三年	十九年	34	裴璆	105		
920	六年	十四年	二十年					

小　结

　　如果说政权层面的渤日贸易是基于渤海国遣日使的官方身份的话，那么非政权层面的渤日贸易则是以渤海国遣日使的私人身份为基础。在出使日本的过程中，出于礼敬、示好、友谊等目的，渤海国遣日使会以私人的身份向日本天皇和日本官员馈赠礼物。礼物既有以物质形态存在的实物，也有以音乐、舞蹈、诗歌、射箭技艺、出色的仪表等非物质形态而存在的服务。作为报答，日本天皇和日本官员也会向渤海国遣日使馈赠礼物。借助礼物的流动，渤海国遣日使赢得了日方的好感和尊重，使得他们能够更为顺利、完满地完成渤海国国王赋予的政治性任务。日本天皇和日本官员也获得了来自渤海国遣日使的尊重和友谊，从而为中日友好绘就一幅正向的画卷。

　　不过，渤海国遣日使似乎更为重视与日本各阶层展开的民间贸易。毕竟渤海国遣日使不远万里，冒着各种不确定的海上风险来到日本，以高额利润的经济收益为主要驱动。日本政府也仿效唐朝律令，颁布和执行一系列法律条文，希望能够对民间贸易进行有效管控。不过，相对于唐朝获取物品途径的多样性，孤悬海外的日本获取外来物品的途径极为有限，因而尽管有着律令的约束，但渤日贸易中的民间贸易极为繁荣，迫使日本政府一而再、再而三地不断重申律令。

本编小结

在渤海国遣日使出使日本的过程中，使团实际上具有多重身份，在笔者看来，至少肩负着四重身份。第一重身份是渤海国国王的特使，以渤海国国王的名义送给日本国书及"信物"，申明渤日两国的友好关系。由此，他们会获得日本政府的馈赠。第二重身份是渤海国官员，日本政府为了褒奖他们作为渤日关系的纽带作用，给予他们一系列经济上的好处。如将这些渤海国官员比照日本国官员，授予品阶和俸禄、赠送衣服、对在日死亡的使团成员进行抚恤等。第三重身份是个人身份。除了执行政权层面的外交任务外，他们还会以个人身份，与日本天皇、日本权臣以及日本官员展开私人交往，在这一过程中会出现礼物的流动。第四重身份是商人。在完成政权层面的外交任务的同时，他们还会与上至日本皇室下至日本普通平民进行贸易。这里的贸易可以分为两个层面：第一个层面是在日本政府监督下的合法贸易。这些贸易得到了日本政府的认可，地点和时间都会严格按照日方的规定执行，贸易量也是大宗的。第二个层面是不受日本政府监督的非法贸易，交易量是小宗的，但是却给使团成员带来巨额的商业利润。因此，非法贸易屡禁不止。

渤海国遣日使的四重身份中，前两重身份无疑是日本最为看重的，也是日本与渤海国展开政权之间交流的前提条件。日本在仿效唐朝制度之时，也将唐朝对待羁縻府州及藩属国的相关制度引入了日本。按照李锦绣的梳理，"唐中央对来访蕃使的招待分客馆招待、给食、给赐、给程粮及葬费五部分。客馆日用具寝具食具等由少府等监制造；其食料与百官常食一样分米粟料、肉料、蔬果料、炭料等数部分，各有供司，设食料、设会料及五品以上蕃客由太官营办；蕃客给赐主要为迎赐宴赐，赐物也因三品以上、六品以下分别由内府藏及左藏朝堂库提供，可见中央对蕃客的供给等级森严；蕃客程粮的供给原则为道路远近；葬费分主、副及妻二等"[①]。"客馆招待、给食、给赐、给程粮及葬费五部分"都可以一一在日本文献中找到现实践行的事例。由此可知，日本对唐朝制度的借鉴与学习，是全方面的；唐朝对日本制度的影响极为深远。

通过多层次的馈赠，渤海国从中获取了巨大的利益。孙文良统计了从719至739年唐朝所赐各类丝绸，指出："仅见诸文字记载者，累计达五千四百七十疋，基本上可以满足渤海上层社会中的少数人需要。"[②]以此为基础，孙文良进行了精彩的论述："在二百余年，三十多次遣使日本过程中，日本赠送给渤海的丝织物，累积可达绢一千二百余疋、絁一万四千余疋，丝九千九百余斤，绵十二万多斤。因此，论者多以经济目的视渤海遣使日本，是为了满足宫廷需要。实际上，这仅是一种象征性的礼仪……如果将这些累积数字，分别放到二百多年的岁月长河里，平均每年所赠，却又显得微乎其微了。"[③]孙文良的论述有着启发性，但也不能过分地贬斥经济收益。毕竟孙文良统计的只是政权层面上馈赠的一部分，那些没有被记载的，尤其是民间贸易带来的收益也是极为可观的。

此外，还须注意一点，现存文献很少言及双方交往中渤海国向日本的馈赠。按照对等原则，渤海国向日本的馈赠也是数额巨大的，只是因为渤海国自身文献并无保持，使得这方面的记载付之阙如。

① 李锦绣：《唐代财政史稿》第3册，社会科学文献出版社，2007，第141页。

② 孙文良：《古代中国东北与日本的交往》，载马兴国主编《中日关系研究的新思考——中国东北与日本国际学术研讨会论文集》，辽宁大学出版社，1993，第11页。

③ 孙文良：《古代中国东北与日本的交往》，载马兴国主编《中日关系研究的新思考——中国东北与日本国际学术研讨会论文集》，辽宁大学出版社，1993，第11页。

第四编

渤海国商人群体

依据日本文献，我们可以窥见渤日之间民间贸易的盛景，然而唐代文献中能够展现渤唐之间民间贸易的史例几乎无处可循，能够侧面勾连的史例也只有两则。

开元五年至开元七年（717—719），宋庆礼出任营州都督。上任伊始，宋庆礼便着手将因营州之乱而内迁至幽州渔阳的营州都督府迁回原地。《旧唐书》："开元五年，奚、契丹各款塞归附，玄宗欲复营州于旧城，侍中宋璟固争以为不可，独庆礼甚陈其利。乃诏庆礼及太子詹事姜师度、左骁卫将军邵宏等充使，更于柳城筑营州城，兴役三旬而毕。俄拜庆礼御史中丞，兼检校营州都督。开屯田八十余所，追拔幽州及渔阳、淄青等户，并招辑商胡，为立店肆，数年间，营州仓廪颇实，居人渐殷。"①《册庄元龟》照录了《旧唐书》的内容②。《新唐书》的记载大致相同。"玄宗封，奚、契丹款附，帝欲复治故城，宋璟固争

---

① 《旧唐书》卷一八五下《宋庆礼传》，中华书局，1975，第4814页。

② 《册府元龟》卷六九二《召辑门》，中华书局，1960，第8255页。

不可，独庆礼执处其利，乃诏与太子詹事姜师度、左骁卫将军邵宏等为使，筑裁三旬毕。俄兼营州都督，开屯田八十余所，追拔渔阳、淄青没户还旧田宅，又集商胡立邸肆。不数年，仓廥充，居人蕃辑。"①据此可知，宋庆礼为了恢复营州，主要措施有三：一是重筑营州城，并恢复了周边的防御体系；二是广设屯田；三是恢复营州的商业活动，即"招辑商胡，为立店肆""集商胡立邸肆"。这里以"商胡"为主体的"店肆""邸肆"面对的是包括渤海国在内的各部族，显系属于民间贸易的范畴。

如果说"店肆""邸肆"属于坐商的话，那么安禄山的例子则是行商的代表例证。《资治通鉴》写道："（安禄山）分遣商胡诣诸道贩鬻，岁输珍货数百万。"②《安禄山事迹》也有相近的文字。"（安禄山）潜于诸道商胡兴贩，每岁输异方珍货计百万数。"③安禄山为了积累自身实力，长期派人前往周边部族与国家进行贸易。此处所言的"诸道"必然包括日渐强大的渤海国。

这两则例证虽然没有直言渤海国，但也能从侧面展示出边境地带发达的民间贸易。不过更能展示活跃的渤日民间贸易的盛景则是活跃于9世纪后半叶的渤海国商人群体。前辈学者已经有所研究，但仍有深入研讨的空间④。

---

① 《新唐书》卷一三〇《宋庆礼传》，中华书局，1975，第4494页。

② ［宋］司马光：《资治通鉴》卷二一六，中华书局，1956，第6905页。

③ ［唐］姚汝能：《安禄山事迹》卷上，曾贻芬校点，上海古籍出版社，1983，第12页。

④ 相关研究有朱越利：《唐气功师百岁道人赴日考——以〈金液还丹百问诀〉为据》（《世界宗教研究》1993年第3期），后收入其论文集《道教考信集》（齐鲁书社，2014），［韩］林相先：《"渤海人"李光玄及其道教书检讨》（《韩国古代史研究》20，2000）、《渤海的思想与宗教》（东北亚历史财团编《渤海的历史与文化》，2007），［日］石井正敏：《〈金液還丹百問訣〉にみえる渤海商人李光玄について——日本渡航問題を中心に》（铃木靖民编《古代日本の異文化交流》，勉誠出版，2008）等。研究最为用力的首推王勇，先后发表了《渤海商人李光玄について——〈金液還丹百問訣〉の史料紹介を兼ねて》（《アジア遊学》6，1999）、《渤海道士李光玄事迹考略》（王宝平主编《中日文化交流史研究》，上海辞书出版社，2008）、《海上交易に活きた渤海人（李光玄）》（《古代をいろどる国際人》，大樟樹出版社合同会社，2019）等文章。

第八章

渤海国商人
群体的
总体面向

9世纪后半叶，东亚民间商人群体逐渐成形之时，僻居一隅的渤海国商人群体也参与其中。以李延孝、李英觉、李光玄为代表的渤海国商人不仅纵横于从山东直至广州的中国沿海地区，而且参与到唐朝、渤海国、日本、新罗的跨海贸易之中。

除李延孝、李英觉、李光玄三人外，还有更多的渤海国商人失于记载。如862年七月随同李延孝一同抵日的43人，865年七月的63人，虽然限于史料而无法进一步甄别，但想必其中亦包含部分渤海国商人。李光玄的记载给出了肯定的答案。《金液还丹百问诀》："光玄年方弱冠，乃逐乡人舟船，往来于青社、淮浙之间，货易巡历。"① 《海客论》："洎弱冠，随乡人舟，往来于青社、淮浙，为商贾。"② "乡

① 《金液还丹百问诀》，《道藏》第4册，文物出版社、上海书店、天津古籍出版社，1988，第893页。
② 《海客论》，《道藏》第23册，文物出版社、上海书店、天津古籍出版社，1988，第605页。

人舟"显指渤海国商人所拥有的海船,说明李光玄并非独自从事跨海
贸易,而是与其他渤海国商人共同行动。由此可以推知:在东亚贸易
圈中,从事跨海贸易的渤海国商人不在少数。

第一节
渤海国商人的政权身份

由于史料的相互龃龉,渤海国商人的政权身份充斥着各种不确定
性。史料的匮乏,更是使得诸多解释大多流于猜测;学者出发点的不
同,也使得政权身份的解读多有偏颇。以李延孝的研究为例,黄约瑟:
"'渤海商主'可能指渤海有代表性的商人。故此李延孝虽然在日本
记录中称为唐人,说他并非出身新罗而是来自渤海,可能更合乎实际
情况。"①因为黄约瑟将李延孝定位为"大唐商人",所以渤海国人的身
份止于猜测,没有更多的讨论。马一虹从渤海国与日本的贸易关系出
发,指出:"为了不违反日本朝廷设定的年期制和入京朝献等规定,只
能隐藏其真实身份,加入到以江南地区为基地的唐商集团中,以'大
唐商人'的身份东渡日本。"②这一解释忽视了李延孝是入籍唐朝的渤
海国人的可能性。更为有效的分析,还应从史料生成过程、史料的语
境等角度入手。

一、李延孝的政权身份

相较而言,李延孝的政权身份最为复杂。成书于天复元年(日本
延喜元年,901)的日本官方史籍——《日本三代实录》存有两处言及
李延孝政权身份的记载。咸通三年(日本贞观四年,862)七月,"廿

---

① 黄约瑟:《"大唐商人"李延孝与九世纪中日关系》,《历史研究》1993年第4期,第
51页。
② 马一虹:《靺鞨、渤海与周边国家、部族关系史研究》,中国社会科学出版社,
2011,第347页。

三日庚寅，大唐商人李延孝等卅三人来，敕大宰府安置供给"①。咸通六年（日本贞观七年，865）七月，"廿七日丙午，先是，大宰府言：'大唐商人李延孝等六十三人，驾船一艘，来著海岸。'"②二者皆指认李延孝为"大唐商人"。此外，《头陀亲王入唐略记》记载，咸通二年（日本贞观三年，861），"于时大唐商人李延存，在前居鸿胪北馆"。③此处的"存"字为误抄，即李延孝。"头陀亲王"即高岳亲王，平城天皇第三子，在平城天皇让位给嵯峨天皇之后，曾一度被立为皇太子。受810年（元和五年，日本弘仁元年）"药子之乱"的牵连，皇太子之位被废。此后高岳亲王削发为僧。"亲王是在弘仁十三年（822年）在东大寺落发，法名真忠，当时24岁。……真如出家前还有一个法名叫空理，这是他的菩萨戒名。真如法号首次见载于《文德实录》卷七齐衡二年（855年）九月二十八日条。"④"此外还有禅师亲王、亲王禅师、入道无品亲王、入唐亲王、池边三君，等等，甚至还有'蹲太子'这样古怪的名号。所谓'蹲'，意指乍一看上去畏首畏尾、优柔寡断的性格，很有意思。"⑤高岳亲王的皇族身份，使得《头陀亲王入唐略记》亦具有日本官方史籍的特性。以上三处记载均将李延孝写为"大唐商人"，可以认定这是日本官方史籍的共同认知。

然而日本僧人圆珍的书写却使得李延孝的政权身份扑朔迷离。在间隔五年的文书中，圆珍赋予了李延孝三种政权身份。大中七年（日本仁寿三年，853）七月，大宰府为圆珍所发的《入唐公验》中言及："江州延历寺僧圆珍为巡礼，共大唐商客王超、李延孝等入彼国状，并

①《日本三代实录》卷六，贞观四年七月庚寅，吉川弘文馆，1966，第94页。

②《日本三代实录》卷十一，贞观七年七月丙午，吉川弘文馆，1966，第161页。

③《头陀亲王入唐略记》，《〈入唐五家传〉校订本文》，载［日］佐藤长门编《遣唐使与入唐僧的研究》，高志书院，2015，第321页。

④ 王勇、［日］中西进主编《中日文化交流史大系》第10卷《人物卷》，浙江人民出版社，1996，第142页。

⑤［日］涩泽龙彦：《高丘亲王航海记》，姚奕崴译，广西师范大学出版社，2019，第16页。

从者，随身经书、衣物等。"①此处李延孝等人的身份为"大唐商客"，
与日本官方史籍的记载相符。记载相同是因为它们的信息源头都出于
大宰府的汇报。大宰府是日本在九州地区设置的机构，一方面统管西
海道九国二岛的军政、民政事务；另一方面还负责接待外国使节及其
他各种原因来日的外国人，兼具了外交功能，即所谓的"蕃客、归化、
飨宴事"②。面对纷至沓来的外国人，大宰府逐渐形成了一套完整的外
交制度。根据田中史生的研究，当新罗商人前来贸易时，大宰府必须
向日本中央政府提交一系列文件，即商人阐述来航理由的解状、大宰
府询问商人的存问记录、出港地公凭之类的公文书等③。相信唐朝商人
抵达大宰府时，也要经历同样的流程。正是通过李延孝提供的文件，
"大唐商人"的身份得到了大宰府的认可，从而上升为日本官方对李延
孝的身份认知。

大中十二年（日本天安二年，858）四月，《再乞公据印信状》：
"圆珍去大中七年，奉本国恩命，到此州传天台法教。今写得经教四百
余卷，差小师、行者押送归本国。今有本国商人李延孝，取今月上旬
进发。且圆珍去三月五日具事由过状并所写得经卷数，呈上使君，乞
公据、印信，未蒙赐判给。今欲归天台取经，趁船信进发。伏乞使君
仁恩，特赐批凭两字，兼乞印信，到本国审知是大唐使君，乐土天台
法教。"时隔五年，圆珍又将李延孝写作"本国商人"，将之认定为日
本商人。《再乞公据印信状》是圆珍向台州刺史申请批准其随从携带经
书返回日本的公文书。这些经书对圆珍来说非常重要。闰二月的《进
所写经卷目录状》："部帙近四百余卷，实虑后学未信，求假依凭。伏
遇使君，国之大贤，远育海峤，辄欲将所习目录，乞准贞元廿一年陆
郎中判印，以为本国得法之信，永涤烦昏迷。"三月的《乞台州公据印

---

①《圆珍入唐公验、过所、牒、状》，载《行历抄校注》，白化文、李鼎霞校注，花山文艺
出版社，2003，第97页。

②《令义解》卷一《职员令·大宰府条》，吉川弘文馆，2005，第60页。

③［日］田中史生：《新罗人与大宰府贸易》，载金健人主编《中韩古代海上交流》，辽
宁民族出版社，2007，第100-103页。

信状》："伏以功德莫大于传法，利益众生之本。圆珍所抄习经教，若得大唐使君批给两字及印信，本国方信传得天台法教。如不得凭据、印信，招后学之反误，永失功德之因。"①圆珍连续三个月上状，请求台州刺史在自己抄写的佛教经卷上签名和盖印，以作为自己在唐朝求法六年的凭证。这是因为早在圆珍之前，最澄、圆仁等日本僧人都曾学法于天台山，圆珍可能是遵循旧例，为了证明自己所学确是天台宗正宗而不断向台州刺史发出请求。由于前两次都未成功，圆珍必须慎重书写，谨防纰漏。因此，圆珍有意将李延孝写为日本商人，意图避免不必要的麻烦，确保顺利地得到台州刺史的批复。由此可见，"本国商人"的书写方式具有明确的目的性，是圆珍出于自身考量而有意混淆事实。

同年闰二月的《乞台州公验状并公验》中，李延孝又被写为渤海国商人。"又，祖师最澄贞元年中留钱帛于天台，造院以备后人。会昌年中，曾经沙汰，院舍随例已去。圆珍遂遇越州商人詹景全、刘仕献，渤海国商主季延孝、英觉等，去大中十年（齐衡三年，856）九月，从日本国回愿，施钱四十千文，造住房三间，备后来学法僧侣。"②此处"季"字为"李"字的误写，亦为李延孝。《乞台州公验状并公验》虽然也是圆珍写给台州刺史的公文书，但是将李延孝称为"渤海国商主"的内容却是出现在回忆自己在唐朝求法历程中，当提及两年前李延孝等人还愿建造僧舍时写及。此段文字非常详密。"越州商人詹景全、刘仕献，渤海国商主季延孝、英觉等"，圆珍将带头施舍的四人的身份分写为两类，没有丝毫混淆，这是秉笔直录的佐证。因此，《乞台州公验状并公验》对李延孝身份的记载应最为接近历史真实，李延孝、英觉二人应为渤海国人。

至于李延孝为何向大宰府申报为"大唐商人"，也很好解释。一方

①《圆珍入唐公验、过所、牒、状》，载《行历抄校注》，白化文、李鼎霞校注，花山文艺出版社，2003，第109—110、108、107页。

②《圆珍入唐公验、过所、牒、状》，载《行历抄校注》，白化文、李鼎霞校注，花山文艺出版社，2003，第107页。

面是唐朝律令使然。开成元年（836）六月，京兆府的奏文中提及：
"又准令式，中国人不合私与外国人交通、买卖、婚娶、来往。又举取
蕃客钱以产业、奴婢为质者，重请禁之。"①按照唐律，唐朝人不允许
与来自羁縻府州及藩属国的人进行"买卖"，商业抵押也不被允许。相
关刑罚，唐律亦有明确规定。"若共化外蕃人私相交易，谓市买、博
易，或取蕃人之物及将物与蕃人，计赃一尺徒二年半，三疋加一等，
十五疋加役流。"②而李延孝却能长期以商人的身份活跃于浙东地区，
表明他已经入籍唐朝，成为所谓的"化外归朝者"，即"没蕃得还及化
外归朝者，所在州镇给衣食，具状送省奏闻。化外人，于宽乡附贯安
置"③。李延孝长期以浙东地区为基地，从事中日之间的贸易，为了便
于商业活动，李延孝选择入籍唐朝。不过在私人交往过程中，李延孝
仍会宣称自己出身于渤海国，以示不忘故土之意，这才会被圆珍称为
"渤海国商主"。

另一方面，日本的对外政策也迫使李延孝选择入籍唐朝。在日本
的东亚视域中，唐朝与新罗、渤海国等政权的地位截然不同。《令集
解》引《古记》："问：'邻国与蕃国，何其别？'答：'邻国者大唐，蕃
国者新罗也。'"④在日本看来，唐朝是与日本处于平等地位的国家，
而新罗则被置于附属国的地位。建国稍晚的渤海国亦同样被日本视为
附属国，由此两国之间频繁地爆发外交礼仪之争。早在752年（天宝十
一年，日本天平胜宝四年），渤海国派出第3回遣日使时，孝谦天皇的
国书中写道："王僻居海外，远使入朝，丹心至明，深可嘉尚。但省来
启，无称臣名。仍寻高丽旧记，国平之日，上表文云：族惟兄弟，义
则君臣。或乞援兵，或贺践祚。修朝聘之恒式，效忠款之恳诚。故先
朝善其贞节，待以殊恩，荣命之隆，日新无绝，想所知之，何假一二

---

① 《册府元龟》卷九九九《互市》，中华书局，1960，第11727-11728页。

② 《唐律疏议》卷八《卫禁》，岳纯之点校，上海古籍出版社，2013，第144页。

③ 白居易：《白氏六帖事类集》卷十《使绝域》，文物出版社，1987年，影印本。

④ 《令集解》卷三一《公式一》，《日本汉文史籍丛刊》第153册，上海交通大学出版
社，2015，第372页。

言也。由是先回之后，既赐敕书，何其今岁之朝，重无上表。以礼进退，彼此共同，王熟思之。季夏甚热，比无恙也。使人今还，指宣往意，并赐物如别。"①日本妄图将渤海国交聘日本的行为视为朝贡。为了将自己的行为合理化，更引用所谓的高句丽故事加以比附，强迫渤海国遵循高句丽旧例，向日本称臣。此后双方围绕着国书而争端不断。

落实到待遇上，大宰府对待唐朝来人和新罗、渤海国来人，也是高下立判。会昌二年（日本承和九年，842）八月，大宰府大贰藤原卫上书，要求停止新罗商人前来贸易。日本政府的回复是："夫德泽洎远，外藩归化，专禁入境，事似不仁。宜比于流来，充粮放还。商贾之辈，飞帆来著，所赍之物，任听民间，令得回回，了速放却。但不得安置鸿胪馆以给食。"②尽管日本中央政府否决了藤原卫的建议，但是也对新罗商人予以限制，一方面要求贸易结束后迅速离境，不得滞留日本；另一方面不再将之安置于鸿胪馆，提供免费的食宿。相对的，日本仍然为"大唐商人"提供便利。咸通二年（874），"于时大唐商人李延存，在前居鸿胪北馆"③。李延孝因其"大唐商人"的身份仍然可以住居鸿胪馆。咸通三年（875）七月，"廿三日庚寅，大唐商人李延孝等卅三人来，敕大宰府安置供给"④。此处的"安置供给"即提供免费食宿。日本的区别对待促使李延孝在面对日本时选取"大唐商人"的身份，隐藏自己渤海国人的身份。

通过以上论述，尽管史料相互龃龉，但是还原到具体语境之中，可以看到日本文献背后都有着明确的目的性。日本官方记载称李延孝为"大唐商人"，是李延孝出于享受"大唐商人"所带来的便利而进行的申报。圆珍将李延孝、李英觉写为"本国商人"，目的是应对唐朝地方官员对来往物品的盘查。只有当圆珍回忆在唐过往经历时，为了记

①《续日本纪》卷十九，天平胜宝五年六月丁丑，吉川弘文馆，1966，第218页。

②《类聚三代格》卷十八"夷俘并外蕃人事"，吉川弘文馆，1965，第577页。

③《头陀亲王入唐略记》，《〈入唐五家传〉校订本文》，载［日］佐藤长门编《遣唐使与入唐僧的研究》，高志书院，2015，第321页。

④《日本三代实录》卷六，贞观四年七月庚寅，吉川弘文馆，1966，第94页。

录个人功德，才准确地提供了李延孝渤海国人的政权身份。

二、李英觉、李光玄的政权身份

与李延孝一样，日本史籍有关李英觉的身份记载亦较为混乱。前引的《乞台州公验状并公验》中记载李英觉为渤海国人。大中十年，《入唐求法总目录》中的说法却又不同。"天竺贝多树柱杖一枚。广州班（斑）藤柱杖一枚。琉璃瓶子一口。右三件。此本国僧田圆觉，——唐开成五年过来——久住五台，后游长安。大中九年城中相见。自共圆珍勾当抄写圣教，绘曼荼罗，十年六月，相送圆珍共到天台。过于残夏，秋月出游，往到广州，遇本国商人李英觉、陈太信等，附送前件信物。今将本国，永充供养。"[1]此处，圆珍又将李英觉的身份写为日本商人。这同样是圆珍有意而为之。在圆珍眼中，"天竺贝多树柱杖一枚。广州班（斑）藤柱杖一枚。琉璃瓶子一口"是非常重要的佛教圣物，将他们送回日本的目的是"永充供养"。因此，与《再乞公据印信状》一样，圆珍将李英觉描述为"本国商人"，从而保证通关的顺畅。因此，李英觉与李延孝一致，都是渤海国商人。

李光玄的相关记载，见其道教著作《金液还丹百问诀》《金丹百问》及《海客论》之中。李光玄在其著述的开篇即指出其渤海人的身份。《金液还丹百问诀》："昔李光玄者，渤海人也。"[2]《金丹百问》："渤海李光玄。"[3]《海客论》："海客李光元，渤海人也。"[4]此外，《金液还丹百问诀》在李光玄于嵩山偶遇玄寿之时，还记述了李光玄的自

---

①《入唐求法总目》，《行历抄校注》，白化文、李鼎霞校注，花山文艺出版社，2003，第86-87页。

②《金液还丹百问诀》，《道藏》第4册，文物出版社、上海书店、天津古籍出版社，1988，第893页。

③《金丹百问》，嘉靖二十六年大石山房刻本，国家图书馆藏。

④《海客论》，《道藏》第23册，文物出版社、上海书店、天津古籍出版社，1988，第605页。

我介绍，"家住渤海人也"①。这里的"渤海"只能是指渤海国。因为《金液还丹百问诀》尚有"巡历新罗、渤海、日本诸国"②，"后至东岸下船，道人自欲游新罗、渤海"③等句。将渤海与新罗、日本并列，显示出这里的"渤海"指的是政权。据此，李光玄的渤海国人身份应无异议。

第二节
渤海国商人的时空轨迹

在明晰李延孝、李英觉、李光玄三人的政权身份为渤海国人之后，接下来以他们渤海国商人的职业身份出发，探讨他们的活跃时间和地理空间。

一、渤海国商人群体的时间线索

从时间上看，李延孝、李英觉、李光玄三人活跃于9世纪后半叶。不过李光玄的著作是道教著述，缺乏清晰的时间坐标。而史籍中有关李英觉的两处记载，时间同为856年。因此这里主要注目于李延孝的记载。

李延孝最早出现于史籍的时间，也即李延孝第1次跨海航行的时间为853年。根据前引的《入唐公验》，王超、李延孝等人从日本返航唐朝，圆珍一行也搭乘而行。这次航行所耗时间极少。"八月九日，放船过海。""〔八月〕十五日午时，著大唐岭南道福州连江县界。即大唐

---

① 《金液还丹百问诀》，《道藏》第4册，文物出版社、上海书店、天津古籍出版社，1988，第894页。

② 《金液还丹百问诀》，《道藏》第4册，文物出版社、上海书店、天津古籍出版社，1988，第893页。

③ 《金液还丹百问诀》，《道藏》第4册，文物出版社、上海书店、天津古籍出版社，1988，第894页。

大中七年也。"①横跨东海仅用了六天时间。第2次跨海航行发生于同年。《福州都督府公验》："伯阿古满，年廿八。却随李延孝船归本国。报平安。不行。"②十月《温州横阳县公验》、十月《温州安固县公验》、十一月《台州黄岩县公验》、十一月《温州永嘉县公验》③的记载相同。结合上下文，圆珍等六人按原计划继续求法，"伯阿古满"被赋予了另外的任务，即随李延孝的船只返回日本，回报渡海平安。据此可知，李延孝只是停留一段时间，便再次跨海航行。第3次跨海航行为856年，即《乞台州公验状并公验》中的记述。第4次为858年，圆珍亦随船返回日本。"六月八日，辞州（按即台州），上商人李延孝船过海。十七日申头，南海望见高山。十八日丑夜，至止山岛。下矴停住，待天明。十九日平明，傍山行至本国西界肥前国松浦县管旻美乐埼。"④这次航行共用时十一天。第5次为861年，即《头陀亲王入唐略记》所记。第6次为862年。七月，"廿三日庚寅，大唐商人李延孝等卅三人来，敕大宰府安置供给。"⑤第7次为865年。七月，"廿七日丙午，先是，大宰府言：'大唐商人李延孝等六十三人，驾船一艘，来著海岸。'"⑥此次跨海航行的人数是文献中所见最多的一次，宗叡亦随船抵达唐朝⑦。由于顺风，李延孝等人仅花费了三天时间便抵达日本。《元亨释书》："已而返明州望海镇。会李延孝赴日本，睿（按即宗叡）

①《〈行历抄〉校注》，《行历抄校注》，白化文、李鼎霞校注，花山文艺出版社，2003，第3页。

②《圆珍入唐公验、过所、牒、状》，载《行历抄校注》，白化文、李鼎霞校注，花山文艺出版社，2003，第98页。

③《圆珍入唐公验、过所、牒、状》，载《行历抄校注》，白化文、李鼎霞校注，花山文艺出版社，2003，第100-102页。

④《天台宗延历寺座主圆珍传》，载《行历抄校注》，白化文、李鼎霞校注，花山文艺出版社，2003，第163页。

⑤《日本三代实录》卷六，贞观四年七月庚寅，吉川弘文馆，1966，第94页。

⑥《日本三代实录》卷十一，贞观七年七月丙午，吉川弘文馆，1966，第161页。

⑦宗叡返回时间，说法不一。具体考证请参见黄约瑟：《"大唐商人"李延孝与九世纪中日关系》，《历史研究》1993年第4期，第54页注5。

共泛舶，凡三日夜，著大宰府。"①《日本三代实录》："八年，到明洲望海镇。适遇李延孝遥指扶桑，将泛一叶。宗叡同舟，顺风解缆，三日夜间归著本朝。"②

第8次，李延孝遭反遇难。"（圆珍）亦尝语诸僧云：'嗟呼！留学和尚圆载，归朝之间，漂没于沧海之中，悲哉！不归骸于父母之国，空终身于鲛鱼之乡，今也如何？'再三感咽，涕泗涟如。其后入唐沙门智聪归朝，语云：'智聪初随留学和尚圆载乘商人李延孝船过海，俄遭恶风，舳舻破散。圆载和尚及李延孝等一时溺死。时破舟之间有一小板，智聪倘得著乘之。须臾，东风迅烈，浮栌西飞。一夜之中，飘著大唐温州之岸。其后亦乘他船，来归本朝。'"③这次航行遭遇风暴，船破人亡，李延孝、圆载等人遇难，而智聪幸免于难。智聪返回日本的时间，《日本三代实录》有明确记录。乾符四年（日本元庆元年，877）十二月，"是日，令太宰府：'量赐唐人骆汉中并从二人衣粮。'入唐求法僧智聪在彼廿余载，今年还此。汉中随智聪来。"④据此，李延孝遇难的时间应在877年之前。《日本三代实录》只是提及"其后亦乘他船，来归本朝"，并未给出具体时间，黄约瑟认为"李延孝在877年去世"的论断，似乎过于武断⑤。除了圆珍、智聪外，还有其他唐人亦在船上。中和二年（日本元庆六年，882）七月，圆珍所书《上智慧轮三藏书》中提及："（詹景全）更与圆载法师同船指东国，遭难俱没。……李达忠直，道心坚固，随圆载船再赴小国，逢浪存命。"⑥唐

①［日］虎关师錬：《元亨释书》卷三《慧解二》，吉川弘文馆，1966，第64页。

②《日本三代实录》卷四五，元庆八年三月丁亥，吉川弘文馆，1966，第555页。《日本高僧传要文抄》卷一《禅林寺僧正传》，吉川弘文馆，1966，第19页。

③《天台宗延历寺座主圆珍传》，载《行历抄校注》，白化文、李鼎霞校注，花山文艺出版社，2003，第204-205页。

④《日本三代实录》卷三二，元庆元年十二月丁亥，吉川弘文馆，1966，第415页。

⑤ 黄约瑟：《"大唐商人"李延孝与九世纪中日关系》，《历史研究》1993年第4期，第55页。

⑥《上智慧轮三藏书》，载《行历抄校注》，白化文、李鼎霞校注，花山文艺出版社，2003，第89页。

朝人詹景全亦死于此次海难，而李达与智聪一样，因缘幸存。

通过对现有史籍的梳理，从853年至877年的20余年间，李延孝曾8次往返于唐朝与日本之间。其中第1次和第3次是从日本出发，其余6次则是从唐朝出发。尚须注意的是，除了《日本三代实录》的三处记载外，其余皆出于日本佛教典籍。日本佛教典籍的关注点是日本的学问僧，只是在介绍跨海航行时才提及李延孝。换言之，李延孝的渡海航行次数要远远超过现有史籍的记载。

二、渤海国商人群体的空间轨迹

有关渤海国商人的记载多以日本文献为主，只记录了渤海国商人往返于浙东地区和日本之间的地点。李延孝抵达地皆为日本九州地区，出发地及返回地则不尽相同。现有文献中，四次航行有明确的地点说明。第1次的返回地为"福州连江县"。但这并非原计划，而是遭遇风暴的结果。"八月初九日，放船入海。十三日申时，望见高山，缘北风致，十四日辰头，飘到彼山脚——所谓琉球国吃人之地。四方无风，莫知所趣。忽遇巽风，指乾维行。申刻见小山，子夜至脚下。十五日午时，遂获著岸，而未知何国界。便问所在，知此大唐国岭南道福州连江县界。于时国号大中七年矣。合船喜跃，如死得苏。"①出港后，船只遭遇强劲的北风，偏离了航线，直至四天后，李延孝等才看到岛屿，得以重新校正航线。八月十四日夜间重新起航，至第二天中午，抵达连江。"合船喜跃，如死得苏"的庆祝场面，表明李延孝等人对这一航线并不熟悉，只是依凭着精熟的航海技术继续航行。第4次的出发地，圆珍明确写为台州。第7次的出发地，宗叡指为明州。第8次虽然没有明确的说明，但是根据智聪漂至"温州之岸"获救的事实，此次的出发地应是台州或明州。综上，李延孝在唐朝的根据地为台州或明州，长期从事浙东地区与日本的跨海贸易。

李英觉的活动范围更为广阔。《入唐求法总目录》在描述日本僧人

---

① 《天台宗延历寺座主圆珍传》，载《行历抄校注》，白化文、李鼎霞校注，花山文艺出版社，2003，第125页。

田圆觉的活动轨迹时写道："十年六月，相送圆珍共到天台。过于残夏，秋月出游，往到广州，遇本国商人李英觉、陈太信等，附送前件信物。"①856年，李英觉、陈太信等人的船只曾在广州停留。

李光玄的商人经历大致可以分为两个时期。前期，李光玄主要从事中国沿海贸易。《金液还丹百问诀》："光玄年方弱冠，乃逐乡人舟船，往来于青社、淮浙之间，货易巡历。"②《金丹百问》："光玄弱冠，逐便舟往来于青社、淮浙，商贩迤逦。"③《海客论》："洎弱冠，随乡人舟，往来于青社、淮浙，为商贾。"④"弱冠"表明从事中国沿海贸易的李光玄，时年为20岁左右。"青社"乃是用典，专指山东而言。司马贞《史记索隐》在注释《史记·三王世家》时写道："蔡邕《独断》云：'皇子封为王，受天子太社之土，若封东方诸侯，则割青土，藉以白茅，授之以立社，谓之"茅土"。'齐在东方，故云青社。"⑤全句表明当时李光玄从事沿海贸易的范围主要集中于山东、江浙一带。由于前期李光玄的活动轨迹亦包括浙江，可能受到了其他人的影响，后期李光玄开始从事跨海贸易。《金液还丹百问诀》："后却过海。遇一道人，同在舟中，朝夕与光玄言话，巡历新罗、渤海、日本诸国。"⑥《金丹百问》："过海，历新罗、日本诸外国。"⑦《金液还丹百问诀》和《金丹百问》明确将"新罗"与"日本"并列，说明李光玄的跨海贸易对象不仅包括日本，也包括新罗。而《金液还丹百问诀》还言及"渤

---

① 《入唐求法总目录》，载《行历抄校注》，白化文、李鼎霞校注，花山文艺出版社，2003，第86—87页。

② 《金液还丹百问诀》，《道藏》第4册，文物出版社、上海书店、天津古籍出版社，1988，第893页。

③ 《金丹百问》，嘉靖二十六年大石山房刻本。

④ 《海客论》，《道藏》第23册，文物出版社、上海书店、天津古籍出版社，1988，第605页。

⑤ 《史记》卷六十《三王世家》，中华书局，2014，第2568页。

⑥ 《金液还丹百问诀》，《道藏》第4册，文物出版社、上海书店、天津古籍出版社，1988，第893页。

⑦ 《金丹百问》，嘉靖二十六年大石山房刻本。

海"，亦应是事实。《金液还丹百问诀》在描述李光玄遇到"百岁道人"
之后，返回渤海国潜心修道，写道："光玄达家之后，一心奉其至道，
不顾繁华，遂却离乡，重游沧海，驻居云岛之中十有余年。依高人之
指的，弘持至道。乃得气力百倍，仪形异常。因被往日同船之人号光
玄为海客。"[1]"因被往日同船之人号光玄为海客"，说明"海客"这一
称呼得自旧日与李光玄同样从事跨海贸易的商人，表明这些人也是因
海路往返贸易。

小　结

钩沉史料，可以确知李延孝、李英觉、李光玄三人为渤海国商人，
主要从事中国沿海贸易和跨海贸易。在中国沿海贸易中，北至山东，
南达广州，都是渤海国商人的活动范围。跨海贸易中，除了日本外，
新罗也是他们贸易的对象。而他们之所以能够畅行无阻地航行于东亚
海域，乃是因为他们入籍唐朝，依凭着唐朝人的身份，他们在中国沿
海贸易和跨海贸易中得到了诸多便利。

除李延孝、李英觉、李光玄三人外，还有更多的渤海国商人失于
记载。如862年七月随同李延孝一同抵日的43人，865年七月的63人，
虽然限于史料而无法进一步甄别，但想必其中亦包含部分渤海国商人。
李光玄的记载给出了肯定的答案。《金液还丹百问诀》："光玄年方弱
冠，乃逐乡人舟船，往来于青社、淮浙之间，货易巡历。"[2]《海客
论》："洎弱冠，随乡人舟，往来于青社、淮浙，为商贾。"[3]"乡人舟"
显指渤海国商人所拥有的海船，说明李光玄并非独自从事跨海贸易，
而是与其他渤海国商人共同行动。由此可以推知，在东亚贸易圈中，
从事跨海贸易的渤海国商人不在少数。

---

① 《金液还丹百问诀》，《道藏》第4册，文物出版社、上海书店、天津古籍出版社，
1988，第894页。

② 《金液还丹百问诀》，《道藏》第4册，文物出版社、上海书店、天津古籍出版社，
1988，第893页。

③ 《海客论》，《道藏》第23册，文物出版社、上海书店、天津古籍出版社，1988，第605页。

第九章

渤海国商人
李光玄的
个案研究

在渤海国史的研究历程中，学者往往通过深入发掘和运用考古资料和传世文献来摆脱文献匮乏对渤海国史研究的桎梏。任何新材料的出现，都会引发学界的研究热潮。如《正统道藏》中有关渤海人李光玄的记载，一经发现便引发了中、日、韩三国学者的注目。

朱越利最早发现李光玄与渤海国的关系。早在1991年出版的《道经总论》中就指出："道经中还有中外交通及文化交流史的资料。如唐代《金液还丹百问诀》记载了中原百岁道人和渤海国李光玄乘船赴日本后又返回渤海国的情况。"[1]1993年，题为《唐气功师百岁道人赴日考——以〈金液还丹百问诀〉为据》[2]的专论公开发

[1] 朱越利：《道经总论》，辽宁教育出版社，1991，第384页。

[2] 朱越利：《唐气功师百岁道人赴日考——以〈金液还丹百问诀〉为据》，《世界宗教研究》1993年第3期，后收入《道教考信集》(齐鲁书社，2014)。

表，从文中对"玄"字的避讳、行文流畅与否、人称是否统一等角度出发，朱越利指出了《正统道藏》所收李光玄三部著述的关系。"人称的不统一表明，今本《金液还丹百问诀》是李光玄原著（自述）的改编本。""《金液还丹百问诀》为改编本，《海客论》为改编本的删改本，《金液还丹内篇》为改编本的节编本。最初的自述本至今未见。"①以此为基础，李光玄的相关事迹也多所廓清。但是朱越利的发现未能在第一时间引起相关学者的注意，直至王勇于1999年以日文发表了《关于渤海商人李光玄——兼及〈金液还丹百问诀〉的史料介绍》，这才引发了李光玄研究的热潮。

经过朱越利等学者的考证，李光玄的渤海国商人的身份被学界普遍接受。《渤海国史》："一些行商甚至于拉帮结伙地从事跨国性的海外贸易。如九世纪前期不时出没于日本海和东海水域的李延孝、李光玄就是其中的两位代表性商人。"②《渤海史论》："一些行商还从事跨国性海外贸易。如9世纪前期不时出没于唐朝、日本、新罗与渤海之间的李延孝、李光玄就是其中的两位代表性商人。"③《黑龙江流域文明研究》："9世纪以后，随着唐朝和日本官方贸易的中断，私商开始成为唐、日、新罗贸易的主角，而其中颇为活跃的竟是包括李延孝、李英觉、李光玄等等在内的一些渤海'商主'即大商人，他们在海上丝绸之路频繁出没，非常活跃，从事着类似跨国贸易的经贸活动。"④

然而学界的现有研究只是依据《正统道藏》本中的李光玄著述，实际上，作为兼及内丹、外丹修炼的代表性著作之一，李光玄的著述还以单行本或丛书的形式流传于世。笔者搜罗了其中四种版本，即《金液还丹百问诀》的另一版本——嘉靖二十六年（1547）由大石山房刊刻的《金丹百问》。《海客论》的两个版本，即题曰清虚子续辑的

---

① 朱越利：《唐气功师百岁道人赴日考——以〈金液还丹百问诀〉为据》，载《道教考信集》，齐鲁书社，2014，第692页。

② 魏国忠、朱国忱、郝庆云：《渤海国史》，黑龙江人民出版社，2014，第419页。

③ 郑永振、李东辉、尹铉哲：《渤海史论》，吉林文史出版社，2011，第174页。

④ 黄任远主编《黑龙江流域文明研究》，黑龙江人民出版社，2006，第80页。

《金丹正理大全群仙珠玉集成》和阎鹤洲辑刻的《道书全集》收录的《海客论》。《四库全书存目丛书》所收《金丹正理大全群仙珠玉集成》版本为上海图书馆藏明万历十九年（1591）金陵阎氏刻《道书全集》本。《道书全集》，现存明嘉靖十七年（1538）周藩刊本、明嘉靖十九年（1540）金陵书林唐际云积秀堂刊本、明万历十九年金陵阎氏刊本、崇祯年间刻本等不同刊本。《金液还丹内篇》的另一个版本，即曾慥《道枢》所收《金液还丹内篇》。本书希望从文本出发，利用不同版本的文字差异，进一步推动关于李光玄的研究。

第一节
李光玄基本信息考述

通过学者持续不断的研究，李光玄的人生历程基本已经被廓清。不过也有部分值得商榷。一是李光玄的名字因避讳等原因而出现不同的写法。二是现存李光玄的著述，学者认知不一。三是李光玄生活的年代，学者判定不一。这些分歧有必要在还原李光玄生平之前就进行厘清。

一、李光玄著作考述

李光玄，亦被写作李光元，这是因为北宋避讳赵氏始祖赵玄朗而进行的改动。大中祥符五年（1012）十月，宋真宗下诏："圣祖名，上曰玄、下曰朗，不得斥犯。"[①]"圣祖"即赵玄朗，是宋真宗造神运动中为赵氏追溯的远祖。大中祥符五年十月八日，宋真宗梦见神人传达玉大帝的命令说："先令汝祖赵某授汝天书，将见汝，如唐朝恭奉玄元皇帝。"翌日，宋真宗于延恩殿设道场迎神。天尊曰："吾人皇九人中一人也，是赵之始祖……后唐时，七月一日下降，总治下方，主赵氏

①［宋］李焘：《续资治通鉴长编》卷七九，大中祥符五年十月壬申，中华书局，1995，第1801页。

之族，今已百年。"①宋真宗仿效唐朝皇帝祖老子的做法，也将赵氏打造成道教尊神的后裔。为此，宋真宗先后下达了一系列诏令。如十月己未的"圣祖降大赦"、十月己巳"上圣祖尊号制"、闰十月丁卯"圣祖降告谢太庙诏"、闰十月乙卯"上元天大圣后号诏"、十一月壬寅"圣祖名易其字诏"等②。天禧元年（1017）正月壬寅"上圣祖圣号仙衣册"③，通过宋真宗的刻意营造，赵玄朗被创造了出来。为了强化庄严性，在宋真宗的要求下，北宋朝廷进行了大规模的改字。十一月，"壬子，改朗州为鼎州，玄武门为拱辰门"④。十二月，"有司言：'按周礼，孟冬祀司民。唐避文皇讳，改为司人。今请改玄武、玄冥、玄弋、玄枵并为"真"字，遣官就南郊设昊天及四位告之。'诏可。壬申，改谥玄圣文宣王为至圣文宣王"⑤。从地名到星宿名，直至孔子的封号，皆被北宋系统地修改。李光玄的名字亦无可避免地被修改为李光元。朱越利早已注意到二者的关系。"在《金液还丹百问诀》中分别称为李光玄和玄寿先生，一共出现了近百处。而在《海客论》中，相对应处无一例外地均称为李光元和元寿先生。"⑥

此外，由于书籍传抄过程中出现的误抄，李光玄或李光元有时也被误写为李玄光或李元光。晁公武（约1105—1180）《郡斋读书志》："还丹歌一卷。右元阳子撰。次序杂乱，非完书也。大旨解《参同契》。《李氏书目》云：'海客李玄光遇玄寿先生于中岳，授此。'未详玄光何

①［宋］李焘：《续资治通鉴长编》卷七九，大中祥符五年十月戊午，中华书局，1995，第1797–1798页。

②《宋大诏令集》卷一三五《典礼·天神上》，中华书局，1962，第474–475页。

③《宋大诏令集》卷一三六《典礼·天神下》，中华书局，1962，第480页。

④［宋］李焘：《续资治通鉴长编》卷七九，大中祥符五年十一月壬子，中华书局，1995，第1805页。

⑤［宋］李焘：《续资治通鉴长编》卷七九，大中祥符五年十二月壬子，中华书局，1995，第1808页。

⑥朱越利：《唐气功师百岁道人赴日考——以〈金液还丹百问诀〉为据》，《道教考信集》，齐鲁书社，2014，第683页。

代人。"①此处的"海客李玄光",有的版本亦作李元光。"海客"二字
足以证明李玄光或李元光即为李光玄无疑。《郡斋读书志》所引《李氏
书目》,即李淑(1002—1059)所著《邯郸图书志》②。由此可知,在
北宋初年这种误写便已存在。以此为媒介,李光玄似乎还著有《还元
丹论》一书。王尧臣、欧阳修等人以北宋秘府所藏书籍为对象,于康
定二年(1041)编成《崇文总目》六十六卷,收书三千多部。《崇文总
目》原书已佚亡,今存辑佚本。清人钱东垣所辑《崇文总目辑释》:
"《还元丹论》一卷,李元光撰。"③郑樵《通志》:"《还元丹论》一
卷。李元光撰。"④焦竑(1540—1620)《国史经籍志》:"《还元丹论》
一卷,李元光。"⑤宋明书目都将《还元丹论》系于李元光名下。

　　明确为李光玄著述的,即《金液还丹百问诀》《海客论》《金液还
丹内篇》。依据现存文献和目录,《金液还丹内篇》最早的版本可以追
溯至两宋之际。福建晋江人曾慥(?—1155)于绍兴年间编撰的道教
类书——《道枢》,辑录了历代以内丹术为主的修炼养生著作,其中卷
二十二收录了《金液还丹内篇》全文⑥。《金液还丹百问诀》的单行本
称为《金丹百问》,江苏长洲人顾元庆(1487—1565)于嘉靖二十六年
(1547)刊刻。文末牌记"嘉靖丁未岁,吴郡顾氏刻梓于阳山大石之内
观草堂"⑦。相对于《金液还丹百问诀》,文字有所减省和修改。由于
顾元庆所刻书籍在江浙藏书家中有着不小的盛名,《金丹百问》被明代

---

①[宋]晁公武:《郡斋读书志校证》卷十六《神仙类》,孙猛校证,上海古籍出版社,
1990,第762页。

②有关《邯郸图书志》的内容,请参看方建新:《开宋代私家藏书提要目录先河的李
淑与〈邯郸图书志〉》,《宋史研究论文集》第11辑,巴蜀书社,2006年。

③[清]钱东垣:《崇文总目辑释》卷四《子类》,《续修四库全书》第916册,上海古籍
出版社,2002,第753页。

④[宋]郑樵:《通志》卷六七《艺文略·诸子类·道家·辟谷》,中华书局,1987,第
792页。

⑤[明]焦竑:《国史经籍志》卷四上《子类》,《续修四库全书》第916册,上海古籍出
版社,2002,第397页。

⑥[宋]曾慥:《道枢》卷二二,中央编译出版社,2016,第204—206页。

⑦《金丹百问》,嘉靖二十六年大石山房刻本。

众多藏书家收藏。《国史经籍志》："《金丹百问》一卷，李光玄。"①祁承爜（1563—1628）《澹生堂藏书目》："《金丹百问》一卷，李光玄。"②《天一阁书目》："金丹百问一卷，李光玄述。"③《海客论》的著录，最早见于叶盛（1420—1474）《菉竹堂书目》，其中有"海客论一册"一句④。晁瑮（1507—1560）《晁氏宝文堂书目》在道藏部收录了"海客论"⑤。徐㶿（1570—1645）《徐氏家藏书目》："李光玄海客论一卷。"⑥《天一阁书目》："海客论一卷，不著撰人名氏。"⑦

三部著述中，《海客论》流布最广，且被道教所推崇。道教丹道"伍柳派"创始人明末伍守阳，为全真龙门派第八代宗师，在论及"夫可为得仙传之印证者，以何书为真"时，列举了一系列著述，其中便有"李光元之《海客论》"⑧。《本草纲目》亦曾征引《海客论》。在"水银粉"条"修治"下，李时珍引述了《海客论》的内容。"《海客论》云：诸矾不与水银相合，而绿矾和盐能制水银成粉，何也？盖水银者金之魂魄，绿矾者铁之精华，二气同根，是以暂制成粉。无盐则色不白。"⑨

此外，朱越利等学者还认为《太上日月混元经》亦为李光玄的著述。朱越利："李光玄后立一家之言，有道教气功著作传世，名曰《太

———————

① ［明］焦竑：《国史经籍志》卷四上《子类》，《续修四库全书》第916册，上海古籍出版社，2002，第397页。

② ［明］祁承爜：《澹生堂藏书目》，郑诚整理，上海古籍出版社，2015，第496页。

③ ［清］范邦甸等：《天一阁书目》卷三《子部》，江曦、李婧点校，上海古籍出版社，2010，第331页。

④ ［明］叶盛：《菉竹堂书目》卷六，中华书局，1985，第138页。

⑤ ［明］晁瑮：《晁氏宝文堂书目》卷下，上海古典文学出版社，1957，第221页。

⑥ ［明］徐㶿等：《徐氏家藏书目》，上海古籍出版社，2014，第272页。

⑦ ［清］范邦甸等：《天一阁书目》卷三《子部》，江曦、李婧点校，上海古籍出版社，2010，第333页。

⑧ ［清］伍冲虚、柳华阳：《天仙论语六类》，《伍柳天仙法脉》，静虚子校订，宗教文化出版社，2012，第212页。

⑨ ［明］李时珍：《本草纲目》卷九《石部》，人民卫生出版社，1975，第528页。

上日月混元经》，收于《道藏》。"①王勇："李光玄传世的著作，还有同样收入《正统道藏》洞神部的《太上日月混元经》（简称《日月混元经》）一卷。"②《渤海国史》："《道藏》收录的另一小册子——《太上日月混元经》一书的作者也可能是李光玄。"③之所以会有如此论断，源于《太上日月混元经》的作者被写为玄元或元光。《崇文总目辑释》："《日月混元经》一卷，玄元先生撰。"④《通志》："《日月混元经》一卷，元光撰。"⑤《国史经籍志》："《日月混元经》一卷，元光。"⑥

　　然而此"元光"并非李光玄。理由一，焦竑在注明《日月混元经》的作者为元光的同时，记录《还元丹论》时，则将作者写为李元光，并未将二者混同。至少在焦竑的眼中，元光与李元光并非一人。理由二，刘知古《日月元枢论》："又有元光先生，不知何代人也。睹《日月混元经》，其序云：徐从事拟《龙虎》之文，撰《参同契》上卷，传魏君。魏君又述中卷，传淳于叔通。淳于叔通又制下卷，表三才也。"⑦刘知古曾目睹过元光所著《日月混元经》，并且宣称元光"不知何代人"，这说明对于刘知古来说，元光是一个无从考证的人物，其生活的年代要远远早于刘知古。刘知古，字光玄，刘知几之弟，在道教发展史上有着自己的一席之地。"真正使《周易参同契》走向内丹思想方向的则是刘知古的《日月玄枢论》，这部作品进一步确定了苏元朗的'归神丹于心炼'的内丹思想。"⑧刘知古的生平，在道教传记中有所记

---

①　朱越利：《唐气功师百岁道人赴日考——以〈金液还丹百问诀〉为据》，《道教考信集》，齐鲁书社，2014，第700页。

②　王勇：《渤海道士李光玄事迹考略》，载王宝平主编《中日文化交流史研究》，上海辞书出版社，2008，第13页。

③　魏国忠、朱国忱、郝庆云：《渤海国史》，黑龙江人民出版社，2014，第457页。

④　[清]钱东垣：《崇文总目辑释》卷四《子类》，《续修四库全书》第916册，上海古籍出版社，2002，第749页。

⑤　[宋]郑樵：《通志》卷六七《艺文略五》，中华书局，1987，第792页。

⑥　[明]焦竑：《国史经籍志》卷四上《子类》，《续修四库全书》第916册，上海古籍出版社，2002，第398页。

⑦　《全唐文》卷三三四《日月元枢论》，中华书局，1983，第3384页。

⑧　强昱：《刘知古的〈日月玄枢论〉》，《中国道教》2002年第2期，第22页。

载。成书于南宋的《道门通教必用集》简述了刘知古的生平。其中写
道："出家，隶太清观，受三洞经箓。至于八公宝章、三洞宝箓、丹经
脉诀之旨，出生入死之术，罔不洞晓。睿宗召问道业，称旨，特加崇
锡。后还山。开元中，复召，为民蠲疫。真人视色代脉，布气除疴，
民赖以安，十有八九。上宠锡，不受，乞归蜀。以居第为大千秋观，
上亲书额，李邕文其碑。后因天长节，改为天长观。"[①]元代成书的
《历世真仙体道通鉴》亦收刘知古传记，内容与《道门通教必用集》相
差不大，但是提供了一些更为明确的时间。"唐高宗龙朔中，出家，为
太清观三洞道士。"刘知古在唐高宗龙朔年间（661—663）出家为道
士。"天宝十九年，诏知古兼内史，田思崇醮二十四位。久之，乞还
蜀。"[②]天宝年号截止于天宝十五年（756），由于刘知古在安史之乱时
生活在成都，这里的"天宝十九年"应是指李隆基为太上皇时在宫内
继续使用的天宝年号，即代宗乾元三年（是年六月改元为上元元年）。
这表明刘知古在安史之乱时期仍然受到李隆基的宠信。从睿宗朝直至
代宗朝，刘知古一直活跃于皇帝周边。因此，刘知古尚且无法知悉的
元光，其生活年代要远早于盛唐。《太上日月混元经》的作者元光绝非
李光玄。

二、李光玄生活年代考

关于李光玄的生活年代，学界看法不一。第一种说法：李光玄为
五代人。陈国符最早进行阐发。《中国外丹黄白术所用草木药录》称
"《金液还丹百问诀》（疑五代人所撰，别本称题曰《海客论》）"[③]，
陈国符的观点多被人接受。如《中国科技史探索》："《金液还丹百问

---

①《通教必用集》卷一，《道藏》第32册，文物出版社、上海书店、天津古籍出版社，
1988，第7页。

②《历世真仙体道通鉴》卷三二，《道藏》第5册，文物出版社、上海书店、天津古籍出
版社，1988，第282页。

③陈国符：《中国外丹黄白术所用草木药录》，《天津大学学报》1981年第2期，第
30页。

诀》，别本题曰《海客论》，疑五代人所撰。"①丁培仁更进一步将时间具体化，"五代后梁李光玄《海客论》"②。

第二种说法：李光玄为唐代人。朱越利在反思陈国符的观点基础上指出："人称的不统一表明，今本《金液还丹百问诀》是李光玄原著（自述）的改编本。陈国符教授疑今本《金液还丹百问诀》为五代人所撰。似应改为，疑五代人所改编。改编与原著即使时间相距很近，也绝不能等同，这是显而易见的。故李光玄未必是五代时人。"在此后的论述中，朱越利将李光玄确定为唐代人③。陈尚君主编的《全唐诗续拾》认可了朱越利的研究，将李光玄纳入《无世次》之中④。王勇："朱越利以李光玄为'唐之渤海人'的推断可为一家之言。"⑤后续研究中，朱越利修正了自己的说法，将李光玄的生活年代后延。《道藏说略》在介绍《金液还丹百问诀》时，将李光玄定为"唐末五代"人⑥。

第三种说法，李光玄为北宋人。《道藏提要》："光元北宋人。"并进一步推论，"文中累称中原为中华，作者或为辽人"⑦。孟乃昌："《金液还丹百问诀》，暂定为宋代。《海客记》，暂定为宋代。"⑧

观点的相互抵牾源于史料的缺失。有关李光玄的记述，因《金液还丹内篇》将有关李光玄个人信息的部分完全删除，只能依凭《金液还丹百问诀》《海客论》的内容考证李光玄的生活年代。

《金液还丹百问诀》《海客论》中，有关李光玄的生平记载类似个

---

① 李国豪、张孟阅、曹天钦主编《中国科技史探索（中文版）》，中华书局香港分局，1986，第329页。

② 丁培仁：《北宋内丹道述略》，《上海道教》1991年第3期，第20页。

③ 朱越利：《唐气功师百岁道人赴日考——以〈金液还丹百问诀〉为据》，《道教考信集》，齐鲁书社，2014，第692页。

④ 陈尚君辑校：《全唐诗续拾》卷五四《无世次下》，中华书局，1992，第1607页。

⑤ 王勇：《渤海道士李光玄事迹考略》，载王宝平主编《中日文化交流史研究》，上海辞书出版社，2008，第15页。

⑥ 朱越利主编《道藏说略》，北京燕山出版社，2009，第600页。

⑦ 任继愈：《道藏提要》，中国社会科学出版社，1991，第790页。

⑧ 孟乃昌：《〈周易参同契〉考辨》，上海古籍出版社，1993，第4页。

人陈述，但缺乏明确的时间提示，只有在讲到李光玄回返中原寻访名师高道，在嵩山偶遇玄寿时，有一处明确的时间记载。《金液还丹百问诀》："后于己酉年中八月三日，因至中岳嵩高山少室洞岩僧寺之中，止泊十余日。"①《金丹百问》："于己酉年八月三日，至嵩山少室僧寺中，止泊十余日。"②道藏本《海客论》："己巳年八月三日，至嵩高山少室中，于僧舍止宿十余日。"③《四库全书存目丛书》本："己巳岁八月三日，至嵩高山少室中，于僧房止宿十余日。"④《道书全集》本与《四库全书存目丛书》本同⑤。五个版本的记载，文字大体相同，但存在两个分歧。一是《金丹百问》将"嵩高山"写为"嵩山"。"嵩高山"出自《尔雅》。"嵩高为中岳"，小注"大室山也"⑥。正是因为《尔雅》将中岳比定为大室山，所以这里写作"嵩高山少室"，将少室山与中岳的关系清晰地呈现出来。因此，《金丹百问》的书写是错抄。二是时间记载不同。《金液还丹百问诀》《金丹百问》写为"己酉年"，而三个版本的《海客论》则写为"己巳年（岁）"。"酉"和"巳"二字，在字形上截然不同，不存在误写的可能性，只能说二者皆有其底本依据。以渤海国的存续时间为断限，"己酉年"有709年、769年、829年、889年等四种可能。"己巳年（岁）"有729年、789年、849年、909年等四种可能。

另一处可资判断时间的记载，出现在结尾处。玄寿劝阻李光玄不要在嵩山炼丹时，对全国局势下了断语。《金液还丹百问诀》："此山虽

①《金液还丹百问诀》，《道藏》第4册，文物出版社、上海书店、天津古籍出版社，1988，第894页。

②《金丹百问》，嘉靖二十六年大石山房刻本。

③《海客论》，《道藏》第23册，文物出版社、上海书店、天津古籍出版社，1988，第605页。

④《金丹正理大全群仙珠玉集成》卷四《海客论》，《四库全书存目丛书》子部第260册，齐鲁书社，1995，第427页。

⑤《金丹正理大全群仙珠玉集成》卷四《海客论》，《道书全集》，中国书店，1990，第576页。

⑥《尔雅注疏》卷七《释山》，北京大学出版社，2000，第239页。

是名岳，且近大都。今直兵革方兴，干戈已作，摇动四海，践踏中原，此山多戎兵往复之乡，黎庶潜窜之地，那堪烧炼至药，岂可修制神丹。吴越极有深山，江浙不少福地，或罗浮、茅岭，或庐山、天台，目下并安，亦复无事，乃是众圣依栖之地，群贤止泊之方。尔可选彼深幽，就其佳胜，修持大药，烧制金丹，必获无魔，定登天路。"①《金丹百问》："此山近大都。今干戈摇动，乃戎兵往来之地，岂堪修制大药。吴越、江浙多有福地，罗浮、茅领、庐山、天台，乃众圣栖真之地。尔可就彼择地修炼。"②道藏本《海客论》："此山虽是名岳，且近大都，今值兵革方兴，此山当道，多人窜伏，不可制造神丹。吴越江浙，名山甚多，或罗浮、茅岭、庐岳、天台，目下并安，后亦无事，乃是群贤栖依之地，众圣所游之方，子宜往彼，以制大丹，定是出世。"③《四库全书存目丛书》本④、《道书全集》本⑤与道藏本基本相同。五个版本的记载，只是在文字上有些微差别，不影响文意。"大都"无疑是指洛阳而言，"今值兵革方兴，干戈已作，摇动四海，践踏中原"，表明当时战争的剧烈程度已经波及整个中原地区。唐朝五代能够波及洛阳安全的社会动荡屈指可数，大概不过安史之乱（755—763）、黄巢起义（875—884）以及黄巢起义后的地方军阀割据。朱越利认为这里所言指安史之乱。不过这一判断无疑是错误的。五个版本都有"今值"或"今"这一时间限定语，所以这场社会动荡发生在玄寿向李光玄传经解惑之时。

这场波及洛阳的社会动荡，结合"己酉年""己巳年（岁）"所给

①《金液还丹百问诀》，《道藏》第4册，文物出版社、上海书店、天津古籍出版社，1988，第902-903页。

②《金丹百问》，嘉靖二十六年大石山房刻本。

③《海客论》，《道藏》第23册，文物出版社、上海书店、天津古籍出版社，1988，第612页。

④《金丹正理大全群仙珠玉集成》卷四《海客论》，《四库全书存目丛书》子部第260册，齐鲁书社，1995，第435页。

⑤《金丹正理大全群仙珠玉集成》卷四《海客论》，《道书全集》，中国书店，1990，第583页。

定的八个时间点，只有889和909两个合适。因为缺乏相关佐证，无由而知确指哪年。《渤海国史》："于889年八月三日，在嵩山会见了道士玄寿，相互间以问答的形式探讨了炼丹之术和求仙之道。"[①]《渤海史论》："于889年8月3日，在嵩山会见了道士玄寿。"[②]这样的论断实际上忽略了"己巳年（岁）"的可能性，过于草率。不过889和909两个年份已经足够认定李光玄的生活年代，即唐末五代时期。

第二节
李光玄生平经历考述

在明晰了李光玄的基本信息后，这里主要依靠学者的相关研究以及本人的解读，重现李光玄的生平，尤其是李光玄学道之前的人生经历。

一、李光玄早期人生经历考述

李光玄的家世，在开篇以及与百岁道人的谈话中都有提及。《金液还丹百问诀》："少孤，连气、僮仆数人。家积珠金巨万。""余少孤，兄弟、僮仆数人，家财巨万。"[③]《金丹百问》："家赀巨万，兄弟数人。"[④]道藏本《海客论》："少孤，而家财巨万。""少孤，［鲜］兄弟，货财及万。"[⑤]《四库全书存目丛书》本："少孤，鲜兄弟，家财钜

① 魏国忠、朱国忱、郝庆云：《渤海国史》，黑龙江人民出版社，2014，第457页。

② 郑永振、李东辉、尹铉哲：《渤海史论》，吉林文史出版社，2011，第333页。

③《金液还丹百问诀》，《道藏》第4册，文物出版社、上海书店、天津古籍出版社，1988，第893页。

④《金丹百问》，嘉靖二十六年大石山房刻本。

⑤《海客论》，《道藏》第23册，文物出版社、上海书店、天津古籍出版社，1988，第605页。

万。"①《道书全集》与之同②。

比较文字,《金液还丹百问诀》的文字最雅。为了避免重复,开篇以"连气"代指兄弟,源于《颜氏家训》中的文字,即"兄弟者,分形连气之人也"③。以"珠金"代指财物,源于《三国志》。青州刺史程喜诬陷田豫时,言及:"豫虽有战功而禁令宽弛,所得器仗珠金甚多,放散皆不纳官。"④比较内容,皆指出李光玄自幼失双亲。不过《金液还丹百问诀》《金丹百问》宣称李光玄有"兄弟数人",而三个版本的《海客论》则称"鲜兄弟"。不知孰是孰非。

李光玄在青年时从商,遇到百岁道人后,转而潜心修道。《金液还丹百问诀》:"光玄达冢之后,一心奉其至道,不顾繁华,遂却离乡,重游沧海,驻居云岛之中十有余年。依高人之指的,弘持至道。乃得气力百倍,仪形异常。因被往日同船之人号光玄为海客。"⑤在与玄寿的对话中,再次提及:"驻居云岛,颇历岁年。"⑥《金丹百问》:"光玄后还家,奉道,复重游海上,驻居云岛十余年。"⑦道藏本《海客论》:"光元归渤海,乃依行比道,不顾浮华,乃往长云岛中修行数年,固有益验。因彼往来,时人号之曰海客。"⑧《四库全书存目丛书》本:"光元归渤海。乃依行此道,不顾浮华,乃往云岛中修行数年,固益有验。

①《金丹正理大全群仙珠玉集成》卷四《海客论》,《四库全书存目丛书》子部第260册,齐鲁书社,1995,第427页。

②《金丹正理大全群仙珠玉集成》卷四《海客论》,《道书全集》,中国书店,1990,第575页。

③《颜氏家训集解》卷一《兄弟》,王利器撰著,中华书局,1996,第23页。

④《三国志》卷二六《田豫传》,中华书局,1959,第728页。

⑤《金液还丹百问诀》,《道藏》第4册,文物出版社、上海书店、天津古籍出版社,1988,第894页。

⑥《金液还丹百问诀》,《道藏》第4册,文物出版社、上海书店、天津古籍出版社,1988,第894页。

⑦《金丹百问》,嘉靖二十六年大石山房刻本。

⑧《海客论》,《道藏》第23册,文物出版社、上海书店、天津古籍出版社,1988,第605页。

因彼往来，时人号之曰海客。"①《道书全集》本与《四库全书存目丛书》本同②。据此，李光玄在遇到百岁道人后，返回渤海国修道。为了防止受到外界的干扰，李光玄前往海岛修行。海岛名称，除了道藏本《海客论》记为"长云岛"外，其余皆写作"云岛"。王勇的"'云岛'在《海客论》中被记作'长云岛'，这或许更为接近于原形"③的论断应是误解。

"云岛"所在地点，亦可大致推断。《金液还丹百问诀》："因被往日同船之人号光玄为海客。"三个版本的《海客论》则写为"因彼往来，时人号之曰海客"。这说明"云岛"所在位置应在跨海贸易的航线上。由于这段内容紧接着李光玄的跨海贸易，而且"海客"的得名源于"往日同船之人"，因此"云岛"应位于日本海上。李光玄能够在"云岛"常驻十几年时间，说明"云岛"拥有淡水资源，考察日本海的岛屿，拥有淡水资源的岛屿多位于欧亚大陆和日本列岛的沿海地区。王勇认为："'云岛'显然既不在渤海也不在唐土，与其将之看作大陆延伸地的新罗之地，毋宁将之看作远隔沧海的日本或许更为妥当。"④这一推测，笔者不敢苟同。如果"云岛"距离日本列岛较近的话，李光玄无疑要面对语言不通的问题，所以"云岛"的位置应在欧亚大陆的沿海地区。

二、李光玄商人身份考

李光玄备受学界关注的缘由是他的商人身份。青年时，李光玄往来于中国沿海地区，从事商业活动。《金液还丹百问诀》："光玄年方弱

---

① 《金丹正理大全群仙珠玉集成》卷四《海客论》，《四库全书存目丛书》子部第260册，齐鲁书社，1995，第427页。

② 《金丹正理大全群仙珠玉集成》卷四《海客论》，《道书全集》，中国书店，1990，第575页。

③ 王勇：《渤海道士李光玄事迹考略》，载王宝平主编《中日文化交流史研究》，上海辞书出版社，2008，第9页。

④ 王勇：《渤海道士李光玄事迹考略》，载王宝平主编《中日文化交流史研究》，上海辞书出版社，2008，第9页。

冠，乃逐乡人舟船，往来于青社、淮浙之间，货易巡历。"①《金丹百
问》："光玄弱冠，逐便舟往来于青社、淮浙，商贩迤逦。"②道藏本
《海客论》："泪弱冠，随乡人舟，往来于青社、淮浙，为商贾。"③《四
库全书存目丛书》本：'年泪弱冠，尝随乡人舟，往来于青徐、淮浙，
为商贾。"④《道书全集》本："年泪弱冠，随乡人舟，往来于青徐、淮
浙，为商贾。"⑤各版本中，最大不同为《金液还丹百问诀》、《金丹百
问》、道藏本《海客论》写为"青社"，其他两个版本的《海客论》写
为"青徐"。"青社"一词，见于《史记》。《史记·三王世家》："维六
年四月乙巳，皇帝使御史大夫汤庙立子闳为齐王。曰：於戏，小子
闳，受兹青社！"⑥司马贞《史记索隐》注释道："蔡邕《独断》云：
'皇子封为王，受天子六社之土，若封东方诸侯，则割青土，藉以白
茅，授之以立社，谓之"茅土"。'齐在东方，故云青社。"⑦据此可知，
"青社"一词乃是用典，专指山东而言。而"青徐"应是后世抄写时进
行的变更。以此可知，李光玄在20岁上下开始从事贸易，贸易的范围
主要集中于山东、江浙一带。"乡人舟船"或"乡人舟"，表明李光玄
的财富并不足以支撑李光玄自购船只，而是乘坐其他渤海国人的船只
进行贸易。

　　李光玄的从商经历，最受瞩目的是，他还从事跨海贸易。《金液还
丹百问诀》："后却过海。遇一道人，同在舟中，朝夕与光玄言话，巡

---

①《金液还丹百问诀》，《道藏》第4册，文物出版社、上海书店、天津古籍出版社，
1988，第893页。

②《金丹百问》，嘉靖二十六年大石山房刻本。

③《海客论》，《道藏》第23册，文物出版社、上海书店、天津古籍出版社，1988，第
605页。

④《金丹正理大全群仙珠玉集成》卷四《海客论》，《四库全书存目丛书》子部第260
册，齐鲁书社，1995，第427页。

⑤《金丹正理大全群仙珠玉集成》卷四《海客论》，《道书全集》，中国书店，1990，第
575页。

⑥《史记》卷六十《三王世家》，中华书局，2014，第2567页。

⑦《史记》卷六十《三王世家》，中华书局，2014，第2568页。

历新罗、渤海、日本诸国。"①《金丹百问》:"过海,历新罗、日本诸
外国。"②道藏本《海客论》:"后却过海。"③《四库全书存目丛书》
本④、《道书全集》本⑤与道藏本同。《金液还丹百问诀》《金丹百问》明
确指出李光玄的贸易范围,不仅是中国沿海地区,而且还曾往来于朝
鲜、日本。虽然《海客论》并未出现"新罗""日本"字样,但是同样
使用了"过海"一词。"过海"一词,朱越利、王勇都认为它是李光玄
前往日本进行贸易的重要佐证。然而石井正敏有所保留,认为"以
'过海'限定前往日本的跨海贸易是不合理的",通过例证,进一步指
出:"至少将'过海'一词认为是前往渤海、新罗等的跨海贸易的看法
不能排除。"⑥因此有必要重新考察唐代"过海"的相关用法。

　　"过海"一词在唐代大量使用,多指代远航出海。如《杜阳杂编》
记录了元藏的一次神奇的出海经历。"隋炀帝时官奉信郎。大业元年,
为过海使判官。遇风浪坏船,黑雾四合,同济者皆不救,而藏独为破
木所载,殆经半月,忽达于州岛间。洲人问其从来,藏几具以事对。
洲人曰:'此乃沧浪洲,去中国已数万里。'"⑦《龙城录》:"后长寿
中,台州有人过海,阻风飘荡,船欲坼,妄行不知所止。"在海州遇到

　　①《金液还丹百问诀》,《道藏》第4册,文物出版社、上海书店、天津古籍出版社,
1988,第893页。

　　②《金丹百问》,嘉靖二十六年大石山房刻本。

　　③《海客论》,《道藏》第23册,文物出版社、上海书店、天津古籍出版社,1988,第
605页。

　　④《金丹正理大全群仙珠玉集成》卷四《海客论》,《四库全书存目丛书》子部第260
册,齐鲁书社,1995,第427页。

　　⑤《金丹正理大全群仙珠玉集成》卷四《海客论》,《道书全集》,中国书店,1990,第
575页。

　　⑥[日]石井正敏:《〈金液還丹百問訣〉にみえる渤海商人李光玄について——日
本渡航問題を中心に》,载铃木靖民编《古代日本の異文化交流》,勉诚出版,2008,第
603、604页。

　　⑦[唐]苏鹗:《杜阳杂编》卷下,中华书局,1958,第47页。

了道士王远知，"告台人，此洋海之东十万里也"①。两则故事都以主人公出海遇到海难为主题，并极言海上漂流之远。唐诗也多有使用"过海"的诗句，描述远航之遥。如贯休《送僧之安南》："退牙山象恶，过海布帆荒。"②以"过海"形容去安南的路途艰辛。王建《春燕词》："已能辞山复过海，幸我堂前故巢在。"③以"过海"描述燕子长途跋涉的飞行能力。皮日休《送李明府之任海南》采取了同样的意境。"蟹奴晴上临潮槛，燕婢秋随过海船。"④李贺《神仙曲》："鹤羽冲风过海迟，不如却使青龙去。"⑤李贺在描述海上神仙的生活时，描述给西王母送信时用了"过海"以凸显路途之遥。刘威《赠道者》的用法类于李贺。"过海独辞王母面，度关谁识老聃身。"⑥贾岛在夸赞孟郊名气远播海外时写道："塚近登山道，诗随过海船。"⑦罗衮写给罗隐的诗歌中的"过海"用法与之类似，"寰区叹屈瞻《天问》，夷貊闻诗过海求"⑧。与之相近用法的还有李商隐在推崇白居易的文学贡献时的文字，"姓名过海，流入鸡林、日南有文字国"⑨。

唐诗中的"过海"，更多的场景出现在与新罗人的唱和之中。张籍《送金少卿副使归新罗》："过海便应将国信，到家犹自着朝衣。"⑩贾岛《过海联句》："沙鸟浮还没，山云断复连（高丽使）。櫂穿波底月，船

① ［唐］柳宗元：《龙城录》卷上，载《柳宗元集校注》，尹占华、韩文奇校注，中华书局，2013，第3415-3416页。

② 《禅月集校注》卷十六，陆永峰校注，巴蜀书社，2012，第336页。

③ ［唐］王建：《王建诗集校注》卷二《乐府》，尹占华校注，巴蜀书社，2006，第42页。

④ ［唐］皮日休：《皮子文薮》附录一《皮日休诗文》，上海古籍出版社，1981，第195页。

⑤ ［唐］李贺：《李贺诗歌集注》，上海人民出版社，1977，第353页。

⑥ 《全唐诗》卷五六二《刘威》，中华书局，1960，第6526页。

⑦ 《贾岛诗集校注》卷三，李建崑校注，里仁书局，2002，第91页。

⑧ ［五代］王定保：《唐摭言校注》卷十《海叙不遇》，姜汉椿校注，上海社会科学院出版社，2003，第199页。

⑨ 刘学锴、余恕诚：《李商隐文编年校注》，中华书局，2002，第1809页。

⑩ ［唐］张籍：《张籍诗集》卷四《七言律诗》，中华书局，1959，第60页。

压水中天（岛）。"①释法照《送无著禅师归新罗》："寻山百衲弊，过海一杯轻。"②马戴《送朴山人归新罗》："云山过海半，乡树入舟中。"③四则唐诗用"过海"表现新罗人回国的跨海行程。与鉴真有关的史料也多将他与"过海"相连。《唐国史补》："天宝末，扬州僧鉴真，始往倭国，大演释教，经黑海蛇山，其徒号过海和尚。"④崔恭《〈唐右补阙梁肃文集〉序》："作过海和尚铭幽公碑铭，释氏制作，无以抗敌。"⑤圆仁曾于扬州龙兴寺见到《过海和尚碑铭》："和尚过海遇恶风，初到蛇海，长数丈余，行一日即尽。次至黑海，海色如墨等者。"⑥浙江人朱少端《送空海上人朝谒后归日本国》一诗中，同样也使用了"过海"一词："腾空犹振锡，过海来浮杯。"⑦

在唐代文学的影响下，朝鲜、日本史料也以"过海"一词形容出海航行。有"东国文宗"之称的崔致远，《谢探请料钱状》中有"今有本国使船过海"⑧一句。《上太师侍中状》中追溯新罗金思兰配合唐兵攻击渤海国时，写道："于是明皇帝大怒，命内史高品、何行成，大仆卿金思兰，发兵过海攻讨。"⑨开成四年（839）正月，新罗人王请在向圆仁叙述自己曾经漂著日本的经历时，提到："为交易诸物，离此过海，忽遇恶风，南流三月，漂着出州国。"⑩《三国史记》：新罗文武王

---

① 《贾岛诗集校注》，李建崑校注，里仁书局，2002，第450页。

② 《全唐诗》卷八一〇《法照》，中华书局，1960，第9135页。

③ 《全唐诗》卷五五六《马戴》，中华书局，1960，第6447页。

④ ［唐］李肇：《唐国史补》卷上，上海古典文学出版社，1957，第23页。

⑤ 《全唐文》卷四八〇《〈唐右补阙梁肃文集〉序》，中华书局，1983，第4904页。

⑥ ［日］圆仁：《入唐求法巡礼行记》卷一，顾承甫、何泉远点校，上海古籍出版社，1986，第25-26页。

⑦ 王元明、［日］增田朋洲主编《中日友好千家诗》，学林出版社，1993，第25页。

⑧ ［新罗］崔致远：《桂苑笔耕集校注》卷十八，党银平校注，中华书局，2007，第645页。

⑨ ［高丽］金富轼：《三国史记》卷四六《崔致远传》，杨军校勘，吉林大学出版社，2015，第655页。

⑩ ［日］圆仁：《入唐求法巡礼行记》卷一，顾承甫、何泉远点校，上海古籍出版社，1986，第26页。

九年（669）冬，新罗国王在回复唐朝使者提出为何新罗木弩射程较远的时候说道："臣亦不能知其所以然，殆木过海，为湿气所侵者欤？"①以上举了四则事例，充分证明朝鲜史料以"过海"形容跨海航行。日本也多有使用"过海"的事例。弘仁七年（816）五月，日本天皇在给渤海国僖王大言义的国书中写道："去年孝廉等却回，忽遭恶风，漂荡还着。本船破坏，不胜过海。更造一船，未得风便。"②日本民间使用"过海"一词的频率更高。如鉴真被称为过海和尚，王勇指出："'过海和尚'的称呼系自中国传入日本，在平安时代已成为固定用语。"③圆珍自述于大中七年（853）抵达唐朝经历时写道："八月九日，放船过海。"④大中十二年（858）闰二月《乞台州公验状并公验》，他在追述自己渡海经历时也言及："至（仁寿）三年七月十六日，随新罗国人王超船过海。"⑤追溯804年最澄渡海经历时，同样也使用了"过海"一词。"二人（最澄、义真）至延历廿三年四月，奉诏过海。唐贞元廿年八月到明州，九月廿六日达临海。"⑥三善清行（847—918）所撰《天台宗延历寺座主圆珍传》中，在叙述858年圆珍回国经历时，"六月八日，辞州（即台州），上商人李延孝船过海"⑦。讲及智聪回国时，"智聪初随留学和尚圆载乘商人李延孝船过海，俄遭恶风，舳舻破散。圆

①［高丽］金富轼：《三国史记》卷六《新罗本纪六》，杨军校勘，吉林大学出版社，2015，第87页。

②《类聚国史》卷一九四《殊俗部·渤海下》，吉川弘文馆，1965，第355页。

③ 王勇：《渤海道士李光玄事迹考略》，载王宝平主编《中日文化交流史研究》，上海辞书出版社，2008，第7页。

④《〈行历抄〉校注》，载《行历抄校注》，白化文、李鼎霞校注，花山文艺出版社，2003，第3页。

⑤《圆珍入唐公验、过所、牒、状》，载《行历抄校注》，白化文、李鼎霞校注，花山文艺出版社，2003，第105页。

⑥《圆珍入唐公验、过所、牒、状》，载《行历抄校注》，白化文、李鼎霞校注，花山文艺出版社，2003，第106页。

⑦《天台宗延历寺座主圆珍传》，载《行历抄校注》，白化文、李鼎霞校注，花山文艺出版社，2003，第163页。

载和尚及李延孝等一时溺死"①。

通过以上对唐代中日朝三国文献中"过海"一词的梳理可知,"过海"在唐代的东亚世界中是一个具有明确内涵的专有词汇,意指跨越海洋,进行长程的海上旅行。作为一名熟谙儒家文化的渤海国商人,其著作中的"过海"绝非随意使用,而是为了准确描述自身曾经从事跨海贸易的人生经历。不过由于中日朝三国文献皆有使用"过海"一词,李光玄是否确曾到过日本,尚且存疑。

小 结

通过考证,我们基本可以勾勒出李光玄的大致情况。身为渤海国人的李光玄,自幼父母双亡。20岁的李光玄便开始从事海上贸易。最初在东部沿海地区从事近海贸易,后续扩展至渤海国、唐朝、新罗、日本之间的跨海贸易。"二纪年中,曾于船中遇一道人。"②24岁时,李光玄在船上遇到百岁道人,从此李光玄弃商学道。最初是在欧亚大陆沿海地区的"云岛"修道,十余年后,前往中原地区游历,最终在嵩山偶遇玄寿先生。

由于先后遇到百岁道人、玄寿两位高道,李光玄在道教修炼上的功夫与日俱增,开始著书立说。其著述涉及炼气和炼丹两方面内容,多有真知灼见,因此被后人所推崇。其中一部著述,先后以《金液还丹百问诀》《金丹百问》《海客论》《金液还丹内篇》为名多次刊梓,广布世间。此外,《还元丹论》一书可能也为其所著。

---

① 《天台宗延历寺座主圆珍传》,载《行历抄校注》,白化文、李鼎霞校注,花山文艺出版社,2003,第204页。

② 《金液还丹百问诀》,《道藏》第4册,文物出版社、上海书店、天津古籍出版社,1988,第894页。

本编小结

　　唐后期的藩镇割据，不仅意味着唐朝中央集权的衰弱，也深刻地影响着东亚政局的走向。一方面，"安史之乱"成功地挑战了唐朝的皇权，紧随而来的藩镇割据彰显了地方势力游离于中央集权之外可以长期存在的可能性。作为东亚封贡体系的中心，唐朝的内部变化对东亚其他政权起到了示范作用。从8世纪中叶开始，东亚各政权的王权争夺战和地方豪族叛乱层出不穷，贵族叛乱呈现出常态化趋势。从惠恭王（765—780年在位）至真圣女王（887—897年在位）的百余年间，新罗的贵族叛乱多达20余次。从贞元九年（793）文王大钦茂病故至元和十三年（818）宣王大仁秀即位，20余年间，渤海国（698—926）先后更替了7任国王。其中不乏贵族叛乱的结果。如继大钦茂之后的大元义，"立一岁，猜虐，国人杀之，推宏临子华屿为王"①。日本政局相对稳定，但新兴的富豪阶层开始崛起②。另一方面，为了维持庞大的军队，藩镇对商贸活动抱持着支持的态度，沿海诸藩镇与周边政权的商贸往来日益繁荣。如李正己统治下的淄青镇，"货市渤海名马，岁岁不绝"③。"市渤海名马，岁不绝。"④在藩镇的推动下，在唐朝中央政府的默许和支持下，一个以商业利益为纽带的新形态东亚贸易圈初具雏形。作为附属于唐朝的地方民族政权，以靺鞨人为主体建立的渤海国深受唐朝内部局势变化的影响，也成为东亚贸易圈的参与者之一。

---

①《新唐书》卷二一九《渤海传》，中华书局，1975，第6181页。

② 参见［日］下向井龍彦：《武士的成长与院政》（讲谈社2001年版）第一章。

③《旧唐书》卷一二四《李正己传》，中华书局，1975，第3535页。

④《新唐书》卷二一三《李正己传》，中华书局，1975，第5990页。

　　面对东亚新变局，长期在唐朝从军的新罗人张保皋[①]于大和二年（新罗兴德王三年，828）返回新罗，建立清海镇。《三国史记》："夏四月，清海大使弓福，姓张氏，入唐徐州，为军中小将。后归国谒王，以卒万人镇清海。"[②]在张保皋掌控清海镇的20余年间，东亚贸易圈日渐繁荣[③]。与此同时，在高额利润的驱动下，一个以利益为依归，囊括了来自唐朝、新罗、渤海国和日本等政权的东亚民间商人群体也在9世纪登上历史舞台[④]。东亚民间商人群体的出现，标志着在以政权为主体、以封贡制度为主要形式的东亚交往模式之外，以商人为主体的私人贸易开始出现。而这一东亚民间商人群体中，李延孝、李英觉、李光玄三人为首的渤海国商人，亦是重要的参与者。

---

　　①《杜牧集》《新唐书》写为"张保皋"，《三国史记》写为"张保皋""弓福"，《三国遗事》写为"弓巴"，《入唐求法巡礼行记》《续日本后纪》大多写作"张宝高"。有时亦作"张宝皋"。

　　②［高丽］金富轼：《三国史记》卷十《新罗本纪》，杨军校勘，吉林大学出版社，2015，第144-145页。

　　③ 有关张保皋的研究，极大丰富。举其要者，如日本学者藤间生大的《东亚细亚世界形成的端绪》（《东亚细亚世界的形成》，春秋社，1966年）、蒲生京子的《新罗末期张保皋的抬头与叛乱》（朝鲜史研究会论文集16，1979年）、荻原史明的《清河镇大使张保皋与在唐新罗人居留地的关系——以泗州涟水县为中心》（《史苑》73，2013年）等。韩国学者的研究，可参见［韩］朴天伸的《8至9世纪"在唐新罗人"在黄海海上的交易活动》（北京师范大学2008年博士论文）中的研究现状。国内学者研究，可参见拜根兴的《九世纪初张保皋海洋活动关联问题研究的现状》（《唐史论丛》第11辑，2009年）的相关评述。

　　④ 日本学者开启了相关研究，代表性的研究如［日］木宫泰彦的《日中文化交流史》（商务印书馆，1980年）、森克己的《新订日宋贸易的研究》（勉诚出版，2008年）、榎本涉的《东亚海域与日中交流：9—14世纪》（吉川弘文馆，2007年）。虽然以宋元时期为研究时段，但对9世纪的景况也有精彩的分析。国内学者则首推吴玲的《试论唐日贸易的形式》（"一九九九中日文化论丛"，北京图书馆出版社，2001年）、《九世纪唐日贸易中的东亚商人群》（《西北工业大学学报》2004年第3期）。

尾　论

以“馈赠经济”
审思封贡贸易

以上分析采用了学术界普遍使用的封贡贸易、互市贸易、民间贸易等概念，有效地展现出渤海国繁盛的对外商贸。然而需要阐明的是，这些概念的潜在思考前提乃是商品经济。它们都是在承认商品经济的普遍性基础上，从价值、使用价值、交换价值等视角审视渤海国的对外商品，从而有意无意地忽视了经济层面之外的其他因素。虽然取得了丰硕的成果，但思考维度不免失于单一化。更重要的是，前辈学者都意识到封贡贸易与商品经济之间的差异，但仅以封贡贸易命名，无法展现其普世性，因而笔者尝试引入馈赠经济重新审思封贡贸易的内涵。

第一节
“馈赠经济”概念的引入

gift economy 的研究，发轫于马克思·

韦伯（Max Weber，1864—1920），马塞尔·莫斯（Marcel Mauss，1872—1950）将之发扬光大；至波兰尼，gift economy 成为一个专有的学术概念。在中文研究中，gift economy 通常被译作“礼物经济”，个别学者则将之译为“赠予经济”①，但接受者寥寥。此外，gift economy 还被译为“馈赠经济”。卢汇探讨了“礼物”与“馈赠”之间的差异，指出：“我以为大部分中文有关的介绍和研究多用‘礼物’一词而非原文的‘馈赠’实为英文影响所至。……其实不论中文或法文，‘馈赠’所包含的意义远远超出‘礼物’的范畴，而‘礼物’只是‘馈赠’的一种形式而已。”②

按照卢汇的思路，在笔者看来，“馈赠”这一对译词汇至少在两个层面优于“礼物”。第一，从物品的涵盖角度看，馈赠要优于礼物。礼物通常是指人和人之间互相赠送的物品，目的是取悦对方，或表达善意、敬意等感情。尤其是英语语境中，gift 与物品的关联性密不可分。实际上，馈赠的物品既可以指以物质形态存在的礼物，也可以包括为了满足精神需求而以非物质形态或者虚拟形态存在的物品。如诗歌、赠言、舞蹈、传统技能等等，都可以作为馈赠的物品而存在。“总之，如同莫斯所强调的，‘赠与之物’的范畴比物质之物大得多，我还要说它包括了有可能分享的一切。”③第二，馈赠不仅指的是物品的流动，也应包括互相赠送物品时需要遵守的仪式、规则和制度等。正是从这两点出发，笔者认为“馈赠”以及由此衍生出的“馈赠经济”是更为合适的学术词汇。

一、早期西方学界对馈赠的思考

溯源上，德国哲学家、社会学家格奥尔格·齐美尔（G. Simell，

---

① [美]戴维斯·贝尔德：《器物知识：一种科学仪器哲学》，安维复、崔璐译，广西师范大学出版社，2020。

② [法]马赛尔·莫斯：《论馈赠——传统社会的交换形式及其功能》，“译者后记”，卢汇译，中央民族大学出版社，2002，第157页。

③ [法]莫里斯·古德利尔：《礼物之谜》，王毅译，上海人民出版社，2007，第74页。

1858—1918）最早提出了"互惠"这一重要概念，可以被看作是馈赠和馈赠经济的学术缘起。"在莫斯的'礼物'理论提出之前，他率先提出了互惠作用的理念。这种理念认为，当两个或更多的人之间存在着互动关系，而且其中一人的行为被看作是对其他人的行为的反应时，就存在了社会。"①格奥尔格·齐美尔是从社会生成的角度思考"互惠作用"。

继格奥尔格·齐美尔之后，韦伯将"馈赠贸易"（gift trade）运用于前近代的经济分析之中。1919—1920年，韦伯以"普通社会经济史概论"为题，在慕尼黑大学发表了一系列演讲。论及"商业发展的起点"时，韦伯首先对最初的商业进行了界定。"无论如何，最古老的商业乃是异族部落之间的交换关系。"②其后，韦伯认为领主贸易（seigniorial trade）是人类社会中贸易得以发展的主要助推力之一。而领主贸易的一个主要表现就是馈赠贸易。"王公所进行的另一种形式的贸易是馈赠贸易。在古代东方，政治当局在彼此不处于战争状态时，就靠馈赠往来来维持的。……在这里自由馈赠本来是个原则。由于这方面的背信弃义时有发生而渐渐导致彼此之间的礼尚往来，因而从馈赠贸易之中发展出以准确数字为基础的真正贸易了。"③在层层概念的解剖之下，韦伯将馈赠贸易之于人类经济的重要性凸显出来，在韦伯的眼中，馈赠贸易孕育出商业贸易。虽然不免有着强烈的进化论色彩，但韦伯首先将馈赠作为一种重要的经济形态加以分析。然而韦伯于1920年的突然离世，使得相关理论思考未能持续下去。

真正引发莫斯对馈赠进行研究的则是人类学底垫的基础。"在人类学家实地调查作品的基础上，如布罗尼斯拉夫·马林诺夫斯基对太平洋特罗布里恩群岛的调查和弗朗兹·博厄斯对北美西北海岸的调查，《礼物》的写作成为可能。"④张旭更是直接地言道："'美国人类学之

① ［英］阿兰·巴纳德：《人类学历史与理论》，王建民等译，华夏出版社，2006，第88页。

② ［德］马克思·韦伯：《经济通史》，姚曾廙译，上海三联书店，2006，第123页。

③ ［德］马克思·韦伯：《经济通史》，姚曾廙译，上海三联书店，2006，第124-125页。

④ ［英］伊丽莎白·惠特克：《解析马塞尔·莫斯〈礼物〉》，韩梦译，上海外语教育出版社，2020，第16页。

父'博厄斯（Franz Boas）考察了哥伦比亚的夸扣特尔人的礼物交换习俗，'民族志之父'马林诺夫斯基（Bronislaw Malinowski）在其经典的《西太平洋上的航海者》（1922）中详细描述了特罗布里恩德群岛上的美拉尼西亚人的礼物交换习俗'库拉贸易'。二人奠定了西方社会学和人类学中'礼物研究范式'的地位。"①举例而言，马林诺夫斯基（1884—1942）在研究库拉圈时，将互惠与馈赠联系在一起，由此管窥社会关系。马林诺夫斯基将馈赠分为七种不同形式：第一，"纯馈赠"，"这是个人给出一些物品或提供一种服务而不指望得到任何回报的行为"。第二，"没有严格等值和经常性回赠的习俗性馈赠"。第三，"服务的酬劳。这一类和上一类的不同之处在于酬劳的范围由传统风俗规定"。第四，"价值相等的礼物回赠"。第五，"涉及特权、头衔和非物质所有权的物品交换"。第六，"延迟支付的礼仪性物物交换"。第七，"单纯的交易。这种交易的主要特征是互利，每方根据需要取舍。同时，在这类交易中双方不断讨价还价，以改变交易物品的相对价值"②。马林诺夫斯基如此细致的区分，乃是因为"以上根据经济学原则划分的各种礼物几乎全都带有社会关系的基础"③。阎云翔对马林诺夫斯基的研究提出了批评，指出："迄今为止它仍然是礼物馈赠的人类学研究的支配性视角。这主要是因为它建基于经济理性，因而在西方人思维中具有悠久的历史根基。这种模式的核心要素在于对等回报或平衡交换的观念，这一观念可以在从物质利益、政治权力到象征性报偿的不同形式中得以实现。"④

---

① 张旭：《礼物——当代法国思想史的一段谱系》，北京大学出版社，2013，第1页。

② ［英］马凌诺斯基：《西太平洋的航海者》，梁永佳、李绍明译，华夏出版社，2002，第154、156、157、158、159、160、162、163页。

③ ［英］马凌诺斯基：《西太平洋的航海者》，梁永佳、李绍明译，华夏出版社，2002，第163页。

④ ［美］阎云翔：《礼物的流动——一个村庄中的互惠原则与社会网络》，李放春、刘瑜译，上海人民出版社，2000，第206页。

二、莫斯对馈赠的开创性研究

马林诺夫斯基、博厄斯等人类学家对交换的关注，促发了莫斯有关馈赠的学术思考，并将之行诸《论馈赠——传统社会的交换形式及其功能》①之中。莫斯的研究还有着现实指向。在目睹第一次世界大战的残酷之后，莫斯对资本主义社会进行反思，意图寻找补救的方法。王铭铭指出："所谓的'结论'，其实是莫斯针对现代西方社会中出现的问题提出的以下三方面'对策'。"②

就笔者看来，《论赏赠——传统社会的交换形式及其功能》一书从五个方面对馈赠的研究做出了划时代性的贡献。第一，以馈赠为入手处，莫斯将总体性研究作为研究视域与研究方法，认为馈赠乃是社会整合的原则之一。莫斯以"systeme des prestations to tales"进行统括，汲喆将之翻译为"总体呈献体系"③，卢汇将之翻译为"全面给予"④。相较而言，学界多以"总体呈献体系"作为概念进行学理上的申论，故笔者在此因循学界惯例。

"总体呈献体系"以三个方面为立足点。第一个立足点是群体才是交换的主体。"我们发现，几乎从未有过以个体为单位进行的财富交换。所有的交换由群体进行。"⑤"不是个体而是集体之间互设义务、

---

① 这里采用的是卢汇的译名，汲喆译为《礼物——古式社会中交换的形式与理由》，版本更多，也更常见。因为卢汇的译本来自法文本，汲喆的译本来自英文本，故以卢汇的译名和译本为主。

② 王铭铭：《物的社会生命？——莫斯〈论礼物〉的解释力与局限性》，《社会学研究》2006年第4期，第227页。

③［法］马塞尔·莫斯：《礼物——古式社会中交换的形式与理由》，汲喆译，商务印书馆，2016，第10页。

④［法］马赛尔·莫斯：《论馈赠——传统社会的交换形式及其功能》，卢汇译，中央民族大学出版社，2002，第5-6页。

⑤［法］马赛尔·莫斯：《论馈赠——传统社会的交换形式及其功能》，卢汇译，中央民族大学出版社，2002，第5页。

互相交换和互订契约。”①第二个立足点是交换的物品涵盖范围广阔。“交换的不仅是物品和财富、动产和不动产等有经济价值的东西，更主要的还有礼仪、宴请、军事、女人、孩子、舞蹈、节日、仪式及聚会等。”②“它们所交换的，并不仅限于物资和财富、动产和不动产等等在经济上有用的东西。它们首先要交流的是礼节、宴会、仪式、军事、妇女、儿童、舞蹈、节日和集市。”③第三个立足点是馈赠不仅是经济行为或社会交往，还涉及社会的方方面面。“婚姻、财产继承、权利和利益分配、军事、宗教等级甚至游戏，无不被包括在这个交换体系中。”④“形成了一个由仪式、法律呈献与经济呈献等组成的错综复杂的网络，而人群中、部落中、部落同盟中乃至族际间的争执地位也在其间得到了确定。”⑤阿兰·迦耶总结道：“既表述了宗教、法律、道德、政治和经济等维度，同时也使这些维度彰显出来。”⑥

莫斯的“总体呈献体系”的研究方法，乃是脱胎于涂尔干的社会总体观。不同之处在于，涂尔干针对的对象是其身处的西欧资本主义社会，莫斯则针对的是欧洲以外的所谓“原始部落”，莫斯将之称为“古式社会”（这里采用了汲喆的翻译）。在莫斯的眼中，“古式社会”不存在明显的社会分层，而是以总体形式存在的社会体；现代社会可以被区分的各个层面，在“古式社会”中则相互扭结在一起。“这些‘总体的’社会现象，能够同时绽然展现出全部各种制度：宗教、法

①［法］马塞尔·莫斯：《礼物——古式社会中交换的形式与理由》，汲喆译，商务印书馆，2016，第9页。

②［法］马赛尔·莫斯：《论馈赠——传统社会的交换形式及其功能》，卢汇译，中央民族大学出版社，2002，第6页。

③［法］马塞尔·莫斯：《礼物——古式社会中交换的形式与理由》，汲喆译，商务印书馆，2016，第9页。

④［法］马赛尔·莫斯：《论馈赠——传统社会的交换形式及其功能》，卢汇译，中央民族大学出版社，2002，第6页。

⑤［法］马塞尔·莫斯：《礼物——古式社会中交换的形式与理由》，汲喆译，商务印书馆，2016，第11页。

⑥［法］马塞尔·莫斯：《礼物——古式社会中交换的形式与理由》，“中译本序言”，汲喆译，商务印书馆，2016，第7页。

律、道德和经济。前三者同时兼为政治制度和家庭制度，而经济制度
则确立了特定的生产方式与消费方式。"①"在这些'生活总体'现象
中，同时并存互相牵制的各种制度如消费、法律、道德、政治、家庭
以及经济生活。后者还包括了各种不同形式的生产方式、消费方式和
分配方式。"②换言之，莫斯认为"古式社会"并不存在高度分化的社
会结构，政治、经济、宗教等层面不仅相互扭结在一起，而且与社会
其他层面的关系也是紧密相连。如果只是对某一制度或某一现象进行
单独乃至割裂的研究，根本无法理解其重要意义。只有将之还原到复
杂的社会活动中才能正确理解。例如第二章的讨论，莫斯在描述卑格
米人和安达曼人时，从慷慨导出了感情纽带和婚姻制度。在描述新喀
里多尼亚人时，描述的是仪式和其中的宗教因素。在描述库拉圈时，
除了关注贸易的内涵外，还指出："一切与库拉有关的部落：航行、宝
物、日常用物、食物等，节日、各类仪式上和性爱上的服务、男女等
无不包括在这一环中。"③"所有这些部落，所有这些沿海远航、珍宝
奇物、日用杂品、食物宴庆、有关仪式或性的各种服务、男人女人等
等，才被纳入到一个循环之中。"④在具体的引述时，莫斯强调仪式的
重要性，还认为其中有"典型又复杂的经济、法律和道德现象"，"有
它神话、宗教和巫术持性的一面"⑤。"经济、法律和道德的复合，的
确十分典型。""这种制度还有其神话、宗教和巫术的一面。"⑥在描述

① ［法］马塞尔·莫斯:《礼物——古式社会中交换的形式与理由》,汲喆译,商务印
书馆,2016,第6页。

② ［法］马赛尔·莫斯:《论馈赠——传统社会的交换形式及其功能》,卢汇译,中央
民族大学出版社,2002,第2页。

③ ［法］马赛尔·莫斯:《论馈赠——传统社会的交换形式及其功能》,卢汇译,中央
民族大学出版社,2002,第33页。

④ ［法］马塞尔·莫斯:《礼物——古式社会中交换的形式与理由》,汲喆译,商务印
书馆,2016,第34页。

⑤ ［法］马赛尔·莫斯:《论馈赠——传统社会的交换形式及其功能》,卢汇译,中央
民族大学出版社,2002,第38页。

⑥ ［法］马塞尔·莫斯:《礼物——古式社会中交换的形式与理由》,汲喆译,商务印
书馆,2016,第38页。

北美洲西北部印第安人的夸富宴时，不仅把疯狂消耗物品看作是"财富之战"，更是将之与道德上的慷慨、社会分层中的荣誉、政治上的地位、家庭制度中的婚姻联系在一起。并总结道："夸富宴远不仅是一种法律现象，也是我们认为'整体'社会现象的一部分。它具有宗教、神话和萨满巫术的性质……夸富宴同时也是经济行为……夸富宴更是一种社会形态现象……"①"夸富宴已经远远超出了法学现象的范围，它是我们所提议的'总体的'现象。夸富宴是宗教的、神话的和萨满的……夸富宴也是经济的……夸富宴还是一种社会形态学现象……"②莫斯看到了慷慨、馈赠等背后关联的社会诸多层面，不再仅仅将之局限于经济活动、法律意涵等方面的阐释，这无疑是"总体呈献体系"的研究方法最有力的注脚。

　　第二，首次完整地呈现出馈赠的内涵。莫斯认为馈赠得以延续，乃是因为三个要素的驱动，莫斯称之为"三种义务：给予、收受与回报"③。"三种义务：给予、接受和回报。"④在莫斯的眼中，"给予、接受和回报"三个要素都具有强制性，如讨论必须回报时写道："恰如其分地回赠甚至可以说是绝对必要的强制性义务。"⑤"有尊严地回报是一种强制性的义务。"⑥因此他将之称为义务。不过除了义务外，莫斯还强调利益、信用、荣誉等也是重要因素。"他们的物质和道德生活以

①［法］马赛尔·莫斯:《论馈赠——传统社会的交换形式及其功能》,卢汇译,中央民族大学出版社,2002,第65-66页。

②［法］马塞尔·莫斯:《礼物——古式社会中交换的形式与理由》,汲喆译,商务印书馆,2016,第61页。

③［法］马赛尔·莫斯:《论馈赠——传统社会的交换形式及其功能》,卢汇译,中央民族大学出版社,2002,第67页。

④［法］马塞尔·莫斯:《礼物——古式社会中交换的形式与理由》,汲喆译,商务印书馆,2016,第62页。

⑤［法］马赛尔·莫斯:《论馈赠——传统社会的交换形式及其功能》,卢汇译,中央民族大学出版社,2002,第75-76页。

⑥［法］马塞尔·莫斯:《礼物——古式社会中交换的形式与理由》,汲喆译,上海人民出版社,2002,第74页。

及交换均以一种既有利益关系又有义务的方式同时进行。"①"那里的物质生活、道德生活和交换，是以一种无关利害的义务的形式发生、进行的。"②"馈赠必然涉及信用概念。"③"礼物必然会导致信用的观念。"④"在北美洲印第安人的交易中，荣誉起着非常重要的作用。没有别的地方像这里，个人的名声与消费和连本带利回报馈赠的行为紧密相连。"⑤"荣誉的观念在这些印第安人的交易中也扮演着同样重要的角色。"⑥"荣誉在波利尼西亚和美拉尼西亚也很重要。"⑦"我们发现，荣誉的观念虽然在波利尼西亚发挥着很强烈的作用，在美拉尼西亚也始终存在。"⑧

关于馈赠的细节，莫斯也进行了开创式的研究。莫斯将馈赠分为"非竞争性的"和"竞争性的"两大类。然而由于书中并未对"非竞争性的"加以着墨，使得人们对这一分类有所忽视。古德利尔则指出：莫斯有关"非竞争性的"的思考，"出现在他于1947年出版的《民族志指南》一书的注释里。他在其中提供了许多非竞争性的全面给予实例，如二元化社会中对立的双方群体和个人间有关妇女、财产、仪式、姓

① [法]马赛尔·莫斯：《论馈赠——传统社会的交换形式及其功能》，卢汇译，中央民族大学出版社，2002，第54页。

② [法]马塞尔·莫斯：《礼物——古式社会中交换的形式与理由》，汲喆译，商务印书馆，2016，第51页。

③ [法]马赛尔·莫斯：《论馈赠——传统社会的交换形式及其功能》，卢汇译，中央民族大学出版社，2002，第59页。

④ [法]马塞尔·莫斯：《礼物——古式社会中交换的形式与理由》，汲喆译，商务印书馆，2016，第57页。

⑤ [法]马赛尔·莫斯《论馈赠——传统社会的交换形式及其功能》，卢汇译，中央民族大学出版社，2002，第50页。

⑥ [法]马塞尔·莫斯：《礼物——古式社会中交换的形式与理由》，汲喆译，商务印书馆，2016，第57页。

⑦ [法]马赛尔·莫斯：《论馈赠——传统社会的交换形式及其功能》，卢汇译，中央民族大学出版社，2002，第63页。

⑧ [法]马塞尔·莫斯：《礼物——古式社会中交换的形式与理由》，汲喆译，商务印书馆，2016，第60页。

名等的交换"①。在讨论馈赠的对象时，除了人与人之间的馈赠外，莫斯还提及了人与神之间的馈赠。"不仅是人和物，还有与之密切相关的神灵。"②"这种交换和契约不单单涉及人和物，而且还涉及与之或多或少有所关联的神圣的存在。"③

在论及馈赠的物品时，也进行了两分法的分类。在库拉圈的论述中，莫斯将馈赠物品分为两类，即"制作、珍藏和围绕这些由声望和交换价值宝物的贸易，再加上其他一些普通物品的买卖交易，就构成了特罗布连岛财富的来源"④。"制作、采集这些饰物，交易者两种可交换的珍宝，再加上日常用品的贸易，便是特罗布里恩居民的财富之源。"⑤后续进一步指出这种分类的存在更为普遍，并再次强调："一类财产包括日常消费和分配的日用品，另一类则为家传的有价之物。……后一类的东西被人们视为珍品，庄严地转送、传承。……这类财产被视为神圣之物，一般家庭除非不得已是从不转让易主的。"⑥"在他们看来，物品可分为两类，一方面是消费品及日常分配的东西（在这方面我未发现有交换的迹象）；另一方面，是家庭的宝物、护符、纹饰铜器、皮毛毯子以及装饰织物。……质言之，这些财产是家族的圣物，绝不会轻易出手，甚至会永不与之分离。"⑦在莫斯看来，不是所

---

① [法]马赛尔·莫斯:《论馈赠——传统社会的交换形式及其功能》,[法]莫利斯·戈德烈"中文版序",卢汇译,中央民族大学出版社,2002,序第11页。

② [法]马赛尔·莫斯:《论馈赠——传统社会的交换形式及其功能》,卢汇译,中央民族大学出版社,2002,第22-23页。

③ [法]马塞尔·莫斯:《礼物——古式社会中交换的形式与理由》,汲喆译,商务印书馆,2016,第24-25页。

④ [法]马赛尔·莫斯:《论馈赠——传统社会的交换形式及其功能》,卢汇译,中央民族大学出版社,2002,第37页。

⑤ [法]马塞尔·莫斯:《礼物——古式社会中交换的形式与理由》,汲喆译,商务印书馆,2016,第37页。

⑥ [法]马赛尔·莫斯:《论馈赠——传统社会的交换形式及其功能》,卢汇译,中央民族大学出版社,2002,第78-79页。

⑦ [法]马塞尔·莫斯:《礼物——古式社会中交换的形式与理由》,汲喆译,商务印书馆,2016,第71-72页。

有的物品都适用于馈赠。在多数情况下，不可交换的宝物只能传承，而不能进行馈赠。

对于馈赠的重要性，莫斯指出："礼物巩固婚姻，缔结两家的亲戚关系；同时建立一种认同。"① "馈赠能够确定婚姻，使两家结成亲属。赠礼赋予两方面以相同的性质。"②古德利尔进行了总结："馈赠行为在给予者和接受者之间建立起一种双重关系：一是认同和团结，因为给予者和接受者一道分享他的所有；二是等级，因为接受者一旦接受了别人的馈赠便负债于给予者，在他没有偿还这份馈赠之前便处于对对方的一种依附状态；如果他一直未能回赠，那么这一状态便会固定下来。……分享和债务这两个基本要素均包含在馈赠行为之中。"③

第三，莫斯为了解释"回报"必然发生的原因，尝试着从精神层面进行解释。在分析"通嘎"（通家，tonga）、"惑"（豪，hau）的意义之后，莫斯认为"物本身就有精神或就是精神。所以，赠物予人意味着赠送自己的一部分"。并进一步指出："受礼应该还礼，因为送礼者送出的是他精神的一部分，接受别人的东西等于接受其精神灵魂的一部分。"④ "事物本身即有灵魂，而且出自灵魂。由是观之，馈赠某物给某人，即是呈现某种自我。""在这种观念体系中，所要还给他人的东西，事实上是那个人本性或本质的一部分；因为接受了某人的某物，就是接受了他的某些精神本质，接受了他的一部分灵魂。"⑤在第二章，莫斯更进一步加以理论概括。"人们的生活互相交错，物也因此与人的

① ［法］马赛尔·莫斯：《论馈赠——传统社会的交换形式及其功能》，卢汇译，中央民族大学出版社，2002，第30页。

② ［法］马塞尔·莫斯：《礼物——古式社会中交换的形式与理由》，汲喆译，商务印书馆，2016，第30-31页。

③ ［法］马赛尔·莫斯：《论馈赠——传统社会的交换形式及其功能》，［法］莫利斯·戈德烈"中文版序"，卢汇译，中央民族大学出版社，2002，序第5-6页。

④ ［法］马赛尔·莫斯：《论馈赠——传统社会的交换形式及其功能》，卢汇译，中央民族大学出版社，2002，第16页。

⑤ ［法］马塞尔·莫斯：《礼物——古式社会中交换的形式与理由》，汲喆译，商务印书馆，2016，第19页。

范畴混合。"① "归根结底便是混融。人们将灵魂融于事物，亦将事物融于灵魂。"②这部分文字极为拗口，两位译者的翻译也不尽相同。古德利尔的申说有助于理解。"莫斯显然认为是一种神灵的存在，迫使礼物接受者去回赠它。总而言之，它似乎没有考虑律法或利益作用的存在，不认为它们是能够起作用的原因，所以感觉到有必要增加一个'宗教'的维度。"③惠特克也指出："莫斯的观点，即礼物的超自然属性提供了法律规约所不具备的东西，它是一种心理动机，一种根深蒂固的对超自然力量的敬畏之情。"④

也就是说，物品除了本身所具备的价值和使用价值外，还承载了给予者赋予的个人感情，从而使得给予者与接受者之间建立起社会联系。"人在赠出物的同时也赠出了自己的一部分或全部，而接受馈赠的人则从此与馈赠者有着紧密的个人联系。"⑤ "他送出的并非东西的所有权而是用来换回其他馈赠物的使用权。"⑥阎云翔总结道："许多人类学者已经采用不可让渡性的概念来解释送礼者和受礼者之间精神的、非功利性联系的存在。……不可让渡性理论避免了把礼物交换化约为自利的个人之间简单的两方交易形式。"⑦

莫斯的这种分析，乃是出于对资本主义社会的不满。莫斯指出："我们所生活的社会对人和物、人的权利和物权有着非常严格的区分

① [法]马赛尔·莫斯：《论馈赠——传统社会的交换形式及其功能》，卢汇译，中央民族大学出版社，2002，第30页。

② [法]马塞尔·莫斯：《礼物——古式社会中交换的形式与理由》，汲喆译，商务印书馆，2016，第31页。

③ [法]莫里斯·古德利尔：《礼物之谜》，王毅译，上海人民出版社，2007，第2页。

④ [英]伊丽莎白·惠特克：《解析马塞尔·莫斯〈礼物〉》，韩梦译，上海外语教育出版社，2020，第40页。

⑤ [法]马赛尔·莫斯：《论馈赠——传统社会的交换形式及其功能》，[法]莫利斯·戈德烈"中文版序"，卢汇译，中央民族大学出版社，2002，序第9页。

⑥ [法]马赛尔·莫斯：《论馈赠——传统社会的交换形式及其功能》，[法]莫利斯·戈德烈"中文版序"，卢汇译，中央民族大学出版社，2002，序第18页。

⑦ [美]阎云翔：《礼物的流动——一个村庄中的互惠原则与社会网络》，李放春、刘瑜译，上海人民出版社，2000，第208页。

（尽管现在法学家对这种对立区分已有批评）。但是这一区分是至关重要的，因为这是我们有关财产、转让和交换的基本条件。"①"我们生活在一个将个人权利与物权、人与物截然分开（相反的做法目前正在受到法学家们的批评）的社会中。这种划分是根本性的；它甚至构成了我们的所有权，让与和交换体系的一种条件。"②在莫斯看来，资本主义社会将人与物的关系严格区别，固然保障了市场经济的运行，也导致人成了只会理性计算的经济动物。

第四，强调馈赠的普世性。莫斯在罗列了各地的个案后指出："我们可以证明至少馈赠的义务是相当普遍的。我们同时还将证明我们的解释也适用于其他社会。"③"我们至少能够表明，回礼的义务还有另外的延伸。同样，我们将会指出其他那些义务的扩展形式，我们还要证明，我们的解释适用于多种类型的社会。"④虽然莫斯研究的对象是"古式社会"，但莫斯并未将馈赠的适用性止步于此，在他的眼中，资本主义社会同样也存在着馈赠。"我们今日的道德原则以及生活的很大一部分行为都与馈赠、义务以及自由有关。"⑤"我们的道德以及我们的生活本身中的相当一部分内容，也都始终处在强制与自发参半的赠礼所形成的气氛之中。"⑥对于莫斯的这一论断，阿兰·迦耶从批判市场经济的角度指出："因为它的主要结论之一就是：人以往并非总是经

---

① ［法］马赛尔·莫斯：《论馈赠——传统社会的交换形式及其功能》，卢汇译，中央民族大学出版社，2002，第95页。

② ［法］马塞尔·莫斯：《礼物——古式社会中交换的形式与理由》，汲喆译，商务印书馆，2016，第83页。

③ ［法］马赛尔·莫斯：《论馈赠——传统社会的交换形式及其功能》，卢汇译，中央民族大学出版社，2002，第28页。

④ ［法］马塞尔·莫斯：《礼物——古式社会中交换的形式与理由》，汲喆译，商务印书馆，2016，第29页。

⑤ ［法］马赛尔·莫斯：《论馈赠——传统社会的交换形式及其功能》，卢汇译，中央民族大学出版社，2002，第131页。

⑥ ［法］马塞尔·莫斯：《礼物——古式社会中交换的形式与理由》，汲喆译，商务印书馆，2016，第113页。

济动物，只是在不久以前才变成这样。"①古德利尔进一步提升。"简而言之，只要是以人际关系解决事情的场合，便有馈赠。"②

　　第五，在事实层面提出了馈赠经济。尽管莫斯强调"总体呈献体系"的研究方法，并没有将馈赠固定于经济领域；但是落实到经济领域时，莫斯已经将之与商品经济等量齐观。莫斯总结道："它们之所以具有经济特征，是因为涉及到有关价值、功用、利益、奢侈、财富、获得、积累等，另一方面还有无处不见的消费和纯粹意义的花费、排场等行为。"③"这些现象是经济的：因为一方面有价值、功用、利益、奢侈、财富、获取、积累等观念，另一方面，消费的观念，甚至是单纯的挥霍铺张的观念也无所不在。"④与此同时，莫斯也注意到这种经济与市场经济有着巨大的差异。"我们由此了解到，世界上有那样的人，他们相对富裕且勤劳，并不断创造大量丰富的物质财富，勤于交易；其交易的方式和原因与我们熟知的社会大相径庭。"⑤"人类之一部分便是如此。他们相当富有和勤勉，创造了可观的剩余；在他们中间，自古以来便存在着大量的交换，但其交换的形式和原因却与我们相去甚远。"⑥

　　细节上，莫斯也进行了深入的思考。"关于货币的使用也值得一番思考。特罗布连群岛的宝物'瓦古哈'，即手镯和项链，和北美洲的铜铸徽章或易落魁人的'wampun'一样，既是财富的象征，又是交换和

---

　　①［法］马塞尔·莫斯：《礼物——古式社会中交换的形式与理由》，［法］阿兰·迦耶"中译本序言"，汲喆译，商务印书馆，2016，第3页。

　　②［法］马赛尔·莫斯：《论馈赠——传统社会的交换形式及其功能》，［法］莫利斯·戈德烈"中文版序"，卢汇译，中央民族大学出版社，2002，序第6页。

　　③［法］马赛尔·莫斯：《论馈赠——传统社会的交换形式及其功能》，卢汇译，中央民族大学出版社，2002，第149页。

　　④［法］马塞尔·莫斯：《礼物——古式社会中交换的形式与理由》，汲喆译，商务印书馆，2016，第128-129页。

　　⑤［法］马赛尔·莫斯：《论馈赠——传统社会的交换形式及其功能》，卢汇译，中央民族大学出版社，2002，第53-54页。

　　⑥［法］马塞尔·莫斯：《礼物——古式社会中交换的形式与理由》，汲喆译，上海人民出版社，2002，第61页。

支付方式，同时还是被送出或销毁的东西。除此之外还是使用它们的人的抵押品，使用者也因它们而紧密相连。当然，因为这些宝物由于被当做货币使用，人们会把它们送人以便获得其他宝物，或把它变成可获利生财的商品或服务。"① "这些社会对货币的使用也使我们深受启发。特罗布里恩的外罩，亦即手镯和项链，和西北美洲的铜器或易洛魁人的'wampun'完全一样，既是财富、财富的记号、交换与支付的手段，同时也是必须要被送出、被毁弃的事物。特别是，它们还是约束、联系其使用者的抵押品。另一方面，由于它们已经被用作货币记号了，所以人们就愿意把它们送出去，以便能够重新占有更多，因为它所转化的商品或者服务还会再转化成货币而使之获利。"②在莫斯看来，从交易媒介、支付方式、价值储藏、图利手段等货币基本功能上看，馈赠的物品已经具备了货币的职能。不同之处在于：莫斯看到了馈赠的物品还可以建立人际关系的一面。而这是源于物品承载的个人感情。"凡物除去市价之外还有感情上的价值。"③ "如果某样东西真是有价值的，那么除了它的销售价值以外，它仍然具有一种情感价值。"④

在讨论库拉圈时，莫斯从目的出发，也看到它与市场经济的同一性。"财富难道首先不是控制指挥他人的有效工具吗？"⑤ "对我们来说，财富不也首先是支配他人的手段吗？"⑥莫斯认为馈赠也包含着以

① ［法］马赛尔·莫斯：《论馈赠——传统社会的交换形式及其功能》，卢汇译，中央民族大学出版社，2002，第142-143页。

② ［法］马塞尔·莫斯：《礼物——古式社会中交换的形式与理由》，汲喆译，商务印书馆，2016，第123页。

③ ［法］马赛尔·莫斯：《论馈赠——传统社会的交换形式及其功能》，卢汇译，中央民族大学出版社，2002，第131页。

④ ［法］马塞尔·莫斯：《礼物——古式社会中交换的形式与理由》，汲喆译，商务印书馆，2016，第113页。

⑤ ［法］马赛尔·莫斯：《论馈赠——传统社会的交换形式及其功能》，卢汇译，中央民族大学出版社，2002，第44页。

⑥ ［法］马塞尔·莫斯：《礼物——古式社会中交换的形式与理由》，汲喆译，商务印书馆，2016，第125页。

利益为导向的原则，但与资本主义社会又不相同。它是"利益和个人追求功利的概念"，"但它却有别于资本家、银行家和商人的理性计算"①。"利益的观念，亦即寻求个人功利的观念"，"这种动机也不是商人、银行家和资本家们的冷酷理性"②。

正是通过对馈赠经济的多方面考察，莫斯将之认定为一种有别于市场经济，在世界各地都广泛存在的经济形式。并通过深入考察，否定了以物易物的存在，而是将它纳入到馈赠经济中进行考察。"经济的进化并不是从以物易物发展到买卖，然后又从现款交易发展到信用贷款。一方面，以物易物是一种礼物的赠送和回报体系，它把送和回二者相间隔的时间合二为一并加予简单化。"③"经济法的演进并不是从以物易物到买卖、从现金买卖到延期交割的过程。正是在有时间延搁的赠礼与还礼的体系的基础上，才一方面通过简化，使被分开的时间接合起来，从而形成了以物易物。"④

三、波兰尼对馈赠经济的研究

莫斯有关馈赠的开创性研究，并未马上得到学术界的热烈响应。惠特克指出其中原因。"《礼物》于1923—1924年首次以法语发表在《社会学年鉴》上，直到30年后才被翻译成英文。《礼物》缺乏译本且只在学术期刊上发表，因此除了通晓多种欧洲语言的知识分子，很少有人能够接触到这篇文章。"⑤阎云翔也说道："莫斯的《礼物》在当时

① [法]马赛尔·莫斯：《论馈赠——传统社会的交换形式及其功能》，卢汇译，中央民族大学出版社，2002，第125页。

② [法]马塞尔·莫斯：《礼物——古式社会中交换的形式与理由》，汲喆译，商务印书馆，2016，第128-129页。

③ [法]马赛尔·莫斯：《论馈赠——传统社会的交换形式及其功能》，卢汇译，中央民族大学出版社，2002，第59-60页。

④ [法]马塞尔·莫斯：《礼物——古式社会中交换的形式与理由》，汲喆译，商务印书馆，2016，第57页。

⑤ [英]伊丽莎白·惠特克：《解析马塞尔·莫斯〈礼物〉》，韩梦译，上海外语教育出版社，2020，第45页。

并未引起强烈反响,但现在已成为人类学经典著作。这期间起了关键作用的是另一位人类学大师、结构主义创始人列维-斯特劳斯。"①随着《论馈赠——传统社会的交换形式及其功能》得到学界的重视,人类学家、经济学家、哲学家、社会学家、历史学家等不同学科的学者从互惠、交换原则、人际关系、馈赠经济等不同角度切入,对馈赠加以阐发。法国学者莫里斯·古德利尔(Maurice Godelier,卢汇译为莫利斯·戈德列,这里采用《礼物之谜》的译法)介绍道:"拉德克里夫-布朗(Racliff-Brown)、马林诺斯基(Malinowski)、费斯(Firth)、埃文斯-布里查德(Evans-Pritcharc)、瑞菲德(Refield)、尼德汉姆(Needham)、若斯林·德容格(Josselin de Jong)、马歇尔·萨林斯(Marshall Sahlins)等无一不从此书中获得灵感。至于其他学者、历史学家、哲学家以及其他众多的作家和诗人更是从此作中受益匪浅。"②

就馈赠经济而言,莫斯之后,英籍匈牙利学者卡尔·波兰尼(台湾地区译为卡尔·博兰尼,Karl Polanyi)的 *The Great Transformation The Political and Economic Origins of Our Time*(1944)③开创了馈赠经济的新起点。阎云翔指出:"莫斯的另一个重要观点——礼物经济,则被经济史家波兰尼所发展,并最终导致经济人类学的诞生。"④惠特克也指出:"美国学者乐于接受新思想,莫斯的观点也成为他们研究经济人

---

① [美]阎云翔:《礼物的流动——一个中国村庄中的互惠原则与社会网络》,李放春、刘瑜译,上海人民出版社,2017,第255页。

② [法]马赛尔·莫斯:《论馈赠——传统社会的交换形式及其功能》,[法]莫利斯·戈德烈"中文版序",卢汇译,中央民族大学出版社,2002,序第4页。

③ 此书在华语世界中有三种译本,即黄树民、石佳音、廖立文译《巨变:当代政治、经济的起源》(远流出版事业股份有限公司1989年版)、冯钢、刘阳译《大转型:我们时代的政治与经济起源》(浙江人民出版社2007年版、当代世界出版社2020年版),黄树民译《巨变:当代政治与经济的起源》(社会科学文献出版社2013年版、2017年版、春山出版2020年版)。本文以社会科学文献出版社的译本为主。

④ [美]阎云翔:《礼物的流动——一个中国村庄中的互惠原则与社会网络》,李放春、刘瑜译,上海人民出版社,2017,第255-256页。

类学的依据，他们对经济人类学的兴趣也与日俱增。”①

　　《巨变》一书聚焦于19世纪的欧洲，具体而言是指1815—1914年的百年和平时期的欧洲。它指出19世纪资本主义文明的崩解乃是源自基建于四大制度——“第一是均势制（balance-of-power system）……第二是国际金本位制（international gold standard）……第三是自律性市场制（self-regulating market）……第四是自由主义国家制（liberal state）”②——之上的自由主义市场经济的失范。在四大制度之中，自律性市场制乃是根基。“金本位制的源泉和母体是自律性市场制度。……均势制则是金本位制的上层结构，且局部通过金本位制来运作；自由主义国家制度本身则是这种自律性市场制的产物。”③对于自由主义市场经济，波兰尼也给出了定义。“市场经济意味着一个自律性的市场制度；用更专门的名词来说，这是一个由市场价格——而且只由市场价格——来导向的经济。”④

　　与亚当·斯密以来的经济学家不同，波兰尼认为自由主义市场经济是资本主义社会所独有的现象。“在我们这个时代之前，没有一个经济是受市场的控制（即使是大体上的）而存在的。”⑤“在我们这个时代之前，没有任何社会的经济是由市场控制和调节的。”⑥这一结论是波兰尼对历史进行纵向考察之后得出的结论。波兰尼富于洞见地指出，在自由主义市场经济出现之前的社会中，经济行为嵌含在社会关系之

---

　　①［英］伊丽莎白·惠特克：《解析马塞尔·莫斯〈礼物〉》，韩梦译，上海外语教育出版社，2020，第64页。
　　②［英］卡尔·波兰尼：《巨变：当代政治与经济的起源》，黄树民译，社会科学文献出版社，2017，第43页。
　　③［英］卡尔·波兰尼：《巨变：当代政治与经济的起源》，黄树民译，社会科学文献出版社，2017，第43页。
　　④［英］卡尔·波兰尼：《巨变：当代政治与经济的起源》，黄树民译，社会科学文献出版社，2017，第93页。
　　⑤［英］卡尔·波兰尼：《巨变：当代政治与经济的起源》，黄树民译，社会科学文献出版社，2017，第93页。
　　⑥［英］卡尔·波兰尼：《巨变：当代政治与经济的起源》，黄树民译，社会科学文献出版社，2017，第94页。

中。"就一般而言，人类的经济是附属于其社会关系之下的。他不会因要取得物质财物以保障个人利益而行动；他的行动是要保障他的社会地位、社会权力及社会资产。只有当这些物质财物能为他的目的服务时，他才会重视它。"①因此，波兰尼得出结论："经济制度都是由非经济的动机所推动的。"②直至自由主义市场经济，无限制地追求利润和效率的"经济人"出现后，二者的关系才发生逆转。"视社会为市场的附属品，而将社会关系嵌含于经济体制中，而非将经济行为嵌含在社会关系里。"③在这里波兰尼提出了一个重要概念——"嵌含"(embededness)，用以阐述经济运行并非独立运行，而是与政治、宗教等因素紧密相连，并且从属于社会。

波兰尼对经济与社会之间关系的考察乃是波兰尼思想中的核心点。在《经济通史》的开篇，波兰尼指出："经济史不能仅仅是不断变化背景下的过去的经济数据研究，还必须研究经济在社会整体中所占据的地位，换句话说，就是社会上不断变化着的经济与非经济制度的地位关系。"④"经济机制应该在整个社会的框架下进行研究，而不是仅仅在政治和社会历史的背景下进行，它们应是作为社会组织的一部分。"⑤波兰尼的这种看法，在对自由主义市场经济崩溃时的论述时展现得较为清晰。"19世纪的社会史因而是一个双重发展的结果：就真正的商品而言是扩展市场的组织；对虚拟的商品而言是限制其发展，这两者相伴随而发生。因此，一方面，市场已经扩散到全球各地，并且其商品的数量增加到不可思议的地步；另一方面，各政府却发展出成套的措施及政策来限制市场对劳动力、土地及货币的影响。……社会

---

① [英]卡尔·波兰尼：《巨变：当代政治与经济的起源》，黄树民译，社会科学文献出版社，2017，第96页。

② [英]卡尔·波兰尼：《巨变：当代政治与经济的起源》，黄树民译，社会科学文献出版社，2017，第97页。

③ [英]卡尔·波兰尼：《巨变：当代政治与经济的起源》，黄树民译，社会科学文献出版社，2017，第110页。

④ [匈]卡尔·波兰尼：《新西方论》，潘一禾、刘岩译，海天出版社，2017，第155页。

⑤ [匈]卡尔·波兰尼：《新西方论》，潘一禾、刘岩译，海天出版社，2017，第167页。

保护自己以对抗自律性市场所具有的危害——这就是当代历史的特色。"①一方面是商品经济的日趋发达,另一方面,"把劳动力、土地及货币看作商品全然是虚拟的"②,是自由主义市场经济得以成立的前提。正是因为这三个要素并非真正商品,政府、社会不会允许自由主义市场经济的无序发展。"其中之一就是经济自由主义的原则,其目的是要建立一个自律性市场,受到商人阶级的支持,而且以自由放任与自由贸易为手段;另一个原则是社会保护的原则,其目的是人类、自然与生产组织的保护,受到最直接被市场制度伤害的人的支持——主要是工人阶级与地主阶级,但并不限于此,它使用保护性立法、限制性公会,以及其他干涉工具为其手段。"③波兰尼进一步归纳道:"本书认为自律性市场的观念实际上是乌托邦的,而其发展受到社会本身之自我保护的阻止。"④这即是波兰尼的重要思想之一——"双向运动"。包刚升总结道:"自我调节的市场触发了社会保护的反向运动,由此形成了自由市场与社会保护之间的双向运动(double movement)或双重运动。"⑤

　　虽然波兰尼的文字中并未言及莫斯的影响,但从思考角度而言,"双向运动"与"总体呈献体系"相同,都认为不应该仅仅就经济讨论经济,而应该从更为广阔的视野出发,思考经济与社会各层面之间的关联性与互动性。不同之处在于,莫斯只是将经济作为社会的一个层面加以考察,并未特意着重强调。

---

　　① [英]卡尔·波兰尼:《巨变:当代政治与经济的起源》,黄树民译,社会科学文献出版社,2017,第132页。
　　② [英]卡尔·波兰尼:《巨变:当代政治与经济的起源》,黄树民译,社会科学文献出版社,2017,第128页。
　　③ [英]卡尔·波兰尼:《巨变:当代政治与经济的起源》,黄树民译,社会科学文献出版社,2017,第201页。
　　④ [英]卡尔·波兰尼:《巨变:当代政治与经济的起源》,黄树民译,社会科学文献出版社,2017,第211页。
　　⑤ 包刚升:《反思波兰尼〈大转型〉的九大命题》,《浙江社会科学》2014年第6期,第6页。

在历史比较的过程中，波兰尼认为资本主义出现之前的社会中确保生产、贸易及分配的秩序，乃是依赖于互惠（reciprocity）、再分配（redistribution）和家计（householding）等三个原则。它们的共同特征——为了社会团结而不是为了经济发展，为了使用而不是为了利润。互惠原则具有对称性（symmetry），再分配原则具有集中性（centricity）①。至于"家计原则，它存在于为自己使用的需要的生产之中"②。在波兰尼看来，家计原则的目的是出于人类自身生存和存续的需要而进行的生产，与"为了市场而生产"的市场经济截然不同。不知出于何种原因，波兰尼在后续的研究中抛弃了这一概念。"需要强调的是，波兰尼在《大转型》之后的著述中放弃了家计模式，仅论证互惠、再分配和市场交换三种经济整合模式。"③

波兰尼对互惠原则的探讨，乃是依据马林诺夫斯基有关库拉圈的研究，其基础就是馈赠。"所有以馈赠礼物形式出现之交换行为——这些馈赠者期待以后会得到回报，尽管并不一定是从同一受惠者而来的回报——的过程通常都经过精心的安排，并且由公开的、巫术仪式的及各团体之间以相互的义务联系起来之'互惠性'等精巧的方法保障。"④在《经济通史》中，波兰尼也有相应的表述。"相互回报机制（按即互惠）在食物供应这种相对简单的事情上是有效的；同样，在高度复杂的'库拉'机制中也同样有效，这是一种国际贸易的美丽变体。"⑤而根源则是来源于他们的社会结构。"社会中的对称二级划分作

---

① ［英］卡尔·波兰尼：《三变：当代政治与经济的起源》，黄树民译，社会科学文献出版社，2017，第99页。

② ［英］卡尔·波兰尼：《三变：当代政治与经济的起源》，黄树民译，社会科学文献出版社，2017，第105页。

③ 欧阳晓莉：《波兰尼的经济模式与两河流域经济史研究》，《史学理论研究》2018年第1期，第69页。

④ ［英］卡尔·波兰尼：《巨变：当代政治与经济的起源》，黄树民译，社会科学文献出版社，2017，第98页。

⑤ ［匈］卡尔·波兰尼：《新西方论》，潘一禾、刘岩译，海天出版社，2017，第163页。

为原始人相互回报原则的基础，处处存在。"①

相较于莫斯，尽管波兰尼的研究强调非经济因素之于经济的重要性，但波兰尼主要是将馈赠与互惠放诸经济层面加以考察，放大了互惠的经济意涵，由此认为互惠与再分配、市场构成经济领域中的三大交换原则，这让学界正视馈赠经济的存在成为可能。

四、波兰尼之后馈赠经济的学术研究脉络

波兰尼之后，美国人类学家马歇尔·萨林斯的《石器时代的经济学》（*Stone Age Economics*，1972）以太平洋上各群岛的部族作为田野调查的对象，将馈赠礼物与商品交换放诸同一维度进行思考，认为馈赠礼物与商品交换不应被视为对立的两极，而应视作一条线上的两个终端。决定在馈赠礼物与商品交换之间移动的变量是亲属关系的距离，人们倾向于在亲属间交换礼物而在非亲属间交换商品。

沿着前人的道路，萨林斯也从经济与社会的关系出发，指出："在原始社会中，不论亲属关系、首领权威还是仪式规则，它们不但是社会体系的一部分，更是决定经济的力量。"②"物品交易通常只是一系列连续社会关系中一段简短的插曲。社会关系影响物品交易的方式：物品的流动是社会规范的一部分，并受到社会规范的限制。"③在此基础上，萨林斯尝试着将互惠、再分配和家计（家户）、市场统合起来。

萨林斯指出狩猎采集人群的特点是"低度生产"和"一种物质丰富"，这决定了他们在生活中，"物质丰富但同时变得贫穷，享用自然资源但失去了个人财产"④。反映在经济上，"即使经济运行低于实际生产力，所有人的物质需求仍可轻易得到满足。"⑤在家计经济的运作上，"家户全身心地投入了生产，完全掌握劳动力的配置和使用，全权

---

① ［匈］卡尔·波兰尼：《新西方论》，潘一禾、刘岩译，海天出版社，2017，第166页。
② ［美］萨林斯：《石器时代经济学》，张经纬等译，三联书店，2009，第111页。
③ ［美］萨林斯：《石器时代经济学》，张经纬等译，三联书店，2009，第214–215页。
④ ［美］萨林斯：《石器时代经济学》，张经纬等译，三联书店，2009，第42页。
⑤ ［美］萨林斯：《石器时代经济学》，张经纬等译，三联书店，2009，第48页。

决定经济目标。家户本身的内部关系，比如夫妻关系、父母和子女的关系，构成了社会生产的主要关系。在这里，亲属身份的固有礼节、家庭生活的支配与从属、互惠与协作，使'经济'成了亲人之间的一种属性。……生产的目的是为满足生产者的利益。"①他还进一步强调亲属关系在家计经济中的重要性。"亲属制度抵消了家户生产模式固有的各行其是，一定程度上创造了和平状态；使家户集合起来，也相应地促进了资源的开发利用。"②

在家计经济与外部的关系上，萨林斯指出，根本不存在完全独立的家户，进而将生产分为两大类："为使用而生产"和"为交换而生产"。二者的区别在于："为交换而生产"的目的是获取利润。但二者并非如平行线一般没有交集，实际上是可以相互转化的。而这种转化需要依靠外在环境——商业网络的存在。具体而言，没有了商业网络，"为交换而生产"也就没有了存在的必要，从而退回到"为使用而生产"。在后文，萨林斯将关注点从家户扩大到部落，从物品流动与社会关系的联系入手，指出交换原则主要是互惠和再分配。"民族志记录中一系列的经济交换，可以被分作两种类型。首先，两个群体之间的'双向'运动，就是我们所熟知的'互惠'。其次，中心化运动：遵照指令，群体成员共同收集，并在群体内重新分派，这就是'汇集'或'再分配'。"③

相对于再分配，萨林斯更为关注互惠。指出："特定的交易——'借助同样的等价物'——会建立一种具体的社会关系。如果说朋友创造了礼物，那么礼物也制造着朋友。"④按照亲属关系的距离，萨林斯将互惠分为三种类型，即慷慨互惠（generalized reciprocity）、等价互惠（balanced reciprocity）和消极互惠（negative reciprocity）。

英国人类学家格雷戈里（C. A. Gregory）的《礼物与商品》（*Gifts*

---

① ［美］萨林斯:《石器时代经济学》,张经纬等译,三联书店,2009,第89页。

② ［美］萨林斯:《石器时代经济学》,张经纬等译,三联书店,2009,第138页。

③ ［美］萨林斯:《石器时代经济学》,张经纬等译,三联书店,2009,第217页。

④ ［美］萨林斯:《石器时代经济学》,张经纬等译,三联书店,2009,第215页。

and Commodities，1982），以巴布亚新几内亚的田野调查为基础，全面地梳理了馈赠经济与商品经济的区别与联系，从而确立了馈赠经济的地位与内涵。在格雷戈里眼中，礼物与商品并不存在质的区别，而是可以相互转换的。所以格雷戈里《礼物与商品》的第三章的名称为"礼物与商品的循环"。并在第六章总结道："可以确信，礼物交换是一种本土经济的活动……经济活动不是一种自然活动，而是一种社会性行为。对其意义的理解，必须以人们在具体历史环境中彼此间的社会关系作为参照系。巴布亚新几内亚今天的经济的本质，是一种两可的。一样东西是礼物或商品，完全取决于交易时的社会关系。"①在第七章考察当地人与全球化经济的关系时指出："巴布亚新几内亚的礼物经济没有受到殖民化的破坏，而是得到了繁荣。这反映在欧洲商品向礼物的转化的趋势上。"②延续了莫斯、波兰尼的思考，格雷戈里也认为理解经济不能仅考虑经济维度，还需要从社会层面加以考察。

至于礼物与商品的不同之处，格雷戈里从七个层面进行了区分。第一，从交换关系上认为二者存在着巨大区别。"礼物与商品的区别表现为所建立的交换关系的差异：礼物交换建立起交易者之间的关系，而商品交换则建立起所交换的客体之间的关系。"③也即认为馈赠的目的是建立人与人的关系。

第二，从二者的交换范畴上加以区别。氏族外是"陌生人或外来人"，氏族内是具有血缘关系的熟人，因此导致氏族外进行的是商品交换，氏族内的是礼物馈赠。"不同交换关系的连续统一体界定了礼物交换的很多不同类型，可划分成两大类：氏族间交换和氏族内交换。……大体上讲，氏族间礼物馈赠通常包含着贝壳之类的耐用品，且往往具有竞争性。而氏族内馈赠通常包括食物，且倾向于非竞争性。"④格雷戈里认为，亲属关系的亲疏决定了物品是商品还是礼物。

---

① [英]格雷戈里：《礼物与商品》，杜杉杉译，云南大学出版社，2001，第135页。
② [英]格雷戈里：《礼物与商品》，杜杉杉译，云南大学出版社，2001，第198页。
③ [英]格雷戈里：《礼物与商品》，杜杉杉译，云南大学出版社，2001，第44页。
④ [英]格雷戈里：《礼物与商品》，杜杉杉译，云南大学出版社，2001，第45页。

第三，引入"异化"的概念，认为礼物是不可异化的物品。"社会的物质基础不仅决定了交易者的社会地位，而且决定着被交换的物品的社会地位；商品是由陌生人交换的可异化物品，礼物是非陌生人之间交换的不可异化物品。"①并由此引申出："在商品交换中，交易者之间的相互独立性以及被交换的物体的可异化性，意味着所建立的交换关系是客体之间而非主体之间的。因此，商品交换物化了人们之间的社会关系，这些关系表现出被交换物之间的数量关系。"②

第四，以礼物是不可异化物品为起点，认为馈赠礼物的目的是建立等级。"商品交换关系与礼物交换关系的区别可以归纳为'价值'与'等级'的区别。"③"同类换同类的礼物交换建立起交易者之间不平等的支配关系。"④"价值与等级的区别集中体现了商品交换关系和礼物交换关系之间的区别，前者强调数量、客体和对等，后者强调质量、主体和优势。"⑤

第五，从动机上进行了区分，强调礼物的目的是建立起债务经济，从而让等级差异被普遍接受。格雷戈里从动机出发，将馈赠分为平衡、增值和"纳贡"三种礼物馈赠⑥。"礼物交易者的动机与资本家恰恰相反，后者是最大限度地增加净收入，而前者是最大限度地增加净支出。资本家的目的是积累利润，而实物交换者中'大人物'的目的却是获得大批欠其债务的追随者（礼物债务人）。"⑦"首领的动机与'大人物'相同，其权力、威望和地位是通过馈赠而不通过接受获得。"⑧以此，格雷戈里应和了自己在开篇提出的核心理论。"礼物经济是一种债务经济，交易者的目的是尽可能多地获取礼物债务人，而不像商品经

① ［英］格雷戈里:《礼物与商品》,杜杉杉译,云南大学出版社,2001,第45页。
② ［英］格雷戈里:《礼物与商品》,杜杉杉译,云南大学出版社,2001,第48-49页。
③ ［英］格雷戈里:《礼物与商品》,杜杉杉译,云南大学出版社,2001,第51-52页。
④ ［英］格雷戈里:《礼物与商品》,杜杉杉译,云南大学出版社,2001,第52页。
⑤ ［英］格雷戈里:《礼物与商品》,杜杉杉译,云南大学出版社,2001,第55页。
⑥ ［英］格雷戈里:《礼物与商品》,杜杉杉译,云南大学出版社,2001,第58-61页。
⑦ ［英］格雷戈里:《礼物与商品》,杜杉杉译,云南大学出版社,2001,第55页。
⑧ ［英］格雷戈里:《礼物与商品》,杜杉杉译,云南大学出版社,2001,第61页。

济中那样以获取最大利润为目的。礼物交换者所指望的是通过礼物交换所产生的人际关系，而不是东西本身。"①"礼物交换便成为氏族经济中建立统治与控制关系的手段。还要记住的是，氏族经济是相对平等的，主要表现为不存在以其他群体的剩余产品为生的一种群体。当然，氏族也可能存在着严格的等级结构……"②

第六，从再生产乃是包括生产、消费、分配和交换的结构性整体出发，认为馈赠礼物是消费层面，商品交换是生产方面。"商品交换关系是通过相互独立的交易者之间交换可异化的商品所建立起来的平等的客体关系。礼物交换关系是通过相互有亲属关系的交易者之间交换不可异化的物品所建立起来的分层的人际关系。出现这种差别的原因是在以阶级为基础的商品经济中，生产方式占主导地位，而在以氏族为基础的礼物经济中，消费方式占主导地位。换句话说，商品交换的解释涉及生产方式，而礼物交换的解释则涉及消费方式。"③

第七，认为馈赠经济和商品经济的一个最大区别，就是能否被量化。商品经济可以用价格进行衡量，而礼物经济缺乏必要的等价物对不同种类的礼物进行衡量，所以礼物经济很难进行量化。"人的分类是礼物经济自我替代的一个必要条件，礼物经济没有商品经济中那样的东西的量化。"④

从莫斯直至格雷戈里，有关馈赠经济的理论日趋成熟。近年来，随着共享经济的蓬勃发展，经济学家在认知到共享经济与商品经济的区别的基础上，一方面不断反思商品经济，另一方面对有别于商品经济的馈赠经济也多有注目。有学者甚至指出："分享经济是市场经济与礼物经济之间的过渡态。"⑤虽然相继出版了一系列讨论馈赠经济的论著，如刘易斯·海德（Lewis Hyde）的《礼物：创新精神如何改变世

①［英］格雷戈里：《礼物与商品》，杜杉杉译，云南大学出版社，2001，第15页。

②［英］格雷戈里：《礼物与商品》，杜杉杉译，云南大学出版社，2001，第15页。

③［英］格雷戈里：《礼物与商品》，杜杉杉译，云南大学出版社，2001，第80页。

④［英］格雷戈里：《礼物与商品》，杜杉杉译，云南大学出版社，2001，第85页。

⑤［印尼］阿鲁·萨丹拉彻：《分享经济的爆发》，周恂译，文汇出版社，2017，第54页。

界》（*The Gift: How the Creative Spirit Transforms the World*）①具有相当的影响力，但多是在旧有理论框架下的言说。

五、馈赠经济的内涵

以上举了几位学者有关馈赠经济的讨论，可以发现至少两点共识。一是，在接续马林诺夫斯基的基础上，莫斯以互惠为底色展示了馈赠的基本内涵。后续学者皆从互惠的角度思考馈赠经济，将互惠视为可与再分配、市场比肩的三大交换原则之一，从而将馈赠经济置于可与商品经济等量齐观的地位上。二是，莫斯借助"总体呈献体系"，认为馈赠在社会与个人之间发挥着重要的黏合作用。正是莫斯的广阔视野，促发了波兰尼等学者在解读馈赠经济时，不再局限于经济层面，而是从社会与经济的互动中揭示馈赠经济与商品经济迥然不同之处。以这两点共识为基础，学者以商品经济为参照系，凸显出馈赠经济以下五个层面的独特之处。

第一，支配馈赠经济的互惠是交换领域的三大原则之一。

交换之于人类至关重要。"交换是自然界生态平衡的基本要求，也是人类社会性活动的基础。"②正是通过交换，人与人才能建立起紧密的联系，人群共同体才得以出现，而这是人类赖以生存的基础。"在这个世界的其他部分，你必须属于一个群体才能生存——你得属于一个部落、一个村庄或一个氏族，是这个群体帮助你生存。"③

三大交换原则分别发生作用，但更多的是共存于同一社会之中同时发生作用。在社会的不同领域中，不同的交换原则发挥着主导作用。三大交换原则共存的社会，不仅包括"古式社会"，也包括今日社会。"不管在东亚、欧洲还是世界其他地方，斤斤计较市场交换中商品的价

---

① ［美］刘易斯·海德：《礼物：创新精神如何改变世界》，孙天译，电子工业出版社，2015。

② 张锦鹏：《人类学分支学科概论》，知识产权出版社，2017，第134页。

③ ［法］莫里斯·古德利尔：《礼物之谜》，"序言"，王毅译，上海人民出版社，2007，第2页。

值和慷慨地赠与礼物依旧交织在一起，过去和现在的文化社会、商品社会以及工业社会都是如此。"①至于再分配，更是现代国家调节社会的重要手段。"现代国家一般通过税收和社会福利制度来对社会财富进行再分配。政府把一部分社会财富以税收形式集中起来，再以公共服务、社会保障和社会福利等形式分配到弱势群体手中。……以社会保障和社会福利形式出现的国家再分配与其说是为了维护社会公正和社会正义，不如说是对弱势群体的集体收买。"②

第二，馈赠经济的目的不仅仅是经济上互通有无，更主要的是一种情感的表达形式，用以确立信任关系。

以互惠为基础，馈赠经济的承载物——礼物，一直遵循着给予、收受与回报的过程持续不断地流动。借助馈赠礼物，人与人相互传达情感，最终建立起长期的人际关系网络，营造出社会团结的基础，这即萨林斯所说的"礼物也制造着朋友"③，也即古德利尔所说的"互惠交换是所有血缘组织拓展或强化血缘地位的正常人际关系纽带之方式"④。馈赠经济能够制造朋友，乃是源于馈赠经济的特殊性——物品除了本身所具备的价值和使用价值外，还承载了给予者赋予的个人感情。每一次馈赠礼物都是一次加强情感联系、增强凝聚力的过程。不断地馈赠礼物，在某种意义上说就是在不断地确认关系、重复关系。这是礼物与商品之间最大的不同。商品只是为了交易而生产的物品，只具有价值和使用价值，并不具备承载、表达、传递情感的功用。

除了确立长期而友好的关系外，在有着明确等级的社会中，礼物更可能成为谋求政治和经济利益的手段。换言之，礼物馈赠不仅包含着经济目的，也包含着明确的政治目的、社会目的等。通过物质层面的馈赠获取物质以及其他层面的回报。阎云翔指出："礼物的物质方面

---

① ［美］李伯森：《礼物的回归：全球观念下的欧洲史》，赖国栋译，商务印书馆，2013，第6页。

② 周大鸣主编《文化人类学概论》，中山大学出版社，2009，第326页。

③ ［美］萨林斯：《石器时代经济学》，张经纬等译，三联书店，2009，第215页。

④ ［美］埃尔曼·塞维斯：《国家与文明的起源：文化演进的过程》，龚辛、郭璐莎、陈力子译，上海古籍出版社，2019，第60页。

承载着由交换所衍生的各种事物：地位、名誉、权力，当然还有财富。"①杨美慧则从"象征价值"入手，指出："以以下各种形式出现的象征性资本：面子、道德优势、社会债务、义务和礼尚往来的默契联系。"②

馈赠经济之所以能够发挥并达成经济层面之外的其他层面的目的，是因为馈赠经济所构建的社会结构。"礼物现象具有一种独特的'交换的对称性'与'赠予的不对称性'并存的'双重结构'。"③具体而言，"在竞争性的礼物交换中，等级、荣誉与权力的因素更为突出。在礼物交换中，既包含礼物赠予的等级性，也包含礼物交换的交互性，因此，就形成了不对称的'债务模式'和对称性的'义务模式'。"④

第三，馈赠经济得以成立的前提是给予者、收受者之间有着千丝万缕的联系。也即陌生人之间不可能存在馈赠经济，陌生人之间只能存在商品经济，乃至于欺诈，甚至抢掠。换言之，人际关系网络的建立和延续是馈赠经济得以成立与运作的前提。

并非任何人之间都会相互馈赠礼物。萨林斯针对"古式社会"指出：大多数情况下，只有氏族内会出现礼物馈赠，氏族外则是商品交易。这是因为每个人作为人群共同体的一部分，都会有自己的社会边界。超出范围，便不需要通过馈赠礼物建立或维系关系。换言之，建立某种关系的"熟人"才能相互馈赠礼物。杨美慧依据中国工厂的田野调查也得出了类似的结论。"关系交换没有双方初次建立的'熟悉'的基础是不可能发生的。"⑤古德利尔站在追求普遍性的基础上总结道：

① [美]阎云翔：《礼物的流动——一个村庄中的互惠原则与社会网络》，李放春、刘瑜译，上海人民出版社，2000，第206页。

② [美]杨美惠：《礼物、关系学与国家：中国人际关系与主体性建构》，赵旭东、孙珉译，江苏人民出版社，2009 第175页。

③ 张旭：《礼物——当代法国思想史的一段谱系》，北京大学出版社，2013，第7页。

④ 张旭：《礼物——当代法国思想史的一段谱系》，北京大学出版社，2013，第7页。

⑤ [美]杨美惠：《礼物、关系学与国家：中国人际关系与主体性建构》，赵旭东、孙珉译，江苏人民出版社，2009，第167页。

"简而言之，只要是以人际关系解决事情的场合，便有馈赠。"①此外，给予者的馈赠行为还有一个前提就是自愿性。古德利尔指出："礼物如果是真的，赠与的行为就必须是自愿的和个人的；如果不是这样的话，它马上就变成了别的东西，比如纳税或被勒索。"②

第四，馈赠经济具有潜在的约束性。馈赠礼物必须遵循着一定的仪式和规则，"礼尚往来"是馈赠经济的外在表现。

礼物馈赠不仅发生在"熟人"之间，而且在礼物馈赠时还会遵循一定的仪式和规则，尤其是在"竞争性的"礼物馈赠中，约定俗成的仪式和规则尤为重要。张旭指出："显然，'礼物'并不是简单的物质性的物，而是在'礼物之成其为礼物'的事件中所呈现的纷繁复杂的神人关系、物我关系、社会交往关系和文化象征关系。这种关系可以宽泛地称之为'礼'，它凝结着人类的个体德性、集体交往行动、道德情感、想象与象征、巫术与宇宙论观念以及整个社会的一整套生活方式。这一点特别体现在古式社会中。在古式社会中，礼物赠予、交换、接受、回赠、保存、献祭和仪式等现象呈现出丰富的社会性、关系性和象征性的内涵，可以用来作为理解整个社会的交往行动体系、共同体的神圣性观念、物我人已交融的源初经验以及共同体之间的和平联盟等的基本范式。"③"实际上，礼物交换有一整套的道德约束、心态情感、法律契约、共同体归属、和平联盟的原则，渗透着整个社会的神圣感、巫术神话、宗教态度和想象中的宇宙秩序，是整个社会实在的整合与运作的基本机制。"④

第五，驱动馈赠经济不断持续的根源，乃是分享、债务等社会性因素。

如何解释馈赠经济的持续性，莫斯"求助居住于事物之中的灵魂、

---

① ［法］马赛尔·莫斯：《论馈赠——传统社会的交换形式及其功能》，［法］莫利斯·戈德烈"中文版序"，卢汇译，中央民族大学出版社，2002，序第6页。

② ［法］莫里斯·古德利尔：《礼物之谜》，王毅译，上海人民出版社，2007，第7页。

③ 张旭：《礼物——当代法国思想史的一段谱系》，北京大学出版社，2013，第6-7页。

④ 张旭：《礼物——当代法国思想史的一段谱系》，北京大学出版社，2013，第11页。

精灵或力量"，列维-斯特劳斯"求助于'大脑无意识结构'"，古德利尔则回归社会层面："我重视心理学机制，也重视社会性机制，赠与之物的流通和力量是一些社会性因素。"①所谓的"心理学机制"，即人在给予时因慷慨和帮助他人而获得的精神愉悦，人在收受时产生的感恩心态。所谓的"社会性因素"，主要指的是分享和债务。"分享和债务这两个基本要素均包含在馈赠行为之中。而后者，即债务，一旦是有组织性和规范化的，并以各种通向财富、权力、知识和仪式的不同竞争形式出现，便会对社会生活产生极其重要的影响。"②《礼物之谜》中，古德利尔进一步阐明了二者的关系。"礼物赠与和回赠礼物形成了一种相互的负债和依赖，而这对双方又都是优势。所以，赠与就是通过形成一种债务来实现分享，或者说是通过分享而形成了一种债务。"③

通过以上五个层面的分析，参照商品经济的定义，我们大致可以对馈赠经济进行较为全面的定义。商品经济是指由货币驱动、以利润为导向、以交换为目的的经济形式，包括商品生产和商品交换。在整个过程中，商品只是为了交易而生产的产品，并不会带有其他的联系。相对而言，馈赠经济在诸多方面与商品经济迥异。馈赠经济是指以交换为目的、以人际关系为基础，以感恩等心理性因素，以分享、负债等社会学因素为驱动力，从而引发遵循一定仪式和规则的包括经济、政治、社会等层面的交换和流动。

就社会功能而言，馈赠经济具有一种象征的意义，通过礼物的交换和流动使人与人之间的关系得到维系，社会团结得到巩固。就经济层面而言，馈赠经济是交换领域的重要原则之一，是物品再分配的一种方式和手段。就心理层面而言，是给予者得到自我满足的方式。就社会层面而言，是一和获得地位、名誉、权力、财富等的手段。

---

① [法]莫里斯·古德利尔:《礼物之谜》,王毅译,上海人民出版社,2007,第111页。

② [法]马赛尔·莫斯:《论馈赠——传统社会的交换形式及其功能》,[法]莫利斯·戈德烈"中文版序",卢汇译,中央民族大学出版社,2002,序第6页。

③ [法]莫里斯·古德利尔:《礼物之谜》,王毅译,上海人民出版社,2007,第47页。

第二节
"馈赠经济"可以包容封贡贸易

在引入馈赠经济后，在明晰馈赠经济、封贡贸易的内涵和特征的基础上，可以肯定地说，封贡贸易绝非商品经济，而是馈赠经济的一种变体。

一、封贡贸易体现的馈赠经济内涵

古德利尔已经指出历史学也从莫斯的思想中吸取营养，美国历史学家哈里·李伯森（Harry Liebersohn）进一步概括道："1945年之后的几十年里，美国人类学家将《论礼物》视为经典加以运用、挑战。世界许多国家的古典学者、中世纪研究者、近代早期研究者、性别分析者、其他领域的历史学家及文学研究者，都创造性地运用了莫斯那本富有启发性的著作。近年来又出现了一次论述礼物的思潮。"[①]具有代表性的历史学论著，如M. I. 芬利（M. I. Finley）以波兰尼的理论，"嵌含""脱嵌"等概念，解读古典时代的经济，成为古典时代经济史研究的巨擘[②]。随着年鉴学派极力破除学科的藩篱，人类学与历史学的结合愈发紧密，馈赠经济也成为历史人类学的重要关注对象[③]。如娜塔莉·泽蒙·戴维斯（Natalie Zemon Davis）所著《16世纪法国的礼物》（*The Gift in Sixteenth Century France*），"一方面，戴维斯历史地考察了法国一个变动时期的礼物交换；另一方面，她运用了人类学的方法来研究这

---

① ［美］李伯森：《礼物的回归：全球观念下的欧洲史》，赖国栋译，商务印书馆，2013，第3页。

② ［英］M. I. 芬利：《古代经济》，黄洋译，商务印书馆，2020年。

③ 黄艳红的《近年法国中世纪史研究中的跨学科动向二题》（《首都师范大学学报》2020年第1期，第22—24页）介绍了法国中世纪史的相关研究。

种作为基本交换形式的礼物交换行为"①。

国内学者亦有人涉足馈赠经济。马高强结合费孝通等学者的社会学观察，简单分析了敦煌写本书仪《记室备要》中对晚唐宦官送礼的记载②。程旭通过引入莫斯的理论，对何家村唐代金银器所体现的下对上的进奉（礼物）予以讨论③。焦露对唐代国家与父老之间存在的"赐予与回报"现象进行研究④。胡耀飞则以唐代茶叶为对象，在"给予、接受和回报"的基础上，又加入了礼物品级、数量，参与者身份等变量，归纳为五种模式⑤。

至于封贡贸易与馈赠经济的关系，学者也多有点出。如马克·曼考尔从三个方面强调"贡品"的礼物内涵。一是，"作为朝贡仪式核心内容的贡品——礼品交换也是一种真正有价值的经济交换"。二是，"在稍有不同的层面上，贸易和朝贡与交换过程——不仅包括贡品和奢侈品，而且包括政治承认和军事援助、礼节、款待、女子和盛宴——的某些方面密切相关"。三是，"贡品和礼品交换是一个重新聚合的过程，会消除或消融可能在商业上导致冲突的那些敌意"⑥。以此为基础，马克·曼考尔认为："礼品贸易的基础是互惠，是按照某种公认的行为模式进行的。礼品贸易出现于中国的对外贸易中，在北京是以贡品—礼品交换的形式，在边界地区则是以做出某些让步的形式，如赠

① 陆启宏：《历史学与人类学：20世纪西方历史人类学的理论与实践》，复旦大学出版社，2019，第182页。

② 马高强：《从敦煌写本书仪〈记室备要〉看唐末宦官的送礼》，《黑龙江史志》2009年第6期，第30-31页。

③ 程旭：《朝贡·贸易·战争·礼物——何家村唐代金银器再解读》，《文博》2011年第1期，第42-48页。

④ 焦露：《赐予与回报：唐代国家与父老》，《西华师范大学学报》2014年第4期，第76-83页。

⑤ 胡耀飞：《贡赐之间：茶与唐代的政治》，四川人民出版社，2019，第181-191页。

⑥ ［美］马克·曼考尔：《清代朝贡制度新解》，载［美］费正清编《中国的世界秩序：传统中国的对外关系》，杜继东译，中国社会科学出版社，2010，第69-71页。

送礼物和给予款待以绥靖夷狄。"①《汉代贸易与扩张》则以"礼物"为名探讨贡品与赐品在封贡体系中发挥的经济作用②。王贞平也指出："唐羁縻政策的实质是互惠。它使唐能在与四邻交往的过程中以低成本满足双方的需求。"③王铭铭则认为："'再分配制度'的典型是'朝贡贸易',其原则是社会组织具有非对称的中心性,中心性使货物和服务的收取、储存与重新分配成为可能。"④乔小河指出朝贡与夸富宴之间存在着诸多的类似性:第一,"这是一种基于财富与权力之间交换的'礼物经济'"。第二,都具有经济意义。并认为:"贡赐行为的政治性,是指贡赐行为中礼物的交换其实是一种权力的交换。"⑤

　　虽然学者多有论述,提供了开创式思考,但都未能完全地展开讨论。笔者从馈赠经济、封贡贸易的内涵出发,试得出以下结论。

　　第一,封贡贸易的本质是交换,是中原王朝同周边部族与国家互通有无的过程。不再局限于商品经济,而是从交换原则出发,我们才会了解封贡贸易与馈赠经济的一致性。封贡贸易不仅是物品、人口的交换与流通,也是包括仪式、等级、情感、信息,乃至于地位、名誉、权力等非物质层面的交换与流通。换言之,封贡贸易是以贡品为媒介,在政治、经济、文化等多层面进行的双向的交换与流通。仅仅从经济维度或者政治维度进行思考都是不全面的,尤其是只专注于以商品经济的单维度思考,都必然会得出错误的结论。

　　第二,封贡贸易以互惠为基础。正是因为封贡贸易能够给古代中国以及周边部族与国家都带来政治上、经济上的利益,封贡贸易才得

---

①［美］马克·曼考尔:《清代朝贡制度新解》,载［美］费正清编《中国的世界秩序:传统中国的对外关系》,杜继东译,中国社会科学出版社,2010,第71页。

②［美］余英时:《汉代贸易与扩张——汉胡经济关系结构研究》,邬文玲等译,上海古籍出版社,2005。

③［加拿大］王贞平:《多极亚洲中的唐朝》,贾永会译,上海文化出版社,2020,第267页。

④王铭铭:《卡尔·波兰尼——诠释大转型年代》,《文史博览》2011年第6期,第1页。

⑤乔小河:《藏香社会生命史的人类学研究》,九州出版社,2019,第68页。

以长期延续；在长期的延续中，封贡贸易以及相关仪式、政策等上升为传统，反过来约束和限制双方的行动。

经济上的利益主要表现为以"贡品""赐品"为名的礼物一直遵循着给予、收受与回报的过程不断地交换与流通。朝贡国的"贡品"并不单单是本国出产的土特产，为了获得古代中国更多的"赐品"，朝贡国必须对"贡品"进行精挑细选，选择那些易运输、价值高的物品作为"贡品"。古代中国不仅会考量朝贡国前来朝贡的路途远近、路途艰辛、朝贡频次等因素，也会从经济角度考量朝贡国"贡品"的价值，从而回报价值更高的'赐品'。这使得朝贡国拥有了更多的经济驱动力，促使他们不畏艰险，不远万里前往朝贡。正是因为"赐品"的价值高于"贡品"，才会使得封贡贸易具有债务性质，从而为古代中国在封贡体系之中拥有更高的等级和地位提供支撑。

政治上的利益则是在封贡贸易过程中，古代中国同周边部族与国家之间的政治关系得以建立，并通过长期封贡从而确立紧密的政治关系。借助封贡贸易，古代中国的中心地位被认可；与此同时，朝贡国在以古代中国为中心的国际体系中的地位也得到了确认。这不仅对朝贡国的君主确立自身在本国中的地位有所裨益；更是由于朝贡国数量众多，相互之间的联系有限，借助封贡贸易，朝贡国之间也得以相互认知与了解。通过比较相互间的国力，了解除中国之外其他国家的国力，进而获知自身国家在国际格局中的位置，从而可以理性思考自身与其他国家的关系，这为解决某些地缘冲突提供了一条和平解决的途径。

第三，在封贡贸易中，相较于经济上的利益而言，政治上的利益更为重要。馈赠经济得以成立的前提是给予者、收受者之间有着千丝万缕的联系，简言之就是信任关系。而封贡贸易得以展开的前提是古代中国和朝贡国之间必须先建立政治联系，不论这种政治联系是出于自愿或是被迫。所以，"册封回赐—称臣纳贡"中"册封""称臣"相对于"回赐""纳贡"更为重要。还须注意的是，政治联系不是国家与国家的联系，而是皇家的联系，即古代中国皇帝同周边部族与国家的君主之间被确认为君臣关系。由于封贡体系的等级制特点，朝贡频繁的周边部族与国家的君主往往与古代中国皇帝构拟出拟血缘关系，如父子、兄弟、甥舅等关系。为了体现这种联系的皇家性，周边部族与国家必须遵守古代中国为之制定的一系列仪式、规则和制度。这些仪式、规则和制度不仅体现了古代中国皇帝的政治威严，也是为了表达君臣关系或拟血缘关系的庄严性。

第四，封贡贸易亦如馈赠经济一样，具有“交换的对称性”和“赠予的不对称性”。“交换的对称性”即封贡贸易中的“贡品”和“赐品”的对称性；“赠予的不对称性”即封贡贸易中“赐品”的价值高于“贡品”。

第五，封贡贸易乃是同时包含竞争性馈赠和非竞争性馈赠于一体的经济体系。非竞争性馈赠主要发生于古代中国与朝贡国之间，因为朝贡国是以承认政治等级结构为前提的，即朝贡国承认古代中国的中心地位。竞争性馈赠主要发生于朝贡国之间。朝贡国为了确保和争夺自身在以中国为中心的国际体系中的地位，必须频繁地朝贡，并且提供足够多的“贡品”，从而向古代中国争取自身在仪式、规则和制度中更高的地位，因此在历史上频繁出现“争长”事件。

竞争性馈赠和非竞争性馈赠并非全无交集，而是可以相互转换的。随着国家综合实力的消长，古代中国的中心地位被挑战，甚至丧失了中心地位，从而出现古代中国与朝贡国之间地位的平等对待或是反转。如西汉与匈奴的关系、宋辽关系等等。在这种特殊情况下，竞争性馈赠也会发生于古代中国与朝贡国之间。

通过以上的比较，封贡贸易实质上就是馈赠经济的一种表现形式。馈赠经济可以包容封贡贸易。

二、馈赠经济包容封贡贸易的学术意义

笔者之所以引入馈赠经济的概念，乃是出于两个企望。

第一个企望是希望突破隐含于封贡贸易概念背后的地域桎梏。在学者的研究中，封贡贸易与以古代中国为中心的封贡体系互为表里。

尽管朝贡国所在地域遍布亚欧非大陆，但是学者往往将封贡体系与东亚地理空间联系在一起，将封贡体系视为东亚世界的国际体系，将封贡贸易视为维系这一国际体系的基石之一。这种研究取向确实有助于我们理解古代东亚世界，有助于认知古代中国和周边部族与国家之间的关系；但是随着研究的深入，封贡体系以及封贡贸易愈发被当作东亚世界的特殊历史现象。笔者希图跳脱出这一固有思维，将封贡贸易放诸全球史的角度，以馈赠经济为出发点，重新审视封贡贸易背后蕴含的人类普遍性思维。从本质上讲，封贡贸易与太平洋的库拉圈、太平洋和北美洲的夸富宴等具有同一性，都是馈赠经济在不同地域的不同表现形式。区别是居于封贡贸易中心的古代中国拥有着繁杂的社会等级和社会分层，但是古代中国意图通过封贡贸易建立起皇家性的政治联系的目的与馈赠经济意图建立人与人之间信任关系、属从关系之间，并不存在质的区别。

第二个目的是尝试破除商品经济的单一思考维度。在理解古代中国时，学者往往以商品经济为出发点，有意无意地将现代资本主义社会才具有的特征套用于古代中国。这种思考对理解古代中国确有一定的裨益，但是单一维度的思考也必然导致一系列不符合中国国情的判断与结论的出现，更是将西方中心论潜移默化地散播开来。长此以往，这种思考必然成为我们认知古代中国的本质、理解古代中国的特殊性的外在桎梏。为了更好地把握古代中国的发展理路，摆脱商品经济的单一思考纬度迫在眉睫，因此引入馈赠经济，促发多元思考是一条必由之路。

但需要说明的一点是，尽管馈赠经济越发被学者了解与接受，但是封贡贸易的概念在学界的影响根深蒂固。为了更好地与学界对接，在论述渤唐贸易时，本书仍采用封贡贸易这一概念贯穿讨论。

参考文献

文献类

[1]史记[M].北京:中华书局,2014.

[2]汉书[M].北京:中华书局,1962.

[3]后汉书[M].北京:中华书局,1965.

[4]三国志[M].北京:中华书局,1959.

[5]晋书[M].北京:中华书局,1974.

[6]隋书[M].北京:中华书局,1973.

[7]旧唐书[M].北京:中华书局,1975.

[8]新唐书[M].北京:中华书局,1975.

[9]旧五代史[M].北京:中华书局,1976.

[10]新五代史[M].北京:中华书局,1974.

[11]辽史[M].北京:中华书局,1974.

[12]宋史[M].北京:中华书局,1977.

[13]司马光.资治通鉴[M].北京:中华书局,1956.

[14]李焘.续资治通鉴长编[M].北京:中华书局,1995.

[15]史炤.资治通鉴释文[M].四部丛

刊初编本,上海:上海书店,1989.

[16]周绍良.唐代墓志汇编[M].上海:上海古籍出版社,1992.

[17]周绍良,赵超.唐代墓志汇编续集[M].上海:上海古籍出版社,2001.

[18]李林甫.唐六典[M].北京:中华书局,1992.

[19]杜佑.通典[M].北京:中华书局,1988.

[20]白居易.白氏六帖事类集[M].北京:文物出版社,1987.

[21]萧嵩.大唐开元礼[M].中华礼藏本,杭州:浙江大学出版社,2016.

[22]唐律疏议[M].上海:上海古籍出版社,2013.

[23]天一阁博物馆,中国社会科学院历史研究所天圣令整理课题组.天一阁藏明钞本天圣令校证(附唐令复原研究)[M].北京:中华书局,2006.

[24]宋敏求.唐大诏令集[M].北京:商务印书馆,1959.

[25]宋大诏令集[M].北京:中华书局,1962.

[26]唐会要[M].北京:中华书局,1955.

[27]王溥.五代会要[M].上海:上海古籍出版社,1978.

[28]宋会要辑稿[M].上海:上海古籍出版社,2014.

[29]马端临.文献通考[M].北京:中华书局,1986.

[30]郑樵.通志[M].北京:中华书局,1987.

[31]孙逢吉.职官分纪[M].景印文渊阁四库全书本,台北:台湾商务印书馆,1986.

[32]章如愚.群书考索后集[M].景印文渊阁四库全书本,台北:台湾商务印书馆,1986.

[33]王应麟.玉海[M].京都:中文出版社,1977.

[34]国语[M].北京:中华书局,1959.

[35]尚书正义[M].北京:北京大学出版社,2000.

[36]尔雅注疏[M].北京:北京大学出版社,2000.

[37]孙星衍.尚书今古文注疏[M].北京:中华书局,2004.

［38］列仙传校笺［M］.北京：中华书局,2007.

［39］颜氏家训集解［M］.北京：中华书局,1996.

［40］全汉赋［M］.北京：北京大学出版社,1993.

［41］陶弘景.名医别录（辑校本）［M］.北京：中国中医药出版社,
2013.

［42］文选［M］.上海：上海古籍出版社,1986.

［43］宋本册府元龟［M］.北京：中华书局,1989.

［44］册府元龟［M］.北京：中华书局,1960.

［45］文苑英华［M］.北京：中华书局,1956.

［46］太平广记［M］.北京：中华书局,1961.

［47］全唐诗［M］.北京：中华书局,1960.,

［48］全唐诗续拾［M］.北京：中华书局,1992.

［49］王元明,增田朋洲.中日友好千家诗［M］.上海：学林出版社,
1993.

［50］全唐文［M］.北京：中华书局,1983.

［51］韩愈.韩昌黎文集校注［M］.上海：古典文学出版社,1957.

［52］张籍.张籍诗集［M］.北京：中华书局,1959.

［53］李贺.李贺诗歌集注［M］.上海：上海人民出版社,1977.

［54］皮日休.皮子文薮［M］.上海：上海古籍出版社,1981.

［55］白居易.白居易集笺校［M］.上海：上海古籍出版社,1988.

［56］刘学锴,余恕诚.李商隐文编校注［M］.北京：中华书局,2002.

［57］贾岛诗集校注［M］.台北：里仁书局,2002.

［58］贯休.禅月集校注［M］.成都：巴蜀书社,2012.

［59］王建.王建诗集校注［M］.成都：巴蜀书社,2006.

［60］张九龄.张九龄集校注［M］.北京：中华书局,2008.

［61］元稹.元稹集校注［M］.上海：上海古籍出版社,2011.

［62］柳宗元.柳宗元集校注［M］.北京：中华书局,2013.

［63］元稹.新编元稹集［M］.西安,三秦出版社,2015.

［64］李肇.唐国史补［M］.上海：上海古典文学出版社,1957.

[65]苏鹗.杜阳杂编[M].北京:中华书局,1958.

[66]刘𫗧.隋唐嘉话[M].北京:中华书局,1979.

[67]张鹭.朝野佥载[M].北京:中华书局,1979.

[68]姚汝能.安禄山事迹[M].北京:中华书局,1979.

[69]刘肃.大唐新语[M].上海:上海古籍出版社,2012.

[70]段成式.酉阳杂俎[M].上海:上海古籍出版社,2012.

[71]孟诜,张鼎.食疗本草[M].北京:人民卫生出版社,1984.

[72]陈藏器.《本草拾遗》辑释[M].合肥:安徽科学技术出版社,2002.

[73]王定保.唐摭言校注[M].上海:上海社会科学院出版社,2003.

[74]王仁裕.开元天宝遗事[M].上海:上海古籍出版社,2012.

[75]大明.日华子本草辑注[M].北京:中国医药科技出版社,2016.

[76]李珣.海药本草(辑校本)[M].北京:人民卫生出版社,1997.

[77]宋敏求.长安志[M].西安:三秦出版社,2013.

[78]百宝总珍集[M].上海:上海书店出版社,2015.

[79]叶隆礼.契丹国志[M].上海:上海古籍出版社,1985.

[80]洪皓.松漠纪闻[M].长春:吉林文史出版社,1986.

[81]掌禹锡.嘉祐本草辑复本[M].北京:中医古籍出版社,2009.

[82]唐慎微.重修政和经史证类备用本草[M].北京:中国中医药出版社,2013.

[83]周守忠.养生类纂[M].北京:中国中医药出版社,2018.

[84]李时珍.本草纲目[M].北京:人民卫生出版社,1977.

[85]晁公武.郡斋读书志校证[M].上海:上海古籍出版社,1990.

[86]叶盛.菉竹堂书目[M].北京:中华书局,1985.

[87]晁瑮.晁氏宝文堂书目[M].上海古典文学出版社,1957.

[88]徐𤊹.徐氏家藏书目[M].上海:上海古籍出版社,2014.

[89]焦竑.国史经籍志[M].续修四库全书本,上海:上海古籍出版社,2002.

[90]祁承㸁.澹生堂藏书目[M].上海:上海古籍出版社,2015.

［91］范邦甸．天一阁书目［M］．上海：上海古籍出版社，2010.

［92］钱东垣．崇文总目辑释［M］．续修四库全书本，上海：上海古籍出版社，2002.

［93］安世高．阿那邠邸化七子经［M］．中华大藏经本，北京：中华书局，1996.

［94］支娄迦谶．佛说无量清净平等觉经［M］．中华大藏经本，北京：中华书局，1996.

［95］输波迦罗．苏婆呼童子请问经［M］．中华大藏经本，北京：中华书局，1996.

［96］输波迦罗．苏悉地羯罗经［M］．永乐北藏本，北京：线装书局，2000.

［97］阿地瞿多．佛说陀罗尼集经［M］．永乐北藏本，北京：线装书局，2000.

［98］义净．曼殊室利咒藏中校量数珠功德经［M］．永乐北藏本，北京：线装书局，2000.

［99］不空．金刚顶瑜伽念珠经［M］．永乐北藏本，北京：线装书局，2000.

［100］金液还丹百问诀［M］．道藏本，北京：文物出版社；上海：上海书店；天津，天津古籍出版社，1988.

［101］海客论［M］．道藏本，北京：文物出版社；上海：上海书店；天津，天津古籍出版社，1988.

［102］通教必用集［M］．道藏本，北京：文物出版社；上海：上海书店；天津，天津古籍出版社，1988.

［103］历世真仙体道通鉴［M］．道藏本，北京：文物出版社；上海：上海书店；天津，天津古籍出版社，1988.

［104］金丹百问［M］．刻本，苏州：大石山房，1574（明嘉靖二十六年）.

［105］金丹正理大全群仙珠玉集成［M］．道书全集［M］．北京：中国书店，1990.

［106］金丹正理大全群仙珠玉集成［M］．四库全书存目丛书本，济南：

齐鲁书社,1995.

    [107]伍冲虚,柳华阳.伍柳天仙法脉[M].北京:宗教文化出版社,2012.

    [108]曾慥.道枢[M].北京:中央编译出版社,2016.

    [109]续日本纪[M].东京:吉川弘文馆,1966.

    [110]日本后纪[M].东京:吉川弘文馆,1966.

    [111]续日本后纪[M].东京:吉川弘文馆,1966.

    [112]日本三代实录[M].东京:吉川弘文馆,1966.

    [113]类聚国史[M].东京:吉川弘文馆,1965.

    [114]扶桑略记[M].东京:吉川弘文馆,1965.

    [115]日本逸史[M].东京:吉川弘文馆,1965.

    [116]日本纪略前篇[M].东京:吉川弘文馆,1965.

    [117]日本纪略后篇[M].东京:吉川弘文馆,1965.

    [118]本朝文粹[M].东京:吉川弘文馆,1965.

    [119]都氏文集[M].群书类丛本,东京:续群书类丛完成会,1983.

    [120]菅家文草[M].日本古典文学大系本,东京:岩波书店,1966.

    [121]延喜式[M].东京:吉川弘文馆,1965.

    [122]类聚三代格[M].东京:吉川弘文馆,1965.

    [123]令义解[M].日本汉文史籍丛刊本,上海:上海交通大学出版社,2015.

    [124]令集解[M].日本汉文史籍丛刊本,上海:上海交通大学出版社,2015.

    [125]虎关师鍊.元亨释书[M].东京:吉川弘文馆,1966.

    [126]日本高僧传要文抄[M].东京:吉川弘文馆,1966.

    [127]佐藤长门.遣唐使与入唐僧的研究[C].东京:高志书院,2015.

    [128]行历抄校注[M].石家庄:花山文艺出版社,2003.

    [129]圆仁.入唐求法巡礼行记[M].上海:上海古籍出版社,1986.

    [130]成寻.新校参天台五台山记[M].上海:上海古籍出版社,2009.

    [131]金富轼.三国史记[M].长春:吉林大学出版社,2015.

［132］郑麟趾. 高丽史［M］. 重庆：西南师范大学出版社；北京：人民出版社，2013.

［133］高丽史节要［M］. 首尔：亚细亚文化社，1973.

［134］崔致远. 桂苑笔耕集校注［M］. 北京：中华书局，2007.

论著类

［1］卞孝萱. 元稹年谱［M］. 济南：齐鲁书社，1980.

［2］王国维. 今本竹书纪年疏证［M］. 上海：上海古籍出版社，1981.

［3］金毓黻. 渤海国志长编［M］. 长春：社会科学战线杂志社，1982.

［4］张博泉. 东北地方史稿［M］. 长春：吉林大学出版社，1985.

［5］李国豪，张孟阅，曹天钦. 中国科技史探索（中文版）［M］. 香港：中华书局香港分局，1986.

［6］丛佩远. 东北三宝经济简史［M］. 北京：农业出版社，1989.

［7］马驰. 唐代蕃将［M］. 西安：三秦出版社，1990.

［8］朱越利. 道经总论［M］. 沈阳：辽宁教育出版社，1991.

［9］任继愈. 道藏提要［M］. 北京：中国社会科学出版社，1991.

［10］渤海国志三种［M］. 天津：天津古籍出版社，1992.

［11］孙玉良. 渤海史料全编［M］. 长春：吉林文史出版社，1992.

［12］孟乃昌.《周易参同契》考辨［M］. 上海：上海古籍出版社，1993.

［13］王勇，中西进. 中日文化交流史大系［M］. 杭州：浙江人民出版社，1996.

［14］申友良. 中国北方民族及其政权研究［M］. 北京：中央民族大学出版社，1998.

［15］王承礼. 中国东北的渤海国与东北亚［M］. 长春：吉林文史出版社，2000.

［16］孙玉良，赵鸣岐. 中国东北史［M］. 长春：吉林文史出版社，2006.

［17］黄任远. 黑龙江流域文明研究［C］. 哈尔滨：黑龙江人民出版社，2006.

［18］王承礼. 王承礼文集［M］. 长春：吉林人民出版社，2009.

[19]朱越利.道藏说略[M].北京:北京燕山出版社,2009.

[20]郑永振,李东辉,尹铉哲.渤海史论[M].长春:吉林文史出版社,2011.

[21]马一虹.靺鞨、渤海与周边国家、部族关系史研究[M].北京:中国社会科学出版社,2011.

[22]张碧波,张军.渤海国外交史研究[M].哈尔滨:黑龙江人民出版社,2011.

[23]魏国忠,朱国忱,郝庆云.渤海国史[M].哈尔滨:黑龙江人民出版社,2014.

[24]梁玉多.渤海国经济研究[M].哈尔滨:黑龙江大学出版社,2015.

[25]刘晓东,郝庆云.渤海国历史文化研究[M].哈尔滨:黑龙江人民出版社,2017.

[26]武安隆.日外文化交流史论[M].南京:江苏人民出版社,2019.

[27]郭湖生.麟德殿遗址的意义和初步分析[J].考古,1961(11).

[28]陈国符.中国外丹黄白术所用草木药录[J].天津大学学报,1981(2).

[29]王承礼.唐代渤海《贞惠公主墓志》和《贞孝公主墓志》的比较研究[J].社会科学战线,1982(1).

[30]孙玉良.略述大钦茂及其统治下的渤海[J].社会科学战线,1982(4).

[31]孙玉良.日本古籍中的渤海史料[J].学习与探索,1982(4).

[32]李殿福.唐代渤海贞孝公主墓壁画与高句丽壁画比较研究[J].黑龙江文物丛刊,1983(2).

[33]严圣钦.渤海国与唐朝的关系[C]//费孝通,石钟健,施联朱,等.民族史论文选1951—1983.北京:中央民族学院出版社,1986.

[34]王承礼.记唐代渤海国咸和十一年中台省致日本太政官牒[J].北方文物,1988(3).

[35]丁培仁.北宋内丹道述略[J].上海道教,1991(3).

[36]王绵厚.唐末契丹进入辽东的历史考察[J].社会科学辑刊,1993(2).

[37]朱越利.唐气功师百岁道人赴日考——以《金液还丹百问诀》为据[J].世界宗教研究,1993(3).

[38]张岩,徐德源.大钦茂时期的渤日交往史事新探[J].日本研究,1993(4).

[39]黄约瑟."大唐商人"李延孝与九世纪中日关系[J].历史研究,1993(4).

[40]马兴国.两乡何异照　四海是同家——渤海日本往来诗探微[C]//马兴国.中日关系研究的新思考——中国东北与日本国际学术研讨会论文集.沈阳:辽宁大学出版社,1993.

[41]孙文良.古代中国东北与日本的交往[C]//马兴国.中日关系研究的新思考——中国东北与日本国际学术研讨会论文集.沈阳:辽宁大学出版社,1993.

[42]吴玲.试论唐日贸易的形式[C]//浙江大学日本文化研究所,神奈川大学人文学研究所.一九九九中日文化论丛.北京:北京图书馆出版社,2001.

[43]强昱.刘知古的《日月玄枢论》[J].中国道教,2002(2).

[44]吴玲.九世纪唐日贸易中的东亚商人群[J].西北工业大学学报,2004(3).

[45]尹铉哲,李硕."丝绸之路"上的渤海国与唐朝、日本间的交往[C]//郑永振,尹铉哲.渤海史研究(十).延吉:延边大学出版社,2005.

[46]刘晓东,李陈奇.渤海上京城"三朝"制建制的探索[J].北方文物,2006(1).

[47]王乐文."肃慎族系"观产生原因简论[N].光明日报,2006-6-5.

[48]王勇.渤海道士李光玄事迹考略[C]//王宝平.中日文化交流史研究.上海:上海辞书出版社,2008.

[49]赵哲夫,韩亚男.渤海国"暗摸靴"研究[J].北方文物,2009(2).

[50]沈一民.再论肃慎、挹娄的关系[J].民族研究,2009(4).

[51]胡梧挺. 渤海"振(震)国"名号新探——以唐朝册封周边民族爵号类型为视角[J]. 东北史地,2014(6).

[52]沈文凡,李莹. 唐代渤、日通聘赠答诗初探[J]. 文艺争鸣,2015(4).

[53]赵春兰. 松子贡品探微[J]. 北京林业大学学报,2016(3).

[54]胡梧挺. 渤海国道地药材与东亚医药交流——以渤海人参为中心[J]. 北方文物,2018(1).

[55]胡梧挺. 唐代东亚麝香的产地及其流向——以渤海国与东亚麝香交流为中心[C]//杜文玉. 唐史论丛(27). 西安:三秦出版社,2018.

[56]胡梧挺. "南海之昆布":唐代东亚昆布的产地、传播及应用[J]. 中国历史地理论丛,2019(3).

[57]沈一民. 现存文献所见大钦茂时. 渤海国遣唐使次数考[J]. 中国边疆学,2021(1).

[58]彭善国. 真实还是传奇？——渤海国"紫瓷盆"问题[J]. 文物春秋,2021(3).

[59]沈一民. 现存文献所见渤海国末期朝贡次数考[C]//沈祯云,陈志刚. 刘光华先生、李蔚先生八五华寿纪念文集. 兰州:兰州大学出版社,2021.

[60]张晓舟. 论李尽忠之乱期间的辽东情势——兼议乞四比羽东奔时间[J]. 中国边疆史地研究,2022(1).

[61]杨筱筠. 俄罗斯滨海边疆区渤海城址及相关遗存研究[D]. 长春:吉林大学,2023.

[62]秦佩珩. 明代经济史述论丛初稿[M]. 郑州:河南人民出版社,1959.

[63]张存武. 清韩宗藩贸易,1637-1894[M]. 台北:"中研院"近代史研究所,1978.

[64]冻国栋. 唐代的商品经济与经营管理[M]. 武汉:武汉大学出版社,1990.

[65]陈希育. 中国帆船与海外贸易[M]. 厦门:厦门大学出版社,

1991.

[66]黄枝连.天朝礼治体系研究上卷 亚洲的华夏秩序:中国与亚洲国家关系形态论[M].北京:中国人民大学出版社,1992.

[67]黄枝连.天朝礼治体系研究中卷 东亚的礼义世界:中国封建王朝与朝鲜半岛关系形态论[M].北京:中国人民大学出版社,1994.

[68]喻常森.元代海外贸易[M].西安:西北大学出版社,1994.

[69]李明伟.隋唐丝绸之路——中世纪的中国西北社会与文明[M].兰州:甘肃人民出版社,1994.

[70]黄枝连.天朝礼治体系研究下卷 朝鲜的儒化情境构造:朝鲜王朝与满清王朝的关系形态论[M].北京:中国人民大学出版社,1995.

[71]张泽咸.唐代工商业[M].北京:中国社会科学出版社,1995.

[72]李明伟.丝绸之路贸易史[M].兰州:甘肃人民出版社,1997.

[73]刘统.唐代羁縻府州研究[M].西安:西北大学出版社,1998.

[74]涂裕春.中国西部的对外开放[M].北京:民族出版社,2000.

[75]孙继民.唐代瀚海军文书研究[M].兰州:甘肃文化出版社,2002.

[76]魏明孔.西北民族贸易研究:以茶马互市为中心[M].北京:中国藏学出版社,2003.

[77]胡绍华.中国南方民族史研究[M].北京:民族出版社,2003.

[78]李云泉.朝贡制度史论——中国古代对外关系体制研究[M].北京:新华出版社,2004.

[79]姜吉仲.高丽与宋金外交经贸关系史论[M].台北:文津出版社,2004.

[80]赵汀阳.天下体系:世界制度哲学导论[M].南京:江苏教育出版社,2005.

[81]李大龙.汉唐藩属体制研究[M].北京:中国社会科学出版社,2006.

[82]孙宏年.清代中越宗藩关系研究[M].哈尔滨:黑龙江教育出版社,2006.

[83]李锦绣.唐代财政史稿[M].北京:社会科学文献出版社,2007.

[84]内蒙古自治区文物考古研究所.和林格尔汉墓壁画[M].北京:文物出版社,2007.

[85]高明士.天下秩序与文化圈的探索[M].上海:上海古籍出版社,2008.

[86]黄松筠.中国古代藩属制度研究[M].长春:吉林人民出版社,2008.

[87]柳岳武.传统与变迁:康雍乾之清廷与藩部属国关系研究[M].成都:巴蜀书社,2009.

[88]刘恒武.宁波古代对外文化交流:以历史文化遗存为中心[M].北京:海洋出版社,2009.

[89]周大鸣.文化人类学概论[M].广州:中山大学出版社,2009.

[90]马骏骐,赵莉.中国扇文化[M].贵阳:贵州教育出版社,2010.

[91]晁中辰.明代海外贸易研究[M].北京:故宫出版社,2012.

[92]张峰.国际体系与中外关系史研究[M].上海:中西书局,2012.

[93]刘玉峰.唐代工商业形态研究[M].济南:山东大学出版社,2012.

[94]易凡.中国扇[M].合肥:黄山书社,2012.

[95]张旭.礼物——当代法国思想史的一段谱系[M].北京:北京大学出版社,2013.

[96]黎虎.汉代外交体制研究[M].北京:商务印书馆,2014.

[97]万明.中国融入世界的步履:明与清前期海外政策比较研究[M].北京:故宫出版社,2014.

[98]李云泉.万邦来朝:朝贡制度史论[M].北京:新华出版社,2014.

[99]王小红,何新华.天下体系:一种建构世界秩序的中国经验[M].北京:光明日报出版社,2014.

[100]李叶宏.唐朝丝绸之路贸易管理法律制度研究[M].北京:中国社会科学出版社,2014.

[101]许序雅.唐代丝绸之路与中亚史地丛考:以唐代文献为研究中

心［M］.北京:商务印书馆,2015.

［102］程旭.丝路画语:唐墓壁画中的丝路文化［M］.西安:陕西人民出版社,2015.

［103］刘向阳,王效锋,李阿能.丝绸之路鼎盛时期的唐代帝陵［M］.西安:三秦出版社,2015.

［104］白明.中国对外贸易史［M］.北京:中国商务出版社,2015.

［105］扬之水.新编终朝采蓝:古名物寻微［M］.北京:三联书店,2017.

［106］陈康令.礼和天下:传统东亚秩序的长稳定［M］.上海:复旦大学出版社,2017.

［107］谭景玉,齐廉允.货殖列传:中国传统商贸文化［M］.济南:山东大学出版社,2017.

［108］周启澄.中国纺织通史［M］.上海:东华大学出版社,2017.

［109］张锦鹏.人类学分支学科概论［M］.北京:知识产权出版社,2017.

［110］黄正建.唐代法典、司法与《天圣令》诸问题研究［M］.北京:中国社会科学出版社,2018.

［111］陆启宏.历史学与人类学:20世纪西方历史人类学的理论与实践［M］.上海:复旦大学出版社,2019.

［112］乔小河.藏香社会生命史的人类学研究［M］.北京:九州出版社,2019.

［113］胡耀飞.贡赐之间:茶与唐代的政治［M］.成都:四川人民出版社,2019.

［114］李伯重.枪炮、经济与霸权:谁在争夺世界经济的铁王座［C］.北京:现代出版社,2020.

［115］马俊民.傔从、别奏考辩［J］.南开学报,1981(3).

［116］陈伟芳.甲午战前朝鲜的国际矛盾与清政府的失策［C］//戚其章.甲午战争九十周年纪念论文集.济南:齐鲁书社,1986.

［117］李金明.试论明代外朝贡贸易的内容与实质［J］.海交史研究,

1988(1).

[118]何平立.明初朝贡制度析论[J].学术界,1988(4).

[119]杜建录.历史上中原与北方民族之间的商业贸易联系[J].固原师专学报,1990(1).

[120]樊文礼.唐代平卢淄青节度使略论[J].烟台师范学院学报,1993(2).

[121]何川芳."华夷秩序"论[J].北京大学学报,1998(6).

[122]晁中辰.论明代的朝贡贸易[J].山东社会科学,1989(6).

[123]马驰,马文军.唐代羁縻府州与中央关系初探[J].陕西师范大学学报,1997(1).

[124]李天石.唐代中后期奴婢掠卖之风的盛行及其原因分析[J].历史教学问题,2001(4).

[125]伍庆玲.朝贡贸易制度论[J].南洋问题研究,2002(4).

[126]权赫秀.中国古代朝贡关系研究评述[J].中国边疆史地研究,2005(3).

[127]庄国土.略论朝贡制度的虚幻:以古代中国与东南亚的朝贡关系为例[J].南洋问题研究,2005(3).

[128]庄国土.论郑和下西洋对中国海外开拓事业的破坏——兼论朝贡制度的虚假性[J].厦门大学学报,2005(3).

[129]许建英."中国世界秩序"观之影响及其与中国古代边疆研究——费正清《中国世界秩序:中国传统的对外关系》读后[J].中国边疆史地研究,2006(1).

[130]李金明.论明初的海禁与朝贡贸易[J].福建论坛,2006(7).

[131]王铭铭.物的社会生命？——莫斯《论礼物》的解释力与局限性[J].社会学研究,2006(4).

[132]刘志扬,李大龙."藩属"与"宗藩"辨析——中国古代疆域形成理论研究之四[J].中国边疆史地研究,2006(3).

[133]方建新.开宋代私家藏书提要目录先河的李淑与《邯郸图书志》[C]//朱瑞熙.宋史研究论文集:第11辑.成都:巴蜀书社,2006.

［134］李大龙.关于藩属体制的几个理论问题——对中国古代疆域理论发展的理论阐释［J］.学习与探索,2007(4).

［135］陈尚胜.中国传统对外关系研究刍议［C］//陈尚胜.中国传统对外关系的思想、制度与政策.济南:山东大学出版社,2007.

［136］郁贤皓.苏颋事迹考［C］//郁贤皓.李白与唐代文史考论.南京:南京师范大学出版社,2007.

［137］陈奉林.对东亚经济圈的历史考察［J］.世界历史,2009(3).

［138］马高强.从敦煌写本书仪《记室备要》看唐末宦官的送礼［J］.黑龙江史志,2009(6).

［139］刘玉峰.明朝及清朝前期海外贸易政策评议［C］//刘玉峰.中国历代经济政策得失.济南:泰山出版社,2009.

［140］张锋.解构朝贡体系［J］.国际政治科学,2010(2).

［141］刘进宝.唐五代"随身"考［J］.历史研究,2010(4).

［142］陈尚胜.中国传统对外关系的基本理念［J］.孔子研究,2010(5).

［143］陈志刚.关于封贡体系研究的几个理论问题［J］.清华大学学报,2010(6).

［144］陈金生.试论质子在加强宗藩关系中的作用［J］.甘肃联合大学学报,2010(6).

［145］程旭.朝贡·贸易·战争·礼物——何家村唐代金银器再解读［J］.文博,2011(1).

［146］李宝俊,刘波."朝贡—册封"秩序论析［J］.外交评论,2011(2).

［147］王铭铭.卡尔·波兰尼——诠释大转型年代［J］.文史博览,2011(6).

［148］徐畅.存世唐代告身及其相关研究述略［J］.中国史研究动态,2012(3).

［149］尚刚.说"金漆"［M］//尚刚.古物新知.北京:三联书店,2012.

［150］黄纯艳.中国古代朝贡体系研究的回顾与前瞻［J］.中国史研究动态,2013(1).

[151]赵晶.论日本中国古文书学研究之演进——以唐代告身研究为例[J].早期中国研究,2014(1).

[152]李云泉.话语、视角与方法:近年来明清朝贡体制研究的几个问题[J].中国边疆史地研究,2014(2).

[153]焦露.赐予与回报:唐代国家与父老[J].西华师范大学学报,2014(4).

[154]李途,谭树林.封贡体系:一个传统国际秩序的终结[J].太平洋学报,2014(5).

[155]包刚升.反思波兰尼《大转型》的九大命题[J].浙江社会科学,2014(6).

[156]陈尚胜.朝贡制度与东亚地区传统国际秩序——以16—19世纪的明清王朝为中心[J].中国边疆史地研究,2015(2).

[157]欧阳晓莉.波兰尼的经济模式与两河流域经济史研究[J].史学理论研究,2018(1).

[158]赵彦昌,姜珊.近三十年来唐宋告身整理与研究述评[J].兰台世界,2018(9).

[159]穆渭生.唐朝对西北"丝路"丝绸贸易管控政策探究——唐代国家对外贸易法规之解读[J].地域文化研究,2020(1).

[160]黄艳红.近期法国中世纪史研究中的跨学科动向二题[J].首都师范大学学报,2020(1).

[161]郭嘉辉.近代'朝贡制度"概念的形成——兼论费正清"朝贡制度论"的局限[J].中山大学学报,2021(1).

[162]木宫泰彦.日中文化交流史[M].北京:商务印书馆,1980.

[163]信夫清三郎.日本外交史[M].北京:商务印书馆,1980.

[164]西嶋定生.中国古代国家と東アジア世界[M].東京:東京大学出版会,1983.

[165]福井英郎.日本気候[M].北京:气象出版社,1983.

[166]上田雄,孙荣健.日本渤海交涉史[M].东京:彩流社,1994.

[167]渡辺信一郎.天空の玉座——中国古代帝国の朝政と儀礼

［M］.东京:柏書房,1996.

　　［168］滨下武志.近代中国的国际契机——朝贡贸易体系与近代亚洲经济圈［M］.北京:中国社会科学出版社,1999.

　　［169］西嶋定生.东アジア世界と册封體制［M］.東京:岩波书店,2002.

　　［170］砺波护.隋唐佛教文化［M］.上海:上海古籍出版社,2004.

　　［171］古濑奈津子.遣唐使眼中的中国［M］.武汉:武汉大学出版社,2007.

　　［172］滨下武志.中国、东亚与全球经济:区域和历史的视角［M］.北京:社会科学文献出版社,2009.

　　［173］堀敏一.隋唐帝国与东亚［M］.兰州:兰州大学出版社,2010.

　　［174］夫马进.朝鲜燕行使与朝鲜通信使:使节视野中的中国·日本［M］.上海:上海古籍出版社,2010.

　　［175］上田信.东欧亚海域史列传［M］.厦门:厦门大学出版社,2018.

　　［176］胧谷寿、仁藤敦史.倒叙日本史［M］.北京:商务印书馆,2018.

　　［177］石见清裕.唐代北方问题与国际秩序［M］.上海:复旦大学出版社,2019.

　　［178］涩泽龙彦.高丘亲王航海记［M］.桂林:广西师范大学出版社,2019.

　　［179］森安孝夫.丝绸之路与唐帝国［M］.北京:北京日报出版社,2020.

　　［180］西村真次.早稻田大学日本史［M］.北京:华文出版社,2020.

　　［181］石井正敏.初期日渤交涉における一問題——新羅征討計画中止との関連をめぐって［C］//森克己博士古稀記念会.史学論集:对外関係と政治文化.东京:吉川弘文館,1974.

　　［182］上村次郎.日本染色发展史［C］//中国纺织科技史资料.北京:北京纺织科学研究所,1983.

　　［183］古畑徹.大門芸の亡命年時について——唐渤紛争に至る渤海の情勢［J］.集刊東洋学,1984(51).

[184]古畑徹. 張九齡作「勅渤海王大武芸書」第1首の作成年時について——「大門芸の亡命年時について」補遺[J]. 集刊東洋学,1988(59).

[185]砺波护. 入唐曾带来的公验和过所[C]//鲁才全. 魏晋南北朝隋唐史资料. 武汉:武汉大学出版社,1994.

[186]田中史生. 新罗人与大宰府贸易[C]//金健人. 中韩古代海上交流. 沈阳:辽宁民族出版社,2007.

[187]石井正敏.《金液還丹百問訣》にみえる渤海商人李光玄について——日本渡航問題を中心に[C]//铃木靖民. 古代日本の異文化交流. 东京:勉誠出版,2008.

[188]J K FAIRBANK, S Y TENG. On the Ch'ing "Tributary System" [J]. Harvard Journal of Asiatic Studies, 1946, 6(2).

[189]J K FAIRBAND. Tributary Trade and China's Relations with the West[J]. The Far Eastern Quarterly, 1942, 1(2).

[190]A. J. 伯希茨. 民族间的贡奉关系[J]. 世界民族,1990(4).

[191]J K FAIRBAND. Trade and Diplomacy on the China Coast: The Opening of the Treaty Ports, 1842-1854[M]. Cambridge, Mass: Harvard University Press, 1953.

[192]费正清,赖肖尔. 中国:传统与变革[M]. 南京:江苏人民出版社,1992.

[193]费正清. 费正清自传[M]. 天津:天津人民出版社,1993.

[194]阎云翔. 礼物的流动——一个村庄中的互惠原则与社会网络[M]. 上海:上海人民出版社,2000.

[195]格雷戈里. 礼物与商品[M]. 昆明:云南大学出版社,2001.

[196]马凌诺斯基. 西太平洋的航海者[M]. 北京:华夏出版社,2002.

[197]马赛尔·莫斯. 论馈赠——传统社会的交换形式及其功能[M]. 北京:中央民族大学出版社,2002.

[198]余英时. 汉代贸易与扩张——汉胡经济关系结构研究[M]. 上海:上海古籍出版社,2005.

[199]阿兰·巴纳德. 人类学历史与理论[M]. 北京:华夏出版社,

2006.

[200]马克思·韦伯.经济通史[M].上海:上海三联书店,2006.

[201]莫里斯·古德利尔.礼物之谜[M].上海:上海人民出版社,
2007.

[202]萨林斯.石器时代经济学[M].北京:三联书店,2009.

[203]杨美惠.礼物、关系学与国家:中国人际关系与主体性建构
[M].南京:江苏人民出版社,2009.

[204]费正清.中国的世界秩序:传统中国的对外关系[M].北京:中
国社会科学出版社,2010.

[205]李伯森.礼物的回归:全球观念下的欧洲史[M].北京:商务印
书馆,2013.

[206]刘易斯·海德.礼物:创新精神如何改变世界[M].北京:电子工
业出版社,2015.

[207]康灿雄.西方之前的东亚:朝贡贸易五百年[M].北京:社会科
学文献出版社,2016.

[208]薛爱华.撒马尔罕的金桃——唐代舶来品研究[M].北京:社会
科学文献出版社,2016.

[209]马塞尔·莫斯.礼物——古式社会中交换的形式与理由[M].北
京:商务印书馆,2016.

[210]王贞平.唐代宾礼研究:亚洲视域中的外交信息传递[M].上
海:中西书局,2017.

[211]卡尔·波兰尼.巨变:当代政治与经济的起源[M].北京:社会科
学文献出版社,2017.

[212]卡尔·波兰尼.新西方论[M].深圳:海天出版社,2017.

[213]菲利普·博比特.朝服:马基雅维利与他所创造的世界[M].北
京:商务印书馆,2017.

[214]阿鲁·萨丹拉彻.分享经济的爆发[M].上海:文汇出版社,
2017.

[215]埃尔曼·塞维斯.国家与文明的起源:文化演进的过程[M].上

海：上海古籍出版社，2019.

[216]王贞平.多极亚洲中的唐朝[M].上海：上海文化出版社，2020.

[217]M.I.芬利.古代经济[M].北京：商务印书馆，2020.

[218]伊丽莎白·惠特克.解析马塞尔·莫斯《礼物》[M].上海：上海外语教育出版社，2020.

[219]戴维斯·贝尔德.器物知识：一种科学仪器哲学[M].桂林：广西师范大学出版社，2020.

后 记

　　2010年，以我的博士论文为基础改编而成的《清南略考实》出版，可谓是我研究生求学阶段的一个小结。而这本小书的出版，不仅是对我这些年来学术关注的阶段性回顾，更是这15年来学术路的一次驻足回眸。

　　或许源自对家乡的热爱，自2000年跟从杜家骥老师攻读明清史后，一直都是站在满族的角度重审明清之际的历史。然而2006年回到黑龙江大学工作后，我却陷入了很长一段时间的学术迷茫期。虽然博士论文仍有着巨大的生长空间，但是自己还希望寻找到一个与黑龙江流域民族融聚得更为紧密的新的学术生长点。2008年，借参加在双鸭山市举办的"挹娄论坛"之机，首次尝试着梳理先秦至魏晋时期有关肃慎与挹娄的记载。次年，《再论肃慎、挹娄的关系》在《民族研究》上刊发。这给予了我极大的学术信心，让我不再执着于明清之际的历史瞬间，而是希望从长时间段去理解肃慎族系的演变脉络。然而由于早期文献过于简略，目光不由得转入到史料保存相对丰富的渤海国时期。

从17世纪一下子上溯至7—10世纪的渤海国史，这对于我来说，无疑是巨大的学术挑战。从恶补基础到熟悉史料，一切都是从零开始；面对众多学术前辈的丰硕成果，无从下手、有心无力之感更是时刻萦绕于心。幸而这时我遇到了渤海国史研究的领路人——黑龙江省博物馆的刘晓东副馆长。刘晓东老师对《对〈晋书·肃慎氏传〉文献来源的考察》（2010）一文大加表扬，更是不断对我进行鼓励，这才使我放弃对渤海国史的摸索。恰逢其时，2011年我拿下了国家社科基金青年项目——"中原王朝视域下的鄂霍次克海"，从海洋史的角度解读渤海国史成为一条可行的学术之路。然而由于自己关注的时间段太过漫长，以至于一直都处于疲于奔命、四处救火的状态。从辽朝到清朝，各时段的历史文献都需要阅卖；由于自己的怠惰，这些历史文献多是浅尝辄止，学术研究也就成了无根之水，让我一直无法走入波澜壮阔的渤海国史。

真正让我坐住冷板凳、安下心来进行渤海国史研究的契机是2018年的一次无心插柳之举，让我拿下了用友公益基金会第二届"商的长城"项目——"东北亚改局视野下的渤海国商贸活动"。借助这一项目的资助，我才开始全面梳理渤海国史的相关史料和研究论著。2022年的国家社科基金项目重点项目——"东北古代渔猎部族的航海传统研究"的成功获批，也与我在渤海国史领域的不断探索与尝试有着密切关系。

回首这十余年与渤海国史的因缘，相较于大多数人来说，我是幸运的，一分耕耘就会有一分收获。不过，由于自己对长时间段的关注，在渤海国史的研究中总会生出心向往之而力有未逮之感；这也使得这部小书中存有诸多不足。自身能力有限，我一直回避经济史方面的研究，但这部小书的主旨却与经济史研究撞个满怀，这是我从事渤海国史研究之初始料未及的。全书引文满篇，严重影响到读者的阅读体验，我也深以为憾。虽然这是出于学术严谨性的考量，但更多的是私藏的个人企望。虽然自金毓黻的《渤海国志长编》开始，学界便对渤海国的相关文献进行涸泽而渔式的整理，但是引文内容的准确性，仍是很多研究论著的硬伤。1989年，《宋本册府元龟》便已问世，其中的文字多与通行的明本《册府元龟》不同，然而却少有学者注目。因而笔者希望渤海国史的研究能从史料出发。不管如何，呈现在大家面前的这部小书，已是力所能及之下的尽心之作。

今年恰逢刘晓东老师七十华诞之年，谨以此书向刘晓东老师致敬，感谢他这么多年来的鼓励与提携。

最后，再次对用友公益基金会表示感谢，没有他们的资助，也就不会有这本小书的诞生。